国家出版基金项目
NATIONAL PUBLICATION FOUNDATION

海外著名汉学家评传丛书
葛桂录 主编

Academic Biographies
of Renowned
Sinologists

邓 琳 著

A CRITICAL
狄百瑞
评传
BIOGRAPHY

Wm. Theodore de Bary

山东教育出版社
·济南·

图书在版编目（CIP）数据

狄百瑞评传 / 邓琳著 . — 济南：山东教育出版社，
2023. 12
　（海外著名汉学家评传丛书 / 葛桂录主编）
　ISBN 978-7-5701-2745-0

　I. ①狄…　II. ①邓…　III. ①狄百瑞—评传
IV. ① K837.125.81

中国国家版本馆 CIP 数据核字（2023）第 224000 号

DIBAIRUI PINGZHUAN
狄百瑞评传

邓琳　著

总　策　划	祝　丽	
责 任 编 辑	齐　爽	
责 任 校 对	任军芳	
装 帧 设 计	书籍 / 设计 / 工坊 刘运来工作室	

主 管 单 位　山东出版传媒股份有限公司
出 版 人　杨大卫
出 版 发 行　山东教育出版社

地　　　址　济南市市中区二环南路 2066 号 4 区 1 号
邮　　　编　250003
电　　　话　(0531) 82092660
网　　　址　www.sjs.com.cn

印　　　刷　济南精致印务有限公司
开　　　本　710 毫米 x 1000 毫米　1/16
印　　　张　24.25
字　　　数　344 千
版　　　次　2023 年 12 月第 1 版
印　　　次　2023 年 12 月第 1 次印刷
定　　　价　115.00 元

狄百瑞（Wm. Theodore de Bary，1919—2017）

总　序

　　"汉学"（Sinology）[1]概念正式出现于 19 世纪。1814 年，法国法兰西学院设立了被称为西方汉学起点的汉学讲座。我国学界关于汉学概念的认知有所差异，比如有关"汉学"的称谓就包括海外汉学、国际汉学、域外汉学、世界汉学、中国学、海外中国学、国际中国学、国际中国文化等，近年来更有"汉学"与"中国学"概念之争及有关"汉学主义"的概念讨论。[2]李学勤先生将"汉学"看作外国学者对中国历史文化和语言文学等方面的研究。阎纯德先生在为"列国汉学史书系"所写的序言中说，中国人对中国文化的研究应该称为国学，而外国学者研究中国文化的那种学问则应称为汉学，汉学既符合中国文化的学术规范，又符合国际上的历史认同与学术发展实际。[3]这样，我们在综合国内外学者主流观点的基础上，目前拟将"（海外）汉学"初步界定为国外对中国的人文学科（如语言、文学、历史、哲学、地理、宗教、艺术、考古、人类学等）的研究，也将其作为本套"海外著名汉学家评传丛书"选择

---

[1]指代"汉学"的 Sinologie（即英文的 Sinology）一词出现在 18 世纪末。
[2]顾明栋：《汉学主义：东方主义与后殖民主义的替代理论》，张强、段国重、冯涛等译，商务印书馆 2015 年版，第 40-140 页。
[3]阎纯德：《汉学历史与学术形态》，见阎纯德主编《汉学研究》（总第十集），学苑出版社 2007 年版。

02

传主对象的依据之一。当然，随着海外汉学研究不断深入拓展，它所囊括的范围也将包括政治、社会、经济、管理、法律、军事等国际中国学研究所涉及的社会科学范围，打通国际"汉学"和"中国学"研究的学术领域。正如国内海外汉学研究的领军人物张西平教授所说，我们要树立历史中国和当代中国统一性的正确史观。[1]

中国自公元 1219 年蒙古大军第一次西征引发与欧洲的"谋面"始，与西欧就有了越来越多的接触与交流。数百年来的中西文化交流史，同时也是海外汉学的发展史，在这一历史过程中，海外汉学家是研究与传播中国文化的特殊群体。他们在本国学术规范与文化传统下做着有关中国文化与文学的研究和翻译工作。从中外交流的角度挖掘一代代海外汉学家的存在价值并给予其科学的历史定位，既有益于中国文化走向世界，也有利于中国学术与世界接轨，因而该领域的研究工作亟待拓展与深化。

本丛书旨在通过撰著汉学家评传的方式，致力于海外汉学研究的深耕掘进，具体涉及汉学家的翻译、研究、教学、交游，重点是考察中国文化、文学在异域的接受轨迹与变异特征，进而从新世纪世界文化学术史的角度，在中华文化与世界主要国家文化的交流、碰撞和融合之中深入探索中华文化的现代意义，加深对中华传统文化价值的认识，借此推动学术界关于"中学西传"的研究更上新台阶，并促进海外汉学在学科自觉意义上达到一个新高度。

一、海外汉学与中华文化国际传播

海外汉学的发展历程是中华文化与异质文化交流互动的历史，

---

[1] 张西平：《历史中国和当代中国的统一性是开展中国研究的出发点》，载《国际人才交流》2022 年第 10 期。

也是域外学人认识、研究、理解、接受中华文化的足迹，它昭示着中华文化的世界性意义。参与其中的汉学家是国外借以了解中华文化的主要媒介，中华文化正是在他们的不懈努力下逐渐走向了异域他乡，他们在中华文化走向世界的过程中做出了特殊的贡献。

季羡林先生早在为《汉学研究》杂志创刊号作序时就提醒世人不可忽视西方汉学家的重要价值："所幸在西方浑浑噩噩的芸芸众生中，还有一些人'世人皆醉，而我独醒'，人数虽少，意义却大，这一小部分人就是西方的汉学家……我现在敢于预言：到了21世纪，阴霾渐扫，光明再现，中国文化重放异彩的时候，西方的汉学家将是中坚人物，将是中流砥柱。"[1]季先生还指出："中国学术界对国外的汉学研究一向是重视的。但是，过去只限于论文的翻译，只限于对学术论文、学术水平的评价与借鉴。至于西方汉学家对中西文化交流所起的作用，他们对中国所怀的特殊感情等等则注意还不太够。"[2]

事实上，海外汉学家将中华文化作为自己的兴趣关注点与学术研究对象，精心从事中华文化典籍的翻译、阐释和研究，他们丰富的汉学研究成果在其本国学术界、文化界、思想界相继产生了不小的影响，并反过来对中国学术发展产生了一定的促进作用。汉学家独特的"非我"眼光是中国文化反照自身的一面极好的镜子。通常汉学家不仅对中华文化怀着极深的感情，而且具有深厚的汉学功底，是向域外大众正确解读与传播中华文化的最可依赖的力量之一。尤其是专业汉学家以对异域文化、文明的译研认知为本位，其

---

〔1〕季羡林：《重新认识西方汉学家的作用》，见季羡林研究所编《季羡林谈翻译》，当代中国出版社2007年版，第60页。
〔2〕季羡林：《重新认识西方汉学家的作用》，见季羡林研究所编《季羡林谈翻译》，当代中国出版社2007年版，第60页。

研究与译介中国文化与文学本着一种美好的交流愿景，最终也成就了中外文化与文学宏大的交流事业。他们的汉学活动提供了中国文化、文学在国外流播的基本资料，因而成为研讨中华文化外播与影响的首要考察对象。

自《约翰·曼德维尔游记》（*The Travels of Sir John Mandeville*，1357）所代表的游记汉学时代起，海外汉学至今已有六个多世纪的历史。如果从传教士汉学、外交官汉学或学院专业汉学算起，也分别有四百多年、近三百年以及约两百年的历史。而中外文化、文学交流的顺利开展无法绕过汉学家这一特殊的群体，"惟有汉学家们才具备从深层次上与中国学术界打交道的资格"[1]。

19世纪下半叶至20世纪初，随着第二次工业革命的兴起，西方国家对海外市场开拓的需求打破了以往传教士汉学时代以传教为目的而研讨中华文明的格局，经济上的实用目的由此成为重要驱动力，这一时期是海外汉学由"业余汉学"向"专业汉学"转变的过渡时期。海外汉学在这一时期取得了较大的突破，不论汉学家的人数抑或汉学著述的数量皆有很大增长。

尤其随着二战以后国际专业汉学时代的来临，各国学府自己培养的第一代专业汉学家成长起来，他们对中华文化的解读与接受趋于准确和理性，在中华文化较为真实地走向世界的过程中做出了巨大贡献。他们是献身学术与友谊的专业使者，是中国学术与世界接轨的桥梁。其中如英国著名汉学家大卫·霍克思（David Hawkes），他把自己最美好的时光献给了他所热爱的汉学事业。霍克思一生大部分时间都用于中国文化、文学的翻译、研究、阐释与传播。即使

---

[1] 方骏：《中国海外汉学研究现状之管见》，见任继愈主编《国际汉学》（第六辑），大象出版社2000年版，第14页。

到晚年，他对中华文化的热爱与探究之情也丝毫未减。2008 年，85
岁高龄的他与牛津大学汉学教授杜德桥（Glen Dudbridge）、卜正
民（Timothy Brook）专程从牛津搭乘火车赶到伦敦，为中国昆剧
《牡丹亭》青春版的英国首次演出助阵。翌年春，霍克思抱病接待
前来拜访的时任中国驻英大使傅莹女士。傅莹大使赠送的一套唐诗
茶具立即引起霍克思的探究之心，几天后他给傅莹大使发去电子邮
件，指出这套唐诗茶具中的"唐"指的是明代唐寅而非唐代，茶具
所画乃唐寅的《事茗图》，还就茶具所印诗作中几个不甚清楚的汉
字向傅莹大使讨教。霍克思这样的汉学家对中华文化的熟悉程度与
探究精神让人敬佩，他们是理性解读与力图准确传播中国文学与文
化的专业汉学家。确实如前引季羡林先生所说，这些汉学家对中国
怀有特殊的感情。

　　霍克思与他的汉学前辈翟理斯（Herbert Allen Giles）、阿瑟·韦
利（Arthur David Waley）可以共称为推动中国文学译介最为有力
的"英国汉学三大家"，在某种程度上他们改变了西方对中国的成
见与偏见。他们三人均发自内心地热爱中华文化，从而成为向英语
国家乃至西方世界读者推介中国文学特别是中国古典文学的闯将。
西方读者正是通过他们对中国优美诗歌及文学故事的移译，才知晓
中国有优美的文学，中国人有道德承担感。如此有助于国际的平等
交流，也提升了中国在西方的地位，同时他们也让西方读者看到了
中国的重要性，使关于中国的离奇谣言不攻自破，让外国人明白原
来中国人可以沟通并理解，并非像过去西方出于成见与偏见而想象
的那样异样与怪诞。

　　由此可见，海外汉学家在中国文学与文化向域外传播的过程中
扮演着重要的角色，他们与中华文化国际传播存在着天然的联系。
诚如北京语言大学原校长刘利教授在题为《构建以汉学为重要支撑

的国际传播体系》的文章中指出："汉学自诞生之日起，便担负着中华文化国际传播的重要使命。汉学家们在波澜壮阔的中外交流史中留下了独特且深厚的历史印记，他们广博精深的研究成果推动了中外文化交流和文明交融互鉴，世界各国对中国形象的认知也因此更为清晰、立体、真实。"[1]确实，中外文明交流互鉴的结果有利于在世界上显现丰富而真实的中国形象，这不仅意味着中华文明"外化"的传播，也意味着异域文明对中华文明"内化"的接受，这有助于展示中华文明走向外部世界的行行足迹。

在新的时代背景下，推进中华文明国际传播，推动中华文化更好地走向世界，除了我们自身要掌握思想和文化主动，还要特别关注海外汉学家的著译成果，特别是海外汉学家的全球史视野、跨文化比较视阈以及批判性反思与自我间离的能力，有助于增强不同文化之间的共识，创建我们所渴求的文化对话，并发展出一套相互认同的智性标准。[2]因而，在此时代语境中，探讨海外汉学具有重大战略意义。

从中国角度看，海外汉学可以帮助我们了解中华优秀传统文化在国外的传播与影响情况，了解域外的中国形象构成及其背后的诸多因素，并吸收他们传播中华文化的有益经验。从世界角度看，海外汉学著译成果及汉学家的诸多汉学活动（教育教学、与中国学人的互动交流等），可以让世界了解中华文化的特性及其与域外文化交流互补的特征。

充分关注与深度研讨丰富多彩的海外汉学成果，有助于我们站在全球史视野与新世纪世界文化学术史的角度，在中华文明与异域

---

〔1〕刘利：《构建以汉学为重要支撑的国际传播体系》，载《学习时报》2023 年 7 月 21 日。
〔2〕葛桂录：《中华文明国际传播与话语建设》，载《外国语言文学》2023 年第 3 期。

文化的碰撞交流与融合发展之中，梳理与总结出中国文学与文化对外传播影响的多元境遇、历史规律、思路方法，为国家制定全球文化战略提供学术佐证，为深化文明交流互鉴提供路径策略，为中华文化国际传播与中国话语体系建设提供历史经验。

本丛书正是以海外汉学家为中心的综合研究的成果，我们将从十位汉学家的思想观念中理解和分析具体的汉学文本或问题，从产生汉学著作的动态社会历史和知识文化背景中理解汉学家思想观念的转折和变化，从而总体性把握与整体性评价汉学家在中华文明外播域外的进程中所做的诸种努力及其实际效果，以确证海外汉学的知识体系和思想脉络。在外国人对中国认知逐步深入的过程中，汉学研究的成果始终起着传播和梳理中国知识、打破旧有思想体系束缚、引领国民中国观念、学习和融合中华文化的重要作用。

二、撰著的方法路径与比较文学视角

海外汉学研究离不开汉学知识史的建构与汉学家身份的认知。正如张西平教授所说："在西方东方学的历史中，汉学作为一个独立学科存在的时间并不长，但学术的传统和人脉一直在延续。正像中国学者做研究必须熟悉本国学术史一样，做中国文化典籍在域外的传播研究首先也要熟悉域外各国的汉学史，因为绝大多数中国古代文化典籍的译介是由汉学家们完成的。不熟悉汉学家的师承、流派和学术背景，自然就很难做好中国文化的海外传播研究。"[1]

海外汉学自身的跨文化、跨语言、跨学科的特质要求我们打破

---

〔1〕葛桂录主编：《中国古典文学的英国之旅——英国三大汉学家年谱：翟理斯、韦利、霍克思》，大象出版社 2017 年版，总序第 5 页。

学科界限，使用综合性的研究方法；用严谨的史学方法搜集整理汉学原典材料，用学术史、思想史的眼光来解释这些材料，用历史哲学的方法来凸显这些材料的观念内涵；尽可能将丰富的汉学史料放在它形成和演变的整个历史进程中动态地考察，区分其主次源流，辨明其价值与真伪，将汉学史料的甄别贯穿于史料研究、整理工作的全过程之中；充分借鉴中国传统学术如版本目录学、校雠学、史料检索学以及西方新历史学派的方法论与研究理念，遵循前人所确立的学术规范。

目前已出版的海外汉学专题研究论著，不少是在翻译研究的学术框架下以译本为中心的个案研究，通过原本与译本的比较，援引翻译研究理论，重点是考察与比较汉学家翻译工作中的误读、误释的基本情况，揭示汉学典籍在域外的传播与变异特征。本丛书旨在文献史料、研究视野、学理方法、思想交流诸方面创新海外汉学研究的观念价值，拓展海外汉学领域的学术空间，特别是深度呈现中外文化交流语境里中华文化的命运，详尽考察中华文化从走出国门（翻译、教学与研究）到走进异域思想文化（碰撞、认知与吸纳）的路径，再到以融合中华文明因子的异域思想文化为参照系，激活中国本土文化的提升空间与持久动力的历程。具体也涉及特定历史文化语境中的汉学家如何直接拥抱所处时代的文化思想及学术大潮，构建自身的异域认知与他者形象。我们要借助丰富多彩的海外汉学成果，关注中外哲学文化思想层面的交互作用，在此意义上评估中华文明的延展性、适时性、繁殖力等影响力问题。

在方法路径上，首先，要在中外文化交流史的基础上弄清楚中华文化向域外传播的历史轨迹，从这个角度梳理出海外汉学形成的历史过程及汉学家依附的文化语境。其次，以历史文献学考证和分析的基本方法来掌握海外汉学文献的传播轨迹和方式，进而勾勒出构成海外汉学家知识来源的重要线索。最后，借用历史语境主义的研究范式探究海外汉学家不同发展阶段的汉学成就及观念诉求。

因而，文献史料的发掘与研究不仅是重要的基础研究工作，同时也意味着学术创新的孕育与发动，其学术价值不容低估。应该说，独立的文献准备是学术创见的基础，充分掌握并严肃运用文献，是每一位海外汉学研究人员必须具备的基本素养。而呈现数百年来中华文化在域外传播影响的复杂性与丰富性的途径之一，就是充分重视文献史料对海外汉学家研究和评传写作的意义。海外汉学史研究领域的发展、成熟与文献学相关，海外汉学研究史料的挖掘、整理和研究，仍有许许多多的工作要做。丛书在这方面付出了诸多努力，包括每位传主的年谱简编及相关文献史料的搜集整理，为厘清中华文化向域外传播的历史轨迹，梳理海外汉学发展的历史过程及汉学家依附的文化语境，起到了重要的支撑作用。

构建海外汉学史的框架脉络，需要翻阅各种各样的包括书刊、典籍、图片在内的原始材料，如此才能对海外汉学交流场有所感悟。这种感悟决定了从史料文献的搜集中，可以生发出关于异域文化交流观念的可能性及具体程度。海外汉学史研究从史料升华为史识的中间环节是"史感"。"史感"是在与汉学史料的触摸中产生的生命感。这种感觉应该以历史感为基础，同时含有现实感甚至还会有未来感。史料正是在研究者的多重感觉中获得了生命。

通过翔实的中外文原典文献资料的搜罗梳理及综合阐释，我们既可以清晰地看出海外汉学家、思想家对中国文化、文学典籍的译介策略与评述尺度，又能获知外国作家借助于所获取的汉学知识而书写的中国主题及其建构的中国形象，从而加深对中外文学、文化同异性的认知，重新审视中外文学交流的历史性价值和世界性意义，有助于提升中外文学交流史的研究层次，提出新的研究课题，拓展新的研究领域，并奠定中外文学交流文献史料学的研究基础。

海外汉学家研究属于中外文学、文化交流的研究领域，从属于比较文学研究的学科范畴。我们要以海外汉学数百年的发展史为背景，从中外文化与文学交流的角度来重新观照、审视汉学家的汉学经历、成就及影响，因而必须借鉴历史分析等传统学术研究方法，并综合运用西方新史学理论，接受传播学理论、文本发生学理论、跨文化研究理论，以及文化传播中的误读与误释理论等理论成果，从文化交流角度准确定位海外汉学家的历史地位，清晰勾勒他们如何通过汉学活动以促进中外文明交流发展的脉络。这不仅有利于传主汉学面貌的清晰呈现，也裨益于中国文学与文化的域外传播，同时更有助于我们透视外国人眼中的中华文化。因此，海外汉学家研究作为中国比较文学学科的一个重要领域，必将能为中华文化的海外弘扬贡献力量，它昭示的是中华文化的世界性意义。

同样，海外汉学家在其著译与教育交流实践中，也非常关注比较文学视角的运用。比如，霍克思担任牛津汉学讲座教授几年后，从比较文学的视角正面回答了汉学学科这一安身立命的问题。在他看来，中国文学的价值在于其与西方的相异性，作为世界文化的一个组成部分，其独特性使其有了存在与被研究的必要。霍克思认为，对不同文学间主题、文体、语言表达与思想表达差异的寻找等都是中西文学比较中可展开的话题。他在多年的汉学研究中时刻不忘比较视域，其学术路径在传统语文学研究方法基础上增加了比较思想史视野下审视学术文献意义的步骤。对于霍克思而言，研究汉学既是为了了解中国，了解一个不同于西方的文学世界，也是为了中英互比、互识与互证。此中贯穿着比较，贯穿着两种文化的互识与交流。霍克思对中国典籍译研的文化阐释影响深远，比较文学意识可算是贯穿其汉学著译始终的重要研究理念。

比较文学视角有助于促成跨文化交流与文明互鉴的理想结果，也就是对话双方能够在交流中找寻本土思想文化创新发展的契机并实现互惠。因为，跨文化对话有一种镜子效应，把陌生文化当作一面镜子，在双方的对话中更好地认识自己，而且新意往往形成于两者的交锋对话之中。当然，安乐哲（Roger T. Ames）也提醒我们："文化比较需要一把'双面镜'，除了要站在西方文化的立场上依据西方的思想体系和结构翻译与诠释中国文化外，我们更应当以平等的态度和眼光，通过回归经典去实事求是地理解中国的传统，即从中国哲学和文化本身出发去理解它，并且从中认识到其所具有的独特性。"[1]

在此意义上，海外汉学家在中国典籍翻译阐释中所展示的跨文化对话意识具有特殊意义。他们固然可以复制出忠实于原作的译本，同时更可能出于自己的理论构想与文化诉求，通过主观性阐释与创造性误读，使译作具有独立于原作之外的精神气质与文化品格，同时进行着本民族文化传统的"自我重构"。他们借助于独具特色的译介中国行动，既构筑了新的中国形象，也试图通过东西方文明对话构筑起新的世界，从而实现跨文化对话的目标。

本丛书在撰著过程中立足于比较文学视角，依靠史料方面的深入探究，结合思想史研究的路径、文献学的考证和分析、跨文化形象学研究的视角与方法发掘，在具体汉学家的思想观念中理解和分析具体的汉学文本或问题，从产生汉学著作的动态社会历史和知识文化背景中把握汉学家思想观念的转折和变化，展示海外汉学学科体系奠基与进行中西文化融合的过程，从而把握海外汉学的知识体系和思想脉络。

---

[1][美]安乐哲：《"生生"的中国哲学：安乐哲学术思想选集》，人民出版社2021年版，第141页。

三、编撰理念与总体构想

海外汉学家数量颇为可观。本丛书选择海外著名汉学家十位，每位传主一卷，分别展开他们的综合研究工作，评述每位传主的汉学历程、特点及重要贡献。通过评传编撰，呈现每位传主汉学生涯的生成语境；通过分析阐释传主的翻译策略、文集编选、汉学论著、教育教学理念等，揭示传主汉学身份特征，论析传主汉学思想的载体与构成要素，站在中外文化交流史与海外汉学思想发展史的高度，客观评述传主的汉学成就。反之亦然，从传主的汉学成就观照其所处时代、所在区域的汉学思想演进脉络。撰述过程中关注时代性、征实性、综合性，最终凸显作为汉学思想家的传主形象。

本丛书编撰遵循历史还原、生动理解与内在分析的基本思路。所谓历史还原，即通过对文献史料的爬梳，重现传主汉学成就的历史文化语境。所谓生动理解，即通过消化史料，借助合适的解释框架，理解及重构传主鲜活的汉学发展脉络。所谓内在分析，即通过厘清传主汉学生涯的基本理路，分析传主饱含学养的汉学体验与著译成就。

本丛书各卷的撰述风格与笔法，希望能与今天的阅读习惯接轨，在丰厚翔实、鲜活生动的叙述之中，将传主立体地呈现在读者面前。丛书将以丰富的史料、准确稳妥且富有见地的跨文化传播观点、开放的文化品格、独特的行文风格，使不同层面的读者都能在书中找到各自需要的灵韵，使之在不知不觉的阅读中形成这样的共识：通过几代海外汉学家的不懈努力，中华文化走进异域他乡，引发了中外文学与文化的交融、异质文化的互补，这不仅是昨天的骄傲，更是今天的时尚与主题。

　　本丛书各卷采用寓评于传、评传结合的体例，充分考虑学术性（吸收学界最新成果）与可读性（充满活力的语言），有趣亦有益。各卷引言总论传主的汉学思想特征，各章梳理传主的生活时代与社会思想背景，呈示传主的生平事迹、著述考辨、学养构成，阐释传主的各种汉学成果，从传主的译介、研究、教育教学活动等方面全方位呈现其汉学成就，概括传主的汉学贡献，以确认其应有的汉学地位，最终凸显作为汉学思想家的传主形象，继而为全面深入探讨海外汉学史提供知识谱系与思考路径。同时，我们通过以海外著名汉学家为中心的比较文学跨文化、跨学科（跨界）研究，深入研究、阐释中华优秀传统文化蕴含的思想观念、人文精神、道德规范，力争在中外文明的双向交流中阐发中华文明的内在精髓与独特魅力，努力提高推动中华文明走进域外世界的社会意识，借此回应与推进国家文化发展与国际传播战略，实现中华优秀传统文化的创造性转化与创新性发展，彰显中外人文交流与文明互鉴的价值与意义。

葛桂录

2023 年 10 月 6 日定稿于福建师范大学外语楼

目录

第三章 新儒学：汉学研究主要阐释土壤 091

第四章 "自""圣"圆融：新儒学之自由 148

第五章 "礼""法"协衡：新儒学之人权 203

第一章　狄百瑞汉学研究的历史文化语境

第一节　新时代推动中西文明对话的弘毅之士

狄百瑞（Wm.Theodore de Bary，1919—2017）是美国最具影响力的汉学家之一，他不仅是美国新儒学派的主要创建者，提出了诸多颇具前瞻性的学术观点，亦是美国系统编撰中国传统文明教材的第一人，有效推动中国传统文明于海外的传播以及中西文明之间的交流。而今，狄百瑞所提出的相关学术观点，已对美国乃至国际汉学造成巨大影响；其专著及汇编文本亦是国内外学术界研究中国传统文明的重要文献资料；所编撰的东方文明系列读本反复再版，屡获美国教学奖项，为美国多所高校通用教材。1987 年《纽约时报》报道称，"狄百瑞的《中国传统典籍汇编》（*Sources of Chinese Tradition*，1960）[1]在过去 25 年里成为大学非小说类畅销书第四名"；同年，狄百瑞获得马克·范·多伦杰出教学奖（Mark Van Doren Award for Great Teaching）；2014 年，时任美国总统奥巴马（Barack Hussein Obama）亲自为其颁发国家人文奖章（United States National Humanities Medal），奖励其为美国学术界做出的贡献。其学术研究亦得到中国学界认可，狄百瑞于 2016 年获得唐奖（Tang Prize），嘉奖其为新儒学研究所做的贡献。

---

[1] Wm. Theodore de Bary, *Sources of Chinese Tradition*, 2Vols, New York: Columbia University Press, Vol. 1. 1ᵗed., 1960；Vol. 2. 1ᵗed., 1964.

　　狄百瑞学术研究起步的 20 世纪 40 年代，时值美国学术界对中国传统
文化持否定态度，尤以费正清（John King Fairbank）提出的"冲击—回应"
模式（Impact-Response Model）[1]最为代表，认为中国的过去静止不变，无
法自我更新，需依靠外力才能发展进步[2]。狄百瑞并不赞同此种看法，他以
颇具批判思维的新儒学（Neo-Confucianism）代表人物黄宗羲介入研究中
国传统文明，指出中国文明尤其是新儒学，不仅具有批判精神，更有与中
西文明例如佛教沟通对话互补互融、推进自身革新发展的能力。[3]狄百瑞
在《明夷待访录》的译介研究中，亦不赞成韦伯（Max Weber）、汤因比
（Arnold Joseph Toynbee）等用西方理论剪裁中国历史材料的方法，而是主
张用客观严谨的学术态度，立足世界文化多元，尊重中国传统文明的人文
特性，深入原典文本内部，揭示中西文明本真面貌。

　　自开启对《明夷待访录》的译介，狄百瑞便被丰盈的新儒学所折服，
其汉学研究的想法于此阶段萌生。1953 年，狄百瑞发表文章《重评新儒学》
（A Reappraisal of Neo-Confucianism），并于 1957 年开始承担"新儒学研
究"（Neo-Confucian Studies）项目，出版系列相关书籍，作为美国新儒学
派（Neo-Confucian School）主要创立者，[4]推进美国汉学研究从政治运作
性角度，转向深入儒家人格和文化思想内部。

　　狄百瑞有关汉学研究相关想法，在其新儒学研究过程中逐渐成熟。狄
百瑞指出于世界大融合的当今社会，中西文明间的对话尤为重要，新儒学
因其自身所具有批判、革新与发展之能力，并同时包蕴中国传统文明核心

〔1〕John King Fairbank, *China's Response to the West: A Documentary Survey, 1839—1923*, Cambridge:Harvard University Press, 1953.

〔2〕Wm. Theodore de Bary and others, eds., *The Unfold Neo-Confucianism*, New York: Columbia University Press, 1975, pp. 1-2.

〔3〕Wm. Theodore de Bary, *The Great Civilized Conversation: Education for a World Community*, New York: Columbia University Press, 2013, p. 36.

〔4〕［美］魏斐德：《当代西方学者对中国文化的评价》，见中国文化书院讲演录编委会编《中外文化比较研究》，生活·读书·新知三联书店 1988 年版，第 191 页。

价值与近代性特质，作为成熟独立的思想体系，具备与西方文明对话之前
提。[1]狄百瑞的学术研究，即其中西文明对话观不同于其他汉学家的地方
有二：其一为，目的并非找寻文明间的相通之处，认为越是对差异性的展
示，越能够为世界提供更多解读人类文明的视角，增强文明包容度；其二
为，中西文明间的对话是双向的，不仅有西方文明立场解读中国传统文明，
还应以中国传统文明立场解读西方文明，彼此互为镜鉴，互相反思并融汇，
如此才能够增进世界人民相互理解，进而推进世界文明健康发展。[2]

狄百瑞围绕中西文明对话展开的学术研究，不仅让世界看到并认
可丰富独立的东方文明，更指出以他者视角检视自我文明，通过对话
互补互融，促进文明自我更新。例如，狄百瑞提出以儒家"人格主义"
（Personhood）[3]关照西方的"个体主义"（Individualism），并认为新儒学
思想核心"礼"制下的独特人权，拓展了世界人权的内容。狄百瑞中西文
明对话是双向的展开，不仅看到中国传统文明对西方文明的补充，亦应立
足西方视角审视中国传统文明，如以犹太先知为参照系解读儒学之痼疾，
从人格独立与群众支持等角度深入分析儒家君子在历史上陷入精神困境的
原因。

此外，狄百瑞将其以中西文明对话为核心的学术研究，悉数投注长
达半个世纪的教育实践之中，对中国传统文明在美国的传播做出杰出贡
献。自 1949 年，狄百瑞主持"哥伦比亚大学新东方研究"（New Oriental
Studies Program of Columbia College）项目，此项翻译编写课程教材的工
作，开启其中国传统文明教育实践历程，在教学的半个多世纪里，狄百瑞
极大推动了哥伦比亚大学乃至美国"东方人文"（Oriental Humanities）、

---

〔1〕Wm. Theodore de Bary, *The Great Civilized Conversation: Education for a World Community*, New York: Columbia University Press, 2013, p. 147.

〔2〕Wm. Theodore de Bary, *The Great Civilized Conversation: Education for a World Community*, New York: Columbia University Press, 2013, pp. 38-40.

〔3〕［美］狄百瑞：《中国的自由传统》，李弘祺译，香港中文大学出版社 1983 年版，第 55 页。

"东方文明"（Oriental Civilizations）课程教学的发展。狄百瑞在中国传统文明教材编撰与课程安排中，颇具前瞻性地将儒家经典融入西方教学体系之中，提出独特的"文明连续性发展观"，被誉为"亚洲典籍发现之父"。狄百瑞独特的教育观及教学实践，不仅使美国乃至世界的亚洲文明教育发展受益，对国内当下高校教育实践也有着重要启示。

狄百瑞为推动中西文明间的对话，完美实践了"士不可以不弘毅，任重而道远"（《论语·泰伯》）的远大抱负，于 2017 年 7 月 14 日，以 98 岁高龄在纽约家中安然辞世。纵观其一生的学术研究，其立足世界文化多元，遵循中国传统文明特色，注重思想内涵，认可中西文明独立意义，对新儒学进行全方位多层次解读，找寻人类在根本价值追求上的同质性与表现形式的多样性，以期在新儒学与西方文明对话中，挖掘其独特价值，扩充对中西文明的认知，推动构建世界文化多元格局，促进世界文明健康发展。

狄百瑞秉持中西文明对话观而展开的学术生涯里，出版核心专著十本，汇编会议集刊十册，直接参与翻译编写东方文明传统典籍系列教材五套，编写东方文明入门读物十本，负责出版"东方文明枕边书"项目书籍百余册，主持参加中国研究相关学术活动数场，培养了一代代美国汉学学术界优秀学者。

狄百瑞一生学术思想深厚、著述颇丰，教学实践影响深远，虽然学界对他已有一定关注，但至今尚无对其进行全面系统的研究。本书力求为国内外学界勾勒出完整的狄百瑞学术实践活动图景，尽可能完整地构架研究对象狄百瑞于美国汉学发展史上所处的地位，确定其所提出的中西文明对话观在中国思想对外传播与全球多元文明发展上的地位与作用，希求弥补学术界尚无系统、深入探讨狄百瑞学术研究这一缺憾。进一步深入挖掘其颇具前瞻性的新儒学自我更新观念、中西文明间的沟通以及以"对话"为核心的教育观等，对于当下人类文明发展与高校教育具有借鉴意义。

第二节　奠基发轫

20 世纪 30 年代至 50 年代，恰逢世界政治格局纷繁复杂，美国汉学研究于第二次世界大战、麦卡锡主义（McCarthyism）等运动中艰难前行。狄百瑞在此阶段为学术研究打下坚实基础，并于美国汉学界初露锋芒。

狄百瑞于 1937 年升入哥伦比亚大学至 1953 年博士毕业，其主要学术观点，即中西文明对话观从此阶段校园生活与社会实践中便已初见端倪。狄百瑞在校期间不仅注重学术理论积累，培养客观严谨的学术态度，擅于独立思考，敢于质疑学术权威，更是积极关注时事，亲历战场并游学中国，诸多经历培养了其广阔的视阈以及多元文明的全球格局观，为其以后的学术研究打下坚实基础。

一、结缘中国文明

狄百瑞的学术研究与哥伦比亚大学有着很深的渊源。1937 年，哥伦比亚大学"核心课程"之"人文学科"（Literature Humanities）[1]的第一节课堂上，哈里·卡曼（Harry Carman）讲到"当我们谈论当代文明时，只是涉及西方文明，而忽略了神秘古老的中国文明"[2]，读大一的狄白瑞首次接触到东方文明，并被其吸引，随即"做出了一个大胆的决定：开始学习中文"[3]。自大一下学期，狄百瑞随东亚文学系主任富路德（L. Carrington Goodrich）学习初级汉语，自大三开始随王际真（Chi-chen Wang）学习古典语言和文

---

〔1〕Wm. Theodore de Bary, "The Core Curriculum-Asia in the core curriculum", *Living Legacies at Columbia*, New York: Columbia University Press, 2006, p. 543.

〔2〕Wm.Theodore de Bary, "Columbia and the World-A Communitarian at Large", *Living Legacies at Columbia*, New York: Columbia University Press, 2006, p. 633.

〔3〕Wm.Theodore de Bary, "Columbia and the World-A Communitarian at Large", *Living Legacies at Columbia*, New York: Columbia University Press, 2006, p. 633.

学，从此走上汉学研究之路。

　　哥伦比亚大学有着良好的汉学研究传统，为狄百瑞的学习提供了良好的学术环境。哥伦比亚大学为美国较早设置汉学研究机构和课程并聘用欧洲汉学研究专家的高校之一，在美国汉学从业余汉学到专业汉学转化过程中发挥了重要作用。1901 年，华裔丁龙（Dean Lung）捐赠其毕生积蓄 12000 英镑作为哥伦比亚大学"汉语学习基金"（Fund for Chinese Learning）[1]，以期让美国认识到真正的中国文化。自 1902 年起，哥伦比亚大学开始邀请欧洲杰出汉学家前来讲学。首位被聘任的为西方汉学界推崇备至的德国汉学家夏德（Friedrich Hirth）。同年，哥伦比亚大学还邀请了英国汉学家翟理斯（Herbert Allen Gile）于哥伦比亚大学开设了一系列有关中国研究的讲座，紧随其后前来讲学的是巴黎的保罗·皮洛（Paul Pelliot），牛津的苏慧廉（William E. Soothill），研究中国现代历史的塞勒斯·皮克（Cyrus Peake）等学者。[2]狄百瑞最早听到有关其中西文明对话观的主要阐释对象"新儒学"，正是在哥伦比亚大学开设的欧洲汉学家的课堂上。

　　除了与国际汉学渊源颇深，哥伦比亚大学亦是较早接收中国留学生的美国高校。义和团运动以后，清政府派往美国留学的胡适、冯友兰、顾立雄、张彭春、蒋廷黻、冀朝鼎等皆就读于此，他们大多师从哥伦比亚大学著名学者约翰·杜威（John Dewey），后来成为中国政府、外交、教育和学术方面的重要人物。中国留学生也为哥伦比亚大学东亚文学系的发展做出了杰出贡献，他们不仅完善高校文献整理和编撰工作，还传递了许多最新的中国传统文明研究信息，矫正了美国学界早期对中国研究的许多误解，

---

〔1〕Wm. Theodore de Bary, "Columbia and the World-East Asian Studies at Columbia: The Early Years", *Living Legacies at Columbia*, New York: Columbia University Press, 2006, p. 594.

〔2〕Wm. Theodore de Bary, "Columbia and the World-East Asian Studies at Columbia: The Early Years", *Living Legacies at Columbia*, New York: Columbia University Press, 2006, p. 594.

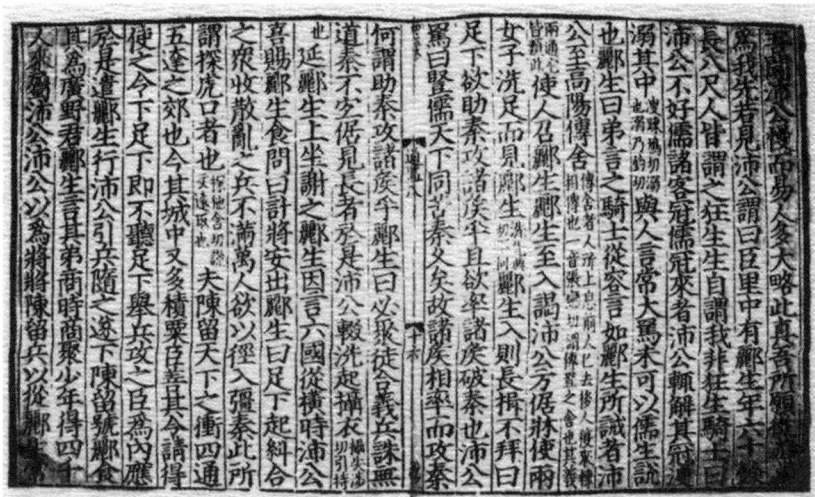

哥伦比亚大学图书馆所藏宋刊本《资治通鉴》

于美国汉学由业余转为专业阶段起到了非常关键的作用。1929 年，哥伦比亚大学聘任中国古典文学学者王际真教授中国古典汉语与语言。

　　哥伦比亚大学的东亚学术研究能够顺利进行，除了有以上学者间良好的互动，拥有大量且有品质的亚洲藏书也必不可少。1902 年，中国清朝政府向初出茅庐羽翼未丰的哥伦比亚大学，赠送了一套百科全书，它们以中国的宣纸印刷而成，一直受到清朝政府的保护，最为重要的是这套里程碑式的丛书，涵盖了中国最优秀的古典学者的经典论著。这些收藏像磁石，吸引着各方藏家的捐赠。后来，在美国学术团体理事会（American Council of Learned Societies）和洛克菲勒基金会（Rockefeller Foundation）的支持下，哥伦比亚大学图书馆资料的收购一直持续到 20 世纪 30 年代，其亚洲藏书一度达到了国会图书馆和哈佛大学的水平。哥伦比亚大学的中国图书册数至今在美国也是领先的。例如，1969 年 165000 册位列全美第五[1]，

---

［1］John M. Lindbeck，*Understanding China: An Achessmen American Scholarly Resources*, New York: Praeger, 1971, p. 68.

008

1975 年 353212 册位列全美第四[1]，2009 年中国图书册数已达到 402871
册[2]。哥伦比亚大学有趣的汉学课堂、多元文明教育氛围以及丰富的中国传
统文明书籍，对于求学于此的狄百瑞来说，皆深深吸引着他。

二、关注国际时局

狄百瑞自幼便对政治时局颇感兴趣，自述"8 岁时起就开始读《纽约
时报》，不只是对体育新闻有兴趣，也对政治，尤其是国际性的新闻有兴
趣"[3]。读大学期间，更是表现出了对国际关系与世界文明格局极大的热
情。1939 年，《苏德互不侵犯条约》（*Molotov-Ribbentrop Pact*）签订，狄
百瑞作为《党派评论和国家》（*The Partisan Review and The Nation*）的忠
实读者，积极参与四处游说抵抗希特勒的活动。并因此，狄百瑞被罗斯福
（Eleanor Roosevelt）的助理邀请至白宫，加入援英计划，支持援助英国的
《租借法案》（*The Lend-Lease Act*）[4]的进行等。彼时狄百瑞坚持认为，人文
学科应为当下时政伸张正义。

狄百瑞的这种政治热度，因"中国历史项目"（Chinese History
project）在麦卡锡主义运动期间的命运有了改变。"中国历史项目"最初
由魏特夫（Karl August Wittfogel）和戴德华（George E. Taylor），于 20
世纪 30 年代发起，在太平洋关系研究所（Institute of Pacific Relations）和
洛克菲勒基金会的支持下，因哥伦比亚大学有着丰富的中国藏书，而被安

---

〔1〕孙越生、陈书梅：《美国中国学手册》，中国社会科学出版社 1993 年版，第 629 页。

〔2〕Vickie Fu Doll, *Calvin Hsu and Wen-hinged,Council on East Asian Libraries Statistics 2008—2009 Joural of East
Asian Libraries*, No 150 Feb. 2010, Council on East Asian Libraries, The Association for Asian Studies, Inc, 2010, pp.
24-43.

〔3〕［美］狄百瑞：《与斯人之徒——狄百瑞思想自述》，朱荣贵译，载《中国文哲研究通讯》1992 年第 2 卷
第 4 期，第 39 页。

〔4〕Wm. Theodore de Bary, "Columbia and the World-A Communitarian at Large", *Living Legacies at Columbia*,
New York: Columbia University Press, 2006, p. 651.

置于此进行。

　　缘于此项目十分庞大，魏特夫招募大量研究中国的学者前来纽约参与其中，协助研究各个朝代的工作。1939 年之后，随着麦卡锡运动愈演愈烈，当参议员麦卡锡（Pat McCaran）主持调查太平洋研究所的时候，魏特夫称受到共产党的影响，证词中暗示了拉铁摩尔（Owen Lattimore）以及其他支持共产党的作家或学者。魏特夫私下告密，揭发同事的行径，很快遭到该领域的许多学者排斥，随后此项目资助中止，并被要求搬出哥伦比亚大学。这件事对狄百瑞影响颇深，让其重新审视政治与学术的关联与距离。

　　1941 年夏狄百瑞本科毕业，获得亨利·埃文斯奖学金（Henry Evans Traveling Fellowship），于秋季升入哈佛大学，师从日本研究领域的年轻学者赖绍华（Edwin Reischauer）。赖绍华对狄百瑞的学术研究生涯影响十分大，当时狄百瑞有着明显的亲中倾向，赖绍华的日本研究让他对东亚共同体（East Asian Community）有了更明晰的概念，明白了在东亚共同体所提供的更广阔的背景下能够更好地研究中国，树立了狄百瑞对于东亚共同体的初步印象。

　　1941 年 12 月 7 日，狄百瑞加入海军情报局，于加州的伯克利语言学校（Language School in Berkeley, California）与科罗拉多大学博尔德分校（University of Colorado, Boulder）参加海军日本语言培训，后转去第二次世界大战前线——珍珠港。后来，狄百瑞发现了由日本民间艺术博物馆出版、柳宗悦和式场龙三郎编辑的《琉球群岛文化》（*The Culture of the Ryukyu Islands*），此书对狄百瑞产生深刻影响。[1] 1945 年 8 月 15 日日本投降之后，狄百瑞带着技术调查任务去了日本的佐世保和东京。其间，他加入为太平洋中部日本人服务的韩国劳工队伍。在与韩国人的相处过程中，

---

〔1〕Wm. Theodore de Bary, "Columbia and the World-A Communitarian at Large" *Living Legacies at Columbia*, New York: Columbia University Press, 2006, pp. 633-651.

010

狄百瑞开始学习韩语，并深入地了解了韩国文化。此段求学与服役经历，加深了狄百瑞对于以中、日、韩为主体的东亚共同体的了解，更让其深刻体会了中国传统文明，尤其是新儒学作为成熟思想体系的巨大影响力，而东亚文明共同体的形成，亦是中西文明对话的成果。

美国学术界与狄百瑞参与二战服役相同经历的学者还有卜德（Derke Bode）、柯睿格（Edward A. Kracke, Jr.）、史华慈（Benjamin I. Schwartz）、芮沃寿（Arthur F. Wirght）等，他们皆因特殊时代背景而有着更广阔的研究视角，后来在学术上多有作为。

1946 年春，狄百瑞从东京调往华盛顿的海军情报办公室，担任远东情报部门的负责人。工作任务完成时，被告知可以调到国务院，升至少校中尉军衔，但狄百瑞决定去完成早先的学术规划，并于秋季携 1500 美元的奖学金和《退伍军人权利法案》（GI Bill）重返哥伦比亚大学翻译日文作品《好色五人女》[1]，完成硕士学业。

三、丰富的博士生涯

1948年，狄百瑞升入博士，获得富布赖特奖学金（Fulbright Scholarship）游学中国，在北京求学的高校主要为燕京大学，主要指导老师为历史学家邓之诚，课间常与冯友兰交流；同年，他南下游学岭南大学，受教于梁方仲，邂逅成为自己学术伙伴的现代新儒家陈荣捷、钱穆等优秀学者。狄百瑞对中国传统文明有了更加深入的认知，促其发现以新儒学为代表的中国传统文明并非如美国学术界所认为的落后封闭，恰恰相反，其"具有自我

---

[1] Wm. Theodore de Bary, *Five Women who Loved Love*, Tokyo: Charles E, Tuttle: Publishers: Rutland Vermont, 1956, foreword, p. 9.

批判、创造和发展之能力"[1]。真切观摩中国的这段游学经历对狄百瑞的学术影响巨大。

　　游学期间，狄百瑞对于中国必须接受西方文明改造的观点进行了深入思考。狄百瑞于中国游学期间看到广阔的大地与悠久辉煌灿烂的文明，感受到浓郁温润的人文气息。同时，西方社会却因为农业的商业化和工业化对农场和乡村已造成巨大破坏，两次世界大战也对人文与人性造成极大的摧残。通过此对比，狄百瑞对于西方的模式是否可以作为中国长期指导的观点表示质疑。他认为中国的发展道路，应该由其自身发展决定，而不应该强制效仿西方。假设中国按照西方的模式发展，那么在穷其土地与资源之后，如果西方无法提供给中国一个确切的未来与保障，中国将不得不面临西方社会如今正处于的人文精神的枯竭、环境破坏、生态失衡等困境。由此，狄百瑞再次强调任何文明都有自身发展规律，并且有自身的价值，尤其是儒家思想中最核心的人文价值与精神资源，对当代世界显然有着更为深远的价值，并认为其能够启示西方如何应对现代化进程中所陷入的各种困境。这也是狄百瑞主张还原儒家思想，深入挖掘中西文明的意义所在。[2]

　　译介黄宗羲的《明夷待访录》是狄百瑞博士论文的主要内容。经过此学术训练之后，狄百瑞确定了新儒学的可对话性。狄百瑞初次接触黄宗羲，便立即被其思想的多维与深刻性所折服，尤其被黄宗羲的代表性作品《明夷待访录》所包含的丰富史料资源和革新创造能力所深深震撼。在翻译过程中，狄百瑞立足客观严谨的学术态度，主张展现中国思想文化本真面貌，坚守"高度还原"等原则，最大可能地保留中国文字传统表达等特征，深

〔1〕Wm. Theodore de Bary, *The Great Civilized Conversation: Education for a World Community*, New York: Columbia University Press, 2013, p. 36.

〔2〕〔美〕狄百瑞：《与斯人之徒——狄百瑞思想自述》，朱荣贵译，载《中国文哲研究通讯》1992年第2卷第4期，第37-66页。

入挖掘中国文化对于世界文明健康发展所具备的独特价值。

狄百瑞弥补了西方汉学界《明夷待访录》英译本的缺失，有力回击了彼时美国学术主流的狭隘观点，让西方世界真切领略到中国思想极具批判与创造能力，无须外来文明教化和引导，亦能有所革新拓展。狄百瑞在译介《明夷待访录》过程中，确立了学术立场并形成独特的学术方法，由此开启其更深入的中西文明对话研究。

1949 年，狄百瑞游学归美，哥伦比亚大学时任教务长卡曼给了狄百瑞一个全新但并不陌生的项目，即"哥伦比亚大学新东方研究"项目。具体任务是翻译并编写"东方文明"课程所需要的教材。

无论作为美国第一套系统的"东方文明"教材，还是哥伦比亚大学学子受教育阶段的必读书目，这个项目对于年轻的狄百瑞来说无疑都是一个庞大的工程，因为每一种文明都是一个丰富的综合体，包括人文、音乐、思想、艺术等内容，而且每种传统文明内部都有其自身连续性的发展变化，是任何一本书都无法清楚说尽的，这需要巨大的阅读量和相当考究的甄选。单次当时汉学界对中国文明的研究为例，存在研究分布不均，文明分期研究尚未完善的问题，即研究兴趣点分期明显，大都集中在先秦与现当代两个阶段，中间一大段重要的历史时期有待挖掘与完善，太多具有历史意义的代表作品，尚未得到关注与翻译。

面对如此庞大的项目，狄百瑞与其高级助理蒋彝（Chiang Yee），汇聚当时在汉学领域已做出贡献的学者梅贻宝、陈荣捷等，按照东方文明复杂性与文明自身历史连续性特征，将教材编写项目分为三个系列陆续出版，三个系列交叉进行，不按时间先后分布。

第一批是为大众提供的入门级别普通读物，代表作品有：

表1-1　哥伦比亚大学亚洲入门读物

时间	书名	出版社
1959	《走进东方经典》	纽约：哥伦比亚大学出版社
1964	《东方经典指南》	纽约：哥伦比亚大学出版社
1964	《走进亚洲文明》	纽约：哥伦比亚大学出版社
1969	《印度、中国与日本的佛教传统》	纽约：哥伦比亚大学出版社

　　第二批为本科课程教材，每套书中皆精选宗教传统、政治、社会、历史、哲学等层面的核心内容，也就是著名的"亚洲传统典籍汇编"系列。代表书目有：

表1-2　哥伦比亚大学"亚洲传统典籍汇编"系列

时间	书名	分册
1958	《印度传统典籍汇编》	卷一：1800 年以前（*Vol. 1: From the Beginning to 1800*） 卷二：现代印度、巴基斯坦和孟加拉国（*Vol. 2: Modern India, Pakistan, and Bangladesh*）
1958	《日本传统典籍汇编》	卷一：1600 年以前（*Vol. 1: From Earliest Times to 1600*） 卷二：1600—2000 年（*Vol. 2: 1600 to 2000*）
1960	《中国传统典籍汇编》	卷一：1600 年以前（*Vol. 1: From Earliest Times to 1600*） 卷二：17—20 世纪（*Vol. 2: From 1600 Through the Twentieth Century*）
1997	《韩国传统典籍汇编》	卷一：16 世纪以前（*Vol. 1: From Early Times Through the Sixteenth Century*） 卷二：16—21 世纪（*Vol. 2: From the Sixteenth to the Twenty-First Century*）
2008	《东亚传统典籍汇编》	卷一：近代亚洲（*Vol. 1: Premodern Asia*） 卷二：现代时期（*Vol. 2: The Modern Period*）

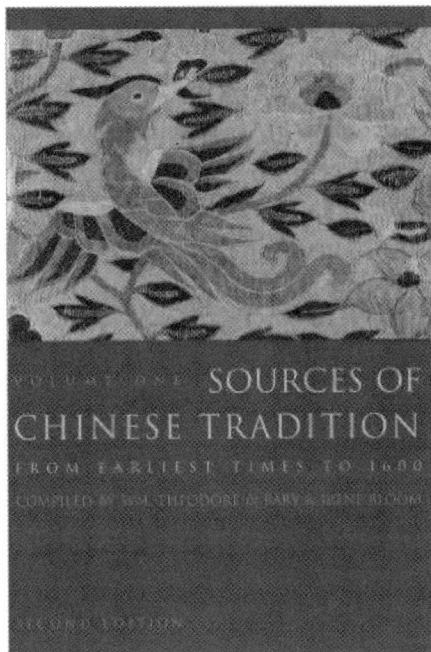

狄百瑞汇编"东方文明"（Oriental Civilizations）课程系列教材代表性作品之一：《中国典籍汇编》（*Sources of Chinese Tradition, I*）

　　狄百瑞作为项目的主要负责人，除了统筹全卷本编译事宜之外，翻译的参与度亦极高，尤其在《中国传统典籍汇编》套书中，狄百瑞具体负责第15，16，19，20，21，22和25章等内容，几乎涵盖全部新儒学时期最具代表的人物及学说，大部分人物与作品于当时美国汉学界皆为开篇。该部分内容具体包括：韩愈的《谏迎佛骨表》、欧阳修的《正统论》、王安石的《上仁宗皇帝言事书》、程颢的《论十事札子》、苏轼的《上神宗皇帝书》、郑樵的《〈通志〉序》，司马光的《资治通鉴》、朱熹的《通鉴纲目》[1]等，为其以后做新儒学研究打下了扎实的学术基础。

　　狄百瑞于1953年博士毕业后，被正式聘任为哥伦比亚大学东亚文学系的助理教授。在如此良好的学术环境下，狄百瑞得以快速进入其中西文

---

[1] Wm. Theodore de Bary, *Sources of Chinese Tradition*, New York: Columbia University Press, Vol. 1. 1ˢᵗ. ed., 1960.

明对话的研究之中。狄百瑞的中西文明对话研究主要围绕新儒学展开，其所承担的"哥伦比亚大学新东方研究"项目的第三阶段的进阶项目"新儒学项目"系列读物得以陆续出版，为读者提供了深入研读东方文明之译本，其中，大部分作品皆为出现在西方世界的首本英译本。代表如下：

表 1-3 哥伦比亚大学"新儒学"项目成果

年份	译者	书名
1963	陈荣捷	《王阳明新儒学实践简介》（ *Instructions for Practical Living and Other Neo-Confucian Writings by Wang Yang-ming* ）
1965	华兹生（Burton Watson）	《苏东坡选集》（ *Su Tung-p'o: Selections from a Sung Dynasty Poet* ）
1967	陈荣捷	《近思录》（ *Reflections on Things at Hand* ）
1986	陈荣捷	《新儒学词典：北溪字义》（ *Neo-Confucian Terms Explained: The Pei-hsi tzu-i* ）

在承担编译"东方文明"教材与译介《明夷待访录》的过程中，狄百瑞积累了大量的学科所需基础知识，与华裔学者陈荣捷和秦家懿（Julia Ching）等人合作，扩大了新儒学在美国乃至国际汉学学术界的影响；他主持出版翻译的新儒学经典书籍，为其中西文明对话研究做了扎实的学术准备。

016

第三节　造模成势

自 20 世纪 50 年代至 20 世纪 90 年代初美苏冷战结束，此阶段国际时局变幻莫测，学术多样发展。狄百瑞以亚洲研究协会（Association for Asian Studies，AAS）[1]会长身份积极承担学术发展职责，以新儒学研究为依托，推进中西文明对话发展。其中，狄百瑞组织承办或参与国内国际新儒学学术研讨会议，不断努力推进新儒学研究，不仅提升了自己的学术能力，也促进了美国乃至国际新儒学研究的发展。

从 1954 年起，到 1991 年从哥伦比亚大学退休，这段时间为狄百瑞学术研究的黄金期。这一阶段，随着国际时局与社会环境变换，欧美学术交流，以及中西学者思想文化的互通，所带来的视角与方法论上的优化，皆影响着狄百瑞中西文明对话观的形成与发展。

一、推动美国新儒学研究蔚然成风

1958 年 8 月 23 日美国国会通过《国防教育法案》（*National Defense Education Act*），为美国汉学的发展创造了巨大契机。该法案明确规定了对高等学校开展语言和区域研究（Regional Studies）的支持。[2]因政局需求，政府对于中国的研究极为重视，1959 年至 1969 年大约有 4000 万美元补助。除此，福特基金（Ford Foundation）自 1959 年至 1970 年间付了 2380 万美元，

[1]亚洲研究协会前身远东研究协会（Far East Asia Association）于 1948 年成立，恒慕义当选为首任主席。于 1951 年成立中国思想委员会（Committee on Chinese Thought），主席为斯坦福大学的中国学家芮沃寿，目的在于有针对性地组织和指导美国学术界的中国思想研究。20 世纪 50 年代中期之后，美国从事东南亚和南亚研究的学者迅速增加，为了适应新的形势，1956 年远东研究协会更名为亚洲研究协会，1970 年狄百瑞任会长。亚洲研究协会的会员来自美国众多大学，对美国的中国哲学研究起到了非常重要的推动作用。
[2]Philip C. C. Huang, "Biculturality in Modern China and in Chinese Studies", *Modern China*, Vol. 26, No. 1（Jan. 2000）.

用于高校和科研机构设立专题与多领域的中国课程。主要受惠高校，包含 6
所长期研究汉学的大学：在 1959—1969 十年间，哈佛大学 290 万美元，密
歇根大学大学 250 万美元，哥伦比亚大学 250 万美元，伯克利大学 180 万
美元，华盛顿大学 170 万美元，康奈尔大学 130 万美元，支持力度相当大，
为新儒学研究提供了良好的经济基础与政策支持。

　　1959 年 6 月 19—21 日，纽约大学举行"古尔德会议"（Gould
Conference），汇聚了来自美国各地的中国研究专家，集中商讨重建中国学
研究问题。1959 年当代中国研究委员会（Joint Committee on Contemporary
China）成立。由于有资金的支持，科研人员逐渐壮大，美国的中国学开始
群体化、规范化。这为中西文明对话提供了良好的学术氛围。

　　在相对良好的学术环境与中国传统文明研究需求下，狄百瑞为中西文
明对话做出了巨大努力。自 1964 年起，狄百瑞邀请"陈荣捷作为客座教授
开始了与哥伦比亚大学长达 34 年的合作"[1]，他们共同创立有关中国传统文
明博士后研讨会、东方思想与宗教研讨会等。杜维明曾在提及这些学术活
动时说："在狄百瑞的领导下，一系列研讨会在欧美召开，鼓励东西方学者
探索新儒家生平、思想所蕴涵的意义。"[2] 这对美国汉学界产生广泛影响。

　　哥伦比亚大学新儒学研讨班一经开办，创建了新的学术资源，影响
力越来越大，参与讨论的学者不限于纽约、剑桥地区附近的高校，还有赴
美国讲学或进修的亚洲学者，甚至欧洲学者专门乘飞机前往参加，不久便
成为美国新儒学研究中心和人才培养基地，包括狄百瑞的博士研究生华霭仁
（Irene Bloom，又译卜爱莲）、M．E．塔克（Mary Evelyn Tucker）、J．A．塔
克（John A．Tucker）和学者包弼德（Peter K．Bal）、吴百益（Pei-yi Wu）、

　　[1] Wm. Theodore de Bary, "Obituaries Wing-Tsit Chan（1901—1994）", Association for Asian Studies: *The Journal of Asian Studies*, Vol. 53, No. 4（Nov., 1994）, pp. 1354–1356.
　　[2][美] 杜维明：《论儒学第三期》，钱文忠、盛勤译，见杜维明《道·学·政：论儒家知识分子》，上海
人民出版社 2000 年版，第 146–147 页。

傅佛果（Joshua A. Fogel）等，他们皆为优秀学员。

　　华霭仁和傅佛果后来回忆在研讨班的时光时说："陈荣捷和狄百瑞联手设立的新儒学思想研究生讨论班是后学们的幸运，因为参加过研讨班的人，都从两位学识渊博和高风亮节的学者身上，获益无穷。"[1]魏斐德称"美国研究中国历史学术界在哥伦比亚大学的狄百瑞领导之下开创了独特的新儒学派"[2]，推进美国新儒学作为独立的学科得以创立，越来越多的学者加入新儒学学术研究的队伍中来，新儒学研究蔚然成风。

　　除此，狄百瑞于 1966 年重拾麦卡锡主义运动期间被迫中断的"中国历史项目"。为完成此百科全书式的传记词典，狄百瑞与房兆楹（Fang Chao-ying）和杜联喆（Tu Lien-che）等学者通力合作，最终于 1976 年编纂完成并出版，它至今仍是中美学术合作的一座丰碑，是美国汉学，尤其是新儒学研究关于明代（1368—1644）研究最重要的参考著作。

　　狄百瑞的中西文明对话观，不仅于美国汉学界造成影响，与中国现代新儒家的诸多观点亦遥相呼应。方克立对现代新儒学做解释时，强调现代新儒家应"吸纳、融合、汇通西学，以寻求中国现代化道路"[3]；唐君毅、牟宗三、徐复观、张君劢等联名发表的《中国文化与世界》，强调传统思想"心性之学"应通过吸收西方理性逻辑思维，深入解析"理"之超越性；当代美籍华裔汉学家、现代新儒家、"新新儒学"提出者成中英所创国际中国哲学会（International Society for Chinese Philosophy，ISCP），力图在与世界文明对话的前提下，不仅让世界看到并认可丰富独立的东方文明，亦为世界提供更多解读人类文明的视角。这些学者多为促进美国新儒学发展的中坚力量，与狄百瑞多有学术探讨。

---

[1] Irene Bloom & Joshua A. Fogel eds., *Meeting of Minds: Intellectual and Religious Tradtions in East Asian Traditions of Thought*, New York: Columbia University Press, 1997, pp. 1-2.

[2][美]魏斐德：《当代西方学者对中国文化的评价》，见中国文化书院讲演录编委会编《中外文化比较研究》，生活·读书·新知三联书店 1988 年版，第 191 页。

[3]方克立：《现代新儒学与中国现代化》，天津人民出版社 1997 年版，第 4 页。

二、"亚洲研究协会"与主要学术会议

1969 年至 1970 年，狄百瑞就任亚洲研究协会会长，并于 1971 年至 1978 年任职哥伦比亚大学学术事务执行副校长兼教务长（Executive Vice President for Academic Affairs and Provost），于 1978 年至 1986 年，担任美国学术团体理事会主席，哥伦比亚大学、亚洲研究协会与美国学术团体理事会成为狄百瑞推动中西文明对话观发展的主要学术平台。

"中国历史项目"在麦卡锡主义时期的遭遇，让狄百瑞明白了学术应与政治保持距离，所以在作为亚洲研究协会会长时，狄百瑞定位亚洲研究协会为"非政治性亚洲学术研究组织"，提出"为保障更好的学术发展空间，应与时代的政治斗争保持一定距离"[1]，并指出协会主要职能为促进中西文明对话，并推动高校东亚文明教育的发展，主要关注新知识的演变和旧问题的新方法。例如，1970 年，亚洲研究协会会议上，小组讨论时一位协会成员嘲笑亚洲研究协会关注的问题琐碎且无关紧要，诸如"明朝茶马交易"（Ming Tea-horse Trade）或佛教哲学问题等话题，与当时重大的政治和道德问题关系不大，提议应该更关注当代世界的紧迫问题，特别是越南战争。而当时，亚洲研究协会会员超过 4700 人，是美国最大的外国地区研究组织。狄百瑞面对如此的提问，立即表明立场：美国亚洲研究协会是非政治性的亚洲学术研究组织，坚守学术自由，关注学科成长。

自 1966 年开始，狄百瑞以"新儒学"研究为具体内容，发起或参与中西文明对话相关研究会议。此一系列会议具体涉及了明朝、元代、清朝等朝代，"道统""心学""理学""实学"等思想的发展研究状况，极大地

---

[1] Wm. Theodore de Bary, *The Association for Asian Studies: Nonpolitical but not Unconcerned*, Association for Asian Studies: *The Journal of Asian Studies*, Vol. 29, No. 4（Aug., 1970），pp. 751-759.

推动了美国学界对新儒学的关注与研究。除了以亚洲研究协会为研究平台，狄百瑞还积极推动其他学术协会对中西文明对话的研究。

　　此阶段所参与或推动召开的学术会议，如下表所列：

表 1-4　狄百瑞发起或参与的学术会议

时间	会议	地点	举办单位
1966 年 6 月	明朝思想会议	伊利诺伊州尚佩恩	美国学术团体理事会
1969 年 6 月	太平洋沿岸会议	华盛顿州西雅图	亚洲研究协会
1969 年 10 月	中西部亚洲事务会议	俄克拉何马州	亚洲研究协会
1969 年 10 月	斯蒂尔沃特会议	亚利桑那州图森	亚洲研究协会
1970 年 1 月	亚洲研究协会会议	南卡罗来纳州劳伦堡	亚洲研究协会
1970 年 9 月	17 世纪中国思想研究会议	意大利塞尔贝罗尼	亚洲研究协会
1974 年 6 月	理学与实学会议	夏威夷大学	福特基金会
1978 年 1 月	蒙古统治下的中国思想[1]	华盛顿州伊瑟阔	美国中华文明研究会
1981 年 7 月	新儒学在韩国的发展	意大利贝拉焦	美国学术团体理事会
1984 年 8 月	新儒学教育会议	普林斯顿大学	美国学术团体理事会

　　1966 年 6 月，美国学术协会通过中国文明研究委员会（Committee on The Study of Chinese Civilization），在伊利诺伊大学（University of Illinois）的合作和支持下，于尚佩恩（Champaign）举办了一次关于明朝思想的会议，主要参与专家包括：唐君毅、简又文（Jen Yu-Wen）、陈荣捷、夏志清（C．T．Hsia）、索安（Anna Seidel）、柳存仁（Liu Ts'un-Yan）、黄仁宇（Ray Huang）、霍维茨（Leon Hurvitz）等。会议后狄百瑞

---

〔1〕与中国学术界惯常使用的朝代划分法不同，西方汉学界按照某一思想与文化发展的接连性对时代进行划分，目的是使学者更直观感受到中国思想文化的延续性。后文提及此会议时不再赘述。

汇编相关文章，出版集刊《明代思想中的自我与社会》，此为其主编出版中西文明对话研究系列讨论集的第一阶段成果。

1970 年 9 月在美国学术交流协会中国文明研究委员会的赞助下，在意大利贝拉吉奥的塞尔贝罗尼大厅举行了 17 世纪中国思想研究会议，主要参与专家包括：成中英、杜维明、唐君毅、荒木见悟（Araki Kengo）、吴百益、林理彰（Richard John Lynn）、艾维泗（William S. Atwell）、裴德生（Willard J. Peterson）、麦穆伦（Ian McMorran）等。会议后狄百瑞汇编相关文章，出版集刊《新儒学的展开》为其主编出版中西文明对话研究系列讨论集的第二阶段成果。

1974 年 6 月成中英在福特基金会的资助下于夏威夷（Hawaii）组织召开会议，会议内容主要涉及清朝初年新儒学发展遭受冲击时儒家所做出的妥协与变革。主要参与专家包括：华霭仁、成中英、秦家懿、源良缘（Minamoto Ryoen）、冈田武彦（Okada Takehiko）、山下竜二（Yamashita Ryuji）等。会议后狄百瑞汇编相关文章，出版集刊《理学与实学》为其主编出版中西文明对话研究系列讨论集的第三阶段成果。

1978 年 1 月在华盛顿州伊瑟阔（Issaquah）举行了蒙古统治下的中国思想会议，该会议由美国中华文明研究会赞助，由陈学霖（Hok-lam Chan）教授主持，主要参与学者有：陈荣捷、杜维明、兰德彰（John D. Langlois, jr.）、福赫伯（Herbert Franke）、格达莱西亚（David Gedalecia）、于君方（Chun-fang Yu）、柳存仁等。会议后狄百瑞汇编相关文章，出版集刊《元代：蒙古统治下的中国思想和宗教》，为狄百瑞主编中西文明对话研究会议集第四阶段成果，是美国学术界首本多方位研究元朝儒学思想的论文集。

1981 年 7 月，在洛克菲勒基金会的资助下，于塞尔贝罗尼大厅举行研究韩国在东亚文明共同体中的重要性主题会议。主要参与学者为：秦家懿、钟蔡植、杜维明、陈荣捷、张灿希（Chai-sik chung）、伊颂慕（Yi

songmu）、李泰镇（JaHyun Kim Haboush）、尹丝淳（Sa-soon Youn）、韩
永悟（Han Young-woo）、三浦国雄（Miura Kunio）、李鹤株（Peter H.
Lee）等。会议后狄百瑞汇编相关文章，出版集刊《新儒学在韩国的兴
起》，为狄百瑞主编中西文明对话研究会议集第五阶段成果。学界十分肯
定狄百瑞此项"对于韩国新儒学学者的介绍，以及对美德与情感关系之争
论的开创性工作"[1]，此书对于西方研究东亚文明共同体之中国、日本、韩
国间的文明异同意义非凡。

1984 年 8 月 30 日—9 月 4 日，由美国学术团体联合会资助，于新泽西
普林斯顿（Princeton, New Jersey）的亨利昌西会议中心（Henry Chauncey
Conference Center）召开会议。针对东亚现代化迅速成功的事实，狄百瑞
等学者进行溯源发现，"东亚人对新知识的接受程度，以及他们的品质特
征，如勤奋努力，谦逊恭敬等，皆源自新儒学之特性"[2]，以此来确证新儒
学教育在东亚充当的身份与所起的作用。会议主要参与学者为：华霭仁、
杜维明、孙迈荣（Myron Cohen）、贾德纳（Daniel Gardner）、包弼德、
朱荣贵（Ron-guey Chu）、伊佩霞（Patricia Ebrey）、吴百益、柏清韵
（Bettine Birge）、余蓓荷（Monika Ubelhor）、韩明士（Robert Hymes）、
万安玲（Linda Walton）、贾志扬（John W. Chaffee）、许理和（Erik
Zurcher）、于君方等。此会议后狄百瑞汇编相关文章，出版集刊《新儒
学教育：成型阶段》，为狄百瑞主编中西文明对话研究会议集第六阶段
成果。

狄百瑞于此阶段参与、召开的会议极大地推动了美国汉学的发展，提
升了中国传统文明尤其是新儒学在美国学界的影响力。从参与会议的学者

---

[1] DonBaker,Book Review, *The Rise of Neo-Confucianism in Korea* by Wm. Theodore de Bary, University of
British Columbia: *Pacific Affairs*, Vol. 59, No. 4（Winter, 1986—1987）, pp. 709-710.
[2] Valerie Hansen, Book Review, *Neo-Confucian Education: The Formative Stage* by Wm. Theodore de Bary, The
University of Chicago Press: *The Journal of Religion*, Vol. 72, No. 1（Jan., 1992）, pp. 149-151.

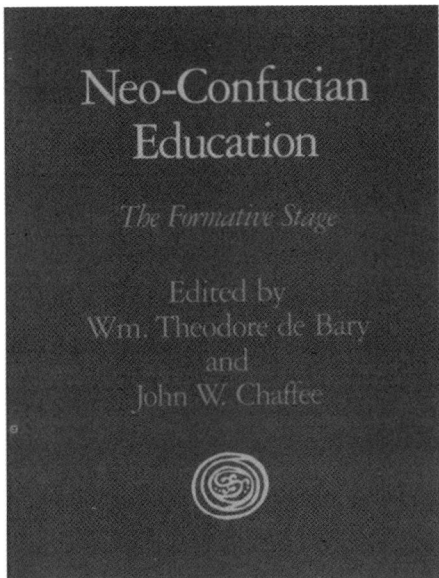

狄百瑞汇编会议集刊代表性作品之一：
《新儒学教育：成型阶段》（*Neo-Confucian Education: the Formative Stage*）

来看，其自身的学术影响力在美国学界也逐渐提升，这使其中西文明对话观点也得到大力推广。

三、研究方法与主要观点的生成

狄百瑞自身具有较高的政治与国际格局敏锐度、扎实的西方理论背景知识、开阔的视野、客观严谨的学术态度、悦纳包容开放的学习心态等，经过扎实的学术积淀与大量学术实践活动后，形成了独特的中西文明对话研究视角与观点。自1981年至1991年狄百瑞学术专著陆续出版，其研究方法与学术观点也随着专著的出版，悉数显现。

第一，注重回归原典文本。1983年，狄百瑞出版《中国的自由传统》，书中狄百瑞发展了自己在《道学与心学》中所使用的学术方法，即以"基

024

要派"（Fundamentalism）为核心方法，注重文献材料从"内里进路"，回
归到研究对象的文本之中，还原文本原语境系统与思想内容，否定当时汉
学界颇为通行的以西方概念出发，从中国文本中找寻零碎的只言片语佐证
的方法。狄百瑞认为新儒学作为独立完整的思想系统，无须外力冲击，自
身便具有革新之能力，而这种能力，是其身为中国传统文明的价值之一，
值得深入探寻。

20 世纪四五十年代，特殊的时代背景与国际格局，使费正清的"冲
击—回应"模式理论一度成为美国汉学界学术主流。然而，狄百瑞一经介
入新儒学研究，便对此观点产生怀疑，做了大量学术实践为中国传统文明
正名。直至 20 世纪 70 年代，经过狄百瑞及学人十几年共同努力，以"水
门事件"为契机，引发美国学术界从根本上思考汉学研究的方法与观点，
"冲击—回应"模式开始遭到正面挑战，其中，较为代表性的是柯文提出
的"中国中心观"（China Centered Approach）[1]。

柯文认为学术虽受社会环境影响较大，但仍旧要遵从学科自身发展规
律，"中国中心观"最核心的特征就在于，中国研究应从中国历史观点出
发，而非从西方所期望的观点出发。

狄百瑞研究新儒学所采用的方法和柯文倡导的"中国中心观"异曲同
工，并比其走得更深一步。他研究黄宗羲，被其批判与革新精神所震慑并
深受启发，认为黄宗羲对当时中国制度的批判并非从中国政治传统外部，
而是从其内部着手，深刻并富有洞见。如张立文所述："如果柯文是从'中
国中心观'而非美国或西方中心史观来研究中国的传统和变革的话，那
么，狄百瑞则是力图抛却西方狭隘的地方主义观念，而非儒学发展过程内
部，即从它的历史性和整体性角度，去寻找儒学传统价值的本质。"[2]这种

〔1〕Paul A. Cohen, *Discovering History in China: American Historical Writing on the Recent Chinese Past*, New York: Columbia University Press, 1984.
〔2〕张立文：《中外儒学比较研究》，东方出版社 1998 年版，第 336 页。

深入儒家人格和思想内部进行探讨的哲学研究路径，至今仍被美国学界人士效仿。

第二，融入社会科学的方法。1988 年，狄百瑞出版《东亚文明：五个阶段的对话》，其中有许多研究对象的定义，狄百瑞以社会科学的方法——"操作概念"（Working Definitions）处理，这是其学术研究的第二个主要特点。狄百瑞大学时代就热衷于社会科学，他自述在历史方面受到雅克（Jacques Barzum）的影响，同时，有幸得到哲学教授欧内斯特·内格尔（Ernest Nagel）、人类学教授拉尔夫·林顿（Ralph Linton）、经济学教授雷蒙·索尼耶（Raymond Saulnier）等名师指导。[1] 20 世纪 40 年代末开始，社会科学迅猛发展，美国学术界进入丹尼尔·贝尔（Daniel Beyle）提出"社会科学时代"，认为社会科学的发展对其他任何学科都产生着巨大影响。作为美国学术一部分的汉学研究，也受到社会科学发展的巨大影响，如艾伯华（Wolfram Eberhard）于《汉代天文学与天文学家的政治功能》[2]中运用统计学的方法，从史料中钩稽出符瑞与灾异现象，以探讨汉代中国的天文学和天文学家在朝廷政治中所发挥的作用等。

狄百瑞在其研究中多采用"操作概念"方法，即并不在于确切地规范研究对象的全部内容，而是抓住事物之核心特质，以此展开讨论。如狄百瑞在讨论"新儒学"时，并未给出确证时间、具体内容和所有的思想与代表人物，而是机敏地抓住研究对象之核心，即凡出现于唐末至清初，具有传承传统思想同时保持开放、连续、革新、发展等特质之思想全部纳入"新儒学"研究范畴。狄百瑞在讨论新儒学之人权与自由时，亦采用同样的方式。这种避免对研究对象作明确界定的方式，增强了研究对象的弹性

---

〔1〕［ 美 ］狄百瑞：《与斯人之徒——狄百瑞思想自述》，朱荣贵译，载《中国文哲研究通讯》1992 年第 2 卷第 4 期，第 42 页。

〔2〕John K. Fairbank, ed., *Chinese Thought and Institutions*, Chicago &London: The University of Chicgaopress, 1957.

026

和研究方法的适用性。

第三，关注思想与社会历史之间的关联。1989 年，狄百瑞出版《心学与道统》，其中运用了"外在研究理路"与"内里进路"相结合的方法，既注重思想与社会历史进程之间的紧密关系，同时将思想人物或内容置于外在的政治、经济、社会等历史脉络中加以考量。这一方法，在狄百瑞 1979 年发表的文章《成圣，作为德川时期新儒学思想中的精神理想》（Sagehood as a Secular and Spiritual Ideal in Tokugawa Neo-Confucianism）[1] 中就已初成。此篇文章主要解析了新儒学的内涵和巨大的影响力，而后对周边国家，尤其是日本、韩国等社会环境进行分析，试图挖掘新儒学在周边国家造成影响的原因。

狄百瑞在学术研究之初阅读钱穆的著作，发现钱穆将宋明理学放置在中国学术思想发展的整体框架中来加以阐述，即循着学术思想史的"内在理路"的同时，从文化、社会等方面与儒学的连续性视角来考察和分析问题。钱穆的这种全新的研究方法，与当时流行的"区域研究"既相似又不同，对于狄百瑞所熟知的西方儒学研究所惯用的研究来说，无异于是醍醐灌顶的理念刷新，也引发了他对西方儒学研究方法的批判性反思。所以，狄百瑞的新儒学研究不仅局限于"道统"或"心学"之单一理论研究，还将思想放置于彼时时代社会背景下，关注思想与制度、教育、民间组织、女性权力等方面之间的互动与关联。

第四，注重文明的历史脉络性发展。1991 年，狄百瑞出版《为己之学：新儒家思想中的个体论文集》，此本书凝聚了狄百瑞的另一主要学术观点"文明连续性发展观"，即"新儒学非静止，它是连续发展的"[2]。此书为

[1] Wm. Theodore de Bary, *Principle and Practicality: Essays in Neo-Confucianism and Practical Learning*, New York: Columbia University Press, 1979, pp. 127–188.

[2] Wm. Theodore de Bary, *Asian Values and Human Rights. A Confucian Communitarian Perspective*, Cambridge: Harvard University Press, 1998, p. 150.

狄百瑞 1970 年发表的文章《明末的个人主义和人道主义》(Individualism and Humanitarianism in late Ming Thought)[1]一文的拓展版。针对美国汉学界以及中国学术界皆认为"中国的过去是静止不变的，不能自己创造历史，任何进步都需依靠外部力量的影响，尤其是新儒学时期，是死亡、压制和专制主义"[2]，狄百瑞指出任何文明都是一个发展的过程，任何思想都并非静态，而是随历史变更推进。中国传统文明中，以新儒学最为代表，其积极入世，传承传统文明，吸纳其他民族的文明，在不断的自我批判与反思中持续自我更新发展，并进一步论证了新儒学已具备进步性因子，例如"自由""个体主义"等。

　　狄百瑞的文明连续性发展观，尤其是新儒学进步论，与唐宋转型说相互影响。唐宋转型说最初由日本历史学者内藤湖南借鉴欧洲的中国历史分期法，于 1922 年正式提出，认为宋元为中国之"近世"[3]之开端。唐宋转型说自提出以来，在日本学界引起的反响是相当热烈的，后成为日本中国学界的研究主流。1955 年，美国《远东季刊》8 月号上柯睿格刊登了《宋代社会：传统之内的改变》一文，提出中国"从 10 世纪到 13 世纪发生了急速的深远的变化"，这与狄百瑞提出的新儒学时期代表中国传统文明巨大的转变，几乎在同一时间。

　　随着狄百瑞学术活动的推动和唐宋转型说的热潮，美国学术界对新儒学的热情逐渐上升。1970 年 5 月，美国学术团体理事会宋代研究支会与中国文明研究委员会提供资金，于宋元研究社（The Society of Sung，Yuan

---

〔1〕Wm. Theodore de Bary, *Self and Society in Ming Thought*, New York: Columbia University Press, 1970, pp. 145–247.

〔2〕Wm. Theodore de Bary and others, eds., *The Unfold Neo-Confucianism*, New York: Columbia University Press, 1975, pp. 1–2.

〔3〕内藤湖南将中国历史分为"上古"(Ancient)、"中古"(Medieval)和"近世"(Modern)三个时期。上古阶段从盘庚迁殷至东汉中期（？—约 100 年），中古从东晋南北朝至唐中叶（307 年—756 年），近世则从宋元开始至明清（960 年—1911 年）。

and Conquest Dynasty Studies）出版了《宋元研究通讯》（*Sung Studies Newsletter*）。狄百瑞带领的新儒学团队与支持唐宋转型说的学者的学术成果，多有交叉，如包弼德在《斯文：唐宋思想的转型》一书中，立足新儒学时期，立足士人从士族到文官、再到地方精英的角色转变的角度，以此为社会基础研究唐宋思想转型；1971 年在德国举行的宋学会议中，谢康伦在文章《非难之下的新儒学：伪学的定义》（Neo-Confucians under Attack: The Condemnation of Wei-hsueh）中，针对新儒学时期的伪学问题，列举了历朝攻击伪学的论据、人物等内容。1989 年，万安玲的文章《新儒家的制度关系：在宋元时期的学者、学派和书院》（The Institutional Context of Neo-confucianism: Scholars, Schools, Shuyuan in Sung-Yuan China）把地方性的书院视为新儒家教育理想的实践基地等。

　　无论是"内里进路""操作概念""外在研究理路"还是"文明连续性发展"观等学术研究方法与观点，都有其自身的长处和短板。狄百瑞将这些方法融汇得恰到好处，如，"外在研究理路"强调人之生存的复杂社会政治经济网络，却忽略了人物的精神追求，难以有效解决人的"历史性"与"超越性"之间的紧张关系，而"内里进路"这种研究方法，恰能够弥补。"操作概念"与历史思想发展观的相互作用，使其科研更加具有学术性，而"文明的连续性发展"又能与"内里进路"相互呼应融合。狄百瑞正是在此系列学术方法中，不断推进中西文明对话的研究。

第四节　反思与超越

　　20 世纪 90 年代冷战终结，中国以全新形象立于世界舞台，汉学研究逐渐繁盛。美国汉学受"新文化史"影响，开始涉猎边缘或弱势群体，如民族、妇女、民俗、信仰等，学者身份构成亦趋于多元，如神学、历史学、社会学、经济学等，促其中西文明对话得以全方位推进。1991 年狄百瑞正式从哥伦比亚大学教职岗位退休，虽已年过古稀，但他的学术生命仍未停止。2013 年狄百瑞最后一本著作出版，其对学术依旧保持警醒与一贯的前瞻性，并通过自己的学术总结，得出中西文明对话应是相互的，新儒学不仅能够促进西方的反思与发展，而且应以西方文明视角，推进中国传统文明的再发现与认知。

一、世界文明多元观下的人权讨论

20 世纪 90 年代初，随着东欧剧变、苏联解体，汉学界许多曾经的主流研究范式成为历史，学界开始反思冷战时期因政治激烈对抗带给文化、意识形态和人类思维方式二元对立等方面的影响。越来越多的学者开始正视中国传统文明的价值，亚洲经济逐渐繁荣发展，美国华人逐渐崛起。

随着中国和亚洲经济的逐渐好转，在美华人的地位有了提升，如 1986 年起美国华人经济已跃居全美少数民族之首。华人的崛起一定程度上推动着美国汉学学术的发展。例如，美国著名华人企业家程庆曾资助在夏威夷召开的东西方哲学家会议等，中美学术交流逐渐增多。自 1989 年至 1999 年，狄百瑞共于中国参加了三次孔子诞辰纪念的学术讨论活动。一为 1989 年，参加孔子诞辰 2540 周年纪念与国际学术研讨会，并于会上发表主旨演讲。二为 1994 年 10 月 5 日至 8 日参加孔子诞辰 2545 周年纪念与国际学术研讨会，与会人员还有：杜维明、吴光、沟口雄三、李瑞智、李光耀、楼宇烈、安炳周、嵇辽拉、詹海云、柳明钟等。会上，狄百瑞发表演讲 "This Orientation and Future Prospects of Confucianism"，后经田玉荣翻译为《儒家学说的命运与方向》，于 1995 年发表。三为 1999 年参加于北京召开的孔子诞辰 2550 周年纪念与国际学术研讨会。狄百瑞指出孔子诞辰纪念的举办，说明中国逐渐解决物质生活的问题，开始重视思想建设，并重拾传统文化。这有利于全球中国传统文明与中西文明交流的发展与研究。

在中国国际地位逐渐提升之时，狄百瑞敏锐地将人权话题引入中西文明对话之中，20 世纪 90 年代后越来越多的汉学学者围绕中国传统文明中有关人权问题进行探讨。针对西方提出的人权概念，狄百瑞试着用差异性与相似性来解析儒家文化中的相关内容，提出在讨论人权问题的时候，应公平地考虑文化间的差异，同时考虑人类价值整体的共同性，如此才能构建所有不同文化之间都可以接受的人权观念。

1998 年，狄百瑞出版《亚洲价值与人权：儒家社群主义的视角》，汇聚了他于各类研讨会上的演讲，其中包括国际儒学联合会分别在北京、曲阜、长沙岳麓书院等地举办的研讨会，东亚研究合作联合委员会（Joint Committee for Cooperation on East Asian Studies）由法兰西学院的谢和耐（Jacques Gernet）和魏丕信及法国远东学院汪德迈教授主持、于巴黎举办的研讨，由教皇保罗二世与维也纳的人文科学研究所于意大利的卡斯特尔（Castel Gandolfo）举办的研讨会等。狄百瑞认为世界上不同文明间对于人类终极问题的探讨，虽形式有别，但实质共通，其对埋没在漫长封建专制制度下的新儒学人权的探究，无疑能提升全球人权的包容度。

狄百瑞经研究指出："儒家强调以特定的方式尊重人、来承担个人责任和互相支持，这对现代人权的法条主义解释方式具有补充作用。"[1]如在制定《世界人权宣言》（1948，以下简称《宣言》）[2]时，中国代表张彭春以委员会副主席的身份，将儒家智慧"仁爱""大同""求同存异"等思想融入《宣言》的起草订立工作，为制定被全球认可的人权宣言做出了应有的贡献。狄百瑞更是于新儒学研究过程中发现宋代以自愿、互助为原则

〔1〕［美］狄百瑞：《亚洲价值与人权：儒家社群主义的视角》，尹钛译，任锋校，社会科学文献出版社 2012 年版，第 142 页。
〔2〕《世界人权宣言》于 1948 年 12 月 10 日在第三届联合国大会通过，为《联合国宪章》中人权条款的权威性解释，并成为国际人权法系的纲领性文件，是其他具有法律效力的国际人权公约的立法依据，是世界人权的有力保障。

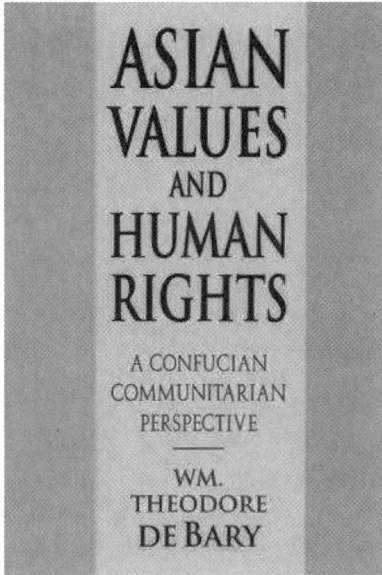

狄百瑞代表性专著之一：
《亚洲价值与人权：儒家社群主义的视角》
（ *Asian Values and Human Rights：A Confucian
Communitarian Perspective* ）

的"乡约"，很好地结合儒家传统的"礼"制思想有效保障基层百姓人权，为世界许多民族提供了基层人权保障之范例。

二、"文明冲突"下的反思

20世纪90年代初，随着经济的快速发展，改革开放的中国取得举世瞩目的成就，美国学界出现以客观态度认可中国传统文明现象的同时，也有一些学者以儒家文化与西方文化存在差异为借口，大肆攻击儒家文明。在这种环境下，与政治紧密关联的美国汉学界受到相关影响，开始出现一大批否定儒学思想的研究。如马修·乐维（Matthew Arnold Levey）的博士论文：《朱熹作为"新儒家"：朱熹对异端、邪道与"儒家"传统的批评》（ *Chu Hsi as a "Neo-Confucian"：Chu Hsi's Critique of Heterodoxy，Hersey and the "Confucian" Tradition Diss*)[1]等。

因西方世界对中国虎视眈眈，1991 年狄百瑞出版了他对于儒家的一个相对成熟的思考——《儒家的困境》，以宗教视阈为参照，指出儒家固有的精神困境问题，向西方展示任何文明都有优缺，不应将任何文明看作威胁。

狄百瑞认为，儒家不存在威胁，儒学有自身缺陷，这些缺陷在儒家文化里很难消除。此矛盾具体表现为三：第一，儒家君子为实现自我价值与为百姓谋福祉的儒家终极追求，从"知天命""从天命"到献身于"传天命"的过程中，构建严密的道德规训与严苛的宗法礼制秩序，但巨大的精神压力、对人自然本性的压抑，使儒生自身陷入精神撕扯之中；第二，儒家在自足的农耕文明社会中，缺乏彼岸精神依托与归属，儒家价值实现权利化、崇高追求与不稳定的社会地位之间的矛盾，使儒家陷入挣扎的生存困境之中；第三，天命王权下人的不平等阶层划分，致使本出自大众的儒生晋升精英阶层之后，逐渐与大众脱联，阶层架空致使自己毫无阶级支撑，陷入孤立无援的处境之中。"背后缺乏有组织的政党的支持或者积极拥护儒家的人的支持"[2]，使得儒家学者一直沉陷在百姓苍生与皇权专制间，困于身份迷失与使命幻灭的双重打击之中。狄百瑞此书一经出版，引起广泛争论与探讨，中西文明对话的意义也在于以西方立场关照东方，以更多的视角解读中国传统文明之痼疾与困境。

1993 年，亨廷顿（ Samuel P. Huntington，1927—2008 ）出版《文明的冲突》，坚持认为中西文明包括中国文明导致的"文明冲突"对西方文明有弊而无益，认为新世界冲突的根源"不是意识形态的和经济的"而是"文化上的"，并指出，儒学"向西方利益、价值观的权力提出挑战"。由

---

[1] Matthew, *Chu Hsi as a "Neo-confucian"*: *Chu Hsi's Critique of Heterodoxy, Hersey and the "Confucian" Tradition Diss*, Chicago: The University of Chicago, 1991.

[2]［美］狄百瑞：《儒家的困境》，黄水婴译，北京大学出版社 2009 年版，第 59 页。

于中国经济发展迅速，亨廷顿等人又以儒家文化与西方文化存在差异为借口，大肆攻击儒家文明，鼓吹所谓"文明冲突"。

同时，狄百瑞著作的出版引起了一些学者的反思，也有很多学者受狄百瑞影响，持与狄百瑞相似观点，客观看待中国文明，提出对儒学困境与缺陷的看法。1998 年余英时出版的《现代儒学论》[1] 皆为代表性研究成果，从外因写了儒家历史上面临的三次挑战，通过面临的三次挑战来分析儒学在当下面临近现代之挑战的艰难，与狄百瑞的观点形成互动。两者皆认为"文明冲突"或"中国威胁"，只会引起中西文明间更深的误会，不利于文明发展，中西文明间应多对话，促进彼此互补互融。

三、中西文明对话观指导下的教学实践

2013 年，狄百瑞出版最后一本专著《伟大的文明对话：国际社会教育》，以中西文明对话观串联其一生学术研究、教学实践与学术交流等，具体通过论述中西方自由观念、中西方人权、中西方人文精神所具有的固有困境等内容，论证了中西文明对话为文明发展带来的益处。

在中西文明对话观研究中，狄百瑞一反学术研究常态，不从惯常政治与经济视角入手，而是从人文层面介入汉学研究，尊重中国传统文明独特性，立足人文价值，笃信人类心灵在根本价值追求上的丰富复杂性，力图找寻中西文明间的差异，挖掘所具有的独特价值。

西方大学如柏林大学（University of Berlin）等的建立，其最初教育目的在于培养人之理性与道德修养，但后来随着社会的发展，"认知科学"（Science of Knowing）取代人文精神，大学为适应技术需求，逐渐倾向"工具理性"（Instrumental Rationality）和"功利主义"（Utilitarian

---

[1]［美］余英时：《现代儒学论》，上海人民出版社 1998 年版，第 229 页。

034

Imperatives）。狄百瑞认为教育需重拾人之德性培养，正如张君劢所推崇的宋代书院教育目标，即注重"师道尊严与德性劝勉"一样，狄百瑞注重人文关怀，将中西文明对话观融入哥伦比亚大学通识教育之中，形成独有的教育特色。

　　狄百瑞供职哥伦比亚大学东亚文学系达半个世纪之久，自1971年任职哥伦比亚大学学术事务执行副校长兼教务长之后，他大力推进东方传统文化在哥伦比亚大学的教授。狄百瑞认为"教育的目的在于培养学生亲眼看事物不同的方法"[1]，而对中西文明差异的解读，恰能够使人们"尊重他人所珍视的东西"，进而看到更多可能[2]，使得文明更具包容性。如今多元文化主义必须通过多个传统经典阅读和对话讨论实现以上目标[3]，由此，狄百瑞指出"在大学的通识教育里，中国经验都是不可或缺的部分"[4]。

　　狄百瑞将以中西文明对话观为核心的新儒学研究，投注长达半个世纪的教育实践之中，对中国传统文明在美国乃至西方世界的传播做出了杰出贡献。狄百瑞在中国传统文明教材编撰与课程安排中，颇具前瞻性地将儒学教育和西方传统文明相结合。其独特的教育观及教学实践，不仅使美国乃至世界的亚洲文明教育发展受益，对中国当下高校教育实践也有着重要启示。

　　综上所述，狄百瑞中西文明对话观生成、发展于美国社会历史文化背景极为复杂时期。自20世纪40年代狄百瑞开启学术研究，于20世纪50年代萌生中西文明之间应平等对话的观念，20世纪60年代创立"美国新

---

〔1〕〔美〕狄百瑞：《中国研究何去何从 》，王德威译，载《世界汉学》2003年第2期。

〔2〕Wm. Theodore de Bary, *The Great Civilized Conversation: Education for a World Community*, New York: Columbia University Press, 2013, p. 42.

〔3〕Wm. Theodore de Bary, *The Great Civilized Conversation: Education for a World Community*, New York: Columbia University Press, 2013, p. 36.

〔4〕〔美〕狄百瑞：《中国研究何去何从 》，王德威译，载《世界汉学》2003年第2期。

儒学派"〔1〕，并以新儒学研究为依托开启更加深入的中西文明对话研究。随着专著陆续出版，形成诸多自己独特的学术观点与研究方法，对美国汉学发展影响深远。狄百瑞的贡献还在于将中西文明对话的相关研究贯穿其长达半个世纪之久的教学生涯之中，〔2〕对中国传统文明在美国高校的教育与海外的传播做出杰出贡献。

狄百瑞认为任何文明都难以达到完美状态，在拥有自身独特价值的同时，也有着自我视阈下难以逾越的困境，中西文明应通过对话交流，进行自身省察、革新创造、进步发展。当与中西文明相遇时，应找寻人类在根本价值追求上的同质性与表现形式的多样性，以期在中西文明的对话中，挖掘对方的独特价值，扩充对文明的认知。促进文明革新发展，推进世界文明的进步，这便是中西文明对话的终极意义。

因狄百瑞认为对话是双向的，所以要求构成对话的文明，应皆为成熟独立丰富的思想体系，如此方能够使得对话"两者互相增益"〔3〕。狄百瑞经研究发现中国传统文明尤以新儒学为代表，因其拥有继承传统核心价值、融汇中西文明、影响周边国家等能力，具备与西方文明对话之前提。其中，中国传统文明对其他民族文明具有强大的包容力，并能够在文明碰撞中进行自我革新与创造的特性，恰是世界文明大融汇的今天所有文明应学习和借鉴的。

狄百瑞指出探索中西文明对话的前提是人类性情的共通性，这要求扎实掌握自己的文明传统，但同时又要避免一元论中心主义。在中西文明对话研究中，狄百瑞既不赞同西方文化霸权，亦不赞同亚洲部分狂热民族主义的泛亚主义观，而是主张深入中西文明原典文本内部，借助"外在研究

---

〔1〕[美] 魏斐德：《当代西方学者对中国文化的评价》，见中国文化书院讲演录编委会编《中外文化比较研究》，生活·读书·新知三联书店 1988 年版，第 191 页。
〔2〕朱荣贵：《西方儒学之干城：狄百瑞的儒家研究》，见傅伟勋、周阳山主编《西方汉学家论中国》，正中书局 1993 年版，第 124 页。
〔3〕[美] 狄百瑞：《中国研究何去何从》，王德威译，载《世界汉学》2003 年第 2 期。

036

理路"与"内里进路"等研究方法，挖掘中西文明中被忽略的独特价值与
对同一问题的不同表达。其目的在于以他者视角检视自我文明，吸纳中西
文明之优势，冲破自我文明之樊笼，促进文明更新。中西文明"对话的最
终目的在于推进全人类文明的进程"[1]。

狄百瑞中西文明对话研究，立足世界文化多元，打破将中国传统文明
看作静止、落后、保守的看法，学术态度客观严谨，深入中国典籍内部，
挖掘中国传统文明的独特价值，并将最新的社会科学理论融入学术研究之
中，关注实时热点，注重思想与社会历史进程之间的紧密关系，将学术研
究联系当世需求，并展望全球人文精神的发展。

狄百瑞中西文明对话观有其自身缺陷，例如对于中国传统文明的认知
过于单薄，汉学家扎戈里亚（Donald Zagoria）认为新儒学研究，"过多地
关注了文化因素在政治形成中的作用"[2]，而一个民族思想观念的发展，社
会经济和政治因素显然是无法忽略的重要内容。此外，狄百瑞对于新儒家
类型认知也不够全面，其提出的"自任于道"的新儒家程颐等，并不能代
表全部儒生。狄百瑞亦没有客观认识到"礼"制宗法等观念对中国社会发
展所产生的巨大障碍等。不过狄百瑞以自身学术的敏锐前瞻性与客观性追
求，赋予美国新儒学超强预见性与独立学科意义，其深厚的学术思想与积
极的教学实践，极大提升了中国传统文明在全世界的声誉与影响力，进而
推动了中西文明间有效的交流。

---

〔1〕Wm. Theodore de Bary, *The Great Civilized Conversation: Education for a World Community*, New York: Columbia University Press, 2013, p. 14.

〔2〕Donald Zagoria, Book Review, *Asian Values and Human Rights: A Confucian Communitarian Perspective* by Wm. Theodore De Bary, *Council on Foreign Relations: Foreign Affairs*, Vol. 77, No. 6（Nov. -Dec., 1998）, p. 165.

第二章 译介《明夷待访录》：拉开汉学研究帷幕

Waiting for the Dawn: A Plan for the Prince 是《明夷待访录》于全球的第一部英文译本，系狄百瑞的博士论文，初稿于 1953 年完成。四十年后，狄百瑞的学术思想相对成熟，经过修改于 1993 年得以出版。全书共分为三个部分：简介（包含作者出身与作品主要思想的介绍）、书之主体、详尽的尾注等。狄百瑞对《明夷待访录》客观严谨的译介成果，有力地反击了美国学界主流对中国传统文明停滞、落后的刻板印象，不仅弥补了汉学界《明夷待访录》英文本的缺失，更让汉学学者真切领略到明末清初儒学思想的深刻性。

1992 年 6 月 4 日，狄百瑞参加了于英国牛津大学联合厅举行的一场辩论会，辩论的主题为"中国的自由式民主"，辩论双方各执对中国是否有"自由式民主"持两个完全相反的观点。肯定中国"自由式民主"观点的一方以李禄为代表，他们精彩的辩论获得现场大多数学者的支持。中国传统文明中蕴含"民主"思想这一观点，逐渐被国际学术界接受。狄百瑞借由如此良好的学术环境，出版了自己对"中国式民主"的思考，即对《明夷待访录》的翻译与研究，来回应越来越被认可的"中国式民主"等学术热点。

"中国式民主"这个在 20 世纪 90 年代已被普遍认可的观点，在狄百瑞进行此问题思考的初期，却并不被接受。20 世纪 40 年代，受日本发动的侵华战争等影响，中国开始普遍反思甚至否定传统文化的价值意义。国际学界一转之前对中国传统文明的好感，也开始对中国传统文化持否定态度，在此方面，比较有代表性的学者为德国社会学家、经济学家韦伯。

韦伯学术研究涉猎广博，思想深刻，于全球有着巨大的影响力，其理论至今仍被学术界频频提起。在《新教伦理与资本主义精神》（ *The Protestant Ethic and the Spirit of Capitalism* ）中，韦伯以资本主义发展作为现代性探究的基础，从正面阐释基督教思想是资本主义精神的发展动力，[1]资本主义发展所需的从市场经济到民主制度，包括公民社会、个人主义等，都与新教密不可分。同时，将中国传统文明作为负面例证，证明新教对于资本主义现代化发展的意义与优势。而在其另一本书《中国的信仰：儒教与道教》（ *The Religion of China: Confucianism and Taoism* ）中，研究了 "为什么资本主义没有在中国发展" 这一问题，并得出结论：传统的儒家思想体系中并不包含西方宗教，尤其是新教里所拥有的救赎、人格个体、人与宇宙命运主宰之间的紧张关系，不具备批判传统规范以求发展的内在动力。[2]韦伯完全将西方文明作为中心文明，认为儒家思想 "代表着死亡、压制和专制主义"[3]，并指出这是中国难以开展现代化进程的根源。

哥伦比亚大学与欧洲汉学界较早建立良好的学术关系，使得在此求学的狄百瑞能够在汉学研究早期便接触到客观严谨的中国传统文明研究，尤其是利玛窦（Matteo Ricci）对于 16、17 世纪中国开放的社会状态、自由的社会风气、辉煌的文化思想等的赞赏，使得自幼就有着较为广阔的全球文明视阈的狄百瑞，对以韦伯为代表的西方学术主流提出质疑。

〔1〕［德］韦伯：《新教伦理与资本主义精神》，于晓、陈维纲译，生活·读书·新知三联书店 1987 年版，第15 页。

〔2〕M. Weber, *The Religion of China: Confucianism and Taoism*, Luinois, 1951, pp. 229–236.

〔3〕Wm. Theodore de Bary and others, eds., *The Unfold Neo-Confucianism*, New York: Columbia University Press, 1975, pp. 1–2.

在西方趋于全盘否定中国传统文明的学术前提下，狄百瑞发现了学术界解读中国传统文明研究方法的另一个弊端，即受到汤因比（Arnold Joseph Toynbee）于《历史研究》（*A Study of History*, 1947）中提出的"挑战—应战"理论影响，美国汉学界开始广泛使用套用西方概念的方式研究中国传统文明，即身处西方成熟的理论体系中，然后在中国传统文化读本中搜寻相似的原典文本。[1]狄百瑞指出这不是建立在基本的历史事实之上的理论，显然不够严谨。因为他们只是将在西方稍微讲得通的名词，做一些表面上的修改就硬套在中国的历史传统上，与作为研究对象的中国传统文明之间产生了巨大的隔阂，并没有真正认识到中西文明的主要内容。

狄百瑞认为在对中西文明进行研究时，应该深入考察史料，探索中国人自己对思想社会的叙述，依据儒家自己的"标准和目标"[2]来对其进行评判，然后用"归纳性的方式建构自己的主张"[3]。狄百瑞译介《明夷待访录》时，正式采用了他的此学术主张，即"摆脱西方的界定与偏见"[4]，尽可能完全融入中国文明之中，寻找分析与评估中国传统思想的视角与方式。

经研究，狄百瑞认识到黄宗羲等儒家君子"具有自我批判、创造和发展之能力"[5]，而《明夷待访录》中所具有的"儒家式民主"等现代进步性思想内容，契合狄百瑞早期在汉学课堂上所学到的辉煌灿烂的中国传统文明的形象，而这一切完全有别于美国乃至西方学术界的观点。

〔1〕［美］狄百瑞：《与斯人之徒——狄百瑞思想自述》，朱荣贵译，载《中国文哲研究通讯》1992年第2卷第4期，第46页。

〔2〕［美］狄百瑞：《儒家的困境》，黄水婴译，北京大学出版社2009年版，前言，第4页。

〔3〕［美］狄百瑞：《儒家的困境》，黄水婴译，北京大学出版社2009年版，第46-47页。

〔4〕［美］狄百瑞：《儒家的困境》，黄水婴译，北京大学出版社2009年版，第46页。

〔5〕Wm. Theodore de Bary, *The Great Civilized Conversation: Education for a World Community*, New York: Columbia University Press, 2013.

第一节　尊重中西文明：狄百瑞的《明夷待访录》研究

狄百瑞十分强调通过历史经验解决当下社会问题的能力。《明夷待访录》中资料的内在连贯性，推进了狄百瑞对中国历史连续性发展的深入研究，并使他进一步了解到儒家思想的多维特性。所以他极为推崇黄宗羲的治学方法，认为其掌握了翔实的历史文献资料，对数千年中国璀璨的思想文化有着清晰的把控。

狄百瑞《明夷待访录》的研究严谨客观，立足著作本身，不仅反对"西方文明中心"的立场，即认为中国儒家思想无法独立发展，必须依靠西方文明刺激帮助；亦反对对中国传统文明的过度解读，即将黄宗羲看作东方民主主义先驱，甚至称其为"中国的卢梭"的观点。狄百瑞将黄宗羲置于儒家思想历史进程之中，由详尽的注解构架儒家思想发展脉络，还原中国传统文明语境，挖掘中国传统文明本身的价值。

狄百瑞经研究发现，黄宗羲对传统帝王专权等问题的批判很好地驳斥了西方认为中国传统文明静止、停滞等观点；对"法"的认识，反击了西方认为中国传统文明封建、落后等观点。而对"置相"的建议以及书院所具备的"清议"功能等的认识，证明了中国传统文明自身就已具有近现代性因素，甚至产生属于儒家思想的"类民主"宪政结构，并通过田赋改革，强调儒家思想的最终目的，即民本等相关内容，得出儒家思想非唯依靠西方文明的刺激才能转化发展等观点。

一、《明夷待访录》中的反思与批判

晚明时期，三省制度不复存在，宰相被废，封建集权程度达到顶峰，从政治体制建设上讲，与唐宋相比"大大的退步了"[1]。皇权高涨，政治暴虐，"不顾礼仪，凶暴是闻"的宦官专权，迫使君臣之间的关系逐渐由师友走向主仆，以传统宗法"礼"制与道德规范愈发无法束缚帝王。狄百瑞通过解析黄宗羲在《明夷待访录》中所指出的明朝灭亡的原因得出新儒学的自我反思与批判精神。

狄百瑞在翻译《明夷待访录》时，对此书的成书背景与作者进行了介绍。在简介中，他提到明朝时期，随着市井小作坊兴盛，社会文化呈现出不同以往的新气象，如人们有了个体意识，而与此同时，政体的陈旧导致政治固化保守，官府为压制与百姓日渐尖锐的矛盾，只能用更加专制的强权巩固政局，使得政坛暗流涌动，人人都焦虑紧张。[2]

《明夷待访录》的作者黄宗羲（1610—1695）正是成长于帝制专权的明朝晚期。狄百瑞对黄宗羲进行了详细的人物简介，概述如下：黄宗羲乃明末清初通才，在思想、历史、教育等方面，都做出巨大贡献；黄宗羲年幼时家境殷实，读书习字，生活无忧，但因其父黄尊素被宦官诬陷入狱之后，家道中落；黄宗羲虽痛恨专政的明朝，但面对明朝覆灭，仍弃笔从军，积极参与残留明军反抗清廷；他在 1649 年至 1653 年间东渡至长崎，1653年方才重新拾起纸笔开始著书立传，并于 1663 年至 1679 年间设官讲学。

狄百瑞指出黄宗羲目睹了政权专制下越来越多的有志儒臣在绝望中以身殉道的悲惨现实，撰写《明夷待访录》便是对此现象反思的产物，即探析当政权力体制的弊端，并寻求解决方法。此书由《原君》开首，正是尝试找寻体制缺陷的根源，而后的篇章皆为试图通过对体制、社会、生活、教育等各个方面进行改造以求保障官吏及百姓利益，达到太平盛世的目的。

---

[1] 钱穆：《中国历代政治得失》，生活·读书·新知三联书店 2001 年版，第 92-102 页。

[2] Wm. Theodore de Bary, *Waiting for the Dawn: A Plan for the Prince*, New York: Columbia University Press, 1993, pp. 3-4.

042

　　狄百瑞认为"明夷待访录"这个题目可谓直接传达作者意图，"夷"字寓意"太平"，主旨直指世代儒家君子的终极追求，即遵从天命，辅助帝王，为百姓营造安居乐业的环境。"明夷"则暗指"太平"已不在，该是需要显明的时候了，"明夷"一词出现在《周易》的第三十六卦中，寓意着晓明之道或太平盛世等状况到来之前的时期，一切处在混沌黑暗之中。"待"字蕴涵丰富，表面意为耐心蛰伏，实则暗含隐忍，即不得已归隐守己。针对黄宗羲自比箕子，狄百瑞专门做了注释，详解箕子如何胸中有韬略，极为耐心地等待明君，实现自己的抱负和理想。狄百瑞的研究十分严谨，在针对题目中"待"一字，注解了学界对此问题已有的争论，如作者究竟想要"待"谁人来"访"，梁启超认为是等待清朝执政者，而全祖望、章太炎、陈寅恪认为黄宗羲仅是惋惜明朝，期待太平盛世，并不一定等待的是清朝政府等。[1]

　　狄百瑞不仅赞赏黄宗羲在不被认可的时期仍能够持正守道、谨遵古训，还指出其能够将历史经验关联当下，注重现世需要，颇具现实意义。指出这一点对于注重理论的西方传统具有巨大的启示作用。[2]黄宗羲提出自己的发展观念，通过大量的史料论证，尤其是对方镇、税制、经济改制、胥吏等方面的深入了解与切实提案等的分析，对核心和边缘问题的微妙把控与平衡皆发人深省。

　　第一，君民关系，"主""客"颠倒。狄百瑞经研究发现对社会与政治流弊批判历来是儒臣的惯例，然而黄宗羲的不同是，他抓住中国历史上封建政权的根源祸患，即帝王的一己私心，指出真正的帝王应该将所有心事放置于万民的忧乐之后。然而，当今的帝王骄横放纵，早已"不以天下万

---

〔1〕［美］狄百瑞：《从17世纪看中国君主专制与儒家理想》，王琼译，见费正清编《中国的思想与制度》，世界知识出版社2008年版，第196—199页。

〔2〕Wm. Theodore de Bary, *Waiting for the Dawn: A Plan for the Prince*, New York: Columbia University Press, 1993, p. 17.

民为事"[1]，反而只顾满足自己私欲，于是从此角度来否定帝王存在的合理
性。[2]

　　黄宗羲追述了历史上最初帝王设置的目标，即为营造太平盛世，造福
百姓万民，并于《明夷待访录》中言明"古者以天下为主，君为客"，狄
百瑞认为黄宗羲的这一观点已经蕴含了康有为、梁启超等最核心的民主思
想，即主张国家应以百姓为主体。

　　黄宗羲还指出了帝王该承担的具体职责，应"不以己之利为利，而使
天下受其利，不以一己之害为害，而使天下释其害"[3]。应大力扩展平民教
育，提升各种生存与生活技能，并建立健全服务于百姓的社会机制等。基
于此，黄宗羲指出君民关系应是主与客。然而自秦以来，君民主客身份倒
置，统治者成了主人，人民反倒成了客人，而且是一无所有的客。"今也以
君为主，天下为客，凡天下之无地而得安宁者，为君也。"[4]帝王，皆以追
逐自我利益为主，专制暴政，不再以服务百姓为己任，一味征战杀戮。战
争之下的百姓，无安宁之日，战争结束之时，又要缴纳繁重赋税，民不聊
生。

　　第二，君臣关系，认知失衡。狄百瑞在书的简介中回顾了中国传统文
明中君臣关系之初的状态，发现参政的儒者由来自有身份，孟子所列的周
朝权力等级中，即"天子一位，公一位，侯一位，伯一位，子男同一位，
凡五等。君一位，卿一位，大夫一位，上士位，中士一位，下士一位，凡
六等"（《孟子·万章下》）。天子与儒臣皆位列等级之内，无一例外。秦
王朝使用法家思想建立帝国之后，法家思想强调帝王的绝对权威，"后世

---

[1]黄宗羲：《明夷待访录》，段志强译注，中华书局2019年版，第18页。
[2]Wm. Theodore de Bary, *Waiting for the Dawn: A Plan for the Prince*, New York: Columbia University Press, 1993, p. 23.
[3]黄宗羲：《明夷待访录》，段志强译注，中华书局2019年版，第8页。
[4]黄宗羲：《明夷待访录》，段志强译注，中华书局2019年版，第8页。

044

君骄臣谄，天子之位始不列于卿、大夫、士之间"[1]，天子逐渐与天齐，大臣不过是皇帝的奴仆，仅凭对皇帝有用与否论赏罚。自此不仅统治者接受了这一观点，连大臣也对此表示默认。[2]

狄百瑞认同黄宗羲的观点，认为君臣关系在秦朝时已不再遵循秩序，至于明朝时期，君臣关系失衡，矛盾逐渐尖锐。儒臣不再把自己当作协助皇上一道分担权力以服务于百姓的主体，而是放弃自己原有的身份，与天下其他万物一样，成为君主的财产，任凭驱使。儒臣讨好皇上，不能再给予人君最需要的忠告与谏言。

明朝时期，政权统治者愈发专制。加之宰相被罢黜，"天子更无与为礼者矣。遂谓百官之设，所以事我，能事我者我贤之，不能事我者我否之。设官之意既讹，尚能得作君之意乎？"[3]在帝王眼中，官员仅为他一人服务，并以迎合其心意作为好官的唯一标准。

到明朝后期，朝臣完全屈从于皇权已不能满足于皇上的欲望，甚至发展出许多贬损、威吓有独立思想的官员的恶劣做法，其中之一便是当庭惩罚大臣。鞭笞官员这种侮辱的体罚至明朝愈演愈烈。这种现象开始于正德最后一年，那些规谏皇上不要去南方寻欢作乐的大臣们遭到无情鞭笞，许多人甚至被打死。在这种情况下即使是最有能力的人臣也不能很好地为民效力。除了皇帝谁也没有身份和尊严。至此，制衡皇权的力量已将近消失殆尽。

君臣关系从设置之初身份与阶别就已有所差异，但所有职务与职位设置的目的一致，即服务百姓。迄及后世，君主既以天下为私产，大臣自然也就成为天子的私奴，为人臣的亦以奴才自居，造成君骄臣谄的不良局面。君臣之间原本应互相尊重，以礼相待，"古者君之待臣也，臣拜，君必答

---

[1] 黄宗羲：《明夷待访录》，段志强译注，中华书局 2019 年版，第 27 页。
[2] Wm. Theodore de Bary, *Waiting for the Dawn: A Plan for the Prince*, New York: Columbia University Press, 1993, p. 53.
[3] 黄宗羲：《明夷待访录》，段志强译注，中华书局 2019 年版，第 30 页。

拜"[1]。而后来儒臣"出而仕于君也，不以天下为事，则君之仆妾也；以天下为事，则君之师友也"[2]。臣子已经不以保证百姓利益为主要事业，而是像皇帝的妃妾一般，极尽谄媚之能事，完全失去一位儒士的追求。对帝王与儒臣的职责和意译进行重新定位，强调君臣的真正义务与合理相处模式。此为黄宗羲所重点关注的对象之一，亦是狄百瑞最为认可黄宗羲研究的内容之一。

第三，阉宦横行，扰乱朝纲。狄百瑞在简介中亦举出黄宗羲对整体合理性的质疑中，想到了宦官逾矩对社会的巨大危害。[3] 宦官一职，在异族历史上亦有出现，并非为中国政体独有。宦官在中国历史上最初为管理皇家后宫而设，在中国封建政体中极为重要，保障着皇家家室太平。因明朝专政，后宫对政治有所影响，宦官人群庞大，权力越来越大，导致他们不受人管束，其业务范围在私下早已超出本职职务范围，逐步侵夺治理国家的权柄，甚至插手皇家仓库、采办、税务等相关经济事务。

狄百瑞在书中言及黄宗羲发现了宦官专权产生的根源，在于"人主多欲"：一方面缘于后宫，皇上有着庞大的后宫，自然就需要那么多的太监侍应；另一方面在于皇上对个人权力的欲望，急于将家室的管理同日常内务分开，排除一切有可能干扰其骄奢淫逸的大臣。

狄百瑞认同黄宗羲对于宦官危险性的解析：一方面从宦官来源地进行探索，表明太监是从受宫刑的犯人当中选出来的，这些人奸邪顽劣无任何后顾之忧，本就难以约束；另一方面，他们同皇室的关系异常亲密，能够有机会直接影响皇帝的核心决策。

狄百瑞指出黄宗羲不仅发现了宦官的危害，更是试图给出解除宦官威

---

[1] 黄宗羲：《明夷待访录》，段志强译注，中华书局 2019 年版，第 30 页。
[2] 黄宗羲：《明夷待访录》，段志强译注，中华书局 2019 年版，第 19 页。
[3] Wm. Theodore de Bary, *Waiting for the Dawn: A Plan for the Prince*, New York: Columbia University Press, 1993, p. 19.

胁的办法，即应大幅度减少太监的数量。有人对此提出的异议，认为这样会限制皇室子孙的数量，严重危及朝代继承的问题。针对这种看法，黄宗羲反例之：北宋最后一位皇帝有很多子孙，可最后都不过成为其征服者的"屠醢"罢了。治理国家，造福百姓，需要的人不在多，而在于有才。[1]

二、《明夷待访录》中的类"民主"思想的发展

针对如何解决以上的问题，黄宗羲提供了系统的方案。狄百瑞较为赞赏黄宗羲的地方，不仅在于他通晓古今，还在于能够将历史经验运用于当下社会实践之中，这也是当今西方世界所需学习的地方。黄宗羲以古代经籍中所呈现的，尤其是《周礼》所描绘的整齐、对称的封建秩序视为样本，并在逐一谈论各项具体制度时，结合时代新症候进行针对性改革。因此他的"大计"总的来说继承了孟子或《周礼》的人文精神，建立了一整套古代原则基础上的新统治制度。

狄百瑞认为黄宗羲是中国传统文明史上第一位敢于怀疑帝制合理性的思想家，他不仅指出君主需要更多强制约束，更是发现了皇权不受控这一根本问题，即"中国缺少一个强大的中间阶层，这是政党制度稳定的基础"[2]。黄宗羲呼吁提高士人地位、加强自我认同、扩充阶层数量、提高大臣秉政之地位与职限，使其足以抗衡皇帝权力[3]。

狄百瑞以其独特的视角发现了黄宗羲解决方案中颇具前瞻性的内容，如：建立健全的皇权体制，尤其是根本大"法"的构建；加强首辅与学

---

[1] Wm. Theodore de Bary, *Waiting for the Dawn: A Plan for the Prince*, New York: Columbia University Press, 1993, p. 21.

[2] [美] 狄百瑞：《亚洲价值与人权：儒家社群主义的视角》，尹钛译，任锋校，社会科学文献出版社 2012 年版，第 96 页。

[3] [日] 沟口雄三：《中国前近代思想的屈折与展开》，东京大学出版社 1980 年版，第 267-268 页。

校的作用；改革科举与取士体系等。狄百瑞称黄宗羲"离提出一种宪政
方案仅有一步之遥，这个方案在很多重要方面都近似于当代西方的宪政体
制"[1]，这一系列思想的提出将其与多数儒家学者区分开来，是儒家思想一
次颠覆性发展，对中国传统文明之政治哲学的发展，具有深远的意义。

（一）"法"的"类现代性"推进

狄百瑞认为在传统思想分崩离析，"礼"制近乎失衡的时代背景下，
黄宗羲所提出根本之"法"的构建，是在中国传统社会的法制思想上发生
的历史性转折。

为解析黄宗羲于"法"制发展的巨大贡献，狄百瑞回顾了儒家"法"
制思想的发展。儒家思想下形成的帝王法制，承袭于《周礼》，并结合秦
朝中央集权行政结构发展而来，总体受"礼"之约束。"法"发展至明朝
初期，仍处于较低地位，屈于"礼"之教化功用之下，被认为"诉诸惩
罚性的法律应是最后才不得已而为之的事"[2]。明朝后期，社会政治变换，
"礼"被赋予强烈的等级意识，"礼治"走向"人治"，极大抹杀了人的
"个体性"，"法"之最初为天下而设，现如今"法"早已背离设立最初目
的，仅为保障帝王一己之利。臣子与百姓安全几无保障。这种情况下，黄
宗羲提出构建根本大"法"，作为解决政治和社会问题的主要办法。[3]

狄百瑞指出，黄宗羲所提出的根本大"法"，与传统意义上的封建政
体里的"法"有所承袭，但又不完全等同，与现代社会里的"法"有相似
之处，但也有所差异，即有"礼"制规约特色，也有制度律法之意。

黄宗羲对"法"之发展的观点，主要表现在否定"人治"上，认为帝
王不应脱离等级秩序，不能凌驾于一切之上。黄宗羲解析了此做法的弊端，

〔1〕［日］沟口雄三:《中国前近代思想的屈折与展开》，东京大学出版社 1980 年版，第 93 页。
〔2〕［日］沟口雄三:《中国前近代思想的屈折与展开》，东京大学出版社 1980 年版，第 93 页。
〔3〕Wm. Theodore de Bary, *Waiting for the Dawn: A Plan for the Prince*, New York: Columbia University Press,
1993, p. 57.

048

因为完全依赖帝王品性太过冒险，若遇"圣人"尚可，但人性不稳，即便是执法者才能卓越，亦无法在"恶"法下有所作为。鉴于此，黄宗羲提出人人皆需遵守的基本大法，强调"法"应凌驾于帝王之上。狄百瑞指出，黄宗羲的这一主张于儒家思想史上，首次明确将制定具有公正特性的"法"作为治理天下的根基，如此才能尽可能摆脱因"人治"而导致的不公等现象，也"解决了困扰儒家几百年的困窘，毕竟只有法律才真的能够做到公正地维护民众利益"[1]。

狄百瑞认为黄宗羲这一观点，使他与秦以来的儒者区分开来。因为自秦以法家为整体主体统治以来，法家通过严刑表明执法的必要，并树立了皇上绝对统治权力意志，达到规范国家的统治、统一民众的行为、集中天下所有资源的目的。而儒家的理想并非中央集权，对法律一贯不甚认同，认为历代朝廷专权的残暴，法律难辞其咎。他们认为法律越少越好，黄宗羲则强调"法"的作用，他虽谴责秦以来的专制统治，但不接受将法治与人治对立的传统观点，指出帝国朝代的法律不是真正的法律，因为毕竟律法制度制定之初，是为造福百姓，保障百姓能够安居乐业，"法"不应是残暴统治阶级的工具。[2]

狄百瑞认为黄宗羲对"法"的态度区别于他人的另一观点，在于不认为法律和制度应由帝王决定，但凡法律约束有才之人，无法保障百姓利益，或是为了一家一姓服务，就使之成为自私之人的避难所。那么，此"法"便可违。从此层面来讲，真正的"法"更具宪法或统治制度的性质，应维护的是民众的利益。

狄百瑞指出虽然黄宗羲对"法"的理论与实践的探索结果，已颇具

---

〔1〕Wm. Theodore de Bary, "Chinese Despotism and The Confucian Ideal: A Seventeenth-Century View", John King Fairbank, The University of Chicago Press: *Chinese Thought and Institutions*, 1957, p. 169.

〔2〕Wm. Theodore de Bary, *Waiting for the Dawn: A Plan for the Prince*, New York: Columbia University Press, 1993, p. 63.

"现代性"特质，但它仍在儒家思想范围内，所追寻的仍是"法治"与
"人治"的和谐。黄宗羲所提的"法"说到底还是由圣王而作，或是由一
人决策，没有他人牵制与抗衡。此靠一人所定之法，不具备西方神授之意，
对于世俗而言并不稳定，此"法"于太平时期是为民而立，混乱时期，难
以守"约"。黄宗羲对"法"的认知尽管仍被历史与传统思想所辖制，但
相比于历史上的其他人已是极大的进步，且他更贴近客观"法"之最初立
意。所以，他对"法"的看法只能称为"类现代性"之"法"，而非"现
代性"的。

（二）置相作为"类宪政"结构

除了建立根本大"法"的构建，狄百瑞还研究了黄宗羲对官员制度改
组提出的方案，包括对胥吏的选举方案的提议、提升科举考试的公正性、
对官吏权力的制衡等。其中，黄宗羲对设置丞相一事，态度较为明晰，认
为丞相一职是必要的，能够制衡皇权。

狄百瑞同样为表明黄宗羲置相提议的重要意义，对中国历史上的丞相一
职进行了回顾。丞相制度在中国历史上渊源久远，起源于战国时期，最初称
为"宰相"，秦代才改名为丞相。于帝制体制里，丞相掌管事务十分重要，
如军事、举官，国之重大决策上，甚至可与皇帝抗衡。也正因为位高权重，
丞相与帝王惯常有较多矛盾，所以每一个朝代的帝王若设有丞相职位的，都
纷纷制定了相当多规约用以限制相权。自秦以来，历经汉、隋、唐、宋、
元、明，丞相的权力已经被大大削弱，如汉武帝时设置内廷时，立三公，即
丞相、大司马、大司空，三公权威皆较大；而到了明朝，尤其是明太祖洪武
十三年（1380 年），朱元璋直接罢免了丞相一职，将权力分给了六部，皇帝
对于重大事件有着绝对的决策权，没有任何一个职位能够与之抗衡。对此，
黄宗羲指出"有明之无善治，自高皇帝罢丞相始也"[1]。

---

[1] 黄宗羲：《明夷待访录》，段志强译注，中华书局 2019 年版，第 27 页。

黄宗羲有鉴于明代政治的教训，于《置相》一文提议杂取汉、唐制度，设置宰相职位一个，副宰相若干人，由皇帝与宰相共同商议政事，最后由皇帝批准，再直接由宰相复核，继而交六部施行，以此牵制皇权，为人臣赢取尊重与价值。[1]基于此，狄百瑞认为黄宗羲提出的"宪法式的政治结构，和目前英国式的政府有许多相似之处"[2]，它认可了统治权力不独为皇帝一人所有而应该与他人分掌的原则。

（三）教育机构的"类宪政"职能

除了置相的"类宪政"结构之外，狄百瑞还发现了黄宗羲对于学校功用的提议，亦与西方政党制有某些类似。在狄百瑞看来，黄宗羲发现了中国古代"唯有学校能够提供某种意见表达机制"[3]的事实，提出"公其非是于学校"，努力促成学校成为人们公开自由表达思想观念的场合，甚至成为表达公论的中心，类似于西方的"清议"场所，并认为"学校作为舆论机构的提议，发挥了和西方政党与国会类似的作用"[4]。

教育最直接的目的是培养人才，而提供教育的学校，最直接反映着社会与政体的发展，本应拥有议政和批评政府的权力，求学者不能仅为求学术闭门造车，而是要处处关注社会现实与时局变换，能够将书本理论运用于社会实践。[5]

然而，明朝时期，天子决定是与非这种观点的流行剥夺了学校最重要的功能，养士一味顺从，导致教育的真正目的失去方向。"学校之法

〔1〕黄宗羲：《明夷待访录》，段志强译注，中华书局 2019 年版，第 33-34 页。

〔2〕［美］狄百瑞：《黄宗羲〈明夷待访录〉之现代意义》，朱荣贵译，见周博裕主编《传统儒学的现代性诠释》，文津出版社 1994 年版，第 9 页。

〔3〕［美］狄百瑞：《亚洲价值与人权：儒家社群主义的视角》，尹钛译，任锋校，社会科学文献出版社 2012 年版，第 96 页。

〔4〕［美］狄百瑞：《黄宗羲〈明夷待访录〉之现代意义》，朱荣贵译，见周博裕主编《传统儒学的现代性诠释》，文津出版社 1994 年版，第 9 页。

〔5〕Wm. Theodore de Bary, *Waiting for the Dawn: A Plan for the Prince*, New York: Columbia University Press, 1993, p. 81.

废，民蚩蚩而失教，犹势利以诱之。"[1]明朝末年，随着政体逐渐专制，教育与书院也随之被专权笼罩。学校乃至整个社会，人人对于政体相关的话题皆避而不谈。学校自由公论场域的地位和培养优秀学者与官员的职能被大大削弱。

面对以上情况，黄宗羲主张进行教育改革，扩大教育覆盖面，提升百姓的受教育程度，并使学校成为表达公众意见的载体。除此之外，黄宗羲还积极推进地方官办学校和民间教育机构的发展，大力推广基层教育，并提议将管理权力放归学校自身，官府尽量撤出对学校的管理，学校管理人员由学校自行规定推选规则推举而出。最后，黄宗羲提议将课程安排与设置也归由学校管理人员自主决定，即"择名儒以提督学政，然学官不隶属于提学，以其学行名辈相师友也"[2]。

黄宗羲希望建立一个不仅以培养官员为目的，而是拥有更多功能的普通公学制度，致力于将学校建设成为重要社团、国家活动的中心，以此为基础为社会提供广泛教学且能自由议论公事的场所，实现古代"天子亦遂不敢自为非是，而公其非是于学校"。一改"天下之是非一出于朝廷。天子荣之，则群趋以为是；天子辱之，则群擿以为非"的错误论调。

狄百瑞经研究发现，黄宗羲的教育改革，即欲将学校打造成社会公论自由场域的提议，类似于西方高校的设置，致力于通过普及教育提升全民素质，呼吁基层或底层百姓学习，促使社会中更多的人参与到社会政体的发展与监督中来，然而，因为黄宗羲本身思想所限，其提议仍然以维护统治阶级和官方为先，维护自古以来的阶级等差秩序，即在差序等级中提升全民素养，为建造太平盛世而努力。[3]

---

[1] 黄宗羲：《明夷待访录》，段志强译注，中华书局 2019 年版，第 44 页。
[2] 黄宗羲：《明夷待访录》，段志强译注，中华书局 2019 年版，第 48 页。
[3] Wm. Theodore de Bary, *Waiting for the Dawn: A Plan for the Prince*, New York: Columbia University Press, 1993, p. 83.

（四）力求民主的科举与取士改革

狄百瑞除从黄宗羲对根本大"法"的构建、置相提议以及教育改革中看到黄宗羲思想的现代性因素之外，在对于科举与取士的建议中亦看到黄宗羲的"民主"思想。德才兼备，历来是儒家理想官员所应具备的能力，科举制度几百年来一直是朝廷招募官员的主要方式，黄宗羲尽管对这种只关注为科举取士做准备的教育体制所造成的后果感到悲哀，但是他也认可科举考试制度对于甄选大臣与教育儒臣等方面所发挥的至关重要的作用，所以只是主张对其改革，而非废除。

由读书、考试至为官，这种程序在《礼记》中就有所描绘。只是古代青年才俊进入官场的条件很宽松，但若想提升，仍要对他们在任上的能力进行严格考察。汉、唐、宋朝都较接近于这种古代理想，然而至明朝时进入仕途的门径太窄，并且存在一旦得到录用又升迁太快的现象，还没有证明自己的能力或取得足够执政经验就被委以重任，此种情况显然存在着各方面的弊端。

黄宗羲对明朝的科举考试制度进行了批判，并提出相关的改革提议，主要体现在三个方面。

第一，通过科举考试进而为官的学员，虽是经过层层筛选、严格把关后录取的优秀学子，在尚未对其进行全方位考察时便直接入职，入职后也没有其他的考核与评定便直接晋升，若其人性不善，则会对百姓造成威胁。第二，科举考试内容太重理论，偏离实际生活，仅仅考察了学子对于传统历史文本掌握的熟练程度与思维方式，并没有专门的联系实际与解决现实问题能力的考评。第三，黄宗羲认为取士途径也不应只拘于一种形式，应考虑采用其他方式选拔士人。诸如县区举荐、内评测试等，即"吾故宽取士之法，有科举，有荐举，有太学，有任子，有郡邑佐，有辟召，有绝学，有上书，而用之之严附见焉"〔1〕。高官的子弟也应该经过同其他学生一样的考试和升迁程序，这样无能者就不会通过请托侥幸而居要职。

狄百瑞注意到，除了朝中大臣的选拔，黄宗羲还关心了基层胥吏的管理。明朝时期官与吏的选拔与管理是两个体系，官员由正规的科举选拔，基层吏职任用相对较为宽松，也正因为这种区别，导致了吏职成员的壮大，从而导致许多社会问题。黄宗羲针对胥吏的功用，建议从民众来，并呼吁他们服务于民，应推举基层受人尊敬爱戴的读书人担任吏职。同时，他提出全新的养士、用士机制，尝试将官吏与吏职相结合，建立更紧密的交流，做到互相牵制与监管，来避免地方乡里胥吏同官府结为一体压榨百姓、官僚主义盛行、胥吏权力膨胀等恶行。

狄百瑞认为黄宗羲解决取士这一问题的办法，反映了他的基本哲学立场和他毕生的治学方式。在黄宗羲的著述中可以看到其学术气象宏大、磅礴精微、无所不包。因此他认为考生在科举考试中，也应熟知所有重要的经义注疏。总的来说，黄宗羲强调知识与实际经验相结合，使所学真正内化，因此考生在写下其他权威人士的经义注疏后还应申明自己的理解。黄宗羲希望通过采用这种方法使得考生掌握经籍的精髓与要义，而且希望通过扩展科举考试制度的范围，使其包含其他对为官治政有使用价值的科目，以保证有德有才的人都能被录用，力求公平、平等与民主。

黄宗羲在其作品《明夷待访录》中对明朝社会规约、风俗、文化、赋税、体制等都进行了系统的分析，对陈旧专制的制度进行了猛烈的批判，同时提出的解决办法颇具现代性。所以，近代史许多学者认为这是一部"民主主义"作品。如梁启超、谭嗣同等皆对其反叛精神大为称赞。狄百瑞也赞同黄宗羲因严厉谴责帝制，为捍卫人民利益，限制皇权提出大"法"构想，并因黄宗羲有关置相与学校的功能的倡议近似"宪政"，认为黄宗

---

〔1〕黄宗羲：《明夷待访录》，段志强译注，中华书局 2019 年版，第 68 页。

羲为当之无愧的"民主派"。然而伍安祖（On-cho Ng）认为狄百瑞"对
黄宗羲评价失之偏颇，拔高了"，毕竟其"改革仍旧建立在不稳定的基础
上，其最高的法仍旧依靠英雄理念"[1]。

实际上，狄百瑞虽认可黄宗羲思想的进步性，甚至认为《明夷待访录》
中许多内容已经初具现代性雏形，达到了"民本"思想的"极致"，但是
他也指出黄宗羲的思想仍旧是在儒学框架内的研究，并举其《题辞》中首
句例证之："余常疑孟子一治一乱之言，何三代而下之有乱无治也？"[2]此句
开首写明心中疑问"为什么三代以后就只有乱世而没有善治？"这句话传达
出的意思仍旧与所有传统儒家君子寄希望于"圣人"一样，并期待自己的
观点被圣王看到。着重强调儒家君子的责任感，"岂因'夷之初旦，明而未
融'，遂秘其言也！"即此类心系百姓、寄希望于圣王、仿照古制、立足当
下、忧国忧民等观点，都并未突破儒家思想的界限。尽管如此，狄百瑞仍确
信黄宗羲对人类文明的发展的价值意义，《明夷待访录》仍旧能够成为儒家
思想能够自我革新发展"突破传统""走向近代"的完美例证。

狄百瑞在研究时并未将黄宗羲的各政府构建等同于西方的现代化，其
目的在于论证黄宗羲对儒家思想批判、革新与创造的能力。面对有人将黄
宗羲称作"中国的卢梭"，甚至将其与洛克（John Locke）和穆勒（John
Stuart Mill）思想中的民主观作对比时，狄百瑞并不赞同，他认为黄宗羲
虽然带有民主色彩，但其仍与民主思想不同。黄宗羲扩张宰相的权力和皇
帝分治天下，以及主张把学校变成舆论、讨论时事的机构等主张，只是类
似于英国的议会制度，而并非一致，黄宗羲的提议与讨论仍是儒家思想范
围内的，可以说是儒家的宪政（Confucian Constitutionalism）构想，已经
是儒家发展的一个质的飞跃。

---

[1] Wm.Theodore de Bary, "Chinese Despotism and The Confucian Ideal: A Seventeenth-Century View", John
King Fairbank, The University of Chicago Press: *Chinese Thought and Institutions*, 1957, p. 414.
[2] 黄宗羲：《明夷待访录》，段志强译注，中华书局 2019 年版，第 1 页。

　　狄百瑞对《明夷待访录》的研究，利用其丰富的史料，建立起儒家思想独特的话语语境，传达出中国传统文明中有别于西方抽象理论，能够学以致用，启示彼时经济、军事、社会等革新发展，体现儒家思想具有批判性的进步价值，成为美国乃至世界解除误会与曲解，进而更深入认识儒家思想的重要作品之一。

　　狄百瑞敏锐地发现黄宗羲对中国传统法制建设所做出的巨大贡献，如，发现中国传统社会中缺乏能够代表民意，并能抗衡核心统治体系的"中间"阶层，对此黄宗羲提出构设根本大"法"、置相和改制学校成为公议管道等建议，尝试组建类似西方政党所需的牢固基础。[1]狄百瑞的研究让英语世界乃至中国学者进一步认识到中国传统儒学思想的批判、进步、创新、革新发展性等各种值得称赞的特征，也为中国传统思想，尤其是为儒学思想在海外的认可与传播做出了巨大贡献。

第二节　深入典籍：高度还原式翻译《明夷待访录》

　　狄百瑞指出，每一种文明都有属于自己传统的经典著作，这些经典作品，是此种文明所有智慧的精华凝结，也是中西文明相互沟通了解的最直接媒介。[2]狄百瑞受朱熹"对经典著作的编辑和简化，使之更通俗易懂"[3]等多方思想的影响，认为外文翻译与注解古籍类似，亦应该以"高度还原"原著为原则，力争做到清晰明了地再现经典。

---

〔1〕Wm.Theodore de Bary, "Chinese Despotism and The Confucian Ideal: A Seventeenth-Century View", John King Fairbank, The University of Chicago Press: *Chinese Thought and Institutions*, 1957, p. 172.

〔2〕Wm. Theodore de Bary, *The Great Civilized Conversation: Education for a World Community*, New York: Columbia University Press, 2013, p. 57.

〔3〕Wm. Theodore de Bary, "Asian Classics as the Great Books of the East", Finding Wisdom in East Asian Classics, New York: Columbia University Press, 2011. p. 4.

056

一、威妥玛式拼音转换法与汉语拼音翻译名词

对于名词的翻译,狄百瑞为做到保持中国文字的传统表达,按照高度还原、求信等原则,多采用音译与直译相结合的方式。以 1949 年与 1958 年为界,1949 年之前涉及的作家、作品、地名等名词的翻译,多采用翻译界普遍认可的威妥玛式拼音转换法(Wade-Giles Conversion);1958 年,我国第一届全国人民代表大会第五次会议批准颁布《汉语拼音方案》后,狄百瑞多采用汉语拼音,而针对出现于 1949 年至 1958 年之间的名词,多混用威妥玛式拼音转换与汉语拼音。为了弥补音译无法传达汉字丰富意蕴的缺陷,狄百瑞另辅之以采取标注或是详细篇尾注解的形式,力求达到更有效译介的目的。

(一)对人名的翻译

对于人名的翻译,狄百瑞多直接使用威妥玛式拼音转换法或汉语拼音进行音译,以保持原貌,如表 2-1 所示:

表 2-1　狄百瑞于《明夷待访录》英译本中对于人名的翻译

中文	狄百瑞翻译	中文	狄百瑞翻译	中文	狄百瑞翻译
安禄山	An Lu-shan	湛若水	Chan Jo-shui	张居正	Chang Chu-cheng
陈献章	Ch'en Hsien-chang	陈亮	Ch'en liang	戚继光	Ch'I Chi-kuang
黥布	Ch'ing P'u	权德舆	Ch'uan te-yu	屈原	Ch'u Yuan
程颐	Cheng I	箕子	Chi Tzu	蒋德璟	Chiang Te-ching
桀	Chieh	纣	Chou	周敦颐	Chou Tun-i
朱泚	Chu Tz'u	朱温	Chu Wen	韩信	Han Hsin
黄巢	Huang Ch'ao	黄宗羲	Huang Tsung-hsi	何心隐	Ho Hsin-yin
许由	Hsu Yu	胡翰	Hu Han	康有为	K'ang Yu-wei

续表

中文	狄百瑞翻译	中文	狄百瑞翻译	中文	狄百瑞翻译
柳冕	Liu Mien	马端临	Ma Tuan-lin	孟子	Mencius
倪元璐	Ni Yuan-lu	彭越	P'eng Yueh	伯夷	Poi
钱穆	Qian Mu/Ch'ien Mu	桑弘羊	Sang Hung-yang	沈希仪	Shen His-i
叔齐	Shu Ch'i	舜	Shun	司马迁	Ssu-ma Ch'ien
司马相如	Ssu-ma Hsiang-ju	宋祁	Sung Ch'i	唐君毅	Tang Jun-yi/Tang Jun Yi
曾国藩	Tseng Kuo-fan	董仲舒	Tung Chung-shu	王安石	Wang An-shih
王鏊永	Wang Ao-yung	王珪	Wang kuei	王冕	Wang Mien
万表	Wan Piao	王阳明	Wang Yang-ming	务光	Wu Kuang
吴与弼	Wu Yu-pi	扬雄	Yang hsiung	尧	Yao
伊尹	Yin I	禹	Yu	俞大猷	Yu Ta-yu

注：排列为狄百瑞翻译后首字母于字母表先后顺序横向排列。

对于中国人名进行音译，即采用拼音法或威妥玛式拼音转换方式翻译，显然能够达到狄百瑞所要求的"高度还原"原则，几乎完全保留中国特色，还原本真的表达形式，但同时存在弊端，因中国人的名字并不仅仅为简单的代号，而是具有颇为丰富的内涵与意义，拼音无法充分表达汉字所拥有的多层意蕴。以"黄宗羲"名字为例，"黄"作为传统姓氏时，并无单独意义。"宗"由宝盖头和"示"组成，此字原初表示摆放祖先牌位的房屋，以便宗族后辈供奉和祭祀。中国传统文化对祖先十分恭敬，逝者为神，而"羲"字，更是有着丰富的古意，多与古神话相关，例如白昼之神、太阳母亲以及掌管天文历法等，无论是作为母亲还是农耕文明的天文历法，在中国传统文化中，都是至尊的代表。其名字每个字背后的含义都极为丰满。取名字时，父辈对孩子寄予各种期许，这是中国文化的特色，中国读者在阅读时，会自然而然引发联想，这些感情无法仅从拼音音符中体会到。

当然，狄百瑞作为客观严谨的学者，已意识到拼音无法淋漓尽致传达汉字意蕴的问题，针对此种情况，狄百瑞对部分人名经过音译的同时，亦添加了详尽注解，即在英译文本后附加括号标注，或将详细注释放于篇后。

例如，狄百瑞将胡翰直接采用汉语拼音 "Hu Han" 音译之后，于篇尾对其进行了详细注解，如：首先对其身份进行介绍，即为元末明初的学者，参与元代官史的编纂（Hu Han, a scholar of the late Yuan and early Ming period who participated in the compilation of the official history of the Yuan Dynasty），解释之后，狄百瑞还对此条信息来源做了明晰标注：*Ming shih 285:7310; Dictionary of Ming Biography, hereafter DMB, p. 1445*。除此之外，狄百瑞还运用大幅内容，介绍了其一生的学术实践，包括：其思想来源于《易经》的 "变" 和邵雍的思辨（based upon the "changes" of the I Ching and speculations of Shao Yung）等内容。更重要的是，狄百瑞对胡翰与黄宗羲思想的关联与发展也进行了详细介绍，两人对于《易经》的复杂精算有着出乎意料的一致看法等。[1] 对伊尹的介绍较为类似，直接将其姓名音译为 "I Yin" 并于篇尾注解，以智慧和治国才能而闻名，但相传为商朝第一个被皇帝赐死的大臣。[2]

狄百瑞为音译人名进行的详细注解，虽仍旧无法匹敌中文人名所饱含的多层意蕴，但在一定程度上弥补了这一缺陷，尤其是对于所注解本人与

---

[1]Wm. Theodore de Bary, *Waiting for the Dawn: A Plan for the Prince*, New York: Columbia University Press, 1993, pp. 188-189. 具体内容为：Hu and Huang reckoned from the first year（477B. C.）of the sixty-year cycle starting after Confucius' death, added 2, 160 years（on the basis of a more complicated and precise calculation than in the rough figure just quoted）and got A D. 1683 as the time after which a change for the better might take place。并对信息来源标注准确出处：Koh Byong-ik, "Huang T'sung-hsi's Expectation of the Coming of a New Era"。*Journal of the Social Sciences and Humanities* 30. Seoul: Korean Research Center, June 1969: 43-74.

[2]Wm. Theodore de Bary, *Waiting for the Dawn: A Plan for the Prince*, New York: Columbia University Press, 1993, p. 189. 具体内容为：according to tradition a minister under the first emperor of the Shang Dynasty, known for his wisdom and statesmanship。

黄宗羲的学术关联的介绍，便于读者搭建完整的儒家思想发展脉络框架，
更深入了解研究对象。

（二）对作品名字的翻译

对于作品名字的翻译，亦采用人名类似的办法，多直接使用威妥玛式
拼音转换或汉语拼音进行音译，以保持原貌，如表 2-2 所示：

表 2-2　狄百瑞于《明夷待访录》英译本中对于书名的翻译

中文	狄百瑞翻译	中文	狄百瑞翻译
《师说》	Discourse on Teachers（Shih-shuo）	《四书》	Four Books
《性理大全》	Hsing-li ta-ch'uan	《易经》	I Ching/Yi Jing
《日知录》	Jih chih lu	《名都府年表》	Ming tu-fu nien-piao
《破邪论》	P'o-hsieh lun	《礼记》	Record of Rites（Li chi）
《周礼》	Rites of Chou（Chou Li）	《丧服四制》	Sang-fu ssu chih
《春秋》	Spring and Autumn annals	《大戴礼》	Ta-tai li
《天晴道理书》	T'ien-ch'ing tao-li shu	《通志》	Tung Chih
《文献通考》	Wen-hsien t'ung-k'ao		

注：排列为狄百瑞翻译后首字母于字母表先后顺序横向排列。

狄百瑞对作品的翻译，同样使用音译的方式，采取意译较少，保留了
中国特色的同时，同样存在音译无法传达书名所指的缺陷。因为作品名称
往往为全书核心内容的凝练，具有颇为丰富的内涵与意义。例如，《破邪
论》，狄百瑞仅将其翻译为"*P'o-hsieh lun*"，在英文世界里，这只是一连
串字符代号，根本无以传达"破""邪"甚至"论"的具体所指，作者寄
予此三个字的含义与期许更无从体现，只是对其进行音译，也无法使读者
在阅读之前就能够产生某种相关联预设。此处，"破"有破除之意；关于

"邪"，稍微了解成书背景便可知道，在此处指被妖魔化的佛教。作者释法琳，生于隋末，信奉佛教。唐初时，儒臣强烈地反对佛教，任职太史令的傅奕，向皇帝上书列出十一条必须废除佛教的理由，更是提出佛教已经动摇国家根基，强烈要求佛教退出中国国土，这种做法对于白昼钻研佛经、夜间披览俗典的释法琳来说，实在无法容忍。于是撰写《破邪论》，这显然是拼音字符所无法传递出的社会意蕴。

面对此问题，狄百瑞仍旧采用标注或篇尾注解的形式，不仅对翻译对象进行音译，更是对其进行详细介绍。如：当翻译《性理大全》时，不仅进行了音译标注，还对作品名称进行了意译为"*The Great Compendia（Ta-ch'uan）*"，并对其进行大幅简介，称其为由永乐帝命令编纂，翰林学士胡光完成，并于 1415 年颁布使用。共包含两卷：卷一涉及"五经"，卷二涉及"四书"，甄选宋学最权威的评论，尤其关注朱熹的研究成果，也包含宋代作家在宇宙、玄学、伦理、教育、礼、政治和文学等各方面的思考。[1] 狄百瑞不仅对此书做了正面评价，也指出了此书的不足，如认为这些选择远远不够详尽，未囊括彼时所有观点。[2]

对《大戴礼》的翻译亦是如此，首先音译为"*Ta Taili*"，而后介绍了此书作者与主要内容，标注其为现存的、从公元前 1 世纪至今的大量材料中抽取的关于仪式的汇编或专著（a compilation or treatises on ritual drawn from a mass of such material extant in the first century B.C. by Tai Te—elder

---

〔1〕The Great Compendia（Ta-ch'uan）were compiled by Hanlin scholars under the direction of Hu Kuang（1370—1418）on the order of the Emperor Yung-lo（r. 1403—25）, who had them promulgated for official use in 1415. One series dealt with the Five Classics and another with the Four Books, presenting what were regarded as the most authoritative commentaries of the Sung school, notably those of Chu His. A third compendium, the *Hsing-li ta-ch'uan* contained important works of Sung writers on cosmogony, metaphysics, ethics, education, rites, politics, and literature.

〔2〕Wm. Theodore de Bary, *Waiting for the Dawn: A Plan for the Prince*, New York: Columbia University Press, 1993, pp. 209-210. 具体内容为：However, some Ming Neo-confucians objected to the selections made by the editors of these compendia, which were far from exhaustive or representative of all points of view.

cousin of Tai Sheng），并简介了他的发展历程，即被汉人忽略，后被宋朝
重新重视，获得新生。[1]

（三）对地名的翻译

对于地名的翻译方式与前文人名、作品名字类似，采用直接使用威妥
玛式拼音转换或汉语拼音，如表 2-3 所示：

表 2-3　狄百瑞于《明夷待访录》英译本中对于地名的翻译

中文	狄百瑞翻译	中文	狄百瑞翻译	中文	狄百瑞翻译	中文	狄百瑞翻译
金陵	Chin-ling	河南	Honan	甘肃	Kansu	固原	Ku-yuan
贵州	Kueichou	辽东	Liao-tung	宁夏	Ning-hsia	北都	Northern capital
山东	Shantung	大宁	Ta-ning	大同	Ta-t'ung	延绥	Yen-sui
榆林	Yu-lin	云南	Yunnan				

注：排列为狄百瑞翻译后首字母于字母表先后顺序横向排列。

对于中国地名，狄百瑞仍旧进行音译，例如，"金陵"，就翻译为
"Chin-ling"，同样存在保留中文形式之外，意蕴尽失的问题。金陵是江苏
省会城市南京的古称之一，曾是中国历史上较为典型的文化重镇，对中国
传统文明的发展与传播有着重要贡献。这些内涵是拼音难以传递出来的，
无以尽其美。面对此问题，狄百瑞仍旧采用尾注的形式，例如在翻译"蓝
水"时，首先，将其音译为"Lan-shui"，而后对其注解：浙江省余姚市
东南的一个村庄，位于苏明山东麓（village southeast of Yu-yao, Chekiang

[1] Wm. Theodore de Bary, *Waiting for the Dawn: A Plan for the Prince*, New York: Columbia University Press, 1993, p. 212. 具体内容为：Though considered inferior to the *Li chi* and neglected by later Han scholars, the surviving portions of the *Rites of the Elder Tai* assumed new importance in the Sung Dynasty when some scholars classified it as a classic along with the *Li chi*. Thus Chu Hsi includes it with the traditionally accepted classic on ritual as a subject for the examinations。

Province, in the eastern Ssu-ming mountains），还介绍了蓝水的其他名称，如"Lan-chi"。[1]

　　表2-1、2-2、2-3分别展示了狄百瑞对于人名、著作、地名等名词的翻译。可以发现狄百瑞在名词翻译时，绝大部分使用了音译，即采用威氏拼音法或汉语拼音直接对中文文本进行翻译，严格恪守高度还原的原则，面对音译无法传达汉语文字所承载的文化内涵等缺陷时，狄百瑞采取添加标注和篇尾注释等形式，试图为读者提供更多文化背景知识，以便读者更顺畅地阅读和理解文意。

　　采用音译存在另外一个问题，即中文中拼音与汉字并非一一对应，一个拼音往往对应多个汉字，在对地名、帝王、年号、朝代的翻译上，会出现不同的汉字，皆对应一个拼音而无法区分，如表2-4所示：

表2-4　狄百瑞于《明夷待访录》英译本中对于朝代和地名的翻译

中文	狄百瑞翻译	中文	狄百瑞翻译
晋朝	Chin（d.）	蓟州	Chi-chou
晋国	Chin（s.）	冀州	Chi-chou
金	Chin（Jurchen）	齐州	Ch'i-chou
秦	Ch'in（d.）	蓟县	Chi-hsien
晋江	Chin-chiang	宣德	Hsuan-te（e.）
金陵	Chin-ling	宣德	Hsuan-te（r.）
秦始皇帝	Ch'in shih Huang-ti	徽州	Hui-chou
（宋）钦宗	Ch'in-tsung（e. Tung）	徽宗	Hui-tsung

注：1. e. =emperor　d. =dynasty　r. =reign　s. =state
　　2. 此表为展现狄百瑞"高度还原"原则之弊端，竖向展示。

〔1〕Wm. Theodore de Bary, *Waiting for the Dawn: A Plan for the Prince*, New York: Columbia University Press, 1993, p. 189.

针对这一问题，狄百瑞依旧采用加标注与篇后注解的方式来解决，例如，用"Chin"翻译"晋朝""晋国"和"金"时，狄百瑞分别对其进行标注，"Chin（d.）""Chin（s.）""Chin（Jurchen）"用括号里的标注内容加以区分。面对中国历史上有多位"高皇帝"这种情况，狄百瑞就采取对其进行篇尾注释的形式，如介绍朱元璋高皇帝（Kao Huang-ti）时，翻译其为一个朝代的创建者，庙号太祖，被称为洪武帝［the founder of the dynasty, whose canonical name was T'ai-tsu and reign name Hung-wu（r. 1368-98）by members of his cabinet and eunuchs］[1]。通过尾注形式加以详细论述，成为狄百瑞译介此书时倾向于使用的翻译策略，也是此译本注释部分与书之主体占有相当篇幅的原因所在，在坚守了其尊重中西文明、"高度还原"文本的翻译原则的同时，为读者提供更多的历史背景，营造出更完整的中西文明文化氛围，这是狄百瑞为《明夷待访录》在西方世界推广而努力的体现，亦是此书于西方学界大受欢迎的原因所在。

二、"求信"式意译常用语

狄百瑞对于文本具体内容的翻译，多采用直译与音译相结合，必要时意译辅助等方式，以求做到"求信"，并最简单直接准确地传达文本内容。

（一）对中国古代官职名称的翻译

对于中国古代官职的翻译，如前文所举的名词翻译，鉴于官职具有更多实际社会意义，为保留中文表述特色，狄百瑞多采用意译的形式，并对相关官职添加括号，标注相应音译，如表 2-5 所示：

---

［1］Wm. Theodore de Bary, *Waiting for the Dawn: A Plan for the Prince*, New York: Columbia University Press, 1993, p. 197.

表 2-5　狄百瑞于《明夷待访录》英译本中对于部分职务的翻译

官职	狄百瑞翻译	官职	狄百瑞翻译
主簿	Assistant Magistrate	佥事	Assistant Secretaries
户长	Chief of Households	巡抚	Grand Coordinator（hsün-fu）
锦衣卫	Imperial Guards	刑曹	Legal Section
本兵	Main Commander（pen-ping）	镇抚	Military Judges
兵曹	Military Section	吏曹	Personnel Section
丞相	Prime Minister	总兵	Regional Commander（tsung-ping）
户曹	Revence Section	礼曹	Rites Section
差役	Rotational Draft Services	总督	Supreme Commander（tsung-tu）
里长	Village leader	工曹	Works Section

注：排列为狄百瑞翻译后首字母于字母表先后顺序横向排列。

　　狄百瑞在翻译中国古代官职时，选择按照具体职务对其进行意译，因直接传达了官职内容，基本完成翻译目的，所以注解较少。

　　有的职务因中英文中有所对照，所以直接使用约定俗成的词汇。英国是一个传统的君主立宪制国家，与中国古代君主专制政体有某些官制上的相似性。英国传统的君主立宪制国家，其政体传承古制许多职位称呼，如此与中国古代许多官制称谓皆有相对应性。参考具体官职内容进行对应意译，采用英文中的对应的官职名称能很好地传达原文意思，又不至于累赘。

　　由此表看出，狄百瑞在翻译清朝有品秩的武官时，多使用了与英文相对应的词汇，并在其后括注音译，如对"总督"的翻译。"总督"于清朝从一品，主要负责巡查军务，掌握军政大权，[1]"总督"这一职务不仅存在

---

〔1〕吕宗力主编：《中国历代官制大辞典》，商务印书馆 2015 年版，第 685 页。

于英国，而且也存在于英属联邦成员国和英国殖民地等地区。对此类品级较高官职的翻译，已有成型的国际翻译惯例，后来出现根据翻译惯例编撰的官职翻译词典，如1994年张震久等编撰的《汉英中国专有名称和术语简明词典》[1]中，和2008年美国汉学家贺凯（Charles O. Hucker）在其编撰的中国古代中英词典《中国古代官名辞典》[2]中，皆对"总督"有所记录，均译作"supreme commander"，狄百瑞也对其如此翻译，并对其进行音译括注，即"supreme commander（tsung-tu）"。

对"总兵"的翻译亦是如此。"总兵"在明朝时期，用来指为地方或侯爵府提供安全保障与服务的武官；遇有战事，总兵佩将印出兵，事毕缴还，与贺凯翻译一致。狄百瑞将此译作"regional commanders"，同时，对其进行威妥玛式音译"tsung-ping"。狄百瑞对武职军衔"游击"翻译为"brigade commanders"，与贺凯的翻译一致，后对其进行威妥玛式音译，为"yu-chi"；对正六品武官"千总"的翻译亦是如此，与张震久、贺凯等翻译一致，为"company commanders"，后进行了威妥玛式音译，为"ch'ien-tsung"。

（二）对中国古代专业称谓的翻译

对于中国古代专业称谓的翻译，类似于古代官职的翻译形式，根据所对应的专业特色，多采用意译的形式，如表2-6所示：

表2-6　狄百瑞于《明夷待访录》英译本中对于古代称谓的翻译

中文	狄百瑞翻译	中文	狄百瑞翻译
甲仗	Arms and Armor	测望	Astronomy
历算	Calendrical Science / Astronomy	占候	Divination

〔1〕张震久、袁宪军主编：《汉英中国专有名称和术语简明词典》，北京大学出版社1994年版，第1193页。
〔2〕贺凯：《中国古代官名辞典》，北京大学出版社2008年版，第534页。

续表

中文	狄百瑞翻译	中文	狄百瑞翻译
造作	Fine Handcrafts	火器	Firearms
马匹	Horses and Cattle	兵法	Military Tactic
乐律	Music	礼乐	Music and Ceremonial
货贿	Precious Goods	水利	Water Control

注：排列为狄百瑞翻译后首字母于字母表先后顺序横向排列。

狄百瑞在翻译中国古代专业称谓时，也采用参考具体内容的形式进行意译，基本完成翻译目的，但针对许多颇具中国特色的专业，狄百瑞为了方便读者顺畅阅读，仍旧添加了较多注解。如"大乐正"翻译为"Grand Director of Music（ta-yuch cheng）"，之后对其进行注解，解释大乐正的教职范围远远超过这个称呼，还包括对诗歌、历史、仪式和音乐（including the teaching of poetry, history, and ceremony as well as music）[1]等的教授。

又如将"廪生"翻译为"Stipendiaries（lin-sheng）"，因这个群体较为特殊，所以狄百瑞也对其进行注解：这样一个群体是一些因参与考试免于承受劳务的求学生们，此群体由 1369 年开始限制人数，于明朝初期，每一府里仅有 40 名额，州里 30 人，县里仅有 20 学员，官家每月会给廪生补发膳食，这一群体的存在一直延续到清朝末年。最后，注明资料来源：*Hsu*

---

[1] Wm. Theodore de Bary, *Waiting for the Dawn: A Plan for the Prince*, New York: Columbia University Press, 1993, p. 210.

T'ung-k'ao 50: 3244−45; Jih chih lu 17: 56; Hucker, no. 3728。[1]

（三）中国古代思想领域惯常表达的翻译

对于中国古代思想领域惯常表达的翻译，狄百瑞多采用意译，如表
2-7 所示：

表 2-7　狄百瑞于《明夷待访录》英译本中对于古代思想领域惯常表达的翻译

中文表述	狄百瑞翻译
饰巾待尽	As a Scholar of Ming He Has Nothing Left to Live for
文以载道	Concepts Conveying the Essence of the Way
夷之初旦，明而未融	Dawn is Just Breaking and the Light is Still Quite Faint
士大夫民主主义	Democracy of the Elite
乡举里选	District Recommendation and Village Selection
民主主义	Government of and by the People
和而不同	Harmony Without Conformity
无法之法	Law Without Laws
公其非是于学校	Leaving His Rights and Wrongs Publicly Aired and Decided by the Schools
不取解试，竟入礼闱	Metropolitan Examinations
经世致用	Practical Efforts for the Ordering of the World
雨窗削笔	Rain Beat at the Windows

---

〔1〕Wm. Theodore de Bary, *Waiting for the Dawn: A Plan for the Prince*, New York: Columbia University Press, 1993, p. 214. 具体内容：the system of salaried licentiated originated in 1369, when the first Ming emperor ordered official schools established in each prefecture, department, and district with an authorized enrollment of forty, thirty, and twenty students respectively, who were resident in the locality, chosen by examination, exempt from labor service, and given stipends of rice out of land tax collections. Later on, the number of licentiates increased considerably but the quota for those receiving stipends was not correspondingly increased, so that the latter comprised a very limited and select portion of the total. This remained the case until the last years of the Manchu Dynasty。

续表

中文表述	狄百瑞翻译
民本主义	Rughly Government for the People
修己治人	Self-cultivation for the Governance of Men
克己复礼	Subduing Oneself and Returning to Decorum　/　ke ji fu li
丁身钱米	Taxes on Male Adults Familyes Paid in Money and Rice
非法执法	Un-lawful Laws
崇本抑末	Uphold Essentials and Eliminate Nonessentials

注：排列为狄百瑞翻译后首字母于字母表先后顺序横向排列。

　　中国古代思想领域的专有名词或是惯常俗语都带有独特的中国传统文化特色，此译本的受众多为海外人群，目标读者对博大精深的中国传统文化并不熟悉，甚至是陌生的。为了帮助读者构建更加完善的中国传统思想发展框架与历史发展脉络，消除阅读障碍，扩大传统文化译本于海外的传播与影响，狄百瑞使用了中英文相呼应的方式进行译介，例如，在翻译"克己复礼"时，不仅有相应音译，即"ke ji fu li"，而且还添加了英文注解，即"Subduing oneself and returning to decorum"，那么该词的意思便清晰了。"克己复礼"是一个传统的儒学概念，词典对其解释为"抑制自己的私欲，使言行符合礼法"[1]，"subdue"指"to bring somebody under control"[2]，"return"指"to start discussing a subject you were discussing earlier, or doing an activity you were doing earlier"[3]，"decorum"指"polite behaviour that is appropriate in a social situation"[4]，从对应关系来看，这一

〔1〕《成语大词典》，商务印书馆 2016 年版，第 612 页。
〔2〕A. P. Cowie, *Oxford Advanced Learner's Dictionary*, London: Oxford University Press, 1989.
〔3〕A. P. Cowie, *Oxford Advanced Learner's Dictionary*, London: Oxford University Press, 1989.
〔4〕A. P. Cowie, *Oxford Advanced Learner's Dictionary*, London: Oxford University Press, 1989.

词组便顺利地表达了"克己复礼"的具体意思。

　　除以上分类，还有其他具有中国特色的常用词汇的翻译，根据具体所指，狄百瑞选择音译或者意译的形式，如表 2-8 所示：

表 2-8　狄百瑞于《明夷待访录》英译本中对于中国特色常用词汇的翻译

中文	狄百瑞翻译	中文	狄百瑞翻译
天下	All-under-heaven	郡县论	Commanderies and prefectures
乡约	Community compact organization	朝廷	Court
东厂	Eastern Yard	方镇	Frontier Commanderies
社稷	Gods of Lands and Grain	政事堂	Hall of State Affairs
学究	Intensive Study	科举	Regular Examination System
准贡	Selection of Candidates	神道施教	Shen-tao Shih Chiao
荐举	Special Recommendations	方田	Square Fields
井田	Well-fields	文渊阁	Wen-yuan Ko
五军都督府	Wu-chun Tu-tu-fu		

注：排列为狄百瑞翻译后首字母于字母表先后顺序横向排列。

　　对此系列常用词汇的翻译，狄百瑞仍旧采取音译、意译加篇尾注解相结合的翻译方式。例如对"乡饮酒"的翻译，首先音译和意译混用，"community wine-drinking（hsiang-yin-chiu）"，而后对其进行解释：一种起源于古代的宴会，每三年举行一次，由乡里基层受人爱戴的人主持宴请各方"能人异士"，通过相互接触来发现贤能之人，以向上级官府举荐，此种方式后来演变为地方正式宴会，邀请的也是前来参与科考的学子。狄百瑞在文后标明了出处：SSCCS *Li chi:* 61: 12a; *I Ii* 8: 4b Seraphin Couvreur, *Li Ki* 2: 652: Robert des Rotours, *Le Traite des Examens*, p. 144; *Ming shih* 56:

070

1419-21。[1]

对"均瑶"的翻译亦是如此，首先音译"chun-yao"，而后进行解释：于1436年试行，1488年广泛采用。根据每个家庭的成年壮丁数量和所缴的土地税进行平均缴赋。每户家庭根据支付能力，被分为三等[2]。

三、混合方法翻译句子

为达到狄百瑞所追求的"高度还原"原则，向读者展现最原初的中西文明本真原貌的目的，他在翻译句子时，仍旧多采用直译与音译相结合并使用意译辅助，即为语意顺畅表达，必要时增删词汇等方式，力求简单直接准确地传达文本内容。

（一）直译与音译结合

为了尽可能营造中西文明表达特色，并保证读者的顺畅阅读，狄百瑞在翻译颇具中国特色句子时，对特殊词汇进行意译，同时对其添加括号，用音译标注的方式，如将"夫安国家，全社稷，君子之事也；供指使，用气力，小人之事也"[3]一句译作："To protect the nation and its sacred shrines is the business of gentlemen（chvn-tzu）. To obey commands and

[1] Wm. Theodore de Bary, *Waiting for the Dawn: A Plan for the Prince*, New York: Columbia University Press, 1993, p. 203. 具体内容为：a type of banquet originating in ancient times, the principal one of which was held every three years to "honor the worthy and nourish the aged" at the principal school of the district (hsiang)。

[2] Wm. Theodore de Bary, *Waiting for the Dawn: A Plan for the Prince*, New York: Columbia University Press, 1993, p. 232. 具体内容：It was first tried in 1436 and adopted generally in 1488. Labor duty was apportioned according to the number of able-bodied adult males per family and also according to the amount of land tax paid, making this in effect a form of land tax too. Families were divided into three classes according to ability to pay。并标明出处：*Ming hui-tien 20: 67b; Hsu T'ung K'ao* 16:2914c-2915c; *Ming shih* 78: 1892, 1905—1906; Liang Fang-chung, *"I-t'iao-piena fa"*. pp. 6-7, and *The Single-whip Method of Taxation*, pp. 6-7; Littrup, *Subbureaucratic Government*, pp. 52, 76-78。

[3] 黄宗羲：《明夷待访录》，段志强译注，中华书局2019年版，第127页。

exert themselves physically is the business of ordinary men."[1]此句中，狄百瑞为了西方读者能够迅速进入文本阅读，先将"君子"译作西方对优雅男士的传统表达"gentlemen"，而后为了保留中文表达方式，附加括号采用威氏标注"chvn-tzu"。

这种方法在此译本中大量存在，多出现于涉及中国传统具体制度、官职称谓等情境中，如在差役方面："宋时差役，有衙前、散从、承符、弓手、手力、耆长、户长、壮丁、色目。"[2]狄百瑞将其译作："During the Sung dynasty among the various types of draft service were the supply master（ya-ch'ien），runner（san-ts'ung），warrant-bearer（ch'eng-fu），archer（kung-shou），porter（shou-li），elder（ch'i-chang），chief of households（hu-chang），and policeman（chuang-ting）."[3]将宋代的"衙前"翻译为"supply master"，同时用括号标注威妥玛式拼音转换为"ya-ch'ien"，"散从"译作"runner（san-ts'ung）"，"承符"译作"warrant-bearer（ch'eng-fu）"，"弓手"译作"archer（kung-shou）"，"手力"译作"porter（shou-li）"，"耆长"译作"elder（ch'i-chang）"，"户长"译作"chief of households（hu-chang）"，"壮丁"译作"policeman（chuang-ting）"等。

对于政府机构设置狄百瑞也采用了此种翻译方法。如："有明武职之制，内设郡督府，锦衣卫，外设二十一都司，四百九十三卫，三百五十九所。"[4]直接译作："Under the Ming military system, at the capital were established the Chief Military Commission（ tu-tu-fu）and the Imperial Guards（chin-i-wei）. Throughout the country there were twenty-one

---

〔1〕Wm. Theodore de Bary, *Waiting for the Dawn: A Plan for the Prince*, New York: Columbia University Press, 1993, p. 145.

〔2〕黄宗羲：《明夷待访录》，段志强译注，中华书局2019年版，第164-165页。

〔3〕Wm. Theodore de Bary, *Waiting for the Dawn: A Plan for the Prince*, New York: Columbia University Press, 1993, pp. 161-162.

〔4〕黄宗羲：《明夷待访录》，段志强译注，中华书局2019年版，第134页。

regional commands（tu-ssu），493 garrisons, and 359［independent］stations（so）."［1］对于颇具中国特色的专有名词的翻译，如"郡督府""锦衣卫""都司"等，不仅进行英文翻译"Chief Military Commission""Imperial Guards""regional commands"，还附加威妥玛式拼音标注"tu-tu-fu""chin-i-wei""tu-ssu"，保留了中文的传统表达。

狄百瑞对于田税的翻译亦是如此，例如："通府州县十岁中夏税、秋粮存留、起运之额，均徭、里甲、土贡、雇募、加银之例，一条总征之。"［2］译作："In the ten-year period, the summer and fall（twice-a-year）taxes, the tax proceeds reserved for locality as well as the amount collected for transport to the state, the equal corvee（chun-yao）, the *li-chia* labor duty, the local tribute（t'u kung）, and silver surcharges to meet expenses incidental to the hiring and conscripting of labor—all were collected under one heading."［3］这句话描写了嘉靖末年的"一条鞭法"，对于出现的名词，狄百瑞采用意译与扩注音译的方法，如将"均徭"意译作"equal corvee"，并标注威妥玛式拼音转换为"chun-yao"，将土贡翻译为"local tribute"，威妥玛式拼音转换为"t'u kung"。

对于古代文体形式的翻译也是如此，如："故时文者帖书、墨义之流也。今日之弊，在当时权德舆已尽之。"［4］狄百瑞将其翻译为："Therefore, today's examination essays are a debased form of the quotation（t'ie-shu）and written examinations（mo-i）in the Classics, and their weaknesses today were

---

［1］Wm. Theodore de Bary, *Waiting for the Dawn: A Plan for the Prince*, New York: Columbia University Press, 1993, p. 148.

［2］黄宗羲：《明夷待访录》，段志强译注，中华书局 2019 年版，第 108 页。

［3］Wm. Theodore de Bary, *Waiting for the Dawn: A Plan for the Prince*, New York: Columbia University Press, 1993, p. 137.

［4］黄宗羲：《明夷待访录》，段志强译注，中华书局 2019 年版，第 62 页。

thoroughly discussed by Ch'van te-yu in his time." [1] 此句中出现 "帖书" 与 "墨义" 专有名词，不仅进行了英文翻译 "quotation" 和 "examinations"，还附加括号采用拼音标注 "t'ie-shu" 与 "mo-i"，保留中文传统表达。

（二）直译

直译是狄百瑞在翻译长句子时较为常用的翻译方式，即按照中文句意直接翻译为英文，如："盖天下之治乱，不在一姓之兴亡，而在万民之忧乐。" [2] 翻译为："Whether there is peace or disorder in the world does not depend on the rise or fall of dynasties,but upon the happiness or distress of the people." [3] 在这句翻译中，狄百瑞将句意直接译出，如把 "天下之治乱"，即天下的太平或混乱，译作 "peace or disorder in the world"，把 "万民之忧乐"，即百姓的幸福或忧思，译作 "happiness or distress of the people"，句意通俗易懂。

狄百瑞将 "自非法之法桎梏天下人之手足，即有能治之人，终不胜其牵挽嫌疑之顾盼，有所设施" [4] 翻译为："Since un-lawful laws fetter men hand and foot, even a man capable of governing cannot overcome inhibiting restraints and suspicions." [5] 此段话中，狄百瑞直接将 "人之手足"，翻译作 "men hand and foot"，将 "有能治之人"，即有治理才能的人，译作 "a man capable of governing"，直截了当传达义意。

狄百瑞将 "天子之所是未必是，天子之所非未必非" [6] 翻译为："What

---

〔1〕Wm. Theodore de Bary, *Waiting for the Dawn: A Plan for the Prince*, New York: Columbia University Press, 1993. p. 113.

〔2〕黄宗羲:《明夷待访录》，段志强译注，中华书局 2019 年版，第 16 页。

〔3〕Wm. Theodore de Bary, *Waiting for the Dawn: A Plan for the Prince*, New York: Columbia University Press, 1993, p. 95.

〔4〕黄宗羲:《明夷待访录》，段志强译注，中华书局 2019 年版，第 25 页。

〔5〕Wm. Theodore de Bary, *Waiting for the Dawn: A Plan for the Prince*, New York: Columbia University Press, 1993, p. 99

〔6〕黄宗羲:《明夷待访录》，段志强译注，中华书局 2019 年版，第 37 页。

the Son of Heaven thought right was not necessarily right: what he thought wrong was not necessarily wrong."[1] 在此段翻译中，"天子"直接译作"the Son of Heaven"，不仅保留原意，亦符合中国传统对于"天"的敬畏，亦显示遵奉帝王为"天之儿子"的传统思想。

在翻译"使兆人万姓崩溃之血肉，曾不异夫腐鼠。岂天地之大，于兆人万姓之中，独私其人一姓乎？"[2]时，狄百瑞直接将有比喻之意的"腐鼠"，翻译为"carcasses of dead rats"；将代表皇室的"一人一姓"译作"one man and one family"，整个句子译作："As if the flesh and blood of the myriads of families destroyed by such tyrants were no different from the "carcasses of dead rats". Could it be that Heaven and Earth, in their all-encompassing care, favor one man and one family among millions of men and myriads of families? "[3]

在社会习俗方面，如"婚之筐篚也，装资也，宴会也"[4]一句，狄百瑞将其译作："For weddings there are the marriage baskets, the dowry, and the feast." 黄宗羲用"筐篚"代指聘礼，狄百瑞直接将其翻译为"the marriage baskets"；用"装资"表示嫁妆，狄百瑞将其翻译为"the dowry"。

在兵制方面，也多采用直译，如"召募之弊也，如东事之起，安家、行粮、马匹、甲仗费数百万金，得兵十余万而不当三万之选，天下已骚动矣"[5]。在此句中，狄百瑞直接将中文中寓意颇丰的"东事之起"翻译

〔1〕Wm. Theodore de Bary, *Waiting for the Dawn: A Plan for the Prince*. New York: Columbia University Press, 1993, p. 104.
〔2〕黄宗羲：《明夷待访录》，段志强译注，中华书局 2019 年版，第 9 页。
〔3〕Wm. Theodore de Bary, *Waiting for the Dawn: A Plan for the Prince*. New York: Columbia University Press, 1993, p. 92.
〔4〕黄宗羲：《明夷待访录》，段志强译注，中华书局 2019 年版，第 159 页。
〔5〕黄宗羲：《明夷待访录》，段志强译注，中华书局 2019 年版，第 117 页。

为"the outbreak of the Eastern Incident"。整句译作："The trouble with the mercenaries was shown on the outbreak of the Eastern Incident, when at a cost of several million taels for family subsistence allotments, active duty pay and rations, and horses and arms, more than 100,000 troops were raised who were not worth 30,000 regular troops and stirred up great trouble in the land."[1] 句中，"安家"即为"family subsistence allotments"，"行粮"为"active duty pay and rations"，"马匹"为"horses and arms"，翻译整体为直截了当，清晰明白。

（三）意译

意译是指在翻译过程中，为了还原被翻译文本的主体意思而采用的翻译方法。不同于直译，意译首先强调中西文明间文化上的差异，而后再追求语言上的一一对应。意译主要运用于中西文化差异较大的情况，以保证营造更接近于本土文化氛围之目的。当源文本使用较多俗语与惯常表达，或属于某文化自身表述的情况下，意译的使用能够使得句意表达顺畅，体现中西文明的文化思想、逻辑思维、宗教信仰、经济形态和社会约俗等各个方面的共性和个性。

"向使无君，人各得自私也，人各得自利也。呜呼！岂设君之道固如是乎？"[2] 狄百瑞将此句译作："If there had been no rulers, each man would have provided for himself and looked to his own interests. How could the institution of rulership have turned out like this?"[3] 此处"向使无君"，若将"君"译作"帝王"，前后内容较为跳跃，西方读者难以理解，不易进入文本，体会深意，狄百瑞将此处"君"译作"rulers"，使得阅读起来更

---

〔1〕Wm. Theodore de Bary, *Waiting for the Dawn: A Plan for the Prince*. New York: Columbia University Press, 1993, pp. 139-140.

〔2〕黄宗羲：《明夷待访录》，段志强译注，中华书局 2019 年版，第 8 页。

〔3〕Wm. Theodore de Bary, *Waiting for the Dawn: A Plan for the Prince*, New York: Columbia University Press, 1993, p. 92.

076

加顺畅，易于接受，并于后文"君之道"构成呼应。

在翻译"盖使朝廷之上，闾阎之细，渐摩濡染，莫不有诗书宽大之气"[1]时，狄百瑞亦采用意译，将其译作："Indeed, schools were meant to imbue all men, from the highest at court to the humblest in country villages, with the broad and magnanimous spirit of the Classics."[2] 此段话中，"闾阎"与"朝廷"构成对照，"闾"指里巷的大门，"阎"指里巷的内门，"闾阎"合起来意指平民百姓，在此处意译为"the humblest in country villages"符合文义，贯通上下文。

"其意虽善；然古之圣君，方投田以养民，今民所自有之田，乃复以法夺之投田之政未成而夺田之事先见，所谓行一不义而不可为也。"[3]狄百瑞将该句译作为："Their intentions were good, but whereas in ancient times the wise ruler granted land so as to provide for the people, today people own their own land and if an attempt is made to deprive them of it by decree — it is [what Mencius] called 'doing even one act that is not right' and should not be done."[4] 在句话的翻译中，狄百瑞采用了增减相关内容以便读者理解文意的方式进行翻译，即在直译的过程中会出现内容重复，或是源语言并未明示但暗含主体行为、特定背景等情况，这时需要删减或补充相关内容。如，此段狄百瑞因"投田之政未成而夺田之事先见"与前文"今民所自有之田，乃复以法夺之"句意重复而并未翻译，力求简洁。

相同的状况，狄百瑞还有另外一种处理方式，即使用不同词汇表达相同句意。例如在句子"是以其未得之也，荼毒天下之肝脑，离散天下之子

〔1〕黄宗羲：《明夷待访录》，段志强译注，中华书局 2019 年版，第 37 页。
〔2〕Wm. Theodore de Bary, *Waiting for the Dawn: A Plan for the Prince*, New York: Columbia University Pres, 1993, p. 104.
〔3〕黄宗羲：《明夷待访录》，段志强译注，中华书局 2019 年版，第 24 页。
〔4〕Wm. Theodore de Bary, *Waiting for the Dawn: A Plan for the Prince*, New York: Columbia University Press, 1993, p. 131.

女"和"其既得之也，敲剥天下之骨髓，离散天下之子女"[1]两个句子中，皆有"离散天下之子女"。狄百瑞采用了区别翻译，分别为"maims and slaughters all-under-Heaven and breaks up their families"与"extracts the very marrow from peoples bones, and takes away their sons and daughters"，两个意思基本一致的小句子，狄百瑞在翻译时按照不同语境进行了不同的翻译。

对于"摄缄縢，固扃鐍，人之智力不能胜天下欲得之者之众，远者数世，近者及身，其血肉之崩溃在其子孙矣"[2]一句，狄百瑞将其译为："Even if the price could 'tie his fortune down and lock it up tight', still the cleverness of one man is no match for the greed of all."[3]"摄缄縢"中"摄"为"系紧"，"缄縢"为"绳索"，"固"为"锁紧"，"扃鐍"为"门闩"，在此处表示为严加防范，捆紧盛装财物的箱子，关紧大门。狄百瑞为前后文句意表达顺畅，没有翻译出绳子或是大门之类，而是直接将其意译为"tie his fortune down and lock it up tight"。

在句子"山泽之利不必其尽取，刑赏之权不疑其旁落，贵不在朝廷也，贱不在草莽也"[4]中，狄百瑞将"贵""贱"直接译作"high esteem""low esteem"，在表达帝王将天下财富尽归所有时，狄百瑞添加"high or low"以示财富高低皆不在意，目的在于"全部"。最终版本译为："the prince did not try to seize all the wealth of the land, high or low; nor was he fearful that the power to punish and reward might fall into others hands. High esteem was not reserved to those at court; nor were those in the countryside

---

〔1〕黄宗羲：《明夷待访录》，段志强译注，中华书局2019年版，第8页。
〔2〕黄宗羲：《明夷待访录》，段志强译注，中华书局2019年版，第11页。
〔3〕Wm. Theodore de Bary, *Waiting for the Dawn: A Plan for the Prince*, New York: Columbia University Press, 1993, p. 93.
〔4〕黄宗羲：《明夷待访录》，段志强译注，中华书局2019年版，第23页。

078

necessarily held in low esteem."〔1〕如此，整个句子翻译更为顺畅完整。

在翻译"天子荣之，则群趋以为是；天子辱之，则群擿以为非。簿书、期会、钱谷、戎狱，一切委之俗吏"〔2〕时，狄百瑞将整句翻译为："If the Son of Heaven favored such and such, everyone hastened to think it right. If he frowned upon such and such, everyone condemned it as wrong. The keeping of public records and making of annual reports, state finances, military and judicial affairs—all have been left to petty suboficials."〔3〕在此句中，狄百瑞先进行了直译，再进行意译，如将"簿书""期会""钱谷""戎狱"按照意思翻译为公文处理记录"the keeping of public records"，时限内政府征收赋税"making of annual reports"，赋税、财政管理"state finances military"，军政司法"judicial affairs"。

在句子"郡县朔望，大会一邑之缙绅士子。学官讲学，郡县官就弟子列，北面再拜"〔4〕中，"朔""望"为中国日期的称谓，指农历每月的初一和十五。狄百瑞按照该意将此翻译为"on the first and fifteenth of each month"，整句翻译为："In the various prefectures and districts, on the first and fifteenth of each month, there should be a great assembly of the local elite, licentiates, and certified students in the locality, at which the school superintendent should lead the discussion."〔5〕

狄百瑞将"凡乡贤名宦祠，毋得以势位及子弟为进退"〔6〕整句翻译

---

〔1〕Wm. Theodore de Bary, *Waiting for the Dawn: A Plan for the Prince*. New York: Columbia University Press, 1993, p. 98.

〔2〕黄宗羲：《明夷待访录》，段志强译注，中华书局 2019 年版，第 39 页。

〔3〕Wm. Theodore de Bary, *Waiting for the Dawn: A Plan for the Prince*. New York: Columbia University Press, 1993, p. 105.

〔4〕黄宗羲：《明夷待访录》，段志强译注，中华书局 2019 年版，第 47 页。

〔5〕Wm. Theodore de Bary, *Waiting for the Dawn: A Plan for the Prince*. New York: Columbia University Press, 1993, p. 107.

〔6〕黄宗羲：《明夷待访录》，段志强译注，中华书局 2019 年版，第 50 页。

为："The question of enshrining worthy personages and famous official of a locality should not be decided on the basis of the position they held or the descendants they had." 其中，"乡贤名宦祠"为地方政府设立的官方祠庙，用于祭祀地方有学行的先贤或有功于地方的官员，狄百瑞按照意思翻译为"enshrining worthy personages and famous official of a locality"，表示地方有名望之人的归属地。

狄百瑞在"向若因循不改，则转相模勒，日趋浮薄，人才终无振起之时"[1]的翻译中，将"模勒"译作"plagiarism"表示抄袭，将"浮薄"译作"superficiality"表示肤浅。整句按照前后文意思翻译为："If we continue them without change, everyone will turn to plagiarism, there will be a steady decline into superficiality, and the day will never come again when real talent appears among men."[2]

除此之外，狄百瑞更多采用的是将句意直接表达出来的翻译方式，如将"彼粗暴之徒，乘世之衰，窃乱天常吾可以权授之，使之出落钤键也哉！"[3]翻译为："These brutish rascals profit from the world's misfortunes and subvert the natural order. How can we give them power and 'let them do as they please with the keys to our fortress?"[4]将"乘世之衰"译作"world's misfortunes"，将"窃乱天常"直接译作"subvert the natural order"。

在钱币改革上，黄宗羲提议"今钞既不行，钱仅为小市之用，不入贡赋，使百务并于一途，则银力竭"[5]。狄百瑞将其翻译为："However, today,

---

〔1〕黄宗羲：《明夷待访录》，段志强译注，中华书局 2019 年版，第 62 页。

〔2〕Wm. Theodore de Bary, *Waiting for the Dawn: A Plan for the Prince*, New York: Columbia University Press, 1993, p. 113.

〔3〕黄宗羲：《明夷待访录》，段志强译注，中华书局 2019 年版，第 129 页。

〔4〕Wm. Theodore de Bary, *Waiting for the Dawn: A Plan for the Prince*, New York: Columbia University Press, 1993, p. 146.

〔5〕黄宗羲：《明夷待访录》，段志强译注，中华书局 2019 年版，第 146 页。

080

since paper money is not used at all and cash is used only in small transactions（not being acceptable for the payment of taxes）, all the many functions of money must be fulfilled by one medium of exchange. Therefore, silver resources are greatly strained."[1]其中"钞"译作"paper money"，"钱"译作"cash"。

"世儒不察，以工商为末，妄议抑之。夫工固圣王之所欲来，商又使其愿出于途者，盖皆本也。"[2]狄百瑞将该句直接翻译为："Now industry was certainly something that the sage－kings wanted to develop, and they also wanted merchants to be plying the roads, because both industry and commerce are essential."[3]其中，他将"圣王"直接译作"sage-kings"，将"使于途"译作"to be plying the roads"。

狄百瑞为向读者展现最原初的中西文明本真原貌，在翻译句子时多采用直译与音译相结合的方式，意译辅助，必要时增删词汇，简单直接准确地传达文本内容。但在翻译过程中也暴露出许多弊端，如中国古代文字表述较为凝练，若想要完全展现古文表达形式而进行直译的话，往往会出现语意表达不完整、无法传达中文之优美的问题，无法展现中文的丰富意蕴。

第一，表现为语意不甚完整。如狄百瑞直接将"然必费考索，推声病"[4]翻译为"Yet at least one had to reason carefully and write verse with the proper rhyme"[5]，将"声病"翻译为"proper rhyme"，但"声病"所包含的内容不仅仅是"恰当的韵律"这样简单，在中国古代，"声病"表示诗

---

[1] Wm. Theodore de Bary, *Waiting for the Dawn: A Plan for the Prince*, New York: Columbia University Press, 1993, p. 153.

[2] 黄宗羲：《明夷待访录》，段志强译注，中华书局 2019 年版，第 161 页。

[3] Wm. Theodore de Bary, *Waiting for the Dawn: A Plan for the Prince*, New York: Columbia University Press, 1993, p. 160.

[4] 黄宗羲：《明夷待访录》，段志强译注，中华书局 2019 年版，第 63 页。

[5] Wm. Theodore de Bary, *Waiting for the Dawn: A Plan for the Prince*, New York: Columbia University Press, 1993, p. 114.

赋格律上可能出现的各种问题，后世称之为"四声八病"，"四声"就是传统古韵里的平、上、去、入四种声调，八病主要指出了声律上可能会出现的八种问题，如平头、蜂腰、上尾、大韵、小韵、鹤膝、正纽、旁纽等。显然，"proper rhyme"并不能完全表达汉字蕴含的多重意蕴。

"严于取，则豪杰之老死丘壑者多矣"[1]一句的句意为：因为选拔太严格，导致许多杰出的人才被埋没民间，终生无法得到任用。"终生无法得到任用"是将文言文翻译为白话文之后自然而然添加的，但狄百瑞翻译为："Because the system of selection is too confined, many great men live to old age and die in obscurity."[2]直接将原文翻译作罢，并未添加"终生无法得到任用"等内容，句意表达不完整。

直译无以完整表达汉语意蕴的现象还有例子佐证，如将"奄人之众多，即未及乱，亦厝火积薪之下也"[3]翻译为："Yet when a ruler has a great multitude of eunuchs, even though they have not yet made trouble, they are like a fire hidden under a pile of kindling wood."[4]意为"阉人这么多，即使一时没有作乱，也等于把火放到柴堆下面"如果能够加上"是极其危险的"之类的表达会更加完整。

第二，尽管狄百瑞竭尽全力展现中文表述形式，但是仍然无法表达尽汉语的优美。如翻译"周敬土甲子"时，狄白瑞直接使用了"477B.C."，翻译"壬寅年"时，直接使用"1662年"，如此便无法表达"甲子"与"壬寅"在天干地支和《易经》中所承载的宇宙之奥秘，无法传达中国传统思想的魅力等。对句子的翻译也是如此，如将"彼鳃鳃然唯恐

〔1〕黄宗羲：《明夷待访录》，段志强译注，中华书局2019年版，第66页。

〔2〕Wm. Theodore de Bary, *Waiting for the Dawn: A Plan for the Prince*, New York: Columbia University Press, 1993, p. 116.

〔3〕黄宗羲：《明夷待访录》，段志强译注，中华书局2019年版，第177页。

〔4〕Wm. Theodore de Bary, *Waiting for the Dawn: A Plan for the Prince*, New York: Columbia University Press, 1993, p. 169.

后之有天下者不出于其子孙，是乃流俗富翁之见"[1]翻译为"This anxious concern lest rulership of the land fall to others than one's own descendants is an attitude common to rich men."[2]狄百瑞虽将"鳃鳃然""忧愁恐惧的样子"之意表达了出来，即"anxious"，但实在无法展现汉字所造之意境。

狄百瑞将句子"古之征贵、征贱，以粟帛为俯仰"[3]译作："In ancient times taxes were considered high or low in relation to the increase or decrease in the value of grain and cloth."[4]句中"俯仰"虽有"高低"之意，但显然比"高低"更具意蕴，然而在英译中，只能译作"high or low"，意境尽失。

第三，译文也很难展现中文表达的多样性。例如："唐初立租、庸、调之法，有田则有租，有户则有调，有身则有庸。"[5]狄百瑞将其翻译为："In the beginning of the T'ang Dynasty was established the system of land, household, and service taxes.For all land there was a land tax（tsu），for every household there was a household tax（tiao），for every person there was a service tax（yung）."[6]可以从文中看出三个词汇"租""调""庸"，皆译作"tax"。

由以上举例能够看出，狄百瑞在翻译《明夷待访录》时，谨遵"高度还原"的翻译原则，主要使用了直译的方式，忠实原典文本，保留汉语语境，直截了当言简意赅地传达文意，便于读者对照原文进行文本解读。在直译无法准确传达源语言所含情感与内蕴时，狄百瑞也会变通采取意译、

---

〔1〕黄宗羲：《明夷待访录》，段志强译注，中华书局 2019 年版，第 180 页。

〔2〕Wm. Theodore de Bary. *Waiting for the Dawn: A Plan for the Prince*, New York: Columbia University Press, 1993, p. 169.

〔3〕黄宗羲：《明夷待访录》，段志强译注，中华书局 2019 年版，第 139 页。

〔4〕Wm. Theodore de Bary. *Waiting for the Dawn: A Plan for the Prince*, New York: Columbia University Press, 1993, p. 150.

〔5〕黄宗羲：《明夷待访录》，段志强译注，中华书局 2019 年版，第 105 页。

〔6〕Wm. Theodore de Bary. *Waiting for the Dawn: A Plan for the Prince*, New York: Columbia University Press, 1993, pp. 134-135.

自由译或是恰当增减相应内容、改变句式结构等形式，以求还原中文传统表达方式，并顺畅传达句意。最终翻译虽有无法展现汉字的丰富意蕴、语意表述不完整等弊端，但译本仍然在一定程度上忠实原典文本，为读者构架尽可能完整的中国思想发展谱系。

第三节　狄百瑞译介《明夷待访录》的启示

狄百瑞在进行译介研究《明夷待访录》时，深入原典文本内部，不仅竭力建构作品的语境背景与社会环境，同时也关注作品资料的内在关联性，将作品放置于中国传统文明历史的发展脉络之中。他对待传统经典文本与中西文明的态度，以及研究与翻译之间的互动给人启示。

第一，表现在对经典的态度上。狄百瑞认为，任何一种文明的经典著作，都具有永恒的人类智慧。经典作品凝聚着前人对于生存问题的追索与思考，它们往往以高度凝练的方式呈现，在处理人生关键问题时，能够做到高屋建瓴全局把控，并生发出极为丰富细腻的诠释。狄百瑞最终总结，经典著作的价值不仅在于对当时的人们有着指导作用，它所呈现出的智慧往往不受时代的限制，也能在新的境遇中重新被赋予生命。

对于探讨经典著作有无价值意义的这件事上，狄百瑞和学者帕特里克·德宁（Patrick Deneen）有过一次交锋。德宁在其著作《反对巨著》（*Against Great Book*）中指出，经典巨著因为保存的是过去的固定智慧，是后人了解彼时代的绝佳文本，它传授的是静态知识，受时代辖制。而狄百瑞并不这么认为，他指出人类一直在发展进程之中，社会环境的变幻促使人类对自我的认知出现差异，但总体是一个发展深入的过程，经典著作作为人类文明特定时段自我追逐智慧的凝聚，每一部都回应着人类对自我生命的追索，每一个环节都是人类进行自我认知不可或缺的一环。每一本经

084

典著作在每个时代都对永恒性人类问题提供新的思考角度，促使读者重新
思考社会环境与人类生存之间的关系，所以它是历史的，同时也是当代的。
这也是哥伦比亚大学校友约翰·杜威对于经典著作的态度，即用人类连续
性发展的眼光阅读经典文本，经典巨著可随时代进展生发出更丰盈的解读，
这是经典巨著的根源价值所在。[1]狄百瑞认为《明夷待访录》就是这样一
部经典。

　　第二，狄百瑞立足世界文化多元，认定每一种中西文明都是对人类自
身的探索，都有其自己独特的人文价值。所以，翻译中国传统经典作品，
与英语世界翻译希伯来语经典文本一样，译著依赖于原典作品自身固有的
伟大性，但其"生存"能力也取决于翻译的水平。译者如传递智慧的使者，
将伟大的文本内容带给需要它们的读者，帮助读者更完整地了解世界、应
对变化的时代和生存所遭遇的种种矛盾与困境。缘此，狄百瑞在翻译《明
夷待访录》时，采用"高度还原"的翻译原则，力图原貌展现经典文本的
智慧。

　　狄百瑞的"高度还原"原则，首先需要译者在态度上需尊重中西文
明，这要求译者尽可能全面地了解创作作品时涉及的背景知识、社会环
境与思想发展历史的关联等问题。在译者知识面无法达到要求时，也力
求直接将文本翻译，切勿按照西方惯有思维误译曲解。只有在极为特殊
的情况下以意译、自由译和增减等译法辅助，其目的仍旧是尽最大可能
还原中国传统文字表达形式，为西方读者呈现最直接原典文本，帮助读
者感受中文表达之魅力与智慧。

　　狄百瑞在翻译《明夷待访录》的过程中为保持中国传统表达方式，在
名词的翻译上采取音译的形式，如："文渊阁"直接采用威妥玛式拼读翻
译为"Wen-yuan Ko"。对于寓意丰富的名词，采用意译和加注括号标注

〔1〕Wm. Theodore de Bary, *Letters, First Things*, March（2003），pp. 14-15.

音译的形式，如："任子"译作"Privileged sons（jen-tzu）"。对于中国历史上的重要人物，在翻译时会添加十分详细的尾注，如"安禄山"译作"An Lu-shan（d. A. D. 757）"后，尾注简介了他的主要功绩，如，是他发动安史之乱，建伪燕政权（His revolt in 755, which caused the flight of the emperor Hsuan-tsung to Szechuan was finally suppressed），最后被其子刺杀（he was assassinated by his son）。狄百瑞的严谨性还表现在其对字条的每一个注解，都会注明资料来源，并且有时会列举出不同来源资料版本供读者参考，如：*Chi T'ang shu* 200A: 1b-2a: Arthur F. Wright and Denis Twitchett, eds., Perspectives on the T'ang pp. 8-9, 151, 203; Denis Twitchett, *Financial Administration Under the T'ang Dynasty*, pp 17-18; *Cambridge History of China*, vol. 3（Twitchett and Fairbank, eds.），pp. 561-71（Michael Dalby chapter）。[1]

对于颇具中国特色的名词，为辅助文本理解，狄百瑞亦添详尽注解。如，"大壮"，翻译为"Great Prosperity(ta-chuang)"，因"大壮"在《易经》中是"阳晶守政之运"的受卦，黄宗羲借此意代指朝代治世之大运、祥兆等，对《明夷待访录》一书的成书也具有影响，所以狄百瑞对其进行了一番解释，标明其为《易经》的第三十四卦（a state of affairs that is the subject of Hexagram 34 of *the Book of Changes*），并引用权威汉学翻译者理雅各的译本[2]，这段对"大壮"的理解大致为：这是一种强大的力量，但是仅靠这一种气运又不足以真的能够把控住权力，应该修炼自我能够承接"天命"，并与传统思想理念结合，以发挥此力量的最大价值。最后，狄百

---

[1] Wm. Theodore de Bary, *Waiting for the Dawn: A Plan for the Prince*, New York: Columbia University Press, 1993, p. 219.

[2] 具体内容为：It suggested to King Wen a state or condition of things in which there was abundance of strength and vigor Was strength alone enough for the conduct of affairs? No. He saw also in the figure that which suggested to him that strength should be held in subordination to the idea of right, and exerted in harmony with it.

瑞还详细标明出处：Legge, trans., *Yi King*, pp. 129-30。[1]

　　狄百瑞在翻译过程中对相关内容附加十分详尽的注释的做法，得到学界广为赞赏，朱鸿林称狄百瑞"译文中细致入微的注释对中国传统学术中几乎所有分支都做了广泛的参考"[2]，他的这一做法不仅能够辅助其"高度还原"翻译原则的有效施行，亦能够帮助读者架构中国传统文明思想发展的脉络，取得良好的顺畅阅读体验与中西文明感受。"高度还原"式的翻译，促进中国传统文明在海外的传播，对《明夷待访录》在美国高校的教育中被重视做出杰出贡献。

　　第三，狄百瑞的译介与研究，相辅相成，互相促进。他在译介《明夷待访录》时前后耗时四十年之久，可谓投注大量心血，如詹纳尔（W. J. F. Jenner）在《明夷待访录》译本书评的开始所写到的"此译著不仅专业严谨，更是充满作者情感"[3]。狄百瑞以文明历史发展的视角，发现了黄宗羲《明夷待访录》的独特价值和其对于中国传统儒家思想发展的重要意义，在其译介过程中，十分注重还原这一特性，如于文中附注了大量注释，让中国传统文明在一本小册子里成为系统。

　　最后，狄百瑞的译介启示当下文明发展。如伍安祖所言，狄百瑞将文本放置于整个思想史脉络之中，使传统文明重具生命力，并关切当下，推进世界文明健康发展。[4]

　　狄百瑞《明夷待访录》英译本 *Waiting for the Dawn: A Plan for the Prince*

---

〔1〕Wm. Theodore de Bary, *Waiting for the Dawn: A Plan for the Prince*, New York: Columbia University Press, 1993, p. 189.

〔2〕Hung-lam Chu, Book Review, *Waiting for the Dawn: A Plan for the Prince*, Translated and edited Wm. Theodore de Bary, Academia Sinica, Asian Studies, No. 2（1994 2）, pp. 533-534.

〔3〕W. J. F. Jenner, Book Review, *Waiting for the Dawn: A Plan for the Prince Translated and edited* by Wm. Theodore de Bary, The China Quarterly. Subject to the Cambric Core Terms of Use, 2017（04）:1153.

〔4〕On-cho Ng. Book Review. Waiting for the Dawn: *A Plan for the Prince*. Translated and edited, By Wm. Theodore de Bary. University of Hawai'i Press: *Philosophy East and West*-Seventh East-West Philosophers' Conference, Vol. 46, No. 3,（Jul. 1996）, p. 415.

初稿于 1953 年完成，40 年之后，于 1993 年修改出版。出版时狄百瑞建起了更健全的中国传统思想发展脉络构架，对黄宗羲所生活的时代背景、社会状况等方面有了更加细致的掌握，对《明夷待访录》所占据的思想历史转折节点有了更深刻的认识。狄百瑞历经几乎半生的学术研究后重新回到学术的起点，着手对《明夷待访录》的初译本进行详细的修改调整，处理对于西方读者来说难以顺畅理解的相关问题也更加得心应手，大大提升了《明夷待访录》译本的译介功用。

狄百瑞以自身的学术前瞻性、客观的学术追求、深厚的学术思想与积极的翻译实践，极大提升中国传统文明在美国乃至世界的声誉与影响力。朱荣贵曾言："这么多年来汉学界能够肯定中国（以及东亚）具有卓越的思想及文化的传统，不能不多少归功于狄百瑞先生长年竭力捍卫。"[1]狄百瑞对待经典的观点，与对中西文明之独特性、近代性等特质的挖掘，为自己的学术实践打下坚实基础，为扩充中国传统文明研究提供全新视角，促进了中西文明对话与文明健康发展。

综上所述，狄百瑞译介《明夷待访录》时，西方主流观点对中国传统文明的看法是落后、保守，只能依靠西方文明才能得以进步。例如唐纳利（Donnelly P. J.）认为中国传统除了文化保护价值外，与近现代制度的基础理论毫无关系。[2]狄百瑞认为，这种全盘否定西方世界之外的文明的做法，容易滋生文化霸权，不利于世界文明健康发展。

狄百瑞立足世界文化多元，颇具敏锐度与前瞻性地发现《明夷待访录》所具有的批判、革新创造等特性，由此得出中国传统文明有发展之能力，并不是只有依靠西方文明才能进步。狄百瑞"让读者了解中国传统文

〔1〕朱荣贵：《西方儒学之干城：狄百瑞的儒家研究》，见傅伟勋、周阳山主编《西方汉学家论中国》，正中书局 1993 年版，第 129 页。

〔2〕Donnelly J., *Human Rights and Asian Values: A Defence of 'Western' universalism*, In: Bauer J, Blell D, editors, Cambridge University Press: *The East Asian Challenge for Human Rights*（1999），pp. 60-87.

明并非静止不变，而有着系统的历史发展体系"[1]。狄百瑞正是在"高度还原"式译介《明夷待访录》的过程中领略到中国传统文明的博大精深，并被儒家思想所具有的革新创造能力深深震撼。

狄百瑞译介《明夷待访录》拉开了其核心学术观点，即中西文明对话研究的帷幕，为其汉学研究打下坚实基础，也为美国汉学界注入新鲜血液，主要贡献表现在以下三点。

第一，狄百瑞所提出的中国传统文明具有自我发展能力的观点，纠正了西方学术界对于儒家思想一成不变、停滞不前等的错误认识，证明了中国传统文明自身能够随着社会时代的变迁，不断进行着内部的革新调整与发展变化。针对狄百瑞为儒学发展变化所做的详细注解，余国藩指出狄百瑞"巨细靡遗，即使众人耳熟能详的章节也常能见所未见，令人钦佩。儒门传统源远流长，深邃复杂，他逐一检视，持论精缜，令人心折"[2]。

狄百瑞指出黄宗羲虽更注重当代社会现状，但他比同时代的大多数学者们更注重研习古典经籍，[3]为复古主义（restorationism）者，具有浓重的历史心态（historical-mindedness）。其注重思想发展的历史关联，注重自我与古代思想的延续传承，其所推崇的也是三代之前的治国方略，并主张模仿《周礼》参考当下实际情况进行建制。黄宗羲在解析每一种社会现状时，皆要从此思想的源头述起，解析此思想在漫漫历史进程中的发展变化。黄宗羲的这种复古主义，有别于照搬条目的"原教旨主义"，更重视对旧制的传承与发展，落脚于"改制"。证明了儒学本身具有自身发展的规律与节奏，能够革除陋习，发展创新以顺应时代所需。

〔1〕W. J. F. JENNER,Book Review, *Waiting for the Dawn: A Plan for the Prince*, Translated and edited By Wm. Theodore de Bary, the china quarterly, subject to the cambric core terms of use, no. 4,（2017）p. 1154.

〔2〕余国藩：《先知·君父·缠足——狄百瑞〈儒家的问题〉商榷》，李奭学译，《中国时报》1993 年 5 月第 39 版。

〔3〕Wm.Theodore de Bary, "Chinese Despotism and The Confucian Ideal: A Seventeenth-Century View", John King Fairbank, The university of Chicago press: *Chinese Thought and Institutions*, 1957, p. 165.

第二，对于中国传统文明的研究，不应该套用西方文明的理论或概念，搜寻文本资料中能够附和的只言片语来研究，而应该在中国文明特定的表达方式、思维习惯与文化语境之中研究。

狄百瑞指出黄宗羲及其《明夷待访录》的价值完全被海外汉学界低估，它本应是最不该被忽视的优秀作品的代表。[1]狄百瑞对于《明夷待访录》的翻译，不仅增加了西方汉学界有关中国传统原典文献的资料来源，完善了西方世界中国传统文明研究谱系，利于中国传统文明的海外传播，也促进了中国传统文明全貌性文化语境的构建，利于海外汉学学术的健康发展。

第三，狄百瑞通过翻译研究《明夷待访录》，推动了海外汉学界对于中国传统文明思想中"类现代性"因子的认知。

黄宗羲于《明夷待访录》中，不仅大胆质疑存留于中国几千年的帝制结构，并且提出了颇具现代性的意见建议，如重视"法"之体制建设，提升"法"之地位与功用。这一思想的现代性表现为"法"比"权力"地位高，此凌驾于皇权之上所设立"法"的观点，在历史上从未出现过。黄宗羲批评传统的"非法之法"，君主不再视天下太平、百姓安居乐业为己任，而是为一家之私制造出的很多"非法之法"，不但使百姓无法安居乐业，将天下财富皆归己有，而且设法防止百姓盗取，使得社会混战。黄宗羲由此提出，"法"应为天下而创立，需摆脱"人治"的传统牢笼。

当然，狄百瑞的研究也有其自身弊端，如其所提"学校作为舆论机构的提议，发挥了和西方政党与国会类似的作用"[2]，与认为黄宗羲的一系列提议与"目前英国宪法式的政治结构，有许多相似之处"[3]等观点，忽略

---

[1] Wm. Theodore de Bary, *Waiting for the Dawn: A Plan for the Prince*, New York: Columbia University Press, 1993, p. 19.

[2] [美] 狄百瑞：《黄宗羲〈明夷待访录〉之现代意义》，朱荣贵译，见周博裕主编《传统儒学的现代性诠释》，文津出版社1994年版，第9页。

[3] [美] 狄百瑞：《黄宗羲〈明夷待访录〉之现代意义》，朱荣贵译，见周博裕主编《传统儒学的现代性诠释》，文津出版社1994年版，第9页。

了黄宗羲"民本"观点与西方"民主"的本质区别。

　　狄百瑞经过对黄宗羲《明夷待访录》的译介研究，认识到中国传统思想的进步、革新、创造之魅力。因黄宗羲为"新儒学"时期最杰出的思想家代表之一，狄百瑞的研究逐渐扩展到对"新儒学"时期各种思想的研究，进一步开掘儒学不仅具有批判、革新创造等特性，而且还发现其独特的"人格主义""生命观"等观念，能够关照西方个人主义与世界人权的进一步健康发展，认为新儒学作为成熟独立丰富的思想体系，与西方文明之间的互补互融，能够使"两者互相增益"[1]，由此"新儒学时期"被狄百瑞认定为中国儒家思想最具可解读性的时期，进而成为其终生学术研究，即中西文明对话的主要探讨领域。

[1]［美］狄百瑞：《中国研究何去何从》，王德威译，载《世界汉学》2003年第2期，第8页。

第三章 新儒学：汉学研究主要阐释土壤

狄百瑞通过译介《明夷待访录》得出中国传统文明停滞、落后等观点"是浅薄和错误的说法"[1]的结论，认为"新儒学"时期深厚的学术资源未被挖掘，其价值被美国学术界低估。

狄百瑞的"新儒学"研究，正式起步于 20 世纪 50 年代，其研究能够得以发展壮大主要受以下几个因素影响。

第一，美国国内政治运动给美国"新儒学"研究的发展带来契机。麦卡锡主义运动时期，随着美国国内政治斗争的愈演愈烈，自 1947 年底开始美国开始对国内相关部门展开"忠诚调查"，如政府机关、军队、外贸商人等。而后，接受"忠诚调查"的行业与人员越来越多，在强烈的恐怖压力下，人心惶惶，整个社会都自动对于共产主义一味否定。麦卡锡作为威斯康星州的参议员，乘机迎合大众的恐慌心态开启一系列演说，推波助澜。

1950 年抗美援朝战争打响，美国民众稍显紧张，认为此战争会又一次搅动全球政治格局，对于境内共产党，人们从一味否定发展为咒骂，麦卡锡主义借势愈演愈烈。从 1953 年起，麦卡锡的演讲内容开始涉足文化等领域。紧接着，美国开始对在外的大使馆进行彻查。麦卡锡主义的盛行对美国境内的亚裔尤其是华裔的生存造成威胁，与中国有任何关联的人皆被监

---

[1]［美］狄百瑞：《与斯人之徒——狄百瑞思想自述》，朱荣贵译，载《中国文哲研究通讯》1992 年第 2 卷第 4 期。

控，其中钱学森一直受到美国移民局的限制和联邦调查局的监视。

　　彼时美国境内与中国相关的研究机构、学术组织与学者皆备受打击和迫害。富布赖特（William Fulbright）曾指出"撰述'真实中国'的情况被认为是一件非常不明智和不安全的事情"，学者们再不敢触及中国现当代研究，其掀起的以区域研究为特征的"中国学"研究受限，中国现当代政治治理等问题无法有效进行。许多学者出于自身安全的考虑，将学术研究的重心也由关注当代中国转而投向古代中国的思想领域。学术界试图通过研究传统儒家思想，揭开新中国的神秘面纱，给"新儒学"的深入研究以契机。

　　第二，除了宏大的历史背景为"新儒学"的发展提供契机，学者构成较为丰富，视角多样，也有利于学术的发展。此阶段学者由美国本土学者、华裔学者与国际学者构成。美国本土学者有费正清、卜德、柯睿格、史华慈、芮沃寿、卫德明（Helmut Wilhelm）、傅汉斯（Hans H. Frankel）、列文森（Joseph R. Levenson）、尼维森（David S. Nivison）、贺凯、狄百瑞等。在这批美国本土汉学家中，绝大部分与狄百瑞有过相似的经历，即起步于传统汉学，并参加了第二次世界大战。他们于战争期间被征入伍，接受专业的语言培训，有的学习中文，有的学习日语，有的学习韩语，更有甚者学习了此三种语言。掌握基本的语言能力后，他们纷纷投入战场，参与战地情报、记撰与新闻报道的工作中。战后他们有的留在部队，有的选择返回校园继续学习或任教，从事亚洲相关研究。经历过战争的这一代学者能够从不同角度看全球形势，并有着全球文明的视角，能够客观认识到中国传统文明的价值。

　　美国汉学界华裔学者也推进了美国儒学，乃至"新儒学"的研究，他们大都在香港或台湾接受硕士教育，20世纪三四十年代在美攻读博士学位，而后便留在美国。他们受中国传统思想文化熏陶，具有深厚的中国传统文化底蕴，同时又受到西方文化知识体系教育和严密的西方哲学思维训练，所以他们的思维和视野贯通中西，许多学者所阅读的有关中国的材料都出自这些汉学家们。例如波士顿儒家代表人物南乐山，他对中国文献的阅读仅限于翻译成英文的内容。[1]这批华裔学者能够用比较现代的眼光，发现颇具进步性因子的"新儒学"于当下的时代意义，这也是"新儒学"兴起的潜在动力之一。

另外还有国际汉学家，尤其是传统的欧洲汉学家的加入，也为美国儒学以及"新儒学"的发展提供可能。如，德国的福赫伯、法国的于儒伯（Robetr Ruhlman）、英国的蒲立本（Edwin G. Pulleyblank）和崔瑞德（Denis Twitchett）、日本的宫川尚志和村松祐次、澳大利亚的罗依果（Igorde Raeheiwltz）等。

第三，学术协会的成立、学术会议的召开、最新会议集刊以及专业著作的出版等，推动着学界对"新儒学"的关注。1951年，美国远东协会中国思想委员会成立；1956年，哈佛大学费正清东亚研究中心（Fairbank Centre for East Asian Research）成立；1957年，在福特基金会的资助和加州政府的支持下，加利福尼亚大学伯克利分校中国研究中心建立；1959年，当代中国研究委员会（Joint Committee on Contemporary China）成立。此外，一系列中国儒家思想研讨会陆续召开，会议论文和发言合集成册出版：《中国思想的历史特征》（*Studies In Chinese Thought*）[2]、《中国思想与制度》（*Chinese Thought and Institutions*）[3]、《行动中的儒家》（*Confucianism in Action*）[4]、《儒家的说服术》（*The Confucian Pesruasion*）[5]、《历史上的儒

〔1〕［美］南乐山：《在上帝面具的背后——儒道与基督教》，辛岩、李然译，社会科学文献出版社1997年版，第2-3页。

〔2〕Arthur F. Wright,ed., *Studies In Chinese Thought*, Chicago &London: The University of Chicago Press, 1953.

〔3〕John K. Fairbank, ed., *Chinese Thought and Institutions*, Chicago &London: The University of Chicago Press, 1957.

〔4〕David S. Nivisonnad Arthur F. Wright, eds., *Confucianism in Action*, Stanford & California: Stanford University Press, 1959.

〔5〕Arthur F. Wrisat, ed., *The Confucian Pesruasion*, Standord &California: Stanford Univesrity Press, 1960.

家人物》(*Confucian Personalities*)[1]等。

以上会议集的出版所选最新研究文章，扩展了学术界对中国传统文明的认知。如牟宗三的《元代的儒家隐士》，阐述了接受过良好儒家思想教育的知识分子在元朝的尴尬困境，首次全面向美国学术界介绍了元代儒家知识分子的精神境况，拓展人们对中国传统文明多样性的认知；蒲立本的《唐代思想生活中的新儒家与新法家》，也为学者们展示了在被佛教冲击后，儒学与法家的发展与演进状况。

在如此严峻又充满机遇的契机下，狄百瑞开启了"新儒学"研究。通过分析"新儒学"对传统儒学的继承、在"三教合一"中求生，以及对现实的批判与调试等，狄百瑞发现了"新儒学"的巨大潜能。"新儒学"被狄百瑞认定为中国儒家思想最具可解读性的时期，进而成为其中西文明对话研究的主要阐释对象。"新儒学"作为成熟独立丰富的思想体系，其萌芽、发展、壮大过程给予狄百瑞莫大的学术研究启发。

因"新儒学"所具有的独特内涵，使得狄百瑞将其设定为主要的学术领域，也成为中西文明对话观的主要阐释对象。"新儒学"对于狄百瑞及其中西文明对话观研究尤为重要，加之学界对此领域认知混乱，有必要对此进行详细说明。但值得指出的是，对于"新儒学"一词，狄百瑞并未给出具体定义，而是采用"操作概念"的方法，仅大致框定一个时限，抓住最为核心的内涵特质，将所有出现在此时期内的相关学术思想均作为其研究内容。为说清这一问题，笔者于本章中采用了狄百瑞新儒学研究成果展示、将"新儒学"与易混概念，如"宋明理学""现代新儒学"进行对比等方式，进行区分说明。

〔1〕Arthur F. Wirghtnad Denis Twitehet, eds., *Confucian Personalities*, Stanford & California: Stanford University Press,1962.

第一节　析微查异：何为新儒学

近年来，国内学术界对狄百瑞"新儒学"译介和研究时，多出现与"现代新儒学"（New Confucianism）、"宋明理学"、"理学"等概念混用的不严谨情况。如《美国名人词典》将狄百瑞的作品 *The Rise of Neo-Confucianism in Korea* 中的"Neo-Confucianism"误译作"理学"[1]，对作品与研究内容的翻译也较模糊。

国内有学者将狄百瑞定位为"新儒学"学者，如杨焕英称其"对当代新儒学颇为推崇，与当代新儒学关系密切"[2]，魏德东称其"开启美国现代新儒家研究"[3]，韩伟亦称其为"美国新儒学大家"[4]，"是西方学术界'新儒家'的开创性人物"[5]，"把新儒学研究引入美国"[6]。对狄百瑞文章的翻译，也大都译为"新儒学"，如方骏翻译的《新儒学一词的使用：回应田浩教授》[7]，梁涛、雷蕾翻译的《宋明新儒学与人权》[8]，张丽华翻译的《朱熹新儒学的精神性》[9]以及张海燕翻译的《新儒学：传统性与现代性的交融》[10]等。

〔1〕曹世文、黄季方编：《美国名人词典》，春风文艺出版社1992年版，第312页。

〔2〕杨焕英：《孔子流传（台港澳地区及海外）》，见张岱年主编《孔子百科辞典》，上海辞书出版社2010年版，第787页。

〔3〕魏德东：《美国大儒狄百瑞》，载《中国民族报》2014年9月27日。

〔4〕韩伟：《"中国的面具"：美国新儒学大家狄百瑞的思想综论》，载《国外社会科学》2017第5期。

〔5〕［美］狄百瑞：《97岁唐奖汉学奖得主狄百瑞：东方和西方都曾将我流放》，该文为狄百瑞唐奖获奖发言，资料来源：http://news. hbtv. com. cn/p/291199. html

〔6〕《W. 狄百瑞获第2届"唐奖汉学奖"》，载《国外社会科学前沿》2016年第20期。

〔7〕［美］狄百瑞：《新儒学一词的使用：回应田浩教授》，方骏译，见张聪、姚平编《当代西方汉学研究集萃——思想史卷》，上海古籍出版社2012年版，第23-38页。

〔8〕［美］狄百瑞：《宋明新儒学与人权》，梁涛、雷蕾译，载《国学学刊》2013年第15卷第1期。

〔9〕［美］狄百瑞：《朱熹新儒学的精神性》，张丽华译，见王中江、李存山主编《中国儒学》（第四辑），中国社会科学出版社2008年版，第263-286页。

〔10〕［美］狄百瑞：《新儒学：传统性与现代性的交融》，张海燕译，载《国外社会科学》1992年第3期。

　　然而，国内狄百瑞研究多数并未给其准确定位，如高晓明称其为"美国著名汉学家"，傅永军和郭萍皆称为"美国汉学家"[1][2]。还有学者将其误归为"中国学""理学"学者等其他身份，如在《孔子百科辞典》中，更是将其定位为"美国学者、中国学家"[3]，陈浩与许苏民也将其划归为"中国学"学者，称其为"当代美国中国学研究的泰斗"[4]，李琳将其定义为"促发北美儒学、理学研究的先驱"[5]。新儒学者可以归为大类汉学学者、海外汉学等，但美国"新儒学"却并不能等同于"理学"或美国"中国学"。

　　对狄百瑞"新儒学"概念认知不清晰，导致对研究者身份定位不准确、学术研究无法深入进行、学术价值得不到应有重视等问题。

一、狄百瑞之"新儒学"

　　狄百瑞学者身份定位的不准确，是学界对狄百瑞研究领域"新儒学"认知的不清晰导致的。出现此类误读主要是因为对狄百瑞的研究断章取义后就对"新儒学"进行定义。如狄百瑞在对新儒学的精神性进行分析，以"道学"为例时，提到"先知性"与"学者性"等特点，有学者就简单将"新儒学"定义为"道学"[6]等。

　　"新儒学"一词最初在西方汉学界较为通用，[7]胡仲扬（Franklin J.

---

〔1〕傅永军：《君子：先知还是师儒？》，载《理论学刊》2013 年 7 月第 7 期。

〔2〕郭萍：《"儒家人格主义"之省察》，载《哲学动态》2019 年第 5 期。

〔3〕杨焕英：《孔子流传（台港澳地区及海外）》，见张岱年主编《孔子百科辞典》，上海辞书出版社 2010 年版，第 787 页。

〔4〕陈浩、许苏民：《论狄百瑞的中西哲学比较研究》，载《国外社会科学》2012 年第 6 期。

〔5〕李琳：《美国狄培理儒学研究思想评述》，见会议集《国际儒学发展报告（2016—2017）》，山东友谊出版社 2019 年版，第 219 页。

〔6〕姚光夫、魏祎：《美国新儒学述评》，载《天水行政学院学报》2017 年第 2 期。

〔7〕Wm. Theodore de Bary, *Message of the Mind in Neo-Confucianism*, New York: Columbia University Press, 1989, Preface, p. 14.

Woo）曾对此做过溯源，指出"新儒学相关研究源于 16 世纪耶稣会士，主要指唐末时期儒者为了恢复和重振中国传统所做出的努力"[1]。1775 年，法国传教士钱德明（Jean Joseph Marie Amiot）明确使用"Neo-Confuceens"（与英文中的"Neo-Confucianism"对应）一词。"新儒学"一词虽较早产生，但起初并未获得广泛的认可，即使在理雅各、阿瑟·韦利、翟理斯等人翻译的儒家经典及编撰的辞典中也未见到该词。

近代以后国际上对于"新儒学"的研究，主要集中于日本。吾妻重二也曾对"新儒学"进行考证，17 世纪时，柏应理（Philippe Couplet）作为一位比利时传教士，在他所书写的《孔子：中国之哲人》（*Confucius: Sinarum Philoshpus*）一书中以"新时代的解释家"来指代二程与朱熹等人。1735 年杜赫德（Jean-Baptiste Du Halde）在其著作《中华帝国全志》（*Descriptione'Empire de la Chine*）中将宋代道学称为"新理论"，道学家们也被称为"新学者"。狄百瑞称其见过的最早"新儒学"的表述在 19 世纪的欧洲，记录于熟悉欧洲东方学的日本作家冈仓天心（原名冈仓觉三）的作品中。[2]

在 1904 年冈仓天心、1917 年胡适以及 1922 年冯友兰的论文中，以及 1936 年霍金的《朱熹的知识论》中陆续见到"Neo-Confucianism"一词。1937 年卜德翻译冯友兰的《中国哲学史》，该书上册在"子及儒家中之学"一章中有一句："战国时有孟荀二派之争，亦犹宋明时代新儒家中有程朱陆王二学派之争也。"[3]卜德将此处"新儒家"翻译成"Neo-Confucianism"。[4]

美国有关新儒学的研究与美国汉学相伴而生，早在 1844 年麦都思（W

〔1〕Franklin J. Woo, *The Great Civilized Conversation: Education for World Community*, Honolulu:University of Hawai'i Press, China Review International, Vol. 20, No, 1&2, 2013, pp. 80-86.

〔2〕Kakuzo Okakura: *The Awakening of Japan*, Wentworth tr., New York: The Century Company, 1904, pp. 65-74.

〔3〕陈来：《宋明理学》，生活·读书·新知三联书店 2011 年版，序，第 1 页。

〔4〕Fung Yu-Lan, *A History of Chinese Philosophy*, Derk Bodde Tr., Princeton University Press, 1952; 1953.

H. Medhurst）就已发表新儒学代表人物朱熹的相关文章《朱熹非物质原理和本质论哲学观点研究》（Philosophical Opinions of Chu Futsz on the Immaterial Principle and Primary Matter）[1]，但一直未被关注，1953 年狄百瑞将新儒学作为独立的学术研究对象，发表相关论文，才在美国学界引起广泛探讨。

1953 年，狄百瑞发表《重评新儒学》（A Reappraisal of Neo-Confucianism）[2] 之后又发表了《新儒学中的共同趋势》（Some Common Tendencies in Neo-Confucianism）[3]，1957 年张君劢出版《新儒家思想史》（*The Development of Neo-Confucian Thought*）[4]，随后，陈荣捷发表《新儒学对恶的问题的解决》（The Neo-Confucian Solution of the Problem of Evil）[5] 等论文，同时，狄百瑞所负责的"新儒学研究"（Neo-Confucian Studies）项目丛书陆续出版，汉学学术界儒学传统研究重心逐渐从先秦转向新儒学时期。

1964 年，狄百瑞首次与陈荣捷等学者于哥伦比亚大学开设新儒学学术研讨会，之后形成了学术传统，定期开办会议，专门讨论东方思想与宗教、新儒学发展等。杜维明对此研讨会给以极大肯定，称其在鼓励东西方学者探索新儒家生平、思想等方面做出了巨大贡献。[6]魏斐德称"于美国研究中国历史学术界中，在哥伦比亚大学的狄氏领导之下发展起来了新儒学派（Neo-Confucian School）"，推进了美国新儒学作为独立的学科得以

〔1〕Medhurst W. H., "Philosophical opinions of Chu Futsz on the immaterial principle and primary matter", *The Chinese Repository*（10），1844, pp. 552-559.

〔2〕Wm.theodore de bary, "A Reappraisal of Neo-Confucianism", Arthur F. Wright ed., *Studies in Chinese Thought*, Chicago: University of Chicago press, 1953, pp. 81-111.

〔3〕Wm. theodore de bary, "Some Common Tendencies in Neo-Confucianism". David S. Nivisonnad Arthur F. Wright, eds., *Confucianism in Action*, Stanford & California: Stanford Univesritypres, 1959.

〔4〕Carsun Chang, *The Development of Neo-Confucian Thought*, New York: Bookman Associates, 1957.

〔5〕Wing-Tsit Chan, *The Neo-Confucian Solution of the Problem of Evil*, "中研院"历史语言研究所, 1957 年。

〔6〕［美］杜维明：《论儒学第三期》，钱文忠、盛勤译，见杜维明《道·学·政：论儒家知识分子》，上海人民出版社 2000 年版，第 146 页。

建立。[1]

对于什么是新儒学，狄百瑞并未给出一个确定的答案，为了增强学术弹性与适应性，他机敏地选择行为科学中处理复杂概念时常采用的"操作概念"的方法，即把握研究对象的核心特质，立足开放态度，对其进行学术研究。1986年，狄百瑞被邀请去哈佛大学举办赖绍华系列讲座[2]时，将"11世纪至19世纪"[3]划归为新儒学时期，这种时段划分与韦政通的划分方式几乎吻合，韦政通将"以唐代韩愈（768—824）为起点，以清代戴震（1742—1778）为止点，为时将近一千年"[4]归为新儒学时期。狄百瑞从社会和政治非学术形态视角，认为清代的儒学研究仍保持着新儒学的特色，并举吕留良和方东树等为例，称他们为"道"与"理"的忠实守卫者。其中，陈淳所编的新儒学词典《北溪字义》（*Neo-Confucian Terms Explained*），对于"新儒学"相关学术、道德和精神运动等关键性词汇都有权威解释，该书不仅在中国影响深远，后更是"传至日本和朝鲜，带动了系列类似的哲学词典的编纂和出版"[5]，并有效促进东亚文明共同体的形成。

狄百瑞所指新儒学主要核心特质便是传统思想在面对中西文明冲击时，能够自我反思、创新，吸纳中西文明长处，推动自我发展，以便能够适应时代所需。在此思想指导下，研究内容主要概括为"经世致用""心

---

〔1〕［美］魏斐德：《当代西方学者对中国文化的评价》，见中国文化书院讲演录编委会编《中外文化比较研究》，生活·读书·新知三联书店1988年版，第191页。

〔2〕赖绍华系列讲座，是哈佛大学日本研究所推出的教学科研活动项目，以创始人赖绍华命名，目的在于促进对日本社会经济政治宗教等活动的教学研究，其研究范围广泛，涉及东亚等地区。赖绍华出生于东京，其父亲为长老会成员。于哈佛大学攻读东亚历史，其间在巴黎、东京、京都和北京进行了为期五年的世界游学。1946年回到哈佛，指导东亚研究新课程的开发，与费正清合作，教授名为"稻田"（"Rice Paddies"）的东亚文明课程，这门课程至今仍是哈佛通识教育课程的一部分。

〔3〕Wm. Theodore de Bary, *East Asian Civilizations: A Dialogue in Five Stages*, Cambridge: Harvard University Press, 1988, Preface, p. 1.

〔4〕韦政通：《中国思想史》（下），吉林出版集团有限责任公司2014年版，第647页。

〔5〕［美］狄百瑞：《新儒学一词的使用：回应田浩教授》，方骏译，见张聪、姚平编《当代西方汉学研究集萃——思想史卷》，上海古籍出版社2012年版，第26页。

性之学"与具体社会实践等三个方面。

　　狄百瑞研究所涉及的"经世致用"相关思想发展与实践贯穿整个新儒学时期，起于唐末，主要发展于北宋，在明末黄宗羲《明夷待访录》中，此相关内容得到飞跃性发展。代表人物包括范仲淹（希文，989—1052）、王安石（介甫，1021—1086）、程颢（伯淳，1032—1085）、程颐（正叔，1033—1107）、张载（子厚，1020—1077）、方东树（植之，1772—1851）、吕留良（庄生，1629—1683）等人。代表作品有《正统论》《论十事札子》《周官新义》《通鉴纲目》《大学衍义》等。

　　"经世致用"的相关思想发展与实践在不同历史阶段，关注侧重有所不同。唐末宋初，中国经历唐五代的动荡，外族文化例如佛教的冲击等，国家权威失坠，思想秩序日益紊乱，重建国家权威与秩序棘手又必要。尤其是宋代，经过兵变得来的政权，需要合法性说服大众。面对此种情况，新儒家首先通过对"道统"的传承，即尝试传承古制"礼"法恢复正统"礼"制中系列形式与内容，确立新政府的权力正当性，进而提出经典中历经久远的伦理道德原则，用以确立宋廷于中华历史上的正当权威性。宋代新儒家大多都在努力建构自我与历史正统思想之间的关联，找寻与孔孟圣学传统的承继性特征，如新儒家二程、张载、邵雍、王安石等都从不同侧面，传续了政体、伦理、宇宙观、教育观等，确定其在孔孟"道统"中的谱系等。而到了明末，抗清失败，南明朝廷腐败，人民颠沛流离，社会遭遇新的困境，政权统治面对连连失利、民不聊生，新儒家王夫之以佛道入儒学，发扬"六经责我开生面"的精神，应时地发展儒学思想，稳定时局。另一部分新儒家开始反思现实，并激烈抨击帝制，如黄宗羲提出的"法"等观点。尽管每一时期"经世致用"的具体内容有不同侧重点，但同样具有革新创造、针砭时弊的特点。[1]

与"经世致用"一样，狄百瑞所关注的"心性之学"的发展亦贯穿整个新儒学时期，于不同阶段展现不同特点，主要繁盛于南宋至明朝。"心性之学"言说纷纭，代表人物甚众，包括陆九渊（子静，1139—1193）、朱熹（元晦，1130—1200）、陈献章（白沙，1428—1500），王阳明（守仁，1472—1528）、湛若水（元明，1466—1560）、何心隐（柱乾，1517—1579）、罗汝芳（惟德，1515—1588）、李贽（宏甫，1527—1602）、王艮（汝止，1483—1541）等人。主要代表作品有：《传习录》《初潭集》《白沙子全集》《忍字赞》等。

针对新儒学前期思想混乱的状况，新儒学以稳定时局，恢复政体秩序以治乱世为己责，此后，社会逐渐稳定，他们又开启思想层面的革新与重建，即形而上统领性思想的追索。主要表现在新儒家依归旧制与所处变换的新社会状况，融汇佛教玄学的维度，吸收道教中广阔的自然理念，将人与社会的关系放在中心位置，尤其关注新儒家从官方意识形态到个人历史叙事的思想转变。

"心性之学"发展中，陆九渊做出突出贡献，提出"心即理"的理念，以儒家传统宇宙观，即万物皆有阴阳两面，这两面此消彼长、冲突融汇，推动事物向前发展，建构起了"心即理"的心学哲学逻辑结构。后经过王阳明、泰州学派等人发展出"格物致知""为己之学""致良知"等学说，推动"心性之学"日益扩大并精进，形成颇具自由特性的新儒家人格主义等内容。[2]

宋明时期，尤其是明代，随着经济发展，社会、文化、技术、个人世

---

[1] Wm. Theodore de Bary, *Neo-Confucian Orthodoxy and the Learning of the Mind-And-Heart*, New York: Columbia University Press, 1981, p. 37.

[2] Wm. Theodore de Bary, *Neo-Confucian Orthodoxy and the Learning of the Mind-And-Heart*, New York: Columbia University Press, 1981, p. 69.

102

界观都发生着巨大变化，士人阶层逐渐扩大。面对教育普及化等问题，建立制度化的思想理论体系，巩固朝廷思想秩序迫在眉睫，一些有效的社会组织形式逐渐设立并盛行，例如，"乡约"与书院等的发展壮大。[1] 代表人物：朱熹、吕祖谦（伯恭，1137—1181）、吕大钧（和叔，1030—1082）、真德秀（景元，1178—1235）等人。代表作品有：《童蒙训》《童蒙须知》《少仪外传》《程董二先生学则》《家塾常仪》《壬申富阳劝农文》《谕俗文》《劝孝文》等。

　　另外，狄百瑞较为关注"新儒学"时期的特色实践活动。"新儒学教育运动于11、12世纪时起源于中国，在12世纪与19世纪间传播到东亚其他地区。"[2] 最初，新儒学教育主张学科平衡，提出学生除学习经典典籍，还应涉猎水利、数学等科学，以抗衡佛道出仕的"空虚"之学；而后，新儒家提出平民教育，即教育应从京师远及乡野，凡富贵贫贱都不可缺，人人皆需按照循序渐进的方式接受教育，最终达到能够有效众议公事的程度；新儒家还倡导广泛阅读，指出阅读应涉猎经史子集地方通志等丰富内容；最重要的是新儒家所开办的新儒学书院，皆鼓励师生畅所欲言，并维护公开讨论的自由空间等。代表人物包括：胡瑗（翼之，993—1059）、朱熹、黄宗羲等，代表作品包括《近思录》《小学》《四书集注》《性理大全》，以及王应麟的《三字经》《劝学文》《白鹿洞书院揭示》《学校贡举私议》等，这些书籍后来成为晚期帝制中国教学课程的基础。

　　狄百瑞认为新儒学有着巨大的影响力，尤其表现在民族融合中，也体现在对周边国家传统文化气质的塑造上，如韩国、日本等。新儒学教育，催使以"新儒学"为核心实质的"东亚文明共同体"的形成。

---

〔1〕Wm. Theodore de Bary, *Neo-Confucian Orthodoxy and the Learning of the Mind-And-Heart*, New York: Columbia University Press, 1981, p. 153.

〔2〕［美］狄百瑞：《〈大学〉作为自由传统》，刘莹译，见哈佛燕京学社、三联书店主编《儒家与自由主义》，生活·读书·新知三联书店2001年版，第184页。

二、狄百瑞有关新儒学的具体涉猎

狄百瑞对于新儒学问题的探讨，时段由唐至清，涉及中国、韩国、日本等国家，内容涵盖极为广泛。从其所发表的文章以及汇编"新儒学"相关会议集中所挑选的文章，即能窥见一斑。

在《明代思想中的自我与社会》一书中，狄百瑞汇聚了明朝有关"心性之学"中"个人观"发展的探讨，书中除了包含狄百瑞自己所作《明末的个人主义和人道主义》一文之外，还囊括了有关明朝其他学者的研究。例如唐君毅的《从王阳明到王畿，心学的发展》(The Development of the Concept of Moral Mind from Wang Yang-ming to Wang Chi)、简又文的《陈献章之自然哲学》(Ch'en Hsien-chang's Philosophy of the Natural Jen Yu-wen)、陈荣捷的《明早期程朱理学》(The Ch'eng-Chu School of Early Ming)、夏志清的《汤显祖戏剧中的时间与人性》(Time and the Human Condition in the Plays of T'ang hsien-tsu)、柳存仁的《明代道学的修身思想》(Taoist Self-cultivation in Ming Thought)、黄仁宇的《倪元璐：新儒家士大夫的"现实主义"》(Ni Yuan-lu: "Realism" in a Neo-confucian Scholar Statesman)，以及冈田克也(Takehiko Okada)的《王畿和东方"存在主义"的兴起》(Wang Chi and the Rise of Existentialism)、酒井忠夫(Tadao Sakai)的《儒家思想和通俗教育作品》(Confucianism and Popular Educational Works)，除此之外，还有有关佛教的研究：霍维茨的《朱鸿的净土与禅宗合一》(Chu-hung's One Mind of Pure Land and Ch'an Buddhism)等。

对于元代的新儒学研究，狄百瑞除发表了文章《元代朱熹正统思想之

104

兴起》[1]之外，在论文集《元代：蒙古统治下的中国思想和宗教》中，汇聚了彼时代其他学者最新研究。如兰德彰的《元代政治思想中的法律、国道、春秋》（Law, Statecraft, and the Spring and Autumn Annals in Yuan Political Thought）、福赫伯《王恽（1227—1304）：中国价值观的传播者》[Wang Yun（1227—1304）：A Transmitter of Chinese Values]、陈荣捷《朱熹与元代新儒学》（Chu Hsi and Yuan Neo-confucianism）、杜维明的《对刘荫儒家反儒主义思想的认识》（Towards an Understanding of Liu Yin's Confucian Eremitism）、格达莱西亚的《吴承的内在修养与外在求知之道》（Wu Ch'eng's Approach to Internal Self-cultivation and External Knowledge-seeking）、达迭斯（John W. Dardess）的《袁清江晚期（1342—1359）的儒家思想，地方改革和中央集权》（Confucianism, Local Reform, and Centralization in Late Yuan Chekiang, 1342—1359）、冉云华（Jan Yun-hua）的《汉传佛教在大图：新形势、新问题》（Chinese Buddhism in Ta-tu: The New Situation and New Problems）、于君芳的《元代的宗锋、明笔和禅宗》（Chung-feng Ming-pen and Ch'an Buddhism in the Yuan）、柳存仁和朱迪斯·柏林（Judith Berling）的《蒙元时期的"三教"》（The "Three Teachings" in the Mongol-Yuan Period）等。

《新儒学的展开》一书，集中梳理了当时新儒学研究的主要思想，并对新儒学的内在世界进行了考察。除了狄百瑞随书发表的文章《新儒学思想与十七世纪"启蒙"》（Neo-Confucian Cultivation and the Seventeenth-Century "Enlightenment"）[2]解析了新儒学思想中的现代性因子，如"家本位""为己之学""成圣""心"等内容对周边国家，如日本、韩国等所产生的影响。还囊括了吴百益的《德青的精神自传》（The Spiritual

---

[1][美]狄百瑞：《元代朱熹正统思想之兴起》，侯健译，载《中外文学》1979年第8卷第3期。
[2] Wm. Theodore de Bary, *Unfolding of Neo-Confucianism*, New York: Columbia University Press, 1975, pp. 141-216.

Autobiography of Te-ch'ing）、林理彰的《正统与启蒙：王世臣的诗学理
论及其渊源》（Orthodoxy and Enlightenment: Wang Shih-chen's Theory
of Poetry and Its Antecedents）、钱新祖（Edward T. Ch'ien）的《焦洪
与反对程朱正统的斗争》（Chiao Hung and the Revolt against Ch'eng-chu
Orthodoxy）、麦穆伦的《王夫之与新儒家传统》（Wang Fu-chih and the
Neo-confucian Tradition）、成中英的《十七世纪新儒学的理性、物质与
人的欲望》（Reason, Substance, and Human Desires in Seventeenth-century
Neo-confucianism）、杜维明的《颜元：从内心的解脱到生活的具象》（Yen
Yuan: From Inner Exberience to Lived Concreteness）、陈荣捷的《十七世
纪的兴李清一学派和秦初学派》（The Hsing-li ching-i and the Ch'eng-Chu
School of the Seventeenth Century）等。

《新儒学教育：成型阶段》主要介绍了新儒学的教育。狄百瑞随书发
表文章《朱熹的教育目标》（Chu Hsi's Aims as an Educator）[1]详细介绍了
朱熹的教育理论。

此书包含四个部分。第一部分：新儒学教育背景（The Background
of Neo-Confucian Education），包含许理和的《唐代的佛教与教育》
（Buddhism and Education in T'ang Times）、于君芳的《禅教育：理想与
程序》（Ch'an Education in the Sung: Ideals and Procedures）、托马斯·李
（Thomas H. C. Lee）的《朱熹之前的宋代书院与教育》（Sung Schools and
Education Before Chu His）。

第二部分：朱熹和新儒学教育（Chu Hsi and Neo-Confucian Education），
包含杜维明《宋儒教育思想：社会背景简介》（The Sung Confucian Idea
of Education: A Background Understanding）、包弼德《朱熹重新定义

---

[1] Wm. Theodore de Bary, *Neo-Confucian Education: the Formative Stage*, Oakland: University of California Press, 1989, pp. 186-218.

"文"》（Chu Hsis Redefinition of Literati Learning）、凯莱赫（M.Theresa Kelleher）的《回归本源：朱熹的基础教育（〈小学〉）》[to Basics: Chu His's Elementary Learning（Hsiao-hsueh）]、朱荣贵的《朱熹与公共机构》（Chu Hsi and Public Instruction）。

第三部分：新儒学的家庭教育（Neo-Confucian Education In the Home），包含吴百益的《宋代的儿童教育》（Education of Children in the Sung）、柏清韵的《朱熹和女性教育》（Chu Hsi and Women's Education）。

第四部分：新儒学家庭之外的教育（Neo-Confucian Education Beyond the Family），包含余蓓荷《宋朝的"乡约"及其教育意义》[The Community Compact（hsiang-yueh）of the Sung and Its Educational Significance]、陈荣捷《朱熹与书院》（Chu Hsi and the Academies）、贾志扬《朱熹在南昌：道学与教育政治学》（Chu Hsi in Nan-k'ang: Tao-hsueh and the Politics of Education）、韩明士《吕祖谦、书院与本地社区问题》（Lu Chiu-yuan, Academies, and the Problem of the Local Community）、布莱恩·麦克耐特（Brian Mcknight）的《法律专员：宋代专业学习》（Mandarins as Legal Experts: Professional Learning in Sung China）。

对于新儒学对"东亚文明共同体"的影响研究，狄百瑞在其汇编的《理学与实学》[1]和《新儒学在韩国的兴起》两部集子中，均有展现。

《理学与实学》中多讨论日本的新儒学发展，狄百瑞发表文章《德川新儒学中的"圣人"是一种世俗的精神理想》（Sagehood as a Secular and Spiritual Ideal in Tokugawa Neo-Confucianism）之外，还囊括了成中英的《颜元、朱熹、王阳明的实践学习》（Practical Learning in Yen Yuan, Chu Hsi, and Wang Yang-ming）、华霭仁的《论明代思想的"抽象"：罗钦

---

[1] Wm. Theodore de Bary, *Principle and Practicality: Essays in Neo-Confucianism and Practical Learning*, New York: Columbia University Press, 1979.

顺哲学的一些具体证据》（On the "Abstraction" of Ming Thought: Some Concrete Evidence from the Philosophy of Lo Ch'in-shun）、秦家懿的《楚顺水的实践学习》（The Practical Learning of Chu Shun-shui）、冈田克也的《践行朱熹学说：山崎暗斋和柏原艾肯》（Practical Learning in the Chu Hsi School: Yamazaki Ansai and Kaibara Ekken）、麦穆伦的《熊泽蕃山走向实学》（Kumazawa Banzan and Jitsugaku: Toward Pragmatic Action）、源良缘的《德川前半期的稻盛和夫和经验理性主义》（Jitsugaku and Empirical Rationalism in the First Half of the Tokugawa Period）、大卫·沃兹（David A. Dil Worth）的《作为本体论概念的实学：德川早期和中期思想中的连续性与间断性》等。

　　《新儒学在韩国的兴起》为研究韩国新儒学的学者提供了很好的材料。包括曹蔡西（Chai-sik Chung）的《崇东：李族政权与思想的"建筑师"》（Chong Tojon: "Architect" of Yi Dynasty Government and Ideology）、米歇尔·凯顿（Michael C. Kalton）的《权昆著述：易初理学的脉络与形态》（The Writings of Kwon Kun: The Context and Shape of Early Yi Dynasty Neo-confucianism）、伊颂慕的《14、15 世纪理学对韩国教育和公务员考试制度的影响》（The Influence of Neo-confucianism on Education and the Civil Service Examination System in Fourteenth-and Fifteenth-century Korea）、李泰镇的《李族太子的教育：儒家教育学研究》（The Education of the Yi Crown Prince: A Study in Confucian Pedagogy）、尹丝淳的《李退溪对"是"与"应该"的鉴定：李退溪的价值理论》（T'oegye's Identifcation of "To Be" and Ought": T'oegye's Theory of Value）、友枝龙田（Tomoeda Ryutaro）的《李退溪与朱熹：原理论与物质论的差异》、杜维明的《李退溪的人性观：韩国理学四七论争的初步探讨》（Yi T'oegye's Perception of Human Nature: A Preliminary Inquiry into the Four-seven Debate in Korean Neo-confucianism）、陈荣捷的《李退溪的朱熹研究》（How T'oegye

108

Understood Chu His ）、秦家懿的《李退溪谈"四始七情"》、贝马提那·杜希勒（Martina Deuchler）的《弃误与扬直：对于朝鲜李朝早期的异端思想的态度》、三浦国雄的《17世纪韩国的正统与非正统：宋思尧与云赫》（Orthodoxy and Heterodoxy in Seventeenth-Century Korea: Song Siyol and Yun Hyu ）、丹尼尔·布歇（Daniel Bouchez）的《金曼荣随笔中的佛教和新儒学》[Buddhism and Neo-confucianism in Kim Manjung's Random Essays (Sop'o manp'il)]等。

狄百瑞通过以上五部论文集子的汇编，基本涵盖了其新儒学研究所涉及的思想内容。

三、"宋明理学"与"新儒学"之别

学界存在将"新儒学"等同"宋明理学"的状况，两者确有相同，实则也有所区别。为了进一步阐释狄百瑞的研究对象新儒学，笔者将新儒学与宋明理学加以对比区分。

1981年10月15日—21日在杭州召开全国宋明理学讨论会，此会议的与会专家学者、负责人等269人，到会专家有冯友兰、贺麟、任继愈、陈荣捷、狄百瑞、刘述先、余蓓荷、秦家懿等，会议主要围绕宋明理学基本性质、特点、派别等问题的展开。在"宋明理学在中国哲学史上地位"单元，周继旨将"理学"等同于"新儒学"，会上大部分学者将宋明理学与新儒学等同。类似的讨论在国内外学术界有非常多，如陈来指出："宋明理学又被称为'新儒家'或'新儒学'。"[1]牟宗三在《中国哲学的未来》中也提到"理学被后人称为新儒学，这是由于它是先秦儒家思想的新阐发之故"[2]，张斌则直接指出"狄百瑞深受现代新儒家

---

[1] 陈来：《宋明理学》，生活·读书·新知三联书店2011年版，序，第1页。
[2] 牟宗三：《中国的未来》，见罗义俊编《中国哲学的特质》，上海古籍出版社2007年版，第80页。

学者钱穆的影响，研究重点放在了宋明理学这一新儒学形态上"[1]。

上文已对狄百瑞的所提"新儒学"做了简介，下文将简述"宋明理学"。

宋明理学因其特殊性，受到学者广泛关注，为新儒学关键一环。对于儒学发展，不同学者按照不同的划分标准纷纷给出不同的划分方式。例如杨向奎先生分为先秦的儒家儒学、汉唐经学儒学和自宋至今的理学等三个阶段。[2]牟宗三先生以心性论作"道统"概括，将儒学发展分为三期：春秋战国时的孔孟为儒学发展第一期，宋明理学为儒学发展第二期，熊十力等现代新儒家接续为儒学发展第三期。李泽厚先生提出儒学四期：孔、孟、荀为儒学发展一期，汉儒为儒学发展第二期，宋明理学为儒学发展第三期，而后至今为第四期等。[3]更有学者如王国轩直接按照朝代更替，将儒学发展分为七个阶段：先秦儒学创立、两汉儒学重建、魏晋儒学异化、隋唐儒学复苏、宋明儒学振兴、清代儒学总结、近代儒学冲决等。[4]从以上儒学发展分期可以看出无论按照何种标准划分，宋明儒学或"理学"都在狄百瑞界定新儒学的时段之内。

宋明理学已有大量科研成果，此处不再赘述，仅为探讨其与狄百瑞所研究的新儒学作一区分，以朱熹和吕祖谦共同编辑的《近思录》为本作简略介绍。《近思录》作为宋明理学的重要书目之一，其内容涵盖了宋明理学许多的基本理念，用朱熹的话即为"盖凡学者所以求端用力，处己治人之要，与夫辨异端，观圣贤之大略，皆粗见其梗概"（《近思录》），元代撰《宋史·道学传》，基本上依此而陈述。《近思录》传承文化核心"道"，所讲学问，上承三代之时，是生成宋明理学的主要思想来源。

---

〔1〕张斌：《战后美国的儒学与民主比较研究》，载《美国研究》2007年第1期。
〔2〕赵宗正：《略说古代儒学发展的阶段》，《儒学国际学术谈论会论文集》（上），齐鲁书社1989年版，第322-336页。
〔3〕李泽厚：《说儒学四期》，上海译文出版社2012年版。
〔4〕王国轩：《儒学发展阶段和特征》，《儒学国际学术谈论会论文集》（上），齐鲁书社1989年版，第337-352页。

尧、舜、禹三代时候，人们的宇宙观是人自身对世间万物的直接体验，同时也彰显着人们对自我与社会理想状态的追求。人类思想经过春秋战国时期的分流与秦时的整合统一，又经历西方文化的冲击等，至宋朝时期"理学"已经发展成为一套颇具包蕴中国传统文化特色又具有较强理性、理智、思辨性的思想体系。

宋明理学主要展现为四个特色，如下表所列：

表 3-1　宋明理学主要内涵

序号	核心内容	原典
1	以"道"体为核心	"理也者，形而上之道也。"（《答黄道夫》）
2	以穷理为精髓	"穷理尽性以至于命。"
3	以存天理、去人欲为存养工夫	"明于庶物，察于人伦，知尽性至命，心本于孝悌。"（《二程·明道先生行状》）
4	以成圣为目的	"尽其心则知其性，知其性，反而诚之，圣人也。"（《伊川先生文集》）

所谓道体，是宇宙万物存在的根源道理，是民族意识核心，是整个宋明理学解释万物的"所当然之则"和"所以然之故"。宋明理学中，以道体为核心，在不同的新儒家处发展出不同的具体内容，如程朱派提出天下之"理"，陆王派则提出心，张载、王夫之围绕"气"展开探讨，构建各学派自己的理论体系，这些不同的派别虽都有各自的特色，但解释仍旧指向宇宙核心之道体，世间万物以此解释，依次发展。

中国传统文化思想中，宇宙万物皆有理，探知此理是学者的追求。宋明理学中，穷理是人格完满追求的必经之道。其过程不仅是对理的自省和回归，更是在于对万物的顺应与超脱。所以陆世仪概括说："居敬穷理四字，是学者学圣人第一工夫，彻上彻下，彻首彻尾，总只此四字。"（《思

辨录》）"万物与我为一，自然其乐无涯。"（《朱子语类》）

宋明理学中，"天理"与"人欲"是对立存在的，然而，此两者恰又统一于人体内。"天理"是人承于"天"向上向善的能量，代表着光明与世间崇高的价值。而"人欲"则恰与之相反，是人性中最黑暗、懒散的束缚与捆绑。对于如何存养功夫，宋明理学也有相当多的探讨与成果，如"居敬""诚心""静坐"等方式。

中国传统文化在魏唐等朝代受到佛教冲击，圣人之道渐衰。宋明理学家的任务之一便是辟佛老、辨异端，重拾圣人之道，传承中华文化核心的思想。从民族文化思想层面来看，宋明理学所承担的秦学复兴之责任，是民族文化传承的自觉。狭隘的民族意识虽对文化的交流与文化自身发展革新而言并非有益，然而古老文化核心之传承，又是民族文化得以延续之根基，"成圣"作为中华文化主流儒家思想中的最终理想，是历代儒家维护的民族文化根基。

从以上四点看出，宋明理学是中国思想文化发展史上十分重要的一环，它提出了许多儒学应对挑战的观点，促进了传统儒学的发展与革新，许多核心中华民族观念在此得以强化加固，使其更具生命力与活力。同时，宋明理学所形成的宇宙观也更具逻辑思辨能力，更具智性的现代特色。

狄百瑞认为宋明理学虽为"新儒学"中的关键一环，但新儒学更具包容性。[1] 从时间上来说，新儒学所具有的特质在唐代中期就已有所展现。从社会史的角度分析，虽然宋明理学更关注平民生活，但是唐代的贵族阶级也已初现崩塌之势，社会秩序已面临重建；而从封建政体的角度分析，宋明时期可谓达到专政巅峰，政体已十分专制，狄百瑞认为如果宋明理学是一套已建成体系的思想，那么，新儒学初期便已是它的起步。

---

[1] Wm. Theodore de Bary, *Neo-Confucian Orthodoxy and the Learning of the Mind-And-Heart*, New York: Columbia University Press, 1981, p. 103.

　　唐代时期，历史上确实已出现文化政体、经济深刻变化的前兆。教派革新、文化复兴、儒学重构，种种现象表明这确实是一种新文化浪潮的起始，唐代时期新儒家的确是一个与新的时代相符合的文化景观。通过"道统"的设立和"道学"的创立，对宇宙万物、人性伦理和社会秩序的重新安排，他们的人格追求与终极理想，也都发出最强时代音。而明末清初，新儒家也确实在努力将守着儒学之"道统"，如吕留良、方东树等人，这些皆是宋明理学无可包蕴的。

　　对于狄百瑞来说这种传承与中西文明开放交流有着紧密关联，是"新儒学"的主要特征，应属于"新儒学"范畴，而狄百瑞所最为强调的新儒学核心特质则为：在被中西文明冲击时，所表现出的以他者之镜，进行自我反思、融汇对方优势、创新与发展之能力。除此之外，新儒学作为成熟思想，对中国以外的影响也是其世界文明价值所在，所以，整个东亚地区包括韩国、日本等国家的新儒学也为狄百瑞主要科研内容。狄百瑞所研究的"新儒学"，从时限上显然比"宋明理学"更久，地域上也更广阔，内容上更为丰盈。

四、美国学术界"新儒学"之辩

　　姚光夫与魏祎的《美国新儒学述评》中，将美国学术界有关儒学的所有研究称为美国新儒学。并于文中按照发展历史、主要派别、主要代表人物及其观点、影响和当代价值四个部分讲述所谓美国新儒学，虽题目为"新儒学"，通篇没有任何提到有关新儒学的解析和界定，美国的儒学研究显然不能等同于美国的新儒学研究。[1] 国内新儒学存有大量概念不清晰的情况，即使是美国的新儒学研究界，也对"新儒学"一词以及此词汇所蕴

---

〔1〕姚光夫、魏祎：《美国新儒学述评》，载《天水行政学院学报》2017 年第 2 期。

含的内容有较大争议。

（一）美国学者对狄百瑞"新儒学"的质疑

美国"新儒学"自 20 世纪 60 年代创立起开始研究，经过二十年发展，积累大量科研成果，已造成一定学术影响力，同时也出现了学术分歧。20 世纪 80 年代开始，田浩、包弼德、艾尔曼等学者皆对"Neo-Confucianism"的含义及使用范围产生怀疑，原先似乎已被学界默认的词汇"新儒学"又开始经历新的考验。

1992 年，田浩在《东西方哲学》上发表论文《儒学研究的一个新指向：新儒学与道学之间差异的检讨》（A New Direction in Confucian Scholarship: Approaches to Examining the Differences between Neo-Confucianism and Tao-hsueh）[1]，公开质疑狄百瑞对于"新儒学"（Neo-Confucianism）一词的用法，主要表现在四个方面。第一，针对狄百瑞将宋明儒学研究采用"Neo-Confucianism"一词，表示不合适甚至不正确，认为狄百瑞这个过于"方便"的词汇非常主观，仅限于狄百瑞、陈荣捷以及其带领的哥伦比亚大学新儒学研讨班，并且认为他们对于"新儒学"内质核心的认识非常模糊，没有明确的定义和界限，"这个过于方便的名称被各式各样的人用来指涉有较大区别的哲学家圈子与立场"[2]，仿佛所有的宋代学儒之人所做的研究，都可以纳入这个概念中来，狄百瑞的做法认为混淆了宋明儒学中各流派，会导致许多学术研究上的错误，"笼统而又散漫"[3]。

第二，田浩指出，以狄百瑞为组织者的哥伦比亚大学新儒学研讨班的主要成员之间，对于新儒学的概念亦无法统一。陈荣捷、冉云华、谢康伦、

---

〔1〕Hoyt Tillman, "A New Direction in Confucian Scholarship: Approaches to Examining the Differences between Neo-Confucianism and Tao-hsueh", *Philosophy East and West*, Vol. 42, No. 3, 1992, pp. 455-474.

〔2〕〔美〕田浩：《儒学研究的新方向：对"新儒学"与"道学"之区别的考察途径》，陈丹丹译，见张聪、姚平编《当代西方汉学研究集萃——思想文化史卷》，上海古籍出版社 2012 年版，第 1 页。

〔3〕〔美〕田浩：《儒学研究的新方向：对"新儒学"与"道学"之区别的考察途径》，陈丹丹译，见张聪、姚平编《当代西方汉学研究集萃——思想文化史卷》，上海古籍出版社 2012 年版，第 8 页。

114

狄百瑞等人对新儒学都有不同的理解，概念的多歧、"潜在的混淆必然成为儒学研究持续、有效发展的障碍"[1]。"对狄百瑞而言，新儒学比'理学'的范畴要更广一些。"[2]"对谢康伦（Conrad Schirokauer）教授而言，'新儒学'这个概念本身就是一个欧美词汇，独立于'理学''道学'等传统中国词汇。"[3]陈荣捷指出，在女真金（1115—1234）时期，新儒学并不存在[4]，但冉云华教授指出，在金朝，新儒学是中国知识分子的主流哲学[5]。他们在使用"新儒学"一词时可以根据需要来定义其内涵，使之涵盖任何思想或概念。有效地就各自的话题进行研究，但不需要阐明自己使用"新儒学"的范围，亦不需要讨论与同仁用法的差异如何。

　　第三，太过于关注朱熹。"在'新儒学'的研究范式中，朱熹的思想达到被给予特权的程度，以至于这些学者们在探讨朱熹之外的其他宋代儒者的时候，显然受到束缚。"[6]刘子健曾指出狄百瑞与陈荣捷都将新儒学等同于朱熹正统，[7]太强调朱熹的思想而切断了朱熹与其他学者的关联，这样容易将朱熹架空，"几乎好像他的思想是在一个同时代的真空中形成的"[8]，关于朱熹与学者关联切断问题，田浩举朱荣贵的真德秀研究

―――

〔1〕［美］田浩：《宋代思想史论》，杨立华、吴艳红等译，社会科学文献出版社 2003 年版，第 78 页。

〔2〕［美］田浩：《北美的宋代儒学和朱熹研究之演变：六十年回顾》，载《中国社会科学报》2009 年 9 月 22 日。

〔3〕［美］田浩：《北美的宋代儒学和朱熹研究之演变：六十年回顾》，载《中国社会科学报》2009 年 9 月 22 日。

〔4〕Wing-tsit Chan, "Chu Hsi and Yuan Neo-Confucianism", Wm. Theodore de Bary ed., *Yuan Thought: Chinese Thought and Religion Under the Mongols*, New York: Columbia University Press, 1982, pp. 199-200.

〔5〕Jan Yun-hua, "Li Ping-shan and His Refutation of Neo-Confucian Criticism of Buddhism", RoyC. Amore ed,. *Developments in Buddhist Thought: Canadian Contributions to Buddhist Studies*, Wilfrid Laurier University, 1979, p. 170.

〔6〕［美］田浩：《儒学研究的新方向：对"新儒学"与"道学"之区别的考察途径》，陈丹丹译，见张聪、姚平编《当代西方汉学研究集萃——思想文化史卷》，上海古籍出版社 2012 年版，第 15 页。

〔7〕James T. C. liu, *China Turning Inward ntellectual-political Changes in the Early Twelth Century*, 1998, pp. 10-11, pp. 44-45, pp. 131-150.

〔8〕［美］田浩：《儒学研究的新方向：对"新儒学"与"道学"之区别的考察途径》，陈丹丹译，见张聪、姚平编《当代西方汉学研究集萃——思想文化史卷》，上海古籍出版社 2012 年版，第 17 页。

为例。

　　狄百瑞将真德秀所有有关心学的讨论，都放置于朱熹学派的话语中考察。并指出心学在朱熹哲学占绝对中心位置。然而，朱荣贵 1988 年对真德秀《政经》的翻译与研究中对"新儒学"的使用，"不时远离狄百瑞教授的区分"[1]，认为真德秀的思想偏离正统。就因为这一点，田浩认为，狄百瑞连与自己的学生对于"新儒学"的概念都无法统一。

　　为了解决这一系列问题，田浩提出，应更多地关注朱熹与其他学者思想的互动。"使他在一个或另一个方向上发展自己的思想，有更为清楚的认识"[2]，还原一个有真实的丰富社会属性的学者。

　　除田浩之外，其他学者也纷纷提出自己的观点，如包弼德认为用"新儒学"涵盖自唐至清主题及人物，会"掩盖了历史变化，不利于阶段性中国思想研究"[3]，他还指出，北宋时期中国思想界占主导地位的并不仅有后来称之为"宋明理学"的思想，还应包含王安石、司马光、欧阳修、苏东坡、黄庭坚等的思想。要想理解宋明理学，需要从更广阔的思想史背景出发。

　　除此，艾尔曼对狄百瑞所持的方法论也提出了明确的批评。艾尔曼认为，以"观念史"方法研究中国思想对重构思想的内在完整性是可行的，但要叙述儒家学说如何成为官方的意识形态，就必须把观念置于特殊的历史脉络中，只关注哲学显然太过狭隘。他认为"将中国人的文化、社会、政治与经济生活，化约成儒家和新儒家哲学的演变过程，其错误和早先的经济决定论如出一辙"[4]。

---

[1]［美］田浩：《儒学研究的新方向：对"新儒学"与"道学"之区别的考察途径》，陈丹丹译，见张聪、姚平编《当代西方汉学研究集萃——思想文化史卷》，上海古籍出版社 2012 年版，第 16 页。
[2]［美］田浩：《宋代思想史论》，杨立华、吴艳红等译，社会科学文献出版社 2003 年版，第 91 页。
[3]［美］包弼德：《斯文：唐宋思想的转型》，刘宁译，江苏人民出版社 2001 年版，第 30 页。
[4]［美］艾尔曼：《中国文化史的新方向：一些待讨论的问题》，见贺照田主编《学术思想评论》(第三辑)，辽宁大学出版社 1998 年版，第 427 页。

116

　　根据以上观点，田浩下结论为："新儒学"有较大分歧，用法具有模糊性。此外，这种隐性的混淆必定会阻碍儒学研究持续和有效发展，而且会妨碍对宋代儒者多样性，以及对清代（儒学）复杂性的认知。[1] 由此，田浩得出结论：要表现宋代复杂丰富的儒学思潮，"新儒学"显然太过单薄。

　　（二）狄百瑞的回应

　　针对田浩等学者对"新儒学"提出的质疑，狄百瑞写了一篇文章《回复田浩》（Reply to Hoyt Cleveland Tillman）[2] 解释其对于采用"新儒学"一词极为严谨和缜密的思考。

　　第一，对于田浩提出的"新儒学"是狄百瑞自创的词这一说法，狄百瑞给出三点解释：这个词汇在其 20 世纪 40 年代介入黄宗羲研究的时候就已存在，并非其个人所创；这个词汇起源于欧洲，早在研究宋明思想的西方学者中广泛使用，狄百瑞最早于哥伦比亚大学本科的欧洲汉学的课堂上听到过相关内容；"新儒学"一词，不仅早已出现于欧洲汉学界，亦早已得到中国国内学者和华裔学者的认同，早在 20 世纪初于美国留学的胡适、冯友兰等学者已开始使用此词，后来美国新儒学学者陈荣捷、新儒学提出者成中英以及杜维明、唐君毅等学者皆大量使用该词。国际上"新儒学"研究已蔚然成风，不是狄百瑞以及哥伦比亚大学新儒学研讨班的一家之言，是既定事实的学术传统，不好推翻。

　　第二，对于"新儒学"无确定界限，即时间上无精确起止点的问题，狄百瑞表示新儒学本身就极为复杂，对其应持开放的态度。新儒学的模糊性，与儒学从未有过一个确定的起止时间相似，这正是中国思想润物无声、

〔1〕〔美〕田浩：《儒学研究的新方向：对"新儒学"与"道学"之区别的考察途径》，陈丹丹译，见张聪、姚平编《当代西方汉学研究集萃——思想文化史卷》，上海古籍出版社 2012 年版，第 20 页。
〔2〕Wm. Theodore de Bary, "Reply to Hoyt Cleveland Tillman", *Philosophy East and West*, Vol. 44, No. 1（Jan., 1994）, pp. 143-144.

源远流长的特色。在儒学领域，有的时间概念无法清晰界定，界定不清并
不表示需要使用新的名称来指代已经约定俗成的内容。"新儒学"中特色
词汇的具体含义，已由其学术伙伴陈荣捷所翻译的《新儒学概念之诠释：
陈淳的〈北溪字义〉》[1]中作了详细解释。

　　第三，对于为何不给出新儒学一个确定定义的问题，狄百瑞指出，新
儒学与儒学一样，带有着"与生俱来的模糊"[2]，新儒学是一个被用来涵盖
儒家传统革新创造性的宽泛词汇，并不专指某一朝代，它包含了唐末、宋、
金、元、明时期的学术多样性和社会特别性，涉及诸多思想，如圣学、正
学、道学、文学、理学、心学等中国词汇的连续性和不连续性，是永远不
能全部研究或完全确认的一个复杂过程的种种表达。[3]

　　后来针对田浩的质疑，狄百瑞又发表了《新儒学一词的使用：回应田浩
教授》（The Uses of Neo-confucianism: A Response to Professor Tillman）[4]一
文，进一步阐述自己"新儒学"的学术观点。

　　针对田浩以"道学"代替"新儒学"的提法，狄百瑞指出，这种做法
实为不妥，"新儒学"包含的内容显然大于"道学"，它不只包含了"道
学""道统"以及"心性之学"等的学术研究和客观探讨，还有道德和精
神的修养。[5]"道学"于历史上不包含的"心性之学"与其他理论体系。
狄白瑞认为无论选择何种术语，它们都必须能解释新儒家长期以来坚持的
核心价值，狄百瑞解释"道学"并不能像"新儒学"一样，足够涵盖这众

---

[1] Wing-tsit Chan, *Neo-Confucian Terms Explained: The Pei-his Tzu-I by Chen Chun*. New York: Columbia
University press, 1986.
[2][美] 狄百瑞：《新儒学一词的使用：回应田浩教授》，见方骏译，张聪、姚平编《当代西方汉学研究集
萃——思想文化史卷》，上海古籍出版社 2012 年版，第 27 页。
[3][美] 狄百瑞：《新儒学一词的使用：回应田浩教授》，见方骏译，张聪、姚平编《当代西方汉学研究集
萃——思想文化史卷》，上海古籍出版社 2012 年版，第 27 页。
[4] Wm. Theodore de Bary, "The Uses of Neo-confucianism: A Response to Professor Tillman", *Philosophy East
and West*, Vol43, No. 3, 1993, pp. 541-555.
[5][美] 狄百瑞：《东亚文明：五个阶段的对话》，何兆武、何冰译，江苏人民出版社 2011 年版，第 59 页。

118

多思想的发展，任何其他的词汇也不会像"新儒学"一样更能表达思想的连续性发展，忠实地反映儒学自唐至清的新发展等。

同时，对于田浩所说"道学"，狄百瑞给出翻译建议为"Learning or School of the Way"，他认为对于田浩所翻译的"tao-hsueh"一词，含义倒是容易理解，因音译保留了中国传统文化术语的表达，然而音译的弊端在于其无法传达词汇内涵，语言译介的中西性与容易导致阅读障碍[1]。

针对哥伦比亚大学新儒学研讨班的核心研究者对新儒学的质疑，狄百瑞指出每位学者都有属于自己的关注倾向，学术应百花齐放，持一种固定的观点或统一的立场，才将是令人诧异的。[2]

另外，狄百瑞指出了田浩的狭隘。田浩的讨论主要集中于 12 世纪和中国，忽略了新儒学对后世和其他国家的重要影响。新儒学因有着强大的体系，吸引着非汉人（最初是元代的蒙古人、色目人，后来是日本人、朝鲜人、越南人）的学习，这远远超越"道学"的影响力。[3]

对此，狄百瑞还列举出了对日本影响较大的新儒学作品，如朱熹分类和编辑的《小学》，王应麟的《三字经》，后世的《性理大全》等。这些书籍以后成了晚期帝制中国新的教学课程的基础，[4]重要的统治者，如历史转折时期的决定性人物忽必烈、明太祖和德川家康，更多地受到广泛的新儒学运动的影响，而他们多对道学皆持怀疑或抵制的态度。

最后，狄百瑞指出，西方学者应跳出西方理论思维习惯，对中国传统思想的研究，有时无须精确规定界限，纯粹、清晰和准确是西方的学术方

---

〔1〕Wm. Theodore de Bary, "The Uses of Neo-confucianism: A Response to Professor Tillman", *Philosophy East and West*, Vol43, No. 3, 1993, p. 553.

〔2〕［美］狄百瑞：《新儒学一词的使用：回应田浩教授》，方骏译，见张聪、姚平编《当代西方汉学研究集萃——思想文化史卷》，上海古籍出版社 2012 年版，第 28 页。

〔3〕［美］狄百瑞：《新儒学一词的使用：回应田浩教授》，方骏译，见张聪、姚平编《当代西方汉学研究集萃——思想文化史卷》，上海古籍出版社 2012 年版，第 34 页。

〔4〕Wm. Theodore de Bary, "Chu Hsi as an Educator", John. Chaffee ed., *Neo-Confucian Education: The Formative Stage*, Berkeley and Los Angeles: University of California Press, 1989, pp. 186-218.

式，有时并不适合所有的中国传统文明的讨论。

　　对于这所有对"新儒学"的质疑之声，除了狄百瑞做出回应，当时其他学者也对此应援。魏伟森认为无论是狄百瑞的"新儒学"还是田浩的"道学"，若要建构一个排他性的范畴，必须对学术常用语加以批判性的解构才具有意义。魏希德用"泛宗教主义"解释田浩的道学群体，[1]万安玲也对田浩对朱熹及其弟子的评价发表异议，[2]白诗朗（John H. Berthrong）分别于1972年和1979年以道家哲学和宋代理学为研究对象，获得芝加哥大学硕士、博士学位，他指出包弼德和田浩对"Neo-Confucianism"这个词的认定太过宽泛，冲散了此词思想的凝聚性，核心内容不再明晰，反而无以明确定位学术领域，而限制了相关学术的深入研究。白诗朗、包弼德与田浩的观点太过较真，指出无须对"新儒学"进行精确的时限、内容的规定，Neo-Confucianism已是学术规约用语，仍然是用以界定这整个时期最为通常的用语。[3]

　　从美国学界对"新儒学"一词的辩论，可以看出作为一个纯西方的词汇，"Neo-Confucianism"从无到有历经数百年，已经成为美国中国思想研究热门词汇，而不仅仅是学术术语的讨论。这一分歧，实则折射出美国宋学研究视角的变化。对待此类学术辩论应回到历史场景中去看，从历史脉络中探究思想文本的实际意义，以开放的心态去拓宽研究领域，从而拓宽新儒学的思想世界。这点，恰恰是"新儒学"之辩最有益的成果。

〔1〕Hilde de Weerdt, *Competition oer Content: Negotiating Standard for the Civil Sevrice Examinations in imperial china*（*1127—1279*），Cambridge: Harvard University Asia Center, 2007, p. 32.
〔2〕Linda Walton, *Academies and Society in Southern Sung China*, Honolulu: University of Hawaii Press, 1999.
〔3〕［美］白诗朗、彭国翔：《儒家宗教性研究的趋向》，载《求是学刊》2002年第6期。

第二节　兼听则明：新儒学之博取众长

新儒学作为一个庞大的思想体系，包罗万象。狄百瑞通过推动一系列新儒学研讨会，在与学者的交流中，不断扩展自己的新儒学认知，在学术实践中，提炼出"新儒学"最值得学习与借鉴的两点：对儒学核心思想的传承，以及在于中西文明碰撞过程中的融会贯通，以促己身创新发展。

一、新儒学对话传统儒学核心价值

对于继续使用"儒学"冠之以"新"，来统称这一时期出现的各种思想流派的做法，狄百瑞亦给出解释，其认为尽管儒学在"新儒学"时期，尤其是宋明时代出现了各个层面的新繁荣，并赋予意义深远的新特征，但它仍属于儒学历史发展过程中的一个阶段，具有传统"儒"的核心价值意义。

"儒"自古具有多重意蕴。《说文解字》中有关"儒"的解释为："儒，柔也。术士之称。从人，需声。"[1]其中，"柔"指谦恭、温顺、平和、宽厚等。"术士"在古代指掌握各种知识和技能的人。胡适在《说儒》中说"'儒'的第一义是一种穿戴古衣冠，外貌表示文弱迂缓的人"[2]。此处认为儒即"柔之术士"，是以外貌、技能和性格立论；"儒"还指以礼、乐、射、御、书、数为业，通六艺而教民者。所谓："儒家者流，盖出于司徒之官，助人君顺阴阳教化者也。游文于六经之中，留意于仁义之际，祖述尧舜，宪章文武，宗师仲尼，以重其言，于道为高。"[3]

狄百瑞指出无论"新儒学"如何革新，始终留存着能够引起学者共鸣，

---

〔1〕许慎：《说文解字·人部》，中华书局 1996 年版，第 162 页。

〔2〕胡适：《胡适学术文集》，中华书局 1991 年版，第 618 页。

〔3〕班固：《汉书·艺文志》，中州古籍出版社 1996 年版，第 596 页。

即接续的"儒学"之传统核心价值观，这些价值主要表现在"礼"制、重德、"仁"政，以及稳定的宗法结构等方面[1]。新儒学初期，即唐朝末年佛学盛行，政局多变，急需借传统礼制恢复社会秩序与经济发展。正如马克思所言："理论在一个国家的实现程度，决定于理论满足这个国家需要的程度。"[2] 古代的专著经书"早就为人公认且无异议"[3]，最具说服力，儒学旧制显然是彼时社会最需要的理论。新儒学初期程颐、程颢、王安石等进行的"新政""新法"等改革主张，均采用借古典经文的方式，接续传统儒家思想，恢复传统"礼"制，并收效颇佳。

狄百瑞认为传统"礼"制的重提，对于唐末时期重构儒家正统，有着重大意义。传统"礼"制为儒家思想之核心内容之一，其体系可谓源远流长，在《古典的遗惠》一章中提到，商代卜骨的刻辞上就已有"敬、孝、王德、礼仪合度等"[4] 儒家核心观念的雏形。"德"与"孝"已经是周朝时全民的道德纲领。[5] 周朝除了讨论父子、兄弟、夫妇之间的伦理关系进行探讨，还将此宗法伦理关系延伸至朋友，乃至君臣之间，并最终尝试围绕"德"建立起社会的伦理规范。

先秦百家争鸣时期，孔子将此系列思想为基，提出了以"仁"为核心概念，创立出以宗法血缘关系为核心，强调维护父权孝道伦理规范的儒家学派。后来儒家根据孔子的思想，制订了一套修身、齐家、治国、平天下的程序，把宗法伦理和宗法政治紧密结合起来。至汉代，经董仲舒的努力，儒家的宗法伦理思想上升为统治思想，并将儒家思想明确概括为三纲五常，

[1] Wm. Theodore de Bary, *Neo-Confucian Orthodoxy and the Learning of the Mind-And-Heart*, New York: Columbia University Press, 1981. p. 92.
[2] [德] 马克思、[德] 恩格斯：《马克思恩格斯全集（第一卷）（1833—1843）》，人民出版社 2001 年版，第 462 页。
[3] [美] 狄百瑞：《东亚文明：五个阶段的对话》，何兆武、何冰译，江苏人民出版社 2011 年版，第 42 页。
[4] [美] 狄百瑞：《东亚文明：五个阶段的对话》，何兆武、何冰译，江苏人民出版社 2011 年版，第 1 页。
[5] 侯外庐、赵纪彬、杜国庠编：《中国思想通史》（第一卷），人民出版社 2011 年版，第 93-95 页。

122

具体内容集中展现于《白虎通》一书。

《白虎通·三纲六纪篇》说："三纲者何谓也？"《含文嘉》曰："君为臣纲，父为子纲，夫为妻纲。"《情性篇》说："五性者何？谓仁、义、礼、智、信也。仁者，不忍也，施生爱人也；义者，宜也，断决得中也；礼者，履也，履道成文也；智者，知也，独见前闻，不惑于事，见微知著也；信者，诚也，专一不移也。"此五常伦理规范中，最重要的是"礼"。"礼"集中体现了君父统治的正常秩序，是辨明上下贵贱男女亲疏之分的封建宗法等级制度的总称。"仁"是履行过程中所贯注的一种脉脉温情，"义"是判断等级名分的是非标准，"智"是对于这些规定的正确的认识理解，"信"是履行过程中的忠诚专一。自此，五常就和三纲紧密联系在一起，成了维护封建宗法等级制度的核心思想。

狄百瑞指出，韩愈在反对佛老的斗争中，明确提出"道学"，即"尧以是传之舜，舜以是传之禹，禹以是传之汤，汤以是传之文武周公，文武周公传之孔子，孔子传之孟轲。轲之死不得其传焉"（《韩昌黎集·原道》）。实质上所欲传承的核心内容正是儒家的"三纲五常"思想体系。朱熹明确提出"道统"，新儒家程颢（伯淳，1032—1085）、程颐（正叔，1033—1107）等为巩固政权、恢复社会稳定、保障农业发展与人民安居乐业而重提宗法血亲结构，强调重塑父权与帝制权威，亦皆源于传统儒家思想的"三纲五常"。新儒家新政改革中，重提符合农耕社会的宗法血亲结构，强调重塑父权与帝制权威，为政治统治，恢复社会经济稳定发展与人民大众安居乐业提供了理论与精神支撑。

"新儒学集大成者朱熹"[1]延续了传统儒学，将《尚书·大禹谟》中"人心惟危，道心惟微，惟精惟一，允执厥中"四句话，作为尧、舜、禹心心相授的"道统"真传，提倡此时社会也应大力学习，并提出学习古代

〔1〕〔美〕狄百瑞：《东亚文明：五个阶段的对话》，何兆武、何冰译，江苏人民出版社2011年版，第45页。

周朝古典"礼"制，后又博采前人成果汇编而成《朱子家礼》《小学》为
其提倡新儒学教育的基础教材，人人皆需学习和掌握。除此，新儒学时期
流行于社会的"乡约"组织，皆是对传统旧制思想很好的继承与发展。

二、新儒学对话中西文明佛教思想

狄百瑞肯定新儒学的价值，不仅在于新儒家传承了"儒"之内蕴，更
是在佛教的刺激和政治恢复统一的背景下，不断发展更新，使其更加充盈。
对于新儒学来讲，佛教追求彼岸，其无论是禅宗还是净土宗思想，都不具
备处理俗事公务如政治统治、社会发展等的能力。唐末宋初，中国显然需
要更为"坚实""实用"的学问应对社会、政治与思想层面所出现的问题。
新儒学正是以反对佛老"空虚"思想的姿态登场，然而，新儒学在致力于
古制精神思想复兴的过程中，却也深受佛老思想影响，有时甚至直接将佛
教形式融入新儒学的体系之中，丰富充实传统儒学的同时，也增强了传统
儒学对新时代的适应性。[1]

佛教在中国传统制度和文明皆较为虚弱的北魏（386—534）初期传入
中国，时值北方鲜卑族拓跋氏称帝，统治阶层首先接受佛教转轮王帝王观，
佛教得以自上而下风靡社会，一方面为精英阶层提供了丰富义化与享乐；
另一方面为苦难的平民大众带来生之希望。直到隋唐时期，随着社会逐渐
统一安定，儒学伦理才得以复苏。

狄百瑞指出，佛教对于新儒学的影响较为多面，比较具有代表性的在
于对传统观念"三纲五常"的改造。汉代时期，三纲五常的立论之基仍是
延续先秦与秦朝时期对"天"的绝对敬畏之上，这种将对"天"的绝对崇

---

[1] Wm. Theodore de Bary, *Neo-Confucian Orthodoxy and the Learning of the Mind-And-Heart*, New York: Columbia University Press, 1981. pp. 67-71.

拜，于风调雨顺时期尚可，一旦遇到战乱或旱涝，便很容易遭到质疑，即存在根基不稳的状况。魏晋时期，道家的出世与逍遥思想最盛，在此影响下的"三纲五常"因多与自然和超脱相勾连，产生许多的支脉，核心不再凝聚。而新儒学时期，佛教本体论的融汇，使得传统的"三纲五常"理论更完满，也更具说服力。[1]

除此，狄百瑞认为佛教对新儒学的影响也表现在"心学"观的发展上，在"心性之学"作为检验"心灵尺度"的"统治"方法时，朱熹提倡采用静坐和自我省察的方式，而这两种方式皆为佛老流行的宗教实践。[2]

对于"新儒学"时期融汇中西文明佛教的观点与研究，并非狄百瑞一家之言。黄绾也有类似的研究，如其曾有言："宋儒之学，其入门皆由于禅。濂溪、明道、横渠、象山则由于上乘；伊川、晦庵则由于下乘。"[3]由此句话看出，大部分新儒家学者，皆由学佛开始介入学术研究。周敦颐于《太极图说》更是"直用其语"，体现了佛教对儒学的影响；另一位新儒家张载亦受佛教影响颇深，在其学术早期，曾言"访诸释老之书，累年尽究其说，知无所得，反而求之六经"（《张载集·横渠先生行状》）。道明其早年多读佛经，然而无所获，而后才开始读儒家传统经典，其所提出的"合虚与气有性之名"等观点，恰与禅学的"和合性"十分相似，显然，佛经皆为其学术打下基础。除了黄绾所提以上学者，新儒家二程、朱熹等在研究中皆或多或少的受佛教影响，融汇佛学宇宙观与逻辑思维形式，则形成独特的有关"理学"与"心性之学"的理论，拓展了新儒学思想体系。

---

[1] Wm. Theodore de Bary, *Neo-Confucian Orthodoxy and the Learning of the Mind-And-Heart*, New York: Columbia University Press, 1981. p. 113.

[2] Wm. Theodore de Bary, *Neo-Confucian Orthodoxy and the Learning of the Mind-And-Heart*, New York: Columbia University Press, 1981. pp. 73-76.

[3] 黄绾：《明道编》（卷一），中华书局1959年版，第12页。

第三节　沾溉后人：新儒学对周边国家与世界的影响

狄百瑞经研究发现，新儒学在生成初期便对周边国家有着巨大影响力。日本、朝鲜等国的使者纷纷前来将新儒学相关内容带回本国并与当地文化结合，生成新的文化体系，以至影响国家政体与社会形态，促使东亚文明共同体的形成。13 世纪后期处于历史转折时期的忽必烈将新儒学列为教育大纲，在 14 世纪将其确立为科举考试的内容；14 世纪初新儒学传至朝鲜，促成其国家和机构的革新，以及 17 世纪日本从中世纪的宗教虔诚向新的人文学术的转化等等，"它们都受到席卷东亚的新儒学波浪的传播和扩展的影响"[1]。

新儒学作为东亚文明共同的核心内容，影响着东亚地区近现代经济的发展，除此之外，新儒学还对中国现代新儒学的发展，也有着巨大影响。

一、"新儒学"与"东亚文明共同体"

狄百瑞于 1943 年游学哈佛时，受教于日本学者赖绍华，赖绍华曾指出，新儒学是东亚各国传统文化核心中最紧密的关联，东亚于近代所展现出的特征，大部分皆出自新儒学，[2] 当时对新儒学与东亚文明之关联尚懵懂的狄百瑞，首次有了"东亚文明共同体"的意识，而后在新儒学研究过程中，狄百瑞将视阈放大，把整个亚洲看作一个大传统，对其整体进行新儒学研究，并注意统一文明传承下个别传统之间的互动交流，如儒家、道教、佛教、神道教之间的互相影响。1989 年，狄百瑞在哈佛大学的赖绍华讲座

---

〔1〕[美] 狄百瑞:《新儒学一词的使用：回应田浩教授》，方骏译，见张聪、姚平编《当代西方汉学研究集萃——思想文化史卷》，上海古籍出版社 2012 年版，第 35 页。
〔2〕Reischauer Edwin, *Ennin's Travels in T'ang China*, New York: Ronald Press, 1955. pp. 6-9.

海外著名汉学家　　　　　　　　　　　　　　狄百瑞评传
评传丛书

126

上，提出"东亚文明共同体"，并指出"东亚文明的精神核心就是新儒学的精神"[1]。

狄百瑞指出："新儒家是一把钥匙，可以理解后来在 18 世纪至 19 世纪东亚各个保守的文明对于扩张主义的西方会怎样显得是内向的、自我中心的、自满的和孤立主义的，而对于东亚人来说，则西方似乎就是毫无克制的侵略性的化身，放肆无忌的权力不受任何道德的或精神中心的束缚。"[2]新儒学从思想层面，促进东亚共同气质的形成，东亚作为一个独立地域和文化载体，具有独特的思想文化形态，这种独特的东亚文化整体建立在新儒学的基础上，这也正印证了"新儒学作为一种思想体系和道德力量，具有其自身的吸引力"[3]。

（一）"东亚文明共同体"的成型

狄百瑞指出"东亚"是"那些除了地理上相邻而外，还有着某些共同的儒家文化和使用中国书写体系的民族"[4]。经过长期、广泛的文化交流，使得文化间得到很好的融会贯通，共同的规约渗入生活的各个层面。狄百瑞将整个东亚地区的文明作为一个整体进行研究，并将此划分为形成阶段、佛教时期、新儒学、近代四个阶段。新儒学是整个东亚精神气质形成统一性的重要节点，成为东亚地区共同文化的凝结与纽带。

东亚地区形成共同精神特性的，除了新儒学之外，还有佛教，但佛教里，就算是对亚洲影响较大的禅宗和净土宗，也都并没有提出有关政治纲领、社会纲领和整套公共事务的指南，面对朝代衰亡也没有提出任何弥补之道。面对唐宋社会的进步发展，例如农业灌溉耕作方法上的改进、工业和商业的更新、纸币的使用、人口大量增加、城市规模化、人

---

[1]张锦枝：《狄百瑞与新儒学研究——读〈东亚文明〉》，载《哲学分析》2015 年第 6 卷第 2 期。
[2][美]狄百瑞：《东亚文明：五个阶段的对话》，何兆武、何冰译，江苏人民出版社 2011 年版，第 40 页。
[3][美]狄百瑞：《东亚文明：五个阶段的对话》，何兆武、何冰译，江苏人民出版社 2011 年版，第 57 页。
[4][美]狄百瑞：《东亚文明：五个阶段的对话》，何兆武、何冰译，江苏人民出版社 2011 年版，第 109 页。

民对文化水平的高要求，以及娱乐项目的多样化等，佛教并未更深入的渗透世俗生活并提出建议。

"新儒学"为什么是东亚文明共同体最终成型的关键一环？狄百瑞指出新儒学的传播方式与基督教和佛教都不同，它不采用布道式传播，亦不脱离政治与社会的关怀。新儒学是透过对经济、社会、文化上提供基本理论，成为内心积极导向的力量，所以"从东亚作为一个整体的观点来看，新儒学乃是塑造一种新的共同文化的首要力量"[1]。在狄百瑞看来，"新儒学"能够有如此巨大的影响力，一方面得益于新儒学思想的吸引力，另一方面，也得益于新儒学教育体系的有效推动。

狄百瑞将这种共同的新儒学气质，概括为"以《四书》为整个东亚的基本教材，以中庸的自我为中心，个人品格具有优先地位，通过人的共同内省（Inlook）自我修养，推及宇宙以求和谐，从而达到共同展望（Outlook）世界的目的"[2]。到了近代，"中国、日本、韩国和新加坡等皆因受教育于新儒学，而培养出了自学专研能力、社会责任感、人道主义精神以及自律、自尊等优良品性"[3]。狄百瑞的这一观点，得到学界广泛赞同，皆认为新儒家之于东亚现代转型的重要意义值得探讨。

狄百瑞经研究发现，"东亚文明共同体"的成型与发展经历了一个曲折的历史过程。最初的唐朝时期，文人阶层得以扩大，成为新儒学能够得以发展传播的中坚力量。至宋代，提倡文治，学术和世俗教育得到鼓励，卷帙浩繁的百科全书《太平御览》（983 年）的编写，更进一步促进新儒学的推广。值得一提的是宋代印刷术的发明，为新儒学的传播从技术上提供了极大的便利。

〔1〕［美］狄百瑞：《东亚文明：五个阶段的对话》，何兆武、何冰译，江苏人民出版社 2011 年版，第 40 页。
〔2〕［美］狄百瑞：《东亚文明：五个阶段的对话》，何兆武、何冰译，江苏人民出版社 2011 年版，第 57 页。
〔3〕Wm.Theodore de Bary, *Neo-Confucian Orthodoxy and the Learning of the Mind-And-Heart*, New York: Columbia University Press, 1981, Preface, p. 5.

　　除此之外，文官考试制度的扩大，提高了对教育和书院的需求，新儒学教育得以迅速发展。新儒学教育内容较为广泛，结合古典研究与实用学识，包括了行政、军事、水利工程、数学等。新儒学教育的"坚实""真实"对应了佛老的"虚空"。同时新儒学围绕颜回发展出来的对于人生境界与理想的崇拜，接近儒家圣人天福境界，弥补了新儒学太过世俗的特征，充实了新儒学的精神性。[1]

　　新儒学对蒙古族的影响，始于战争征服。1235 年，汉儒许衡（1209—1281）入元都，教学于燕京太极书院，由此新儒学在北方传播开来，其中主要以朱熹注的《四书》作为教育体系的基础，然后在忽必烈治下长期争论未决之后终于在 1313 年至 1315 年，采用朱熹主要思想作为改革文官制度的范本。从此，新儒学开启更大地域范围的影响。

　　新儒学对朝鲜的影响开始于 1290 年，时值忠烈王来访元朝，同行者有学者安珦，在朝鲜国位列大学士，对整个朝鲜的思想状况有着巨大的影响。访问期间，安珦手抄《朱子全书》并带至朝鲜，并用作授课教材讲授给朝鲜官吏百姓听。这种良好的学术氛围影响了历来朝鲜学者，后来的朝鲜新儒家郑梦周以《朱子家礼》作为教学文本，兴设学校，传播新儒学。15 世纪至 16 世纪，随着朝鲜社会经济的发展，新儒学也随之兴盛，海东退溪新儒学派应时确立新儒学为主流学术，对后世朝鲜影响深远。朝鲜模仿明代后期和元代的做法，将朱熹的教材尤其是"四书"评注作为官方教育和文官考试核心。

　　新儒学在日本最初的传播缘于中日佛学交流。日本镰仓时期，为了促进日本佛学发展，新儒学被作为"助道"工具带回日本，目的是宣传禅宗，呈现"儒佛一体"的特征。1241 年，日本临济祖师圆尔携带《大学章句》

［1］Liu Ts'un-yan, "Chu Hsi's Influence in Yuan Times", wing-tsit Chan ed., *Chu Hsi and Neo-Confucianism*, Honolulu: University of Hawaii Press, 1985, p. 534.

《中庸或问》等著作回国。16 世纪，日本新儒学摆脱禅学束缚，出现新儒家学派。江户时代的德川幕府把新儒学奉为最高统治哲学。

日本的新儒学发展，首先是作为一套学问、伦理范式和精神形态，而后才被确认为一种国家道德或意识形态。在教育上，自江户前期儒家教育家贝原益轩开始采用朱熹的著作为教材教授。

至前近代的日本已普遍认可新儒学对其民族思想造成的决定性影响，其中，山崎暗斋（Yamazaki Ansai）与山鹿素行（Yamaga Soko）皆认为日本的统治皇族才是真正的"中朝"，彼时朝鲜人也以比中国人更忠实于新儒学的道统而自豪。[1] 随着新儒学逐渐在朝鲜和日本流行确立，新儒学脱离闭塞孤立状态，东亚文明共同体逐渐成形，为以后世界多元文明格局奠定基础。

新儒学在朝鲜与日本的接受与发展，与新儒学在中国的兴盛极为相似，基本皆由地方推展开来。在日本的德川时期，官方尚未将新儒学纳入文官制度时，但在民间的地方学校中，朱熹的著作作为初等和中等教育的教材被广泛使用。在韩国，新儒学在百姓之间被普遍学习，极具影响力，很快被官方确立为政体形态、社会规约与官吏选拔的核心内容，极大地推动了朝鲜思想界的发展。不仅如此，朝鲜的学者通过将新儒学与本民族文化的融合，发展出新儒学新的内容与方向，成为"东亚文明共同体"中颇有特色的一支。

（二）新儒学与东亚近现代化转型（以日本为例）

狄百瑞经研究发现，在东亚近现代转型的过程中，新儒学发挥巨大作用。他以日本为例，指出美国海军将军伯利（Mathew Perry）于 1853 年来到日本，在日本的前十五年，日本人对于西方的现代化持防御姿态。而最

---

[1] Wm. Theodore de Bary, "Reject the False and Uphold the Straight: Attitudes towards Heterodox Thought in Early Yi Korea", *The Rise of Neo-Confucianism in Korea*, New York: Columbia University Press, 1985, pp. 400-404.

130

终在现代化进程起到革命性作用的是日本新儒家吉田松阴（Yoshida Shoin）和明治天皇（Emperor Meiji），他们皆是日本有名的新儒学家。[1]

吉田松阴继承了 17 世纪儒学武士山鹿素行的武士道精神，深受德川幕府时代晚期道学和本土思想二者的融合而成的民族意识的影响，一方面认同武士道精神，一方面痛恨幕府的腐朽贵族统治，终身信奉《四书》的基本思想和道德构成的日本本土的宗教情感。

吉田松阴饱读中国历史与文学，与其老师佐久间象山一样，深受朱熹影响，尤其是由孟子、王阳明一脉所传承的强调道德责任、自主性等个人思想。此二人极其推崇李贽的东方式个人主义，做自己信念的殉道者，这种英雄主义献身在吉田松阴看来就是武士道精神的实质。德川幕府的思想受到新儒家中独特人格主义与关注社会整体性与自我牺牲等精神影响，能够逃离传统学问的禁锢，接受进步性的现代思想。他的这一精神，深深影响了他的学生们，包括木户幸一（Kido Koin）等，他们都很好地调和了东西方的学问，找到了文明之间的有效互通，不受民族性文明的辖制。

日本近代化的进程得以实现，除了一大批能够联通西学的新儒家，与象征着日本团结与民族复兴的明治天皇也有着巨大关联，明治天皇受新儒学思想影响，注重传统思想传承，同时也注重文明创新。在其"五条誓约"中，第五条"求知识于世界"等传达出的思想，使得革命能够以传统和维新的名义顺利完成。面对西方文明，日本并未全盘接受，更不是全盘否定传统，而是借助新儒学思想核心内容，如重视家庭伦理、自我反思、自律、自重等入口切入对近代思潮的接受与调整。[2]

---

[1] Wm. Theodore de Bary, *East Asian Civilizations: A Dialogue in Five Stages*, Cambridge: Harvard University Press, 1988, p. 73.

[2] Wm.Theodore de Bary, *The Great Civilized Conversation: Education for a World Community*, Columbia University Press, 2013, p. 35.

（三）新儒学与东亚的经济腾飞

20 世纪 80 年代以来，不仅在海峡两岸暨香港等地区，而且在日本、韩国和新加坡等国家的经济实现迅速发展。这些新儒学文化圈的东亚国家和地区，经济取得突飞猛进的发展，引得学术界热议。

有学者强调东亚经济起飞不能归因于新儒学等思想文化因素，认为东亚经济发展有赖于西方工业发展。狄百瑞并不这么认为，他指出新儒学在东亚崛起中起了重要作用，狄百瑞面对东亚经济的迅速崛起，积极探寻新儒学中具有现代价值的因素，肯定新儒家思想对东亚地区精神文化遗产的重要作用。在此方面，金耀基也曾有过类似的言论，如"新儒学绝不只是中国之文化现象，亦是东亚的文化现象"[1]，承认新儒学对整个东亚文化造成巨大影响。

狄百瑞认为日本、韩国、新加坡、中国香港、中国台湾等国家和地区在"现代化过程中的成功都可以归功于传统儒家价值之不断继续的影响"[2]，他们处事风格和文化心理上有许多相似之处，他们的成功所具备的因素与新儒学思想不无关联，如重视人伦、组建社团、吃苦耐劳、坚强隐忍、自律自尊，以及注重修养等。这些特性正是新儒学所重视的内部和谐的精神。现在这部分国家和地区的各民族却都受惠于新儒学所培养的爱好学习、献身教育、社会纪律和个人修养等。[3]

第一，强调家庭是新儒学为东亚经济腾飞所提供的精神动力之一。儒家伦理对近代资本主义的适应性，在东亚的工业企业中常常可以看到所谓"儒家式"的父权主义的驯服性，这一因素有人称赞为有益于效率和生产

---

[1] 金耀基：《迎狄百瑞先生来新亚书院讲学》，见［美］狄百瑞著《中国的自由传统》，李弘祺译，联经出版事业公司 1983 年版，第 139 页。

[2] ［美］狄百瑞：《东亚文明：五个阶段的对话》，何兆武、何冰译，江苏人民出版社 1996 年版，第 99—100 页。

[3] Wm. Theodore de Bary, *Neo-Confucian Orthodoxy and the Learning of the Mind-And-Heart*, New York: Columbia University Press, 1981, pp. 9-10.

132

力，也有人贬斥其导致对工人的剥削。狄百瑞却认为，近现代东亚经济腾飞，得益于新儒学对家庭的重视。

家庭历来是新儒学最为持久的根据地，是新儒家思想传播与实践的核心，朱熹的《家礼》以及《小学》则在大部分东亚地区成了基本的社会手册，正因如此，近代时期东亚地区能够通过家庭这一据点得以存续，现代东亚最为人们所强调的价值，诸如家庭伦理、奉献精神、社团精神以及服从权威等，是新儒家伦理的基本展现。

第二，新儒学教育是东亚经济腾飞的重要因素之一。新儒学自兴起，新儒学教育就成为东亚教育中的统治力量。世俗教育几乎都是新儒家的产物，使现代化达到令人惊叹的进步，社会的、文化的、商业的和工业的，都有着教育尤其是高等教育的迅速兴起和传播的坚定支持。在较近的前现代时期，这种教育绝大部分都是以新儒家的教材为基础。

新儒家的教育目的，在于人们对于自我个人完满的追逐，这一过程需要提升对世间万物的认知，所以新儒学尤其注重对于知识的学习。新儒学这种对知识的热爱传播至整个东亚，成为文化连续不断发展的活力展现。[1]

第三，新儒学时期的民间"乡约"组织形式，也有益于近代东亚经济的腾飞。慈善团体和区域性的行会等，大部分是根据儒家性质的礼仪原则而建，新儒家就极其重视在家庭与国家之间建立各种地方合作组织，像是邻里团体、乡约、义仓和地方学校等等，以服务于社会安定、经济发展，以及教育等目的。

近代东亚公司或社区的组织形式，得益于新儒学时期的"乡约"形式，如纽约区韩国移民的纽约韩人协会（Korean American Association of Greater New York）组织，被描述为一种合作集体。《纽约时报》曾报道称："这一组织延续儒家传统中几个世纪之久的互相信托的社会规约，将

〔1〕Chong Won-shik. Zeal for Education. Korea Journal. 26. October 1986, pp. 47-48.

千百个韩国移民聚拢在一起，所开办的企业复活了邻里关系，并增加了对纽约的冲击力。"[1]组织定期的聚会，"不光是为了钱"，而且是要看望朋友，并交换信息。这种悠久的传统，来自朱熹提倡的"乡约"以及与之相伴的强调个人责任、相互尊敬和邻里合作的社会伦理。[2]

狄百瑞的观点并非学术界一家之言，新儒学对东亚经济腾飞所发生的积极影响已有大量科研成果。美国的经济学家弗兰克公开把日本的资本主义称为"儒家资本主义"。日本人自己也说，新儒学时期造就的东亚文明共同文明气质，在他们科技发展、经济腾飞上起了巨大作用。

赫尔曼·卡恩（Herman Kahn）在 1979 年出版的《日本的挑战》和《世界经济的发展：1979 年及以后》中探讨东亚经济腾飞的原因时，说"韩国、日本等国家和中国台湾等地区的经济发展表现出新儒家文化与工业经济的迅速崛起有密切关联"，并称新儒家文化不同于封闭传统的儒家文化，是一种开放的、寻求进步革新创造的新文化。它在个人与家庭中提倡庄重自制，重视教育，人们尽力完善各种技能，对任务、职业、家庭和责任非常认真、勤奋、灵巧，在被允许的范围内雄心勃勃，在帮助群体时富有创造力，而在私利方面强调很少。后来还有英国工党前议员罗德里克·麦克法夸尔（Roderick Macfarquhar），1980 年 2 月 9 日在《经济学家》杂志上发表《后儒家的挑战》（Post-Confucianism），其主张与卡恩所提出的"新儒家文化"类似，注重实用、教育，强调社会纪律、忠诚、顺服、勤奋、节约等等。新闻界人士阿瑟·琼斯在 1983 年 12 月 19 日出版的《福布斯》发表的《亚当·斯密与孔子相遇之处》中也同样强调新儒家培育的勤奋传统。

新儒学对于东亚地区的影响，不仅仅在于家庭伦理、经济发展上，还

---

[1]载《纽约时报》1986 年 7 月 28 日，第 56 页。

[2]S. Tadao, "Yi Yulgok and the Community Compact", Wm. Theodore de Bary ed., *The Rise of neo-confucianism in Korea*, New York: Columbia University Press, 1985, pp. 323–344.

表现在政治等方面。新儒家的终极追求是造福百姓，其价值的坚韧性有助于社会和政治的稳定，新儒学致力于研究什么是真正领导的性质，使其具有高尚品质并成为"君子"，政治治理的重点始终放在领导对人民和为人民的责任上。[1]申都喆（Doh Chull Shin）在对照儒家思想与东亚民主化的研究时，认为儒家思想对东亚国家，如日本、韩国、越南、中国、新加坡的民主政治都起到了不可忽略的影响，[2]与其相类似的理论也可见于白鲁恂（Lucian W. Pye）在二战后的亚洲政治学研究，[3]前新加坡总理李光耀的亚洲价值观不仅表现在经济发展上，还包括政治哲学和人权理念，而作为这一价值观来源的儒家文化，在新加坡的影响无可替代。[4]

二、"新儒学"与"现代新儒学"

国内外有许多学者将"新儒学"与"现代新儒学"等同，其实，现代新儒学围绕新儒学发展而来，是于新时代社会背景下，对新儒学的再发现与重新阐释。新儒学可谓现代新儒学之根基。

（一）现代新儒学的发展阶段

"现代新儒学"萌芽于20世纪20年代，发展于30年代，50年代之后冲破国别，引起国际汉学学术界广泛关注。狄百瑞将此学派称为"后儒学"（Post-Confucian）[5]。新儒学对"现代新儒学"自萌发至推广、发展等，皆产生深远影响。

---

〔1〕［美］狄百瑞：《东亚文明：五个阶段的对话》，何兆武、何冰译，江苏人民出版社1996年版，第109页。

〔2〕Sin T-cl, *Confucianism and Democratization in East Asia*, New York: Cambridge University Press, 2012, pp. 156-157.

〔3〕Pye LW, *Asian Power and Polities the Cultural Dimensions of Authority*, Cambridge: Harvard University Press, 1985, p. 367.

〔4〕Pye LW, *Asian Power and Polities the Cultural Dimensions of Authority*, Cambridge: Harvard University Press, 1985, pp. 365-366.

〔5〕Wm. Theodore de Bary, *East Asian Civilizations:A Dialogue in Five Stages*, Cambridge: Harvard University Press, 1988, p. 106.

现代新儒学因代表人物众多，所以对其定义众说纷纭，难以定论。其中，方克立为其设的定义流行于现代新儒学界，为："现代新儒家是产生于 20 世纪 20 年代，至今仍有一定生命力的，以续接儒家'道统'、复兴儒学为己任，以服膺宋明理学（特别是儒家'心性之学'）为主要特征，力图以儒家学说为主体本位，来吸纳、融合、汇通西学，以寻求中国现代化道路的一个学术思想流派。"[1] 韦政通也曾指出："以儒家为中国文化的正统与主干，在儒家传统文化里又特重其心性之学。"[2] 两位学者皆指明新儒学之"心性之学"，为现代新儒学阐释核心。

现代新儒学精神品格渊然厚重，博通横贯中西，内容独立并自信自尊，其发展可分为三个阶段。

第一，奠基发轫。近代以来，中国传统文化面临双重危机。一方面，面对快速发展的世俗经济，儒家思想确实表现了严重的滞后与保守性，思想体系中的革新创造能力不再发挥良好的作用；另一方面，世界关联愈发紧密的全球环境下，与儒家思想文化相反的是，西方文化具备完整现代性，并处在快速发展过程中，使得中国传统文化更加局促。

儒学濒临土崩瓦解，能够给民族带来生机的现代新儒学应运而生。现代新儒家面对中国传统思想文化遭受西方文化猛烈冲击的严峻挑战下，立足儒家思想和民族传统文化，宣扬儒家的复兴与新发展，极力论证儒学思想体系的独特性和它对中国乃至世界的重要价值。而同时，第一次世界大战给了西方元论中心论以重创，这为现代新儒学的产生与发展提供了好的国际气氛，西方文化界把目光投向东方，开始客观对待中国文化。

最终起到推动现代新儒学发展作用的有两件事。其一，1920 年罗素来中国讲学，其间发表一系列中国传统文化相关文章。在《中国文化与西方》

---

[1] 方克立：《现代新儒学与中国现代化》，天津人民出版社 1997 年版，第 4 页。
[2] 韦政通：《面对各种冲刷的历史思想使命》，载《中国论坛》1982 年第 15 卷第 1 期。

中，罗素提到孔子时说："教训之系统，纯粹为伦理学，并无宗教之信条。孔教没有产生势力澎湃之教士阶级，也没有引起宗教之迫害，但是他的教训却使全中国之人谦恭礼让。"[1]罗素的话不仅有力推动国际上对中国文化的认识，更是让部分中国知识分子开始正确对待自己的文明。中国因此出现了一大批复兴儒学、保护儒学的派别，如国粹派、孔教派、学衡派等。这个时候正值狄百瑞接受初级教育的时候，西方文明危机显然对这个初长成的孩子的心底深深烙下印记。这也是他极力反对西方文明优越性，反对西方先入为主解构中西文明，并采取直接套用西方概念解读东方文明的方法的一个思想根源。

其二，泰戈尔访问中国时，提出了东方主义优越的概念，即认为中国传统文化中包蕴着极强的生命关怀，精神文化中有着独特的人文价值意义，此观点对现代新儒家的产生有着最直接影响。在这种思潮下，大多数现代新儒家在思想上由西学向中国传统学回归，在心灵上由慷慨激昂向宁静致远回归。现代新儒家梁漱溟借此通过现代思维阐释新儒学的近代意义以复兴儒学，发表《东西文化及其哲学》（1921）揭开现代新儒家学术的序幕，指出人类的文化意向是多元的，中国文化"意欲自为调和持中"。

1933年，熊十力在北大演讲的讲稿集成《新唯识论》出版，标志着现代新儒学成型。熊十力继承了"理学"本体论的"体用一源""道亦器，器亦道"思想，在《新唯识论》一书中构建了"体用不二"的宇宙本体论哲学。熊十力极力推崇朱熹的"格物说"和王阳明的"致知说"，巧妙地将两种思想相融汇联合，阐释出了兼格致与格物两者的学思成果，推动中国传统文明的革新与发展。

第二，造模成势。此阶段现代新儒学核心力量转移至中国香港和中国台湾，唐君毅、牟宗三、徐复观、张君劢联名发表《中国文化与世界》

---

[1]［英］罗素：《中国文化与西方》，枢乾译，载《学灯》1922年，第3-4页。

（1958），强调"心性之学""为中国学术思想之核心，亦是中国思想中之
所以有天人合德之说之真正理由所在"。他们通过吸收西方理性逻辑思维，
深入解析新儒学"理"之超越性，并对照基督教佛教等，得出新儒学的入
世道德超越性，指出此道德超越通过主体自我升华，自我更新等方式，达
到参天地之化育，真确解决当下世界现实与超越的矛盾与紧张关系。

　　唐君毅、牟宗三、张君劢和徐复观联名发表的《我为中国文化敬告世
界人士宣言》中声明要坚守儒之"心性之学"，提出"中国之学术文化，
当以心性之学为本原，此心性之学，为中国学术思想之核心，亦是中国思
想中之所以有天人合德之说之真正理由所在"。在他们看来，心性之学是
孔子、孟子所开辟的人生宇宙本源之学，其精髓不仅在于发现或揭示道德
宗教的内在源泉，而且还在于找到天人合德的正确途径。这条途径不同于
西方的哲学和基督教达到超越的途径，又不同于印度哲学与佛教达到超越
的途径，它是一种入世的道德超越。更为重要的是，道德超越通过主体自
我升华，自我更新，自我超越，达到参天地之化育，与天地同体的境界，
真确地解决了现实与超越的关系。

　　牟宗三师从熊十力，较为关注新儒学中的"心性之学"，其借康德的
相关理论学说提出了"两层存有论""良知坎陷说"，尝试将中国传统思
想与西方理论兼容，传承了新儒学思想的独特气质，同时假借康德哲学的
概念，确立了传统儒学之理论体系。

　　第二代现代新儒家主要关注新儒学的精神性特征，以中国传统文化为
根基，灵活运用西方之理论，努力探索如何既保有道德心性之体而又使儒
学有民主、科学之用。狄百瑞与唐君毅、张君劢等现代新儒家的结识为其
以后新儒学的研究都有着莫大的帮助。

　　第三，传播迁徙。此阶段现代新儒学的主要科研阵地转至美国，代表
人物为余英时、刘述先、成中英、杜维明等，这些学者国学功底深厚，经
过专业的西方学术训练，具有多元文化视野和全球意识，其优势与贡献主

要展现在两个方面：一，让逐渐全球化的世界看到并认可不同于西方文明的东方形式；二，也为西方文明的发展提供更多视角与内容。

随着世界经济中心向亚太区拓展，世界人民刮目相看昔日的落后区奇迹般地发展，开始对儒学的社会效能重新估量。东亚科技、经济取得的巨大发展，都为现代新儒家的发展壮大提供了很好的文化环境。以上是第三代现代新儒家面对的新形势，正因世界的快速变化，理性坚守新儒学之本心才显得更为艰难，为此韦政通指出现代新儒学要坚守的七点。

表 3-2　韦政通现代新儒学七点要素

序号	具体内容
1	以儒家为中国文化的正统与主干，特重"心性之学"
2	以中国历史文化为唯一精神实体
3	肯定道统，以道统为立国之本，文化创造之源
4	强调对历史文化的了解应有敬意和同情
5	强调中国文化的独创性或一本性
6	有很深的文化危机意识，应加强文化自信
7	富宗教情结，对复兴中国文化有使命感

韦政通的许多观点中有一些与狄百瑞相通。现代新儒家极大地推动了新儒学的进一步发展，如冯友兰构造了一个具有近代意义的哲学体系，即新理学。但同时，现代新儒学也存有弊端。现代新儒家虽然在理论自觉的层面力图保持中国文化的民族本位，但是在对中国文化的民族精神给予现代诠释时，又只能以西方的现代文明作为参照系。由于新儒家是针对西方文明的强势冲击而奋起保守中国文化之民族本位的，往往在不自觉中针对西方文化的特质来弘扬中国文化的优越性，这就实际上隐含了扭曲甚至缺失中国文化民族特质的可能。

（二）国内现代新儒学研究

国内现代新儒学研究早已颇具规模。而今已有两个系列研究项目，具
体信息如表 3-3 所列。

表 3-3　现代新儒学研究项目信息表

名称	主持人	起始年
"现代新儒家思潮研究"	方克立、李锦全	1986 年
"现代新儒学研究丛书"	方克立、李锦全	1992 年

其中，"现代新儒家研究丛书"项目出版的"现代新儒家学案"系列
研究成果，自 1995 年开始由中国社会科学院出版社出版，全书共十一家学
案，每个学案均包括"评传""思想资料选辑""论著编年"等四个组成
部分，分上、中、下三册，具体如表 3-4 所列。

表 3-4　"现代新儒家学案"系列研究成果信息表

	名称	主编人员
上	"梁漱溟学案"	曹耀明、刘晓辰
	"张君劢学案"	吕希晨、陈莹
	"熊十力学案"	郭齐勇
	"马浮学案"	滕复
中	"冯友兰学案"	田文军
	"贺麟学案"	宋志明
	"钱穆学案"	罗义俊
下	"唐君毅学案"	李书有、张祥浩、伍玲玲
	"牟宗三学案"	周立昇、颜炳罡
	"徐复观学案"	李维武
	"方东美学案"	蒋国保、余秉颐

140

　　"现代新儒学研究丛书"项目，前后包括三个系列，如表 3-5 所列。

表 3-5　"现代新儒学研究丛书"项目三个系列具体情况表

名称	出版社	时间
"现代新儒学辑要丛书"	中国广播电视出版社	1992—1996 年
"现代新儒学研究丛书专人系列"	天津人民出版社	1993 年
"现代新儒学研究丛书专题系列"	辽宁大学出版社	1992 年

　　其中，"现代新儒学辑要丛书"以现代新儒家余英时、刘述先、杜维明、成中英等四人为主要研究对象，所编书目如表 3-6 所列。

表 3-6　"现代新儒学辑要丛书"书目信息表

名称	主编人员
《知识与价值——成中英新儒学论著辑要》	李期海
《内在超越之路——余英时新儒学论著辑要》	辛华、任菁
《儒家思想与现代化——刘述先新儒学论著辑要》	景海峰
《儒家传统的现代转化——杜维明新儒学论著辑要》	岳华

　　"现代新儒学研究丛书专人系列"所编书目如表 3-7 所列。

表 3-7　"现代新儒学研究丛书专人系列"书目信息表

名称	作者
《梁漱溟思想研究》	曹耀明
《张君劢思想研究》	昌希晨、陈莹
《熊十力思想研究》	郭齐勇

名称	作者
《马浮思想研究》	滕复
《冯友兰思想研究》	田文军
《贺麟思想研究》	宋志明
《钱穆思想研究》	赵向东
《唐君毅思想研究》	张祥浩
《牟宗三思想研究》	郑家栋
《徐复观思想研究》	李维武
《方东美思想研究》	金隆德、蒋国保、余秉颐

"现代新儒学研究丛书专题系列"所编书目如表 3-8 所列。

表 3-8　"现代新儒学研究丛书专题系列"书目信息表

名称	作者
《现代新儒学心性理论评述》	韩强
《儒学的现代转折》	陈少明
《现代新儒家人生哲学研究》	武东生
《中国马克思主义与现代新儒学》	李毅
《佛学与现代新儒家》	卢升法
《现代新儒学在美国》	施忠连
《现代新儒家与西方哲学》	赵德志
《本体与方法——从熊十力到牟宗三》	郑家栋

　　国内有关现代新儒家研究成果的刊出，极大推动了人们对于现代新儒学的了解。现代新儒家相关研究项目与课题已涉及新儒学的各个方面，主

要成员的传记、学术历程以及观点等内容以完整姿态展现在世人面前，有
助于人们从哲学本体论、方法论、历史观、宗教观、伦理观、人生哲学，
社会政治学等方面了解现代新儒学，也能帮助人们了解现代新儒学与中外
各种思想理论之间存在的对立与交融。

（三）现代新儒学与美国新儒学

现代新儒学与美国新儒学有较多交集。现代新儒家早在 20 世纪中旬就
已参与到美国新儒学的学术活动之中，例如早期求学于美国哥伦比亚大学的
冯友兰、时常参加美国学术会议的牟宗三、开办新亚书院的钱穆和唐君毅、
移民美国的张君劢，其中尤其是现代新儒家余英时、刘述先、成中英和杜维
明则一直任职于美国，他们推动了美国新儒学和现代新儒学的研究发展。

最早参与美国学术活动的中国现代新儒家的华裔学者所发表的文章，
都有开辟学科先河的特征。例如，1953 年卜德将冯友兰的《中国哲学史》
译成英文时，使用了"新儒学"一词；刘子健的《宋初改革家：范仲淹》、
牟宗三的《元代的儒家隐士》详细阐述了新儒学时期，接受过良好儒家思
想教育的知识分子在元朝的尴尬困境，为美国乃至西方世界第一篇研究元
朝思想史的相关文章。1966 年举办的明朝思想会议上，狄百瑞与唐君毅都
有参与；1970 年，狄百瑞主持了 17 世纪中国思想研究大会，参会人员有
成中英与唐君毅；1974 年，狄百瑞与成中英一同参与有关清朝统治下新儒
学的发展讨论会；1978 年，狄百瑞积极推动召开的蒙古统治下的中国思想
会议上，杜维明参与其中。

张君劢于 1957 年出版《新儒家思想史》，全书 32 章讨论了新儒学思
想的萌芽分化和发展。张君劢在书中批评了西方学者的"儒学生命已经死
亡"的观点，强调儒家思想经过佛教的刺激之后，借鉴佛教的宇宙观而重
新焕发出生命力。从唐朝韩愈开始，经过周、邵、张、程、朱、陆等儒家
学者的步步发展，及至王阳明及其后学，一直到王船山、方东树、曾国藩
等人的继续发扬，儒学并没有在中国思想中消失，反而一直发展革新。张

君劢的这一著作是美国第一本系统论述 600 多年中国新儒学思想发展之作。《新儒家思想史》的出版，为英文世界了解儒家思想的发展和新儒学的精神价值增加了一本重要的参考书，对中国哲学走向世界作出了不可磨灭的贡献[1]。

钱穆的学术研究对于美国新儒学界发展影响较大，其中尤其对狄百瑞新儒学研究有很大的启发。狄百瑞曾多次在公开场合将钱穆称为自己的"中国导师"。在《中国的自由传统》一书中狄百瑞更是直言："钱先生在引导我研究中国思想上则是为时最早而且影响最深的一位。"钱穆对于狄百瑞的学术影响主要集中在三点。

第一，他是狄百瑞新儒学研究的领路人。狄百瑞在英译本《明夷待访录》的题记中，将此书作为对唐君毅、陈荣捷、冯友兰、钱穆等中国导师的献礼。狄百瑞认为钱穆继踵黄宗羲，批判性保存了他的新儒家思想，并在钱穆的指引下，他将黄宗羲作为自己儒学研究的敲门砖，由此向新儒学延展深入，取得卓越成就。

第二，钱穆在学术研究方法上也对狄百瑞造成影响。钱穆注重中国思想发展史，将新儒学放置在宏大的儒学框架中阐述，视野清晰广阔，从社会文化与儒学的历史性视角考察和分析问题，这种研究方法完全不同于狄百瑞所熟知的西方理论研究传统，引发其对西方儒学研究方法的批判性反思。

第三，钱穆的学术立场也对狄百瑞造成影响。余英时曾评价钱穆为"开放型的现代学人"，在狄百瑞看来，这与黄宗羲一致，即不仅能够博古通今，更能将历史经验联系当下，将儒学传统文化精髓与现代社会价值关联起来，并指导现实人文精神的发展。

除此之外，狄百瑞与唐君毅也有较为紧密的学术交流。1959 年在由夏威夷大学承办、摩尔主持召开的第三次东西方哲学家会议上，唐君毅参与

---

[1] 方克立：《现代新儒家与中国现代化》，天津人民出版社 1997 年版，第 129 页。

并提交论文《中国哲学精神价值思想之开展》，唐君毅还参加了第四次、第五次东西方哲学家会议，以及 1972 年的王阳明思想会议等。唐君毅对于教育提出的一些观点与狄百瑞不谋而合，狄百瑞的新儒学研究深受唐君毅在哲学与儒学上所做研究的影响。2005 年 1 月，狄百瑞应邀在香港中文大学讲授讲座，以纪念新亚书院的主要创始人唐君毅，主要内容收录于 2007 年出版的《儒家传统和全球教育》。

当下，杜维明是目前在海外推动现代新儒学研究的华人代表，主要论述儒家传统与现代性之间的关系。他以儒家内圣之学为论释中心，以现代性为参照系，深挖新儒家的历史价值与对当下社会的指导性。其中着重探讨了儒家传统内在的功能或动力性，指出具有与西方现代化的精神动力类似的功能，构成现代社会结构的基本元素。

成中英也是兼具现代新儒家与美国新儒学家双重身份，其呼吁创立的国际中国哲学会（International Society for Chinese Philosophy, ISCP）是迄今为止唯一以推动国外的中国哲学研究为宗旨的国际性专业学会，该会的会刊《中国哲学季刊》（Journal of Chinese Philosophy）是国外最早专门刊登中国哲学论文的专业学术期刊。除此，成中英和布尼（Nicholas Bunnin）合编的《当代中国哲学》一书，也展现了其对现代新儒学和新儒学的深刻思考。此书共分为三个部分。第一部分围绕"引进西方新思想的先驱"话题展开，包含《梁启超的政治思想哲学》（肖阳）、《王国维的审美批评哲学》（王柯平）、《张东荪：多元认识论与中国哲学》（姜新艳）、《胡适的启蒙哲学》（胡新和）、《金岳霖的道的理论》（胡军）等文章；第二部分则围绕"新儒学的哲学探索"展开，包含《熊十力的行形上学》（余纪元）、《梁漱溟：东西方文化与儒学》（安延明）、《冯友兰的新理学与中国哲学史著述》（费乐仁）、《贺麟心学的含义》（慈纪伟）等文章，第三部包含《冯契的向善论：在相对主义和绝对主义之间》（黄勇）等文章，全书将现代新儒家和新儒学放置于哲学场域中进行探讨，推动新儒学在美国的发展。

　　1997 年成中英于温哥华演讲，在接受采访时他说，无论是现代新儒学还是美国新儒学，都已进入新的阶段，并提出了"新新儒学"的观点。"新新儒学"仍旧主张立足新儒学传统价值思想为核心，并力求通过中西文明的刺激，能够自我革新，发展并超越。成中英具体指出"它（新新儒学）的活力在掌握古典儒家的自强不息的创造精神，并承接宋明理学与心血的尽力尽气的拓展精神以开发一个人以个人与群体互动的整体理论，兼具有全球性与人类性"[1]。将新时代儒学发展视野拓展至全球，提出应深化与广化，发掘中西双方的文化精华，不仅探秘古典宇宙观，更是注重古典文明现代性价值，创建世界理性文明。

　　综上所述，狄百瑞通过译介《明夷待访录》发现新儒学的丰富与独特性，进而开启新儒学研究，并将其作为中西文明对话的主要阐释领域。

　　"新儒学"一词为西方汉学界流行词汇，[2] 如西方汉学界惯常使用的"传统中国"（Traditional China）"现代早期"（Early Modern）"中国帝制晚期"（Late Imperial China）等词汇类似，它们不同于中国习惯表达形式（即以历史朝代为界，如唐代、宋代等），而是按照某一思想与文化的接续性发展划分。"这些动态的，而非简单重复、静止或停滞的思想发展脉络，能够使学者直观感受中国传统文明的持续性发展。"[3] 这种方式，便于西方汉学家对中国传统思想的深入研究，也正缘于不同的研究进路，西方的汉学研究也给中国学术界提供了不一样的研究视角和方法等。

　　概念界定方式不统一导致学界对"新儒学"的具体定义有较大争议，但这是本章的意义所在。狄百瑞虽将"新儒学"作为学术研究主要阐释领域，然而并未对其进行精确定义，而是采用了"操作概念"的学术方法，

---

[1]［美］成中英：《第五阶段儒学的发展与新新儒学的定位》，载《文史哲》2002 年第 5 期。
[2] Wm. Theodore de Bary, *Message of the Mind in Neo-Confucianism*, New York: Columbia University Press, 1989, preface, p. 14.
[3]［美］狄百瑞：《新儒学一词的使用：回应田浩教授》，方骏译，见张聪、姚平编《当代西方汉学研究集萃——思想文化史卷》，上海古籍出版社 2012 年版，第 26 页。

确定新儒学核心特质，即自我文明在与中西文明对话中能够进行自我反思、革新创造与发展之能力。为了清晰展现狄百瑞的学术领域，本章具体采用展示狄百瑞新儒学研究成果、狄百瑞与学界同仁进行的"新儒学"之辩以及将"新儒学"与易混概念进行对比等方式，对狄百瑞的新儒学进行了系统介绍。

狄百瑞研究的新儒学，萌发于历史上社会环境颇为复杂的唐末时期，面对佛教日盛而导致的中国传统思想日渐衰落的事实，帝王为巩固政权，儒家为恢复中国传统思想等，社会掀起重拾儒学"道统"恢复"礼"制等风潮。为适应社会现状，儒学通过融汇佛道，革新创造，发展出兼容并蓄、具有丰富可解读性的一整套庞大学术思想体系。

狄百瑞所指新儒学除了传承儒学核心价值，最为核心的特质便是包容、反思、创新等。在面对中西文明交流时，保持开放包容的心态，能够在对话交流中将对方的优势融会贯通。新儒学批判地吸收了佛教思想与儒学相异的理论体系、思维方式和逻辑结构等，进而促进己身革新发展。

狄百瑞认识到新儒学的价值，并凭恃多元的全球视野、广博的知识累积、高度的学术敏感、客观宽厚的学术人格，以及扎实的西方理论背景使其新儒学研究既传承了西方汉学界的学术理路，亦得到中国思想界的广泛认可。

狄百瑞的新儒学研究以思想史为核心学术方法，辅之以基要派观点，借助"外在研究理路"与"内里进路"等，对其进行全方位、多层次的解读。作为美国学者，狄百瑞没有受美国汉学学术界的影响，打破将新儒学看作是静止、落后、保守学说的看法，用客观严谨的学术态度，深入经典文本内部，探寻新儒学所具备的自我更新与发展的价值意义，其研究不仅为国内学者提供全新解读视角，更有效推动新儒学在西方社会被接受与传播。

在长达七十余年的新儒学研究中，狄百瑞涉猎新儒学方方面面，时间跨度之长，地域之广，内容涵盖之丰富实为难得。除此之外，狄百瑞还论证了"新儒学"作为成熟的思想体系所具有巨大的吸引力。"新儒学"为"东亚文明共同体"成型的中坚思想精神力量，也是"现代新儒学"的阐释核心，同时，现代新儒学结合美国汉学反促美国新儒学的发展，为美国新儒学注入新鲜血液与视角。

　　狄百瑞认为新儒学作为独立思想体系，既传承传统人文精神核心，吸纳中西文明优长，革新创造自己，又有对中西文明与后世造成良好影响等能力，具备与西方文明构成对话的能力，故而其成为他中西文明对话观研究的主要学术领域，也成为他终生学术研究的主要学术资料来源。狄百瑞为扩充中国新儒学研究视角与深入了解新儒学之思想核心特质等方面，皆做出了杰出贡献。中西文明对话观，对于当下西方文明乃至全球文明发展现状，都有极大的借鉴意义。

第四章 "自""圣"圆融: 新儒学之自由

　　自由由来已久, 发展至今相关学说理论成果已十分可观, 然而, 随着全球人民的来往日益密切, 单一文化的理论愈发无以满足当下多元文化的需求, 以个人主义为核心的西方自由与自由主义 (Liberalism) 的发展愈现捉襟见肘。狄百瑞的新儒学自由传统研究, 为其中西文明对话研究的主要内容之一, 其以成熟完整的他者视角闯入西方学术视野, 扩充了自由视閾, 为自由发展注入新的灵魂与思考维度, 也为世界文明有关自由思想的全面认知提供新的范式。

　　中国传统文明中自由思想追溯久远, 但因其非传统中国关注之核心与主流, 所以并无相关研究概念与理论体系, 以至于无论 "自由" 或 "自由主义" 最初皆为 "西学东渐" 的舶来品。自由, 简单来讲为个人生存状态自然自在, 即行为活动等不受外力强制; 自由主义, 则是一套理论体系, 用于确保自由成为现实。17 世纪, 自由主义成为一种思潮,[1] 洛克 (John Locke)[2] 为其理论奠基。19 世纪中叶之后 "自由主义" 被广泛使用于政治讨论中, 逐步确立。[3] 自由发展至今已是一个复杂丰富的庞大体系, 已渗入社会生活的各个层面, "关于市场经济的建设, 关于民主制度的完善,

---

〔1〕John Gray, *Liberalism*, England: Open University Press, 1986, p. ix.
〔2〕〔英〕约翰·洛克:《政府论》, 瞿菊农、叶启芳译, 商务印书馆 1982 年版。
〔3〕〔意〕萨托利:《民主新论》, 冯克利、阎克文译, 东方出版社 1997 年版, 第 374 页。

关于人的基本权利的保障等等"[1]。

　　近代以来，中国对于自由以及自由主义等的研究杂糅在一起，与西方多关注政治自由不同，中国的自由思想落脚于人文层面。中国的相关研究从 1899 年梁启超撰《自由书》开始，至今百余年间大体经历了四个阶段：第一个阶段以严复、康有为、梁启超等为代表，开始对西方古典自由主义译介，因面临社会转型，所以关注点倾向于制度层面，如民主宪政等的自由主义探寻；[2]第二个阶段出现在 1949 年后，以罗尔斯（John Bordley Rawls）[3]为主的新自由主义注重个体平等与权力等方面的影响，此阶段崛起的研究者们多为现代新儒学代表，如牟宗三、唐君毅、徐复观等，他们提出了"中国的自由问题，最根本的还是文化的问题"[4]，并结合西方理论，发展出新的自由理论，如张君劢以康德"道德自由"[5]为参照，提出儒家"精神自由"[6]之理论体系；第三个阶段，即 20 世纪 70 年代以后，受哈耶克（Friedrich August von Hayek）[7]等强调个体对于社会秩序所担当的责任与勇气的新古典自由主义影响，林毓生、韦政通等学者不再依靠西方理论，开始关注中国传统文明自身所具有的"创造性转化"[8]的能力，深入探究自由等因子在现代化转型中所具备的学理资源等；第四个阶段开始于 20 世纪 80 年代，随着世界大融合的推进，海外学者对中国传统文明有了更多探讨，对中国的自由立场提出更多的见解，如白鲁恂则明确表示自由主义在中国不复存在，而受罗蒂（Richard Rorty）政治自由影响很大的安乐哲（Roger T. Ames）、罗思文（Henry Rosemont）等学者，皆能够从肯定的角

---

〔1〕哈佛燕京学社、三联书店主编：《儒家与自由主义》，生活·读书·新知三联书店 2001 年版，第 2 页。

〔2〕胡伟希、高瑞泉、张利民：《十字街头与塔：中国近代自由主义思潮研究》，上海人民出版社 2001 年版。

〔3〕［美］罗尔斯：《正义论》，何怀宏译，中国社会科学出版社 1988 年版。

〔4〕徐复观：《中国知识分子精神》，见陈克艰编《中国精神系列》，华东师范大学出版社 2005 年版，第 69 页。

〔5〕［德］康德：《道德形而上学原理》，苗力田译，上海人民出版社 2012 年版。

〔6〕吕希晨、陈莹选编：《精神自由与民族文化：张君劢新儒学论著辑要》，中国广播电视出版社 1995 年版。

〔7〕［英］哈耶克：《自由秩序原理》，邓正来译，生活·读书·新知三联书店 1997 年版。

〔8〕［美］林毓生：《中国传统的创造性转化》，生活·读书·新知三联书店 1988 年版，第 288—289 页。

度介入儒学自由的相关研究。

狄百瑞立足世界文化多元，"从对宋明理学的深刻理解和体验下，论述了儒家的自由主义传统"[1]，认为中西文明对同一问题具体表现各有差异，本着人类性情共通性，肯定中国传统文明中，确有丰富的关乎自由问题的追问。对此，韦政通亦有类似观点，他认为新儒家自由传统与西方自由主义实际上是"两种心态、一个目标"[2]的殊途同归，并指出中西文明间可就"自由"的异同进行互通交流。

狄百瑞指出新儒学因思想体系成熟完整、内蕴丰富，将中国传统文明中自由特质展现得最为突出，是系统研究新儒学时期自由思想的第一人。

狄百瑞的新儒学自由思想研究，从人文角度出发，一方面弃用西方惯用的以自由主义概念推演并摘取中国典籍碎片话语佐证的方法；另一方面亦否定现代新儒家以西方理论解释新儒学的方式。汉学家列文森赞同狄百瑞的做法，认为用西方推演的方法不能真正认识中国文化，而现代新儒家"努力通过促使特殊的中国价值与普遍的世界价值的配合来加强中国地位"[3]的方式，实则是文化自卑，无法展现新儒学的独特价值。

狄百瑞提出深入新儒学原典文本内部，以思想史观为核心，串联起思想的变迁与发展，并辅之以社会最新理论"操作概念"等观点，借助中西观念对比等研究方法，挖掘新儒学自由传统的独特价值，而这其中所沿用的西方概念和词汇，如自由主义、个体主义等，狄百瑞解释其无非为了引起更多的学术关注与讨论。[4]

狄百瑞在具体研究中，使用西方"自由"一词，但不局限于狭隘和纯

〔1〕张斌：《战后美国的儒学与民主比较研究》，载《美国研究》2007 年第 1 期。
〔2〕韦政通：《儒家与现代中国》，上海人民出版社 1990 年版，第 238 页。
〔3〕［美］列文森：《儒教中国及其现代命运》，郑大华、任菁译，中国社会科学出版社 2000 年版，第 98 页。
〔4〕［美］狄百瑞：《亚洲价值与人权：儒家社群主义的视角》，尹钛译，任锋校，社会科学文献出版社 2012 年版，第 146 页。

粹的定义，而是"冒险"地采用了广阔的含义，并"就中国与西方的历史经验中的相异处作尽可能完整的讨论与分析"[1]。狄百瑞参照了美国自由主义及人文学界有力发言人弗兰克尔（Charles Frankel）对自由主义[2]的诠释，简要如下表所列：

表 4-1　弗兰克尔自由主义类目

项目	具体内容
文化自由	提升心智的多面性，悲悯人性同时又批判人性
政治自由	强调能将和平变迁加以合法化的程序
经济自由	为纠正经济力量的不平衡而制定的政策
哲学自由	相信理性探究方法的优先性
人格自由	表现为中庸、自制与妥协
自由教育	培养学生树立道德理想、文化理想及文明理念

　　围绕此六点，狄百瑞发现了新儒学所提的自由虽与西方所提自由有巨大差异，然而也有许多相通之处，展现在文化自由主义、自由性格与自由教育等层面，包括新儒家"先知式"的改革精神，能够和谐沟通自我与他人、社会、世界乃至宇宙的儒家"人格主义"以及新儒学自由教育等。

　　狄百瑞对于新儒学自由的研究，集中体现于其所著《中国的自由传统》一书中，书中内容多为狄百瑞 1982 年应金耀基所邀为新亚书院纪念钱穆所设钱宾四先生学术文化讲座的讲稿整理而来，此讲座成立于 1978年，主旨为"汇聚世界第一流研究中国文化学人之智慧，以显发中国学术

---

[1]［美］狄百瑞：《中国的自由传统》，李弘祺译，中华书局 2016 年版，第 8 页。

[2] Charles Frankel, "Intellectual Foundations of Liberalism", *Liberalism and Liberal Education*, New York: The Program of General Education in the Humanities, Columbia University, 1976, pp. 3–11.

文化之潜德幽光"[1]，邀请狄百瑞的原因为其"在新儒学方面有卓越的成绩与贡献"[2]。

　　《中国的自由传统》汇聚了狄百瑞对新儒学自由的主要思考，但此书并非为狄百瑞对中国自由传统的最早研究，狄百瑞的新儒学自由研究起步于 20 世纪 50 年代，主要有以下三个阶段：第一，在 1960 年出版的《中国传统典籍汇编》里，狄百瑞基本负责了有关新儒学时期自由思想中"改革"相关内容的翻译，如第十五章《儒家复兴的先驱》(Precursors of the Confucian Revival) 中，狄百瑞翻译了韩愈的《谏迎佛骨表》(*Memorial on the Bone of Buddha*)、《原道》(*What is the True Way?*) 等内容，于第十六章《宋儒复兴》(The Confucian Revival in the Sung) 中，狄百瑞翻译了欧阳修的《正统论》(*Ou-yang Hsiu:Essay on Fundamentals*)、程颐的《仁宗皇帝书》(*Ch'eng I: Memorial to the Emperor Jen-tsung*)、王安石的《上仁宗皇帝言事书》(*Wang An-shih: Memorial to the Emperor Jen-tsung*)、朱熹的《通鉴纲目》(*General Rules for the Writing of the Outline and Digest of the General Mirror*) 等，这些内容都与狄百瑞认为的新儒学中改革所具有的自由传统相关；第二，1970 年，狄百瑞汇编了会议论文《明代思想中的个人与社会》，他不仅为其撰写前言，并发表了《明代思想中的个人主义与人道主义》，对新儒学时期独特的"个人主义"进行了探讨；第三，在 1981 年出版的专著《道统与心学》中，狄百瑞对元代新儒学面临社会剧变而进行的革新调整进行了研究。此外，狄百瑞还于 1986 年发表文章《儒家的自由主义和西方狭隘的地方观念》，回应了西方学界对儒家思想是否存在"自由"的问题。在 1989 年出版的《新儒学教育：成型时期》中，狄百瑞

---

[1] 金耀基：《迎狄百瑞先生来新亚书院讲学》，见狄百瑞著《中国的自由传统》，李弘祺译，中华书局 2016 年版，第 3 页。

[2] 金耀基：《迎狄百瑞先生来新亚书院讲学》，见狄百瑞著《中国的自由传统》，李弘祺译，中华书局 2016 年版，第 4 页。

发表了《朱熹的教育目的》(Chu His's Aims as an Education)，围绕朱熹
的自由教育思想展开讨论；而在 1991 年出版的《为己之学：论新儒家思
想中的个体》更是集中讨论了整个新儒学时期新儒家修己以求个人自由的
方法与成果等。

　　鉴于新儒学自由传统的独特性，狄百瑞抛开西方已发展相对成熟的
自由主义经济与政治理论体系，选择从人文角度，即从文化之理论与实践
层面出发，对其进行解析。狄百瑞围绕个体认知、自我责任、"修己和讲
学"[1]等新儒学自由传统的核心价值展开，从新儒家所具有的"改革"精
神、新儒学"人格主义"、新儒学"自由教育"等方面"集中讨论那些渊
源于传统儒家，但同时也朝着'近代的''自由的'方向发展的观念"[2]。
狄百瑞的新儒学自由传统的研究，为其中西文明对话观的主要内容之一。

第一节　新儒学自由精神推动道统发展

　　世界各族人民都有抗争束缚与解放压制的欲求，这便是自由思想的来
源。随着世界大融合，西方之外文明中自由思想的价值意义逐渐显现。狄
百瑞指出在中国传统文明中，尤其新儒学时期，自由特色表现最为突出，
具体表现在"道统"的发展上。"道统"看似保守，实则灵活变通，具备
解放佛教束缚的欲求，新儒家在发展"道统"时表现出的"先知式"精神，
更是充满着挣脱精神捆绑的自由精神。

　　为解放束缚而欲求改革现实的精神，是新儒学与西方自由一致之处。
狄百瑞在讨论新儒家"道统"改革所蕴含的自由精神时，主要关注了政治

〔1〕朱荣贵：《西方儒学之干城：狄百瑞的儒家研究》，见傅伟勋、周阳山主编《西方汉学家论中国》，正中
书局 1993 年版，第 128 页。
〔2〕[美] 狄百瑞：《中国的自由传统》，李弘祺译，中华书局 2016 年版，第 11 页。

以及社会体制的改革。狄百瑞经研究发现"道"和"道学"由韩愈于《原道》中首次提出，是指"尧、舜、禹、汤、文、武、周公、孔子祖传的圣王之道，不是佛、老的清净寂灭之道"[1]，此"圣王之道"涵盖丰富，无具体边界，具体包含政治和个人修养两部分。从政治方面来说，它又称"帝学""帝王之学"；从个人修养方面来说，它又称"圣学""性理之学"等。而后，于宋代朱熹发展丰富为"道统"之后，其内涵随时代变幻而不停发展，贯穿新儒学始终。

唐末宋初，道学明显受到佛教影响。元代蒙古族入主中原，"道统"又融汇了其他民族特色，进行了适时改革。清初"道统"不仅面临异族统治，更是面对国际政局变动、经济格局发展等局面。狄百瑞指出新儒学的发展，不仅来源于"学术式"的思想传承，更多来源于探索与改革的精神，正是这种有着自由思想的源动力精神，推动着"道统"的变革发展。

一、文化多元视阈下的新儒学自由之"改革"

随着世界大融合，人们之间的接触越来越紧密，群体冲突愈渐增多。因为中西文化之间对自由欲求的差异，唯西方思维下的自由思想以及自由主义的发展渐入僵局。正于此时，多元文化主义登上学术舞台，它承认达成人类自由目标的路径不止一条，不同民族人群总会在诸多终极的价值之间有所选择，这些方式与选择并无同一标准，亦无对错之分。每一种方式与选择，皆反映了人类族群基本道德范畴与伦理概念，蕴涵着历经时间酝酿的认同感。鉴于此，多元主义为不同族群的个人能够自在生存提供了更

---

[1] Wm. Theodore de Bary, *Neo-Confucian Orthodoxy and the Learning of the Mind-And-Heart*, New York: Columbia University Press, 1981, p. 61.

多的选择与空间。[1] 以此为契机，狄百瑞着手以新儒学自由传统为内容的研究，探求"自由"最初所具有的"改革"，以求解放之力。

（一）"自由"经历由个体到多元

"自由"自古为人们热衷于追索的终极话题，堪与生命媲美，如"不自由，毋宁死"（Give me liberty, or give me death）等。"自由"自出现起就无定论，勒斯（Sir G. Lewis）在所著《论政治术语的使用和滥用，1832》（*Use and Abuse of Political Terms, 1832*）一书中，指出"自由有两百个以上的定义"[2]。自由起初为中性词，指不受限制或阻碍，后来不同文化背景与持不同观点的思想家对"自由"作了多样的诠释与引申，使这一问题的内涵更加的丰富，而将"自由"与文艺复兴、法国大革命和美国独立战争等社会政治历史事件相联系之后，使其增添了颇多文化情感，更加深其探讨难度。

历史上，自由最初为解放"神"的捆绑。在西方社会，最初人与上帝订立契约，自由亦由上帝所赋，例如最初罗马人之所以"自由"，是因为他们遵守上帝的律法。随着社会发展，个体自主意志的逐渐兴起，人们开始革新传统思想，以寻求自我理性解放，遂要求从神谕下解脱，也就是卢梭提出的"人对自主"[3]的渴望，由此而产生"自由"的积极含义，即个体成为自己的主人。[4]

人依靠自我理性，将自我从神的控制中解放出来，获得主宰，但他人意愿的存在重新让人的自由受到严重束缚，针对人压制人的状态，哈耶克给出自由新的定义，即一些人对另一些人所施以的强制（coercion），在社

---

[1] Isaiah Berlin, "Two Concepts of Liberty", *Berlin's Four Essays on Liberty*, New York: Oxford University Press, 1969, chapter8.

[2] Cornewall Lewis, Sir G. *On The Use and Abuse of Political Terms, 1832*, Oxford: Clarendon Press, 1898.

[3] [法] 卢梭：《社会契约论》，何兆武译，商务印书馆 1982 年版，第 10 页。

[4] [英] 以赛亚·伯林：《自由论》，胡传胜译，译林出版社 2011 年版，第 179-180 页。

156

会中被减至最小可能之限度。[1]这种可能性，将自由的问题由人与神推展至他人、集体、社群。

由此，人的自由的限制从他人上升至国家。阿克顿勋爵在《自由史》给自由下的定义是："我用自由一词指某种保证，使每个人在做他认为属于自己之义务的事情的时候，都可以受到保护而不受任何权力当局、多数、引俗和舆论之左右。"[2]作为一个公民联合体成员的自由，就涉及运用自我能力追求自由时，完全不受外界妨碍，[3]要求"政府确保人民的利益和安宁，确保他们享有其权利，而不受到来自统治者或其同胞的压迫与侵害"[4]。无论从何种束缚中解放，但改革以求自由精神的传统从未改变。

社群与国家涉及的层面十分之广，所以自由也发展至社会众多领域，自由主义随之兴起。《韦氏国际大词典》对于自由主义的解释为："自由主义是一种哲学，建立在个人的基本善性之上，并要求进步及自主。它强调个人在生活中自然随性，并能够包容他人的自然状态。"[5]自由主义进行了系统论述，洛克、卢梭和潘恩等人皆以天赋权利论为基点展开讨论。他们的主要论点是：只有在社会与国家之内才能够实现自己的天赋权利，即个体与国家订立契约，互相达成共识，才能够得到自由，强调社会的根基以"个性"为因由。

自由主义哲学的核心是相信个人的尊严，即"社会能够安全地建立在个性的自我指引力之上"[6]，但因自由主义与社会运动关系密切，注定要对一部分人强制。一部分人声称强制是为了使自由最大化而施行的。自由主义由此推进了自由与政治的勾连，自由的基本威胁，便成了强制性的权力，

〔1〕[英]哈耶克:《自由秩序原理》(下)，邓正来译，生活·读书·新知三联书店1997年版，第3页。
〔2〕[意]莱奥尼:《自由与法律》，秋风译，吉林人民出版社2004年版，第31页。
〔3〕[英]斯金纳:《自由主义之前的自由》，李宏图译，上海三联书店2003年版，第4页。
〔4〕[英]斯金纳:《自由主义之前的自由》，李宏图译，上海三联书店2003年版，第14页。
〔5〕Springfield, *Webster's Third New International Dictionary*, Mass: Merriam, 1961.
〔6〕[英]霍布豪斯:《自由主义》，曾汶译，商务印书馆1996年版，第61-62页。

不论这种权力是存在于君主、独裁者、寡头，[1] 在这种语境下的自由自然而然扩展至更大的范围，包含财政、种族、主权等各个方面。

　　将个体自身自由外放与国家政治相关联的语境下，很容易得出人没有绝对自由的结论，因为任何社会都会存在各类限制，不同社会限制行动的类型、数目和程度存在着差别，但全无行动限制的社会不存在。自由是一个本关乎自己的问题，所涉及的核心问题越发繁多。进入当代，自由学者以赛亚·伯林（Isaiah Berlin）对自由有相当经典的探讨。伯林同意"对一个人施以强制，就是剥夺他的自由"这一最简明的论断。表面看来是指自我不受别人干涉与强制，"别人是否直接或间接、有意或无意地使我的希望不得实现"[2]。

　　在此语境下，类似于回答"牛津大学院长与埃及农夫拥有不同的自由"此类问题时，不同的人所指的"自由"或有不同。吃饱、穿暖、健康、识字是一个人自由的基础，自由更无高低贵贱之别。

　　当今时代，少数人或特殊群体的自由讨论，在世界各民族大融合的今天愈发增多。近年来，西方自由主义也在拥护民主的基础上，提出"为什么一定要把大多数的意志作为最后的定论"，而主张亦应该"容忍异己，尊重少数"的观点，"保障少数人的自由"。这种大多数人自由的发展陷入僵局以致这种依靠权力对大多数人自由的保障，严重妨碍了另一部分人该享有的自由的局面，即单一的构建愈发无法满足文化多元的需求，使得人们不得不去关注世界更多样态的自由要求与表现形式。在如此背景下，狄百瑞提出新儒学的自由传统。

　　（二）新儒学以"改革"展现自由精神

　　狄百瑞的新儒学自由研究，是基于美国有关自由的探讨。因社会差异

---

〔1〕[美] 弗里德曼：《资本主义与自由》，张瑞玉译，商务印书馆 2004 年版，第 19 页。
〔2〕Isaiah Berlin, "Two Concepts of Liberty", *Berlin's Four Essays on Liberty*, New York: Oxford University Press, 1969, p. 122.

158

与时代复杂性，美国有关自由与自由主义的研究脱离了欧洲的历史和政治。
美国历史上并未经历过封建主义社会时期，其自由研究只有将近现代发展
的史实与残存着封建结构和封建特性的欧洲社会结合起来，所以美国所提
倡的自由与欧洲有同也有异。它缺乏欧洲自由中包蕴着的挣脱压制与束缚、
急需寻求解放的真正的革命传统。[1]

　　正是这种特殊的社会文化背景，加之同时又面临全新的文化大融合的
问题，即作为"民族大熔炉"，包含着在多数派统治下试图更大程度地维
护少数派权利等当代典型自由主义的问题，美国一方面限制于欧洲传统的
自由体系，另一方面又使其开始寻找全球文明下的更多种自由形式与表达，
并急于构建属于自己的、独特的、更具包容性的自由体系。

　　美国拥有着多元的族群，社会中有着更多少数群体的占比成分，不同
族群的自由欲求差异较大，少数服从多数的自由已经对北美的土著居民和
其他自由民主国家内的少数民族文化成员造成了严重伤害。[2]文化多元视
域下的自由具有巨大的包容度，力图包容各族人对自由的理解。多元文化
主义承认人类的目标不止一个，人类有资格按照自己族群生成的心理需求
在诸多终极的价值之间自由选择，一个成熟的体制应该提供更多元的自由
文化选项，以供所居住之人有更适合的选择与寻求终极生命意义的余地。[3]
多元文化主义的立场，显然为更合乎人性理想的主张。

　　人类自存在起一直存在着族群和谐或同质性的理想，强烈的文化认同
感能够让人增强存在的价值意义，所以历史上会出现少数族群服从主流社
群的事件。然而，为了同质性而压抑他族文化显然已不再民主和合理。不
过，随着少数民族对权利的意识日益增强，社会冲突因中西文化的交流也

---

[1]［美］路易斯·哈茨：《美国的自由主义传统》，张敏谦译，中国社会科学出版社 2003 年版，第 255 页。
[2]［加拿大］威尔·金里卡：《自由主义、社群与文化》，应奇、葛水林译，上海译文出版社 2005 年版，第 132
页。
[3] Isaiah Berlin, "Two Concepts of Liberty", *Berlin's Four Essays on Liberty*, New York: Oxford University Press,
1969, chapter8.

日渐增多，使其开始打破同质化理想，立志构建"价值中立"的原则体系。毕竟，为成员提供自由选择的广阔前景，成为吸引人才或能为其提供发展的空间，才是美国所追求的。文化多元旨在为人们提供有意义的选择余地并扩大自己价值追求空间。[1]

高尔斯顿在《自由多元论》一书中深刻地阐述了多元论与自由主义的关系，回答了多元论在现实生活中的作用等问题，指出个人对美好生活、公共文化和公共目的的理解，存在广阔的、合法的多样性空间；多元论与各种形式的一元论对立，一元论要么按一种标准把"各种"还原为"一种"，要么把它们纳入无所不包的等级体系。[2]约瑟夫·拉兹也指出，自由主义"承诺道德多元主义，该观点认为存在着许多相互容纳的有价值的、值得尊重的关系承诺和生活计划"[3]。狄百瑞即在如此开放的文化氛围与社会环境下提出了新儒学自由传统。

狄百瑞的新儒学之自由思想研究，除了面临汉学界对新儒学的否定之外，又恰逢提倡多元文化自由思想之契机，并且针对美国之于欧洲自由之差别，狄百瑞认为这世上应当具有多样的自由形态。狄百瑞之所以能够认定新儒学具备自由思想，根源在于新儒学为寻求个人发展而具备的"改革"现实束缚的精神。

狄百瑞经研究发现，新儒家主要继承的儒家思想关键人物孔子身上，同时具备"保守主义"和"改革者"双面特性。"保守主义"表现为肯定人类经验、对传统文化精华的尊重上，而"改革者"特性则表现在"敢于与现存否定人有实现其合理需求与欲望之机会的不公政府相抗衡"[4]。关于这种双面性，默里（Gilbert Murray）也有相似研究，即探究保守主义与

---

〔1〕W. Kymlicka, *Liberalism,Community and Culture*, Oxford: Clarendon Press, 1989, p. 166.

〔2〕William Galston, *Liberal Pluralism*, Cambridge: Cambridge University Press, 2002, pp. 4-7.

〔3〕Joseph Raz, "Liberalism, Autonomy and the Politics of Neutral Concern", *Midwest Studies in Philosophy*, 1982, p. 7.

〔4〕[美] 狄百瑞：《中国的自由传统》，李弘祺译，中华书局 2016 年版，第 9 页。

自由主义相互补充的关系，"保守主义的目标是拯救社会秩序，自由思想的目的是要让社会秩序更接近于自由人——免于自私、免于激情、免于偏见的人——所考虑为需要的境界，并且经由这么一点点改变更有效地拯救社会秩序"[1]。由此，狄百瑞称"孔子同时也是一个自由主义者。在此所谓'自由主义者'一词可以是'改革者'的意思"[2]。狄百瑞认为新儒学将孔子这种改革精神发扬光大，于是围绕此为核心出发点，他开启了探寻新儒学的自由思想。

狄百瑞指出，孔子对三代政体向往的精神延续至新儒学时期，形成了系统的"道统"论。这一道统的概念同官方的"正统"密不可分，历来被解读为保守的代表，但在狄百瑞眼里，"道统"一词有着鲜明的主体创造因素，他把"道统"一词译为"道的取回"（repossession of the way）或"道的重建"（reconstitution of the way），重点皆是在"取回"和"重建"上。狄百瑞指出"道统"抛开具体内容所展现出的是一种人道主义光辉，代表了个人从外在权威束缚中向往自由的精神。因为个人在传承传统时占据主动地位，所以他们是历史的掌控者，是"改制"与"新法"的执行者。狄百瑞强调新儒家道统观中个人的重要性，认为个体在社会实践中展现出的责任感以及革新性发展传统时个体的能动性，均与西方自由主义的价值观有异曲同工之妙。[3]

二、新儒家作为"改革者"

20 世纪 50 年代，狄百瑞新儒学自由思想研究开端之时，西方学术主流并不认为中国传统文明中有自由思想，但已有研究基础的狄百瑞得出相

---

〔1〕Gilbert Murray, *Liberality and Civilization*, London: Allen and Unwin, 1938, pp. 46-47.
〔2〕[美] 狄百瑞:《中国的自由传统》，李弘祺译，中华书局 2016 年版，第 9 页。
〔3〕周阳山编:《中国文化的危机与展望:文化传统的重建》，时报文化出版事业有限公司 1982 年版，第 296 页。

反的结论。中国文化中不仅有自由传统，新儒学更是将自由思想核心之改革力量，展现得淋漓尽致。中国独特的自由传统，当属世界文化多元的表现之一，对其研究利于扩展全球对自由的多面认识。

新儒学的自由传统，首先展现在对旧制进行合时宜的变革与创新上，此做法因深得官阶以及社会大众支持而迅速得以有效开展，[1]如韩愈提出"道学"观，[2]力求挣脱传统束缚，寻求顺应时代，以重构正统思想与权威为己任；王安石凭《周礼新义》为改革理论基础，提出"新政"[3]。传承正统思想，摆脱现世困境，以求自得自由，实现人生理想，这正是狄百瑞认为的新儒学改革之自由精神。在重建与更新"道统"思想时，新儒家的个人主动性发挥了巨大作用。

对于新儒家的此种变革精神与个人主动性也得到狄百瑞和许多国内学者的称颂，如韦正通也指出"新儒家之可贵处，即在他们能面对遗经，忧忧自造一家之言"[4]，葛兆光亦认可新儒家"特别重视'道统'，也特别注意建构从自己上溯圣贤的历史"[5]，而"中国之所以能够为世界文明作出贡献，就是因为有这样一批饱经忧患、自强不息的学者"[6]。新儒家此种"自任于道"，如范仲淹所言"先天下之忧而忧，后天下之乐而乐"的超强使命感，即蔡振丰提到的儒家"强调人的'自觉心'及'自作主宰'的'主体性'"[7]。

狄百瑞指出，唐末时期，社会支离破碎，佛教盛行，束缚着百姓的精

〔1〕Wm. Theodore de Bary, *The Liberal Tradition in China*, New York: Columbia University Press, 1983, p. 15.

〔2〕［美］狄百瑞：《〈道学与心学〉一书介绍》，索介然摘译，载《中国史研究动态》1986年第1期，第61页。

〔3〕钱公博：《中国经济发展史》，文景出版社1974年版，第286页。

〔4〕韦政通：《中国思想史》（下），吉林出版集团有限责任公司2014年版，第651页。

〔5〕葛兆光：《中国思想史》（第二卷），复旦大学出版社2016年版，第275页。

〔6〕Wm. Theodore de Bary, *Confucian tradition and global education*, New York: Columbia University Press, 2007, p110.

〔7〕蔡振丰：《台湾新儒学与自由主义——以台湾认同论述为主的讨论》，载《华东师范大学学报》（哲学社会科学版）2010年第6期。

神与言行。新儒家积极承担社会责任，以"经世致用"[1]为目的提出"道统"观，以望"明儒道以尊孔，拨乱世以治反"，传承儒家核心价值。

宋朝，通过兵变获得天下的新帝王急于恢复礼制以显示其政权合理，巩固统治，然而，面对新的社会情况需对古制进行革新方能适用。程颐采取引经据典的方式以证明自己思想上的权威性[2]，取自于古本的"亲民"思想，发挥自我积极主动性，对"道统"进行颇具活力的创造，其以人类所共有的仁道为立论基础的"新民"。

新儒学时期的"道统"改制不仅涉及文化、文明、亦有大量政治纲领、社会改制、教育发展等相关内容的研究对比，本文持"道统"为一整体，在此不细作"政统""学统"之分。北宋（960—1127）时期王安石的变法更具代表性。

王安石以《周礼新义》为改革理论基础，以批评再诠释经典，旨在为现实效劳。王安石深悉"权时之变"，提出"新政"，涉猎政治、军事、教育、经济、财政等方面，[3]将当下的"立政造事"假借经典权威，运用"以所观乎，考所学于古"的新方法诠释旧义。

王安石在改制上提出了比较全面的方案。其新法的实施纲领，大约可归纳为三方面：财经、军事和养士取才。财经上重在富国利民，制置三司条例司行青苗法、市易法、均输法、免役法、方田均税法、农田水利法；军事上重在强兵安边，具体措施有定省兵法、置将法、保甲法、保甲养马法、军器监法；养士取才上，重在教养人才以为国用，具体措施有兴修学校、更定贡举等。这些举措都可以由《宋史》的《食货志》《兵志》《选举志》，及王安石的一些奏议中总结而出。

在狄百瑞看来，王安石所提的"制置三司条例司"颇具开创性。所

---

〔1〕韦政道：《中国思想史》（下），吉林出版集团有限责任公司 2014 年版，第 647 页。

〔2〕Wm. Theodore de Bary, *The Liberal Tradition in China*, New York: Columbia University Press, 1983, p. 15.

〔3〕钱公博：《中国经济发展史》，文景出版社 1974 年版，第 286 页。

谓制置，就是编订的意思；三司为北宋时通管度支、盐铁和户部的机构，旨在掌理国计，也称为"计省"；所谓条例，就是法规。设制置三司条例司的目的是掌理编订有关财政法规和国家预算案，这是王安石推行新政的核心。

王安石在商业发展上有较多改革，具体以市易法为例。对市场的调节，历史上周有司市，汉有平准。王安石市易法的主旨，一方面是在平衡物价，由政府出资，调节供需，以抑制豪商巨贾的兼并垄断，使能货畅其流；另一方面，商民也可由此贷到需用的资金，政府从而也可以得到一些利息。市易法是王安石理财大政中的重要一环。[1]

王安石所提市易法，从神宗熙宁五年（1072年）三月起，到元丰八年（1085年）十二月（是年三月神宗崩，哲宗即位）止，共行了十三年又九个月。它的要点大体如下。（1）市易机关：京师设市易务，各路置市易司。（2）放款对象：以商人及小农小工生产者为主。（3）放款性质：有保结请贷和契书金银抵当请贷两种。（4）放款保证：保结请贷，要有人作保。抵当请贷要有产业金银抵押。（5）放款期限：以半年为一限。每年可立一限或二限。（6）放款利息：贷款半年的利息为一分，贷款一年的利息为二分，过期没有归还的，除纳利息外还要加罚款。（7）贸易方法：以平价收购商人滞销的货品，贵的时候稍减价卖出，便宜的时候，稍加价买进。也可以派官到各地去收购物货再随时估值出卖。（8）贸易对象：以商人及来自汴京以外的商贩和小农小工的生产者为主。

狄百瑞认可王安石的这一想法，认为此举显然有助于商业发展，有着现实要求。[2]从东汉开始，就有一种名为"邸店"的行业，凡商贩及农工生产业者的货物到了城市，就由邸店来做中间商人，这本是一种极自然的

---

〔1〕Wm. Theodore de Bary, *The Liberal Tradition in China*, New York: Columbia University Press, 1983, p. 14.

〔2〕Wm. Theodore de Bary, *The Liberal Tradition in China*, New York: Columbia University Press, 1983, p. 14.

164

现象，但是后人一味地耍手段，压低生产者的物价，等买上了这批货物以后，再蛮横无理地加价出售，以谋取不法利益。到了宋朝，一些所谓的邸店几乎多为豪商贵官开设，天下的物货一到了京师，就多为兼并家所操纵，使得市无常价，商旅不行。如此，则不仅是从事生产和消费的人，国家经济也连带受到破坏，形成恶性循环。王安石看到如此不合理的现象，当然要想办法加以打击。所以，这个办法如能够获得成功，间接也是对普通民众的一项德政。

王安石对财政方面的改革，是一种惠民利国的措施。因此实行开来后，虽然遭恶意中伤，或受风气影响引来非议攻讦，但是国家的利钱商税，据《宋史·食货志》及李焘《续资治通鉴长编》所载，都已有显著的增加。可知这对贫困的宋朝来说，是一件极必要的改革。

狄百瑞认为新儒家改革旧制以适应当下的行为，展现出了对束缚的挣脱，对自由的追逐。[1]政治上如此，新儒学在精神追求上亦然。朱子在《大学章句》里，十分强调"自新"这个观念，认为它是更广大的人群再生之基础。朱熹在《中庸章句序》中将这一看法详尽全面化。强调个人在衰败时代捍卫道统的英雄式献身，还表明了此类献身之人皆天赋异禀。对于被佛教主导的漫长历史里，失传已久的"道统"重新被挖掘并显示出其坚不可摧的能量，在于学说的内在的激励，更在于表现在新儒学时期，新儒家们展现出的个人自主性的自由奉献精神。

对于"道统"的传承与超越上，狄百瑞指出新儒家的"更新"的思想，并不一定具备西方概念里的原创性（Originality），但具有中国儒学发展中独特的活力与创新性。从创新与革新的角度来看，尤其是不同个体在选择不同文本的创新式解读的过程中，个人的贡献对"道统"价值的全面传承就显得尤为重要，这是对新儒家个人自由态度的有力肯定。接着，元

[1] Wm. Theodore de Bary, *The Liberal Tradition in China*, New York: Columbia University Press, 1983, pp. 25–26.

明两代早期新儒学运动的动力皆深深地植根于这个观念。[1]

唐宋时期，新儒学改革旧制，冲破束缚，使得社会与自我个体都获得一定程度的自由状态。这种"改革"精神于元朝，任务更复杂一些。[2]宋末元初，蒙古人入主中原，增强了新儒家建立特定儒学传承谱系以证明其合法性的使命感。[3]面对新的形势，新儒家需兼顾对王朝的忠诚和"道统"合法性两个方面，传统儒家就要对其进行改革调整，利于建立社会与百姓之间的秩序并稳定时局，所以面对民族压力时，为了能够融入元朝统治，新儒学对于传统儒学的具体内容、生存与发展策略等，都有所调整。

特殊时代背景下，新儒家肩负儒家核心价值思想得以延续的使命，既让儒学"道统"在元朝政体中确立正统地位，并使之有效践行服务百姓。元儒郝经（1223—1275）、许衡（1209—1281）和吴澄（1249—1333）对于儒学学说的观点，推动了元代新儒学的发展。

许衡在元代的政治、文化、教育等领域都有复兴之功；郝经对于"道统"发展的价值，在于挖掘新儒学"学术"上的价值；吴澄推动"道统"在百姓中的实践，扩大了"新儒学"包容度，扩展其内涵，对明代的新儒学心学发展亦有开启之功。

狄百瑞认为元代新儒学发展的难度在于儒学传统如何在少数民族中存活并挥发作用。元代新儒学切中实时要害，不仅乐于实践儒学终极追求即社会安定与造福百姓，又能够贴合实际，兼顾政治性与学术性，重视新儒学"政学兼重"的时代特色。它既使统治者采纳了儒家传统思想所倡导的社会秩序和伦理规范，又承接了儒家的学术传统，确立了儒学在元代学术中的正统地位，还扩大了学说内涵，使得儒学得以发扬，并最终完成了儒家"道

[1][美]狄百瑞：《中国的自由传统》，李弘祺译，中华书局2016年版，第15页。
[2][美]狄百瑞：《元代朱熹正统思想之兴起》，侯健译，载《中外文学》1979年第8卷第3期。
[3][德]苏费翔、[美]田浩：《文化权力与政治文化——宋金元时期的〈中庸〉与道统问题》，肖永明译，中华书局2018年版，第175页。

166

统"承上启下的时代使命，切实实现了百姓安居乐业，也完成了新儒学对
其他民族文明的包容，实现个人相对自由。[1]

　　"道统"的重建，经过唐、宋的努力，至元、明臻于成熟，清代渐趋
衰落。面对明清之际的特殊社会背景，"道统"的革新发展有了新的状况，
狄百瑞以吕留良为例。吕留良既是"道统"的保守派，亦是社会改革的激
进派，在狄百瑞看来他与基要派（fundamentalism）和激进派（radicalism）
思想的典型代表霍梅尼（Ayatolla Khomeini）不分伯仲，吕留良借由时文
评选传播其社会改革思想与政治理想。狄百瑞指出"理"是吕留良"礼"
思想的重点，"礼"是其社会"改革"的主要内容。[2]

　　狄百瑞一改容肇祖对吕留良保守主义身份的确证，[3]认为其重振了北宋
改革派精神。在这一点上，恰与钱穆的主张不谋而合，[4]认为吕留良与朱熹
一样，肯定既有事实，提出思想应顺应社会发展。"使用朝廷推崇的正统
思想来批判当时的社会"[5]这一奇特、矛盾的方式，正是狄百瑞觉得吕留良
最有价值的部分。

　　狄百瑞一方面同意吕留良具有北宋改革派精神，另一方面又明确指出
吕留良改革的不同，不同之一便是吕留良更加注重人心人性。在他看来吕
留良肯定人的价值，因为他提出"官"存在的理由是提倡人类的价值，而
非满足统治者或皇室的欲望。[6]

　　吕留良谈到社会关系的整体性时强调，其中最重要的是君臣关系。在分

〔1〕Wm.Theodore de Bary, *Neo-Confucian Orthodoxy and the Learning of the Mind-And-Heart*, New York: Columbia University Press, 1981. p. 33.

〔2〕［美］狄百瑞：《作为正统理学家及激进派的吕留良》，朱荣贵译，《儒学国际学术讨论会论文集》
（下），齐鲁书社 1989 年版，第 1159 页。

〔3〕容肇祖：《吕留良及其思想》，《辅仁学志》（卷五），1936 年第 12 期，第 1-86 页。

〔4〕钱穆：《中国近三百年学术思想史》，中华书局 1937 年版，第 86-87 页。

〔5〕T. S. Fisher, The Life of Lv Liu-Liang Part 2, *Far Eastern History*, Canberra: Australian National University, No, 18（Sept. 1978），p. 19.

〔6〕［美］狄百瑞：《作为正统理学家及激进派的吕留良》，朱荣贵译，《儒学国际学术讨论会论文集》
（下），齐鲁书社 1989 年版，第 1160 页。

析帝制的言论中，他一改往昔君民如父子的观念，主张君道即天道，目的在
于强调统治者应担当全方位照顾百姓的责任；同时又主张君道即臣道，统治
者言行亦应遵守普遍性原则。他赞扬程朱对君主严厉的批评，要求皇帝实践
"正心诚意"之学。只不过当时社会环境已发生重大的改变，他无法像朱熹
一般直接向皇帝讲经并就时事问题向皇帝谏言。所以，君臣关系固然最为重
要，但非固定不变，在经过朱熹"崇理"，王阳明试图以"良知"取而代
之使得改革走上不归路之后，吕留良便将着力点放在了整治士大夫的不良风
气之上。

在针对官员这件事上，吕留良认为自从秦汉以来，士大夫只一味迎合
君主并满足其野心，这也是他认为士大夫不肯全力支持改革的根本原因之
一。对此，他着力做了两件事：提升丞相地位；全盘攻击官僚，认为他们
没有拥护真正的"道"。

狄百瑞看到了吕留良思想中的反叛精神。如《中庸》二十七章说君子
应保持沉默，要以个人道德力量使在位之人肃然起敬。但吕留良认为，丞
相以及士大夫应是声讨罪恶以及腐败的中坚力量，他们的沉默会被误解成
君子纵容恶行，"朝廷之上更无默法，但有无道则退耳。默者卑官处世之
为也"（《四书讲义》）。

狄百瑞经研究发现了吕留良不仅关注时代所面临的问题，并对此类问
题进行原因探析，如其认为官员不再以百姓利益为首，不是儒者对百姓缺
乏恻隐之心，更非他们不了解人民需求，其根源在于科举制度栽培出来的
学子效仿了不正确的人格模范，"心如印板，板文错则印出书文无不错"
（《四书讲义》）[1]。

除此之外，为了能够坚守正统的儒学理想，吕留良极为否定当时较为

---

[1]［美］狄百瑞：《作为正统理学家及激进派的吕留良》，朱荣贵译，《儒学国际学术讨论会论文集》
（下），齐鲁书社1989年版，第1164页。

流行的"讲章"与"时文"等学术现象，并将它们定义为俗学与异学。那么，何为"俗学""异学"？吕留良于《四书讲义》卷一给出了答案，并于《程墨观略论文》中将"俗学""异学"导致的种种学术弊端，如表 4-2 展示如下：

表 4-2　"俗学"与"异学"

类目	论据	讲授主体	弊端
"俗学"	"讲章、时文也"	村师	"腐烂陈陈，人心厌恶"
"异学"	"今之阳儒阴释以讲学者是也"	多为王阳明之生徒	"窥群情之所欲流"

吕留良对俗学与异学的否定与反对，最终根源还是在于对社会风气的批判上。他认为世风不再鼓励，也没有那般的学术氛围能够让人得以安心地潜心修学，整个社会都极为浮躁，没了古韵古法，更加冲淡了道统"理"法。在吕留良看来，俗学与异学的盛行，给世人一种错觉，认为这些学问是正统本身，仅靠听就当作已掌握道统真谛，不再苦读圣贤之书，导致结果不仅与正统相隔，而且背道而驰。

狄百瑞指出，吕留良对"理"的永恒性信念，是他"正统思想"的体现，其对理学超越性与统一性的把握给他提供了批评的根据。他借此对既存制度加以激进地批判，对理学的传统从改革派的角度加以修正推进。其对理学内存性与分殊性的把握又给他提供了创造的根据。他借此改造了理学传统，产生出适合时代环境新的基要派思想。

对理学近乎宗教般的信念，正是吕留良攻击各式各样异端邪说的主要论点。这也足以用来解释他为什么会拥护古典制度，而不支持既存制度。也是因为这一点，表面上看起来吕留良激进的社会主张和对既存制度的态度完全来自他对程朱正统思想中"理"的保守性的信仰。[1]

狄百瑞对新儒家改革中展现出的自由思想的讨论，包含着对新儒家抑或"个人"的肯定。对此，墨子刻亦认为，中国儒学中有关"个人"与"自由"的观点，与西方思想中相关观念一样有复杂丰富的内容，"儒家自我确立的模式可以被拿来与西方的个人主义进行粗略的比较"[2]。经研究发现新儒学体系有着巨大的能够自我更新的内在动力，这种动力使个体从其束缚中获得释放能量，并使自身进行创造性发展，这种"改革"的观念在狄百瑞看来，是中国传统思想的传续发展，也是新儒学持续寻求更大自由的源动力。

第二节　新儒学自由根基"人格主义"

西方自由的主体为"个人"，自由主义理论基点是"个人主义"，强调个体之间互不相关，政治上要求权利本位。"它（个人主义）认为个体的存在先于集体的存在，个体的性质决定集体的性质。个人的利益高于集体利益，任何集体最终都是为了服务于个人利益而发展起来的。"[3]然而，"个人主义既是自由主义者经常自我标榜、自我陶醉的教义，也是自由主义受到批评与责难的核心"[4]。近年来随着社会发展，"个人主义"极易导致威权主义，针对这一弊端，狄百瑞在新儒学研究过程中，发现新儒家自由传统中对个体的认知与西方对个人的理解完全不同，新儒家强调人的自

〔1〕〔美〕狄百瑞：《作为正统理学家及激进派的吕留良》，朱荣贵译，《儒学国际学术讨论会论文集》（下），齐鲁书社 1989 年版，第 1165 页。

〔2〕〔美〕墨子刻：《摆脱困境：新儒学与中国政治文化的演进》，颜世安等译，江苏人民出版社 1996 年版，第 15 页。

〔3〕李强：《自由主义》，吉林出版社集团有限责任公司 2007 年版，第 143 页。

〔4〕李强：《自由主义》，吉林出版社集团有限责任公司 2007 年版，第 148 页。

主性，同时也强调个人之于"道""天命"的强烈责任意识，以及个人与集体之间价值实现的良性互动关系等，这种能够缓和西方个体主义内部矛盾、介乎个人与集体之间的个人主体认知被狄百瑞称为"人格主义"[1]，并将其定义为新儒学自由传统的核心内容。

新儒家人格主义中的个体，首先尊重自我价值与尊严，其次不孤立于他人与社会之外，个人与外界以及"道"的动态关系间构成有机互动，并在互动中得到提升推进。这种对自我的确证和塑造，只形成于既定的儒家文化传统和社会环境背景中，其最终目的是实现完满自我，以求达到人之真自由。

新儒家"人格主义"主张个体与外界如群体、社会，乃至宇宙相处时，个人所展现出的舒适状态，即与万物与历史与生命的所有价值的联系之间构成一个良性的动态关系，"表述的不是作为原始的、'粗糙'的个体（individual）的人（person）所具有的价值和尊严，而是作为一个自我（self）的人的价值和尊严，这种自我，塑造和形成于一个既定的文化传统、所处社群和自然环境等背景中，他是要实现完善的人格的自我"[2]。

狄百瑞强调，此"人格"即儒家所理解的人伦关系中的个人，和西方人权观念中的个人（individual），一样值得被尊重。[3]儒家强调人的自主性，即通过"修己"提升自我道德，以达到人的内在自由。为了达到个人自我完满的状态，新儒家提出了许多途径，其中包括对"个己"与"自我"的追索，以及"心性之学"中"心"对自由人格的塑造等方面。狄百瑞从新儒学家对"个""己""自"的认知以及对成"圣"的追逐等方面，论

---

〔1〕Wm. Theodore de Bary, *Asian Values and Human Rights-A Confucian Communitarian Perspective*, Cambridge: Harvard University Press, 1998, p. 142.

〔2〕［美］狄百瑞：《亚洲价值与人权：儒家社群主义的视角》，尹钛译，任锋校，社会科学文献出版社 2012 年版，第 24 页。

〔3〕［美］狄百瑞：《亚洲价值与人权：儒家社群主义的视角》，尹钛译，任锋校，社会科学文献出版社 2012 年版，第 142 页。

述了新儒家"人格主义"下的个人对于自由的追逐。

一、新儒学"人格主义"下的自由选择与承担

狄百瑞引弗兰克尔有关自由定义中"由中庸、自制与妥协所表现出来
的自由性格或风格"[1]，与儒家传统尤其是新儒学中表现出来的个人的自主
性或顺性等观念，两者不谋而合。自由，若指"自我"，这在中国传统文
化里由来已久，如段玉裁在《说文解字注》中解说"自"，从"己"和
"自然"。"自然"之意为"自身"，也就是"不借助外力，依靠自身内在
的能量运动"。换句话说，就是"万物"借助其自身内在的能量的一种自
律的、自发的存在和运动变化，带有"本身"的性质。面对新儒学时期，
尤其关注个体，并强调个体对于社会，乃至宇宙的重要性。

（一）新儒家"人格主义"下的个人与集体

在西方，个人主义被视为自由主义体系的基础与出发点，[2]广为人们关
注。个人主义是一套关涉伦理、政治、经济、社会和宗教等内容的价值体
系，具体展现为以下几个层面：将个体看作世间价值的中心；个人是一切
实践的目的；个体享有平等权利。

个人主义"就是把个人当作人来尊重；就是在他自己的范围内承认他
的看法和趣味是至高无上的"[3]。在人生态度上要求自我做主；在经济上要
求维护私有财产、鼓励自由竞争等；在哲学与文化上，认为个人而不是社
会乃是更为根本和真实的存在。个人主义自介入政治争论后，变得尤为复

〔1〕Charles Frankel，"Intellectual Foundations of Liberalism"，*Liberalism and Liberal Education*. New York:
Columbia University Press, 1976, pp. 3-11.
〔2〕顾肃：《自由主义基本理念》，中央编译出版社 2005 年版，第 8 页。
〔3〕[英] 哈耶克：《通往奴役之路》，王明毅、冯兴元等译，中国社会科学出版社 1997 年版，第 21 页。

杂。于政治生活中，康德认为"人是目的"[1]是积极的，而社会和国家是消极的，即国家的权力是有限的，并且受到宪法的事先约束和控制。

西方政治普选发展以来政府对经济强加干预，经济与政治的冲突，使得个人主义的发展举步维艰。周期性的失业经常与个人主义的经济理论联系在一起，引起民众广泛不满。

基于个人与社会、国家的对立，卡尔·波普尔相对于国家，提出极端个人主义，近似于"利己主义"和"自私自利"等。[2]哈耶克对个人主义的梳理得出了与波普尔类似的结论，指出"个人主义在今天名声不佳，因为这个词和利己主义与自私自利联系在一起"[3]。

狄百瑞看到了西方文化中"个体与全体的冲突"。换句话说，西方文化在个人与社会关系的处理上有不妥之处。纯粹的个人主义是不合理的，因为事实上每一个个体都必须生存于一个有秩序的统一体中，"没有真正单独的个人可以存在"，"只要是一个人，他必须生存于一个群体之中"[4]。当然，西方的个人主义者也不会主张个人可以离开社会，只是个体与全体的冲突找不到调节的突破口。

新儒学的自由核心是儒学"人格主义"，与西方"个人主义"不同，新儒家"人格主义"对自我的要求是顾及整体意义，强调各种力量之间的和谐统一，如身心一致、"天""人"合一、个体利于群体等。

对于西方面临的这一难题，狄百瑞认为新儒家在调节个人与集体的关系上提供出了一条可走之路。对此沃特金斯也曾说，"其他民族群体意识的发展较为健全，加之袭自前代非正式群体行动的技术，正可弥补西方过

---

[1]〔德〕康德：《道德形而上学原理》，苗力田译，上海人民出版社2002年版，第52页。
[2]〔英〕波普尔：《开放社会及其敌人》（上），陆衡等译，中国社会科学出版社1997年版，第199页。
[3]〔英〕哈耶克：《通往奴役之路》，王明毅、冯兴元等译，中国社会科学出版社1997年版，第21页。
[4]徐复观：《儒家精神之基本性格及其限定与新生》，见萧欣义编《儒家政治思想与民主自由人权》，学生书局1988年版，第85页。

分的个人主义"[1]，那么新儒家为什么可能做到呢？

　　狄百瑞重新解读了新儒学中个人与集体在社会实践层面的平衡，指出权利本位与个人主义、义务本位与集体主义之间有着丰富的对应关联。狄百瑞经研究发现，中国的政治哲学是从义务着眼，西方从权利着眼，如此一来，新儒家有着巨大的责任意识，而相比起西方新儒家更关注既得利益。对此徐复观有相似看法：中国自古文化皆"超出个体权利观念之上，将个体没入于对方之中，为对方尽义务的人生与政治。中国文化之所以能够济西方文化之穷，为人类开辟文化之新生命者，其原因正在于此"[2]。传统儒家有着强烈的集体主义的取向，在道德上有一些个人主义的因素，"先要有个体的独立再归于超个体的共立"，即在保持集体主义的前提下，充分发挥个人主义的相关因素，以此来平衡个人与集体之间的得失。

　　对于中国个人与集体的关系，费正清有与狄百瑞几乎完全相反的观点。费正清认为，在中国，"个人本身是不受赞扬的，他既不是唯一的、永存的，也不是世界的中心"。费正清不仅提出此观点，并将此观点作为中西文化的根本区别所在，指出正因为如此对待个人的态度，所以才扼杀了个人的价值与创造力，并基于此得出结论，即中国个人没有公民自由权，并在强调集体的文化思想下助长了父权权威的人伦关系，加重了政治专权。在此立论基础上，费正清提出，西方自由思想的刺激，能够推动中国向近代的发展。

　　狄百瑞并不赞同费正清的观点，认为新儒学对集体的强调是以尊重个体为前提的。群体作为新儒学伦理价值展现，指导甚至规定着个体的一切社会活动，如个体价值展现在有利于天下太平等。[3]

---

〔1〕[美] 沃特金斯：《西方政治传统——现代自由主义发展研究》，黄辉、杨健译，吉林人民出版社2001年版，第233页。
〔2〕徐复观：《学术与政治之间》，华东师范大学出版社2009年版，第57页。
〔3〕Wm. Theodore de Bary, *The Liberal Tradition in China*, New York:Columbia University Press, 1983. p. 57.

　　徐复观也有类似的观点，其指出新儒家兼具内在性与超越性。其在内在的方面肯定了个体，超越的方面肯定了全体，内在性的最终价值旨归仍是群体超越性上的完满表现。在社会实践中，每个个人都应践行自律自尊，修身养性，以圆满个人来成就全体，进而追求未来的盛世。个体之对于全体，现在之对于未来。徐复观亦认为此种个体与全体的意义，也许能够成为缓解西方个体与全体对立关系的钥匙。[1]

　　（二）新儒家之自任于道与舍生取义

　　个人选择与承担，历来是自由讨论的关键话题之一。狄百瑞在研究新儒学自由思想时也关注到了此问题，认为只有具备思维能力之人，才能够于选择面前作出具有自愿性和自发性的决定。[2]

　　选择当前，自由不仅意味着可以自主决策，同时还代表一定要承担所有选择的后果，即坦然接受对自我选择可能获得的赞扬或谴责。这便决定了，自由只能适用于被认为具有责任承担能力的人。这意味着一个没有拥有学习能力或无以承担选择后果的人，不具有拥有"自由"之能力，一个人想要拥有自由，必须能够从历史中学到经验，于社会生活中要更自如的生存，方可能更自由的生活。[3]

　　自由选择，个人面对可能发生的未来有某种预测能力，从而自愿且无强制地做出决定。古希腊的亚里士多德即已指出了这两者间的联系，他认为："道德依乎我们自己，过恶也是依乎我们自己。因为我们有权力去做的事，也有权力不去做。"善恶皆是由自由的选择与言行决定的，这就意味着行动者具有理性和责任能力。有了选择的能力，才能对自己的行为后果负道德责任。这种道德承担力，能够框定人自由概念的边界。

---

[1] 徐复观：《儒家精神之基本性格及其限定与新生》，见萧欣义编《儒家政治思想与民主自由人权》，学生书局 1988 年版，第 85-86 页。

[2] Wm. Theodore de Bary, *The Liberal Tradition in China*, New York: Columbia University Press, 1983, p. 59.

[3] [英] 哈耶克：《自由秩序原理》（下），邓正来译，生活·读书·新知三联书店 1997 年版，第 90-91 页。

狄百瑞经研究发现，新儒家就有对自己行为的选择权，并能够主动承担此选择所带来的所有后果。儒学一直以来积极出仕，具有极强使命感，新儒家尤其如此。他们求道学习，不止步于自我修养的层面。宋儒认为，受过教育的人必须出而从政，而且必须具备一些能造福社会的特殊技能，比如责任和承担力。尽管明显地表现为一种苦行的生活方式，它既不能被理解为自我否定，也不能被理解为自我牺牲，而是自我肯定和自我实现。[1]

新儒家一直具有强烈的忧患精神，此精神不是指人们陷入困境时的忧虑心情，而是指社会尚未混乱或显示衰落征兆之时承担者就已思虑未来的状况，即未雨绸缪。这正体现了新儒家的责任意识，即人之为人的价值意义，担负世间兴衰的使命，展现人之崇高的自由以及人性的伟大与尊严。

新儒家这种自主承担百姓与国家发展的责任感一以贯之。唐末五代时期，社会动荡，人们精神陷入迷茫。新儒家面对如此困境，挑起重构伦理之大任，通过复古思想，重建传统儒家有价值的伦理规范和道德原则。新儒家怀揣忧患意识，积极参与社会政治经济变法，履行"为民请命"的自觉义务；主动进行学术文化和教育改革。他们怀着"为往圣继绝学，为万世开太平"的无限责任意识和使命意识，努力将自我美好愿望提升为现实的社会理想。

狄百瑞指出，新儒家强调"自任"。"自任"的典故见于《孟子·万章下》"其自任以天下之重也"，指一个人为自我的行为负责，"自任于道"表现在政治和精神两个层面。政治上，新儒家凭借超强使命感，以经筵教师的身份站在经书价值的立场析论时务，辅佐君主修身及实践道德生活。新儒家强烈的忧患意识是对新儒家政治理想的恰当表达。由此，新儒家在奏疏中都积极引导君主原始动机，并指出君主需通过自我学习

---

[1] Wm. Theodore de Bary, *The Liberal Tradition in China*, New York: Columbia University Press, 1983, p. 58.

以求自得并自任。[1]

然而，"自任于道"将太多政治理想寄托在个人的自我完善上，这在现实中实则难以实现，尤其是在中央集权与日俱增的宋朝。随着宋代士大夫阶层的崛起与社会经济的发展，新儒学政治理想中固有的弊端被遮蔽，新儒家一味坚定认为通过劝善与学习能使君王贤明，最终君臣皆无法承担巨大压力，导致悲剧接连发生，诸如明代的方孝孺（1357—1402）和海瑞（1514—1587）等个人主义英雄的殉道。

在狄百瑞看来，"自任于道"在另一层面亦给予新儒家以生机。如在精神层面的追逐，表现为对自我"成圣"的实现上。新儒家程颐"凡学之道正其心养其性而已，中正而诚，则圣矣"（《伊川先生文集》）。治学便可成圣，让新儒家在因党派之争而黯然失色的改革理想中得到了纾解，也给予人格自由发展一线可能。[2]

二、"心学"与自由

中国自古注重对"心"的探讨，最早论到心的文字，当推《尚书·大禹谟》中"人心惟危，道心惟微，惟精惟一，允执厥中"这著名的十六字心传，据说是尧、舜、禹相传的心法。新儒学时期的"心性之学"融汇了儒家孔子论"从心所欲不逾矩"、道家老子"虚心无为"、庄子"无听之以耳，而听之以心"，以及佛教禅学"心即佛"等各种思想发展而来。

狄百瑞认为新儒学时期的"心性之学"把人"心"的"内在超越"作为解脱束缚的根本之路，人通过自己的"内心"不断发现、塑造和完善自我，最终抵达精神自由。"心性之学"中"心"之自由思想主要涉及

---

[1] Wm. Theodore de Bary, *The Liberal Tradition in China*, New York:Columbia University Press, 1983, pp. 57-59.
[2] Wm. Theodore de Bary, *The Liberal Tradition in China*, New York:Columbia University Press, 1983, p. 65.

"心"对于"天命"理论体系的构建、通过对"心"的自我确证推衍至对整个宇宙的认知，以及以良知之心建构人之道德自主等自由层面。[1]

狄百瑞指出"心学"对于新儒家人格生成具有重要作用。第一，体现于"心性"理论体系的构建。第二，体现为在"心"的致学能力，以求达到理性状态，掌握心之"格物致知"之能力，习得世上万物，以求自由。最后则表现为良知之"心"上，修得心之最本源的状态，达到人性之本善，求得自由。[2]

（一）哲性自由——"心即理"

儒学对心的哲思由来已久。颜回曾被赞美为："其心三月不违仁。"儒学由来主张人心都具有善端，即善念是人心天然拥有的，当然同时也会有恶念，人应通过修身养性克制恶念，激发善念，然后才能增进德行，进入高明的圣贤境域。

新儒学时期，新的文化契机给予"心"新的发展，尤其是新儒学对佛学的融汇，使其更具玄思与哲性。狄百瑞经研究发现，新儒家强调"心"的中心地位，即道心尤其是原则在人性中的体现。"心是理"是宋儒思想中一个重要的命题，这个命题使宋儒的形上学与伦理学得以贯穿。朱熹发挥"心即理"，如《朱子语类》卷五："性便是心之所有之理，心便是埋之所会之地。"佛教对本体的关注，对新儒学"心学"的发展，确具有先导性的影响。[3]

新儒家程颢在传统的儒家经典里发现与治国之道一致的治心之道，即"敬"或"居敬"，此与佛教相关教义结合发展演化，"心学"由此发展起来。13世纪初，程朱心学的主要发言人真德秀等，强调《大学》里的"诚

---

〔1〕Wm. Theodore de Bary, *The Liberal Tradition in China*, New York: Columbia University Press, 1983, p. 24.

〔2〕Wm. Theodore de Bary, *The Liberal Tradition in China*, New York: Columbia University Press, 1983, p. 21.

〔3〕Wm. Theodore de Bary, *Neo-Confucian Orthodoxy and the Learning of the Mind-And-Heart*, New York: Columbia University Press, 1981, p. 135.

意""正心"，提出"体""用""传"三层说法，以"传"取代"文"，
有意提高"心"在此一过程中"直接可以得道"的重要作用。这一做法让
主观性从此扮演了更重要的角色，而客观记载或成文经典反渐趋式微。于
是个人对于传承的文献与经典传统获致更大自由的基础就奠立起来。[1] 16
世纪，王阳明对于"心"提出了一种更全面的新解释，强调它本质上是直
觉的和感应的而非知识的性质。[2]

　　新儒学中强调人心可以直接悟"道"，否认人心是"道"的延续或承
接。朱子学说中，"心"就已在自我批判与自我更新中扮演着重要的角色，
在《大学·或问》中解释说"理虽散在万物，而其用之微妙，实不外乎一
人之心，初不可以内外精粗而论也"。

　　新儒学虽在反佛过程中得以确立，但其涉及思想、直觉或启蒙的内容
大多受佛教影响，[3]狄百瑞指出新儒学中"心学"的兴起与发展与佛教息
息相关，强调通过对"心"的修炼，抵达自由的状态。[4]

　　"心性之学"受佛教重视"自我"的观念影响，逐渐树立起对自我之
"心"的关注。新儒学最直接的动力之一源于反佛，但其涉及思想、直觉
对内心世界探究的内容大多受佛教影响，例如《法华莲经》中，将自我置
于很高的地位等。[5]禅宗更是在工夫上也有相通之处。对此，张东荪先生
认为这种影响只是刺激，根源上"心性之学"仍是儒学自身内部可以独自
发展出来的。但熊十力亦认为"宋儒确受佛教影响甚深"，其中"心性之
学"中"传心"说则受佛教影响甚深。

〔1〕［美］狄百瑞：《中国的自由传统》，李弘祺译，中华书局 2016 年版，第 25 页。

〔2〕［美］狄百瑞：《东亚文明：五个阶段的对话》，何兆武、何冰译，江苏人民出版社 2012 年版，第 58 页。

〔3〕Wm. Theodore de Bary, *Neo-Confucian Orthodoxy and the Learning of the Mind-And-Heart*, New York: Columbia University Press, 1981, preface, p. 5.

〔4〕Wm. Theodore de Bary, *Neo-Confucian Orthodoxy and the Learning of the Mind-And-Heart*, New York: Columbia University Press, 1981, p. 137.

〔5〕Wm. Theodore de Bary, *Neo-Confucian Orthodoxy and the Learning of the Mind-And-Heart*, New York: Columbia University Press, 1981, preface, p. 5.

中国哲学里的心性论，始于《孟子·尽心下》，但未提"传心"二字。禅宗五祖弘忍弟子的《法如行状》中，首次出现"传心"的记载，即为"唯以一法，能令圣凡同入决定""众皆屈申臂顷，便得本心"[1]，禅宗"传心"之说，密意相授，不依赖文字，这是种"直示""顿入"的方法。禅宗所传者为"开佛密意"，宋儒所传者，已明言为仁义，又特别说明"此心之体，隐乎百姓日用之间"[2]，虽所指不同，但宋儒仍直用"传心"二字。宋代新儒学所传之"心"为"天理"[3]。

佛教之大乘（梵文作 Mahayana）传至中国，"宇宙为心"的观点，对新儒学"心"即"理"的发展影响最大的便是佛教里的"业"（梵文作karma）的理论。在佛教中"业"是核心概念，涵盖世间一切生命轮回的奥秘。佛家对世界万物的态度皆由人情所致，所有的缘皆来自人心，人动则有情，有情的东西所产生的后果，便是"业"。"业"是因，果是"报"。每一个人都有属于自己的因果、业报，环环相扣。

与"业"相关的佛教概念，还有"觉悟"与"涅槃"，此两者也亦都与"心"相关。人因自身的"业"不停地生死轮回，而若想从中解脱出来唯一办法便是"心"的"觉悟"（梵文作 bodhi）。觉悟之后，对于轮回几世所积的"业"才会不再执迷，而从苦痛中解脱出来，这种解脱便是"涅槃"（梵文作 Nivanna）。"涅槃"就是个人和"佛性"融合为一，"佛性"是指获得"涅槃"之心。自此，"佛性"即宇宙之心传入中国，并被融入中国思想文化之中。

佛家弟子道生曾提出"人人皆可以成佛"的理论，即通过修行，人人皆可获得此宇宙心，这与新儒家"人人皆可成圣"的观点有异曲同工之妙。新儒家发展了孟子于心理学层面提出的"心"之内涵："尽其心者，知其

---

〔1〕印顺：《中国禅宗史》，江西人民出版社 1999 年版，第 385 页。

〔2〕钱穆：《朱子新学案》（第二册），九州出版社 2011 年版，第 101 页。

〔3〕钱穆：《朱子新学案》（第二册），九州出版社 2011 年版，第 101 页。

180

性也。知其性，则知天矣。"（《孟子·尽心章句上》）将"心"发展至形而
上学的范畴之内。

狄百瑞指出，新儒家受佛教思想影响颇深，如邵雍所谓"天下之物莫
不有理"（《皇极经世·观物篇》）之"理"，超越自然与社会，为宇宙万
物提供同一性依据，此佛教的本体论思维与儒家"三纲五常"理论结合，
构建出"体用一源"之依附关系，较之于之前更为稳定和权威。对于"天
理"观，朱熹提出"心便是理之所会之地"（《朱子语类》），佛教之"心"
观念的吸入大大推动新儒学自由哲性思想的建构。[1]

"心"在理学中间所占的地位非常重要。理学家们对于心性的意见虽
不尽相同，但几乎都一致认为，心是内外不隔的。如陆象山说："宇宙便
是吾心，吾心便是宇宙。"朱子说："灵处只是心。"又说："心以性为体，
性以心为用。"这说明心是一种虚明能藏之物。心既内外不隔又虚明能藏，
那么它所藏的是什么呢？它藏的是性。张载对有关心性的探讨说："心统
性情者也。"王阳明说："性是心之体。"心所包含的是性，性却在其中做
了心的实体，但性的本身到底是什么呢？性就是宇宙的理，就藏在心的中
间。

（二）认知自由——"格物致知"

在自由认知层面，西方推崇理性，理性主义者笛卡尔与斯宾诺莎都曾
有详细论述。《伦理学》书中说："人的理性是社会实践力量的来源，创造
了许多便于生活的工具，由这些工具，又再生出更多的理性产品，进一步
推进社会发展。"朱子《大学补传》言[2]曰："盖人心之灵，莫不有知，而
天下之物，莫不有理，惟于理有未穷，故其知有不尽也。"王阳明曰心即

---

〔1〕Wm. Theodore de Bary, *Neo-Confucian Orthodoxy and the Learning of the Mind-And-Heart*, New York:Columbia University Press, 1981, p. 77.
〔2〕张君劢：《新儒家哲学之基本范畴》，见傅永聚、韩钟文主编《二十世纪儒学研究大系》（第21卷），中华书局2003年版，第194–216页。

理，言理存乎心也。

狄百瑞认为，新儒学"心"之自由第二个表现之处在于提升"心"之认知能力。有许多新儒家曾对"心"之认知能力提出看法，陈长方于《帝学论》中引《大学》提到"所谓'智者'，在于'熟察此心之正'，心有所恐惧则不得其正"[1]的说法。朱熹承继此看法，于《观心说》中提到"以心观物，则物之理得"，推进发展了"心"对世界的认知，使心从传统的"道德心"中解放出来，关注"心"的自由认知能力。陆象山对于心的认知能力的认识又推进一步，认为"心体"就是学问的根本，六经中千言万语，不过为这"心体"作多方面的阐发印证而已。韦政通曾认可新儒学对"心"认知能力的讨论，指出心对客观世界有自由认知的能力，并称在"主客关系中表现的心，必是认知心"[2]。

在发挥"心"之功用的实践操作中，朱熹于《中庸章句序》中提出"心"之"道心"与"人心"两端，亦为人对事物认知的两面。"道心"指良心，代表"天"植于人性的正当原则；"人心"则代表欲望，欲望不一定是谬见的根源，但若无节制的或以牺牲他人为代价来满足欲望，即为不甚合理。道心有克制人心私欲的责任，如果一个人完全顺从人心活动，而不认识道心，那么其将堕落至毫无约束和越轨行为的程度；如果人们仅努力保留道心而摒弃人心，那么德性和现实的自然本性亦将不复存在，人心和道心实则相互依存。[3]

促"心"发挥引导作用的良好道德判断力，于西方根植于对神惩戒的敬畏。而在中国，以"他者导向"（other-directed）或"耻感伦理"（shame

---

〔1〕陈长方：《帝学论·唯室集》，见《四库全书珍本初集》（卷一），商务印书馆 1935 年版，一上至三下。

〔2〕韦政通：《中国思想史》（下），吉林出版集团有限责任公司 2014 年版，第 831 页。

〔3〕［美］狄百瑞：《朱熹与〈中庸〉》，王晓升译，见高令印、薛鹏志主编《国际朱子学研究的新开端：厦门朱子学国际学术会议论集》，厦门大学出版社 2015 年版，第 220 页。

ethic）为特征，这种判断力多来自外在压力，鲜少来自内心引导。[1]这就对"心"之认知提出要求，若要发挥"心"正确的引导作用，就要对"心"进行锻炼。

基于此，狄百瑞尤其关注新儒家提出的"格物致知"的观念，提升"心"进行有效锻炼，使其能够发挥正确引导之作用，进而从积极层面认知宇宙世界。然而，正确地引导欲望并不容易。真正的公正判断是对自身公正，也要对他人公正，这需要良好的道德判断力。要经常自我反省、改正和"天心"原则的坚强指导，为发挥"心"之功用。新儒家使用过不同类型的办法，最为常见的是"静坐""慎独""格物致知"等。"慎独"的意思是专注于并警惕"不睹不闻"的东西，"独"的意思是没有别人注视的时候。它代表良心的内在性，达到心的诚实正直，应保证对他人作出正确的回应或抵制外部的压力。[2]

新儒家朱熹尤其注重"格物致知"，他相信，经由此可使人入圣贤之域。对于"格物"与"致知"之间的关系，朱子说"格物是逐物格将去，致知则是推得渐"（《朱子语类》）。对于二者的不同，朱熹进一步解释为："格物，是物物上穷其至理，致知，是吾心无所不知。格物，是零细说，致知，是全体说。"又说："格物以理言，致知以心言。"（《朱子语类》）朱熹在此处强调通过心灵长时间地进行研究和思考，使得自我体悟得以与事物的原则相关联，从而认识对方，然后以此认知方式投射至世间万物，最终达到自我与外界完整融汇，[3]体验更大的自由顺性。[4]

---

〔1〕［美］狄百瑞：《朱熹新儒学的精神性》，张丽华译，见王中江、李存山主编《中国儒学》（第四辑），中国社会科学出版社 2008 年版，第 274 页。
〔2〕Wm. Theodore de Bary, *Neo-Confucian Orthodoxy and the Learning of the Mind-And-Heart*, New York: Columbia University Press, 1981, p. 93.
〔3〕Wm. Theodore de Bary, *East Asian Civilizations: A Dialogue in Five Stages*, Cambridge: Harvard University Press, 1988, p. 50.
〔4〕［美］狄百瑞：《东亚文明：五个阶段的对话》，何兆武、何冰译，江苏人民出版社 2012 年版，第 50 页。

狄百瑞指出，"格物致知"通常被说成是"调查事物和扩充知识"。王阳明对于"格物致知"有了新发展，认为先致知，然后格物。如果将致知看成是致良知，则外在的知识对于理已经没有多大的帮助了，只需专注于自己内心的良知，便可得到天理的全部。这种说法容易导致虚妄而不务实。人人均以心性自期自夸，对实际的世界并没有真切的把握，在面对国家危难、异族入侵之时，便缺乏救亡图存的能力，这是吕留良最为痛心疾首的。因此，他着重强调格物致知，主张从外在的实在事物中，求得实实在在的事物之理，以避免浮夸虚诞。[1]

王阳明在《稽山书院尊经阁记》中也说："六经非他，吾心之常道也。"王阳明的意思是一切外物似乎不在人的心体中，但它显而易见的形体、颜色等，却完全因为人心的知觉与认识发生认知的作用，从而使人能觉察出它的存在。换句话说，宇宙万象都由人心主观的认知，才能证明它们是实有的，不然便等于无。王阳明也有言曰："夫物理不外于吾心，外吾心而求物理，无物理矣。遗物理而求吾心，吾心又何物邪？心之体，性也，性即理也。"

新儒家思想体系中，人具有巨大的力量，包含良知、善性等，通过修身人人皆可将这些能量激发出来，与"天"相合。狄百瑞指出，新儒学在此方面的贡献在于将人心的领域扩展至可涵盖世间万物，然而同时新儒学的扩展修养心性的目的不仅在于个人自我，还是推己及人、群体、社会，乃至宇宙。这也是统治者也要由正心诚意做起，推行仁政，终于达到治国、平天下理想的原因。[2]

---

〔1〕Wm. Theodore de Bary, *Neo-Confucian Orthodoxy and the Learning of the Mind-And-Heart*, New York: Columbia University Press, 1981, p. 97.

〔2〕傅伟勋：《儒家心性论的现代化课题》（下），见傅永聚、韩钟文主编《二十世纪儒学研究大系》（第21卷），中华书局2003年版，第355页。

184

（三）"良知"自由

狄百瑞认为，新儒学"心"之自由的第三个方面是"良知"自由。[1]
朱熹的学说发展之时并非官方话语体系，其是在"知识与思想在自由心情
的支持下"[2]；在元朝新儒家许衡等人改制推动下，朱熹的学说成为封建政
体下的官方意识形态话语，某些对人有所束缚的制度和规约成了对人们自
由心灵的捆绑。朱熹有关"心"的学说，反而束缚了人们的自由，所以，
王阳明颠覆朱熹"心学"研究，并围绕"良知"提出全面的新的"心学"。

"心性之学"发展至明末，王阳明"心学"强调"心"之直觉和感应
的特质，将对"心学"的自由追索推向高潮。针对朱熹的"格物致知"，
王阳明提出："致吾心之良知者，致知也；事事物物皆得其理者，格物也。
是合心与理为一者也。"物不再是客观的存在，而是吾心之良知可以贯彻的
行为。王阳明认为格物即格其心之物，正心即正其物之心，诚意即减其物
之意，致知即致其物之知，所谓格、致、诚、正，皆不离于心，都是自我
的认识，从而提出"良知"说。

王阳明尊重心灵对于真理和价值的判断。葛兆光亦提到："他（王阳
明）所提倡的'致良知'直截简明，很容易激活追求自由的理想主义和超
越的批判精神。"[3]物不再是客观的存在，而是吾心之良知可以贯彻的行为。

狄百瑞发现阳明人"心"之"良知"说，强调个体解放。首先，人
心的"良知"具有普遍性。"知是心之本体，心自然会知。见父自然知孝，
见兄自然知弟，见孺子入井，自然知恻隐，此便是良知，不假外求。"（《答
顾东桥书》）世间人类向善的实践行为皆源于人心的良知。其次，"良知"
决定世间善恶。"凡意念之发，吾心之良知无有不自知者。其善欤，惟吾

〔1〕Wm. Theodore de Bary, *Neo-Confucian Orthodoxy and the Learning of the Mind-And-Heart*, New York: Columbia University Press, 1981, p. 67.
〔2〕韦政通：《中国思想史》（下），吉林出版集团有限责任公司 2014 年版，第 251 页。
〔3〕葛兆光：《中国思想史》（第二卷），复旦大学出版社 2016 年版，第 266 页。

心之良知自知之；其不善欤，亦惟吾心之良知自知之。"(《大学问》)不仅如此，"良知"还是万物之源："良知是造化的精灵，这些精灵，生天生地，成鬼成帝，皆从此出。"(《传习录》)如张君劢对其的解读："物或自然世界，都是人'良知'之心运用的材料。"[1]

"良知"二字出自《孟子·尽心》。孟子曰："人之所不学而能者，其良能也；所不虑而知者，其良知也。"又说"是非之心，人皆有之""羞恶之心，人皆有之"，从此可以看出孟子认为明辨善恶是人本身所具有的，不是通过学习获得。王阳明也曾直截了当地解释说："知善知恶是良知。"又说："良知即是天理。"所谓"天理"，其实只是分别是非善恶之心，因为除去了这能分别是非善恶的人心，便无由见出天理，所以"良知"就是天理本源的人心。

善恶的标准固然难定，但推究它的本源，只存在于自然灵明觉知的人心中。如人心莫不自然有求生存、求爱的欲望，那么生命与爱就是天理，因而一切助长生命与爱的行为便是善，一切摧残生命与爱的行为便是恶。这一片求生存、求爱的心就是在自然灵明觉知的状态中朗现的良知，所以良知就是人心对善的自然明觉，而所明觉的善就是天理。

王阳明曾简明切要地解释："良知只是个是非之心，是非只是个好恶。"所谓是非之心，也就是分别善恶之心，而善恶的普遍标准，就是从人心的好恶上得来。如人心莫不好生恶死，好爱恶恨，因此一切助长生命与爱的行为固然是善，人们必然肯定它的价值而称它为"是"；一切摧残生命与爱的行为固然是恶，人们必然否定它的价值而判它为"非"。

人对善恶是非的本然好恶之心，就是天命之性的真诚良知，由此推广繁衍，古圣人又立下许多德目，如凭良心侍奉父母便是孝，对待兄长就是悌，侍奉君主就是忠，对待朋友就是信。这孝、悌、忠、信的德行，是人

---

[1] 张君劢：《新儒家思想史》，中国人民大学出版社 2006 年版，第 10-11 页。

心良知的自然显露，因为是人心所好，所以认定它们是善的，从正面肯定它们为"是"，尊它们为天理。孟子曾说："孩提之童，无不知爱其亲者；及其长也，无不知敬其兄也。"他从人心自然知道用爱亲敬长来指点人心的良知是再切近不过的了，所以王阳明也曾阐扬这个观点。

　　狄百瑞赞赏王阳明"心学"尊重心之决定性，王阳明心学确实"给中国的知识、思想与信仰世界带来自由的风气"[1]，但是，狄百瑞忽略了此极端自由风气可能带来的弊端。后期王阳明"良知说"已经不限于人类范围，而是扩展至一切事物之中："天地无人的良知，亦不可为天地矣。"（《传习录》）针对此泛道德主义的讲法，罗钦顺提出："今以良知为天理，乃欲致吾心之良知于事物，则是道理全是人安排出，事物无复有本然之则矣。"（《困知记·答欧阳少宰崇一》）道德的律则代替了自然和物理世界的律法，这实则为以后的"心"之自由发展埋下了隐患。

　　承继王阳明心学衣钵的为泰州学派，他们将心灵自由可谓发挥至了极端，不再仅停留在肯定人的价值。他们不断挑战传统秩序与规约世俗生活的边界，提出"圣人之道，无异于百姓日用"，将百姓的日常生活被赋予正当性，甚至还被提升为"天性之体"，将此思想发展至极端。然而过于强调个人是把双刃剑，当所有的正规生活与意义被消解，"心"的一切皆视作合理，包括善恶，这就为社会的发展埋下隐患。1579 年何心隐被杀，1602 年李贽的自杀，使得如此超脱的自由追逐受到重创，将"心学"的弊端暴露无遗，即对形而上学的一味追逐，极易流于自我陶醉。狄百瑞指出，新儒家后期在政治上受挫时，几乎与"心性之学"同时发展起来的颇具自由特色的"圣学"得以发展成为新的自我精神寄托。[2]

---

〔1〕葛兆光：《中国思想史》（第二卷），复旦大学出版社 2016 年版，第 287 页。
〔2〕Wm. Theodore de Bary, *The Liberal Tradition in China*, New York: Columbia University Press, 1983, p. 63.

三、自我与成"圣"

狄百瑞认为新儒学"人格主义"尊重个体精神趣味与志向的自由追逐，最终皆指向"成圣"。这种志趣自由恰与哈耶克所谓"一个人是否自由，并不取决于选择范围的大小，而是取决于他能否根据自己的意愿行事"[1]遥相呼应，即强调个体有选择自己志向并为之努力的自由空间。

新儒学较为注重自我提升却又不止此，其最终追求的是个人与他人、社会乃至万物和谐平衡。新儒学认为每个个体都有属于自己的"理"，个体独特性通过人之天命将"理"与外界相结合，当个体与万物之理相通，个体情感的性和道德理性复合，便可称"圣"。成"圣"的过程，正表达了新儒家完满人格所具备的自由个体的主动性、责任感和自律等特性。

"成圣"观念在中国传统文化中一直占有重要地位，中国儒家上至孔子、孟子，中及汉儒，下启至新儒家朱熹、王阳明，均对"圣"提出了自己的理解，使之成为中国传统文化中人格形象和道德观念的组成部分，是新儒学中不可缺少的内涵。

"圣"观为儒家思想的核心观念。孟子曰："圣人，人伦之至也。"指人通过显明内在固有的德性，而通晓"天命"，是儒家历来追逐的最高目标。新儒家的个体"成圣"观围绕三个问题展开论述，分别为："圣"之境界为何？是否人人都可以成为圣人？如何成为圣人？

（一）"圣"之境界与"中庸"之道

儒学思想强调"中庸"，此观念在中国渊源久远，是儒家根据尧、舜、禹三代统治经验"允执厥中"的"中"之社会性阐发而来，而后，此系列思想集中于《中庸》一书中。《中庸》不仅是中国思想文化发展历史上灵感的源泉，而且也是封建政治体系中官员必读的基本文献资料之一。陈荣

---

[1]［英］哈耶克：《自由宪章》，杨玉生等译，中国社会科学出版社1998年版，第30-31页。

188

捷曾指出，"在儒家全部古典文献中，它或许是哲理性最强的"[1]。狄百瑞认为新儒学发展了《中庸》中的许多思想，受佛教冲击的时候，发展了孔子"索隐行怪"的想法，进而达到一种颇有"禅悟"境界的自由状态，中庸展现出的自由顺性是"圣"的最佳状态。

狄百瑞由研究得出朱熹尤其重视《中庸》，[2]以《中庸》第一章说"中也者，天下之大本也，和也者，天下之达道也，致中和，天地位焉，万物育焉"为例，强调顺应最高的自由——自然，将自我放置在宇宙万物之间，寻求与外在世界的和谐关联。这显然与西方的二元哲学逻辑思维习惯不同，它着眼于整体，顺应天道，将自我放置于外界事物，自由地于宇宙整体运行中找到自己适当的位置。这种联系周而复始，指向无限自由。这种围绕"中庸"思想，通过自我内在修炼而达到至圣境界，是"人格主义"之内在本位的自由展现。

《中庸》此书的全部意图，表现在两个层面：一为强调人性中"天"所赋的崇高品性，如人文关怀、德性等；另一方面为若想将"天"所赋予的天性显现，与天齐，称为"圣"，则必须经过"修身"的过程革除恶欲，祛除懒散与陋习，实现"天人合一"，最终"成圣"。

儒家传统文化中，"中"是指一种自然自为，不被强制的状态。人于宇宙万物之中渺小而又巨大，渺小是因为所有生命皆是宇宙中的一粒尘埃，巨大是因为正因为这一粒粒"尘埃"组成了整个宇宙。不强求也不做作，是根植于内心，遇事会自然而然流出的内在。"中"正是体现了生命的自然奥秘，而"和"是指所有人所表现出的"中"的所有过程，是生命的一切经历。

狄百瑞发现《中庸》中，"天""人"地位并不割裂，亦非主仆关系，

[1] Wing-Tsit Chan, *A Source Book Chinese Philosophy*, Princeton: Princeton University Press, 1963, p. 96.
[2] [美] 狄百瑞:《朱熹与〈中庸〉》，王晓升译，见高令印、薛鹏志主编《国际朱子学研究的新开端：厦门朱子学国际学术会议论集》，厦门大学出版社 2015 年版，第 217 页。

而是互相成就的，"天"的崇高品性并不能自己主动显明，需要通过个人努力彰显。人通过显明"天"之崇高修炼成圣，正是"道"存在的意义。"天"通过"人"彰显，"人"通过"天"发现自我。[1]

"中庸"之道正是天下之道，也是儒家的永恒之理。新儒家程颐说："中者天下之正道，庸者天下之定理。"这话表明了新儒家对"中"的核心理解，修中庸之道，可与天合，并抵达圣人状态。那么该如何修行此道呢？新儒家提出应深植于日常事务中，无论理论与理想如何高远，终是要回归日常生活，所以道德都应在日常生活之中实践，由抽象回归于真实。

虽然"中"是人的自然状态，然而人类会因为外界因素影响，使得"中"不得已表现出来，这导致了人与人之间的巨大差别，也是"修身"存在的价值意义。达到"和"或"圣"的状态，需要永恒的修炼与学习。

无论人们之间在能力、天赋等方面存在着多么巨大的差异，任何人都有着至高无上的天性，所以新儒家表示人的普通生活状态中实则联通至圣的终极意义，如此，人们便可在日常生活中就能够体现上天之德，展现自我内在天性，做到天人合一，抵达至圣状态。

《中庸》中给人在日常生活中"修身"的具体方法，如"修身以道，修道以仁。仁者，人也，亲亲为大；义者，宜也，尊贤为大"。此方法与途径包含了儒家思想中最核心的三个要点，即"仁""义"和"礼"，指一个人的日常言行要尽可能体现"仁""礼""学"的过程。"仁也者，人""义，人路也"，"仁"经由人，"义"于"礼"制宗法结构里得以实现。社会共同营造出的对有人道精神、勇于承担社会责任之人的尊敬与崇仰。"尊贤"是指在以"礼"制为宗族纽带建构起来的伦理价值体系下，如何能够公正地做到"亲亲"与"尊贤"，行大"义"以至"仁"，本身就十分艰难，这也是要"修身"的原因之一。宗族"礼"制的优势在于其

---

[1] Wm. Theodore de Bary, *The Liberal Tradition in China*, New York: Columbia University Press, 1983, p. 65.

190

稳定性，然而整个社会的主要职位均由血亲家人任职，必然会导致诸多问题，若人品刚直、端正之人无价值实现之机遇，实乃社会之大憾。

狄百瑞经研究发现，新儒家相信"道"即在身边，而且实现它的方式也十分便利，直接于日常生活中便可得到修行，如饮食、出行这类人人皆必践之事。除此之外，在日常生活中体现个人终极追求的重要一环，还有人与人之间的相处交流，将至圣追求自然而然由个人延伸至整个社会。[1]

（二）人人皆可成"圣"

狄百瑞认为新儒学时期改变了传统儒家圣人观中只有特殊人才才能够达到"圣人"的观念，认为"人人皆可为圣"，这成为新儒家"人格主义"志趣自由的展现，如周敦颐肯定"圣"为能够通过"学习"而得，不只是资质特异的人的一种天赋，是所有人都可以达到的精神理想。[2]而针对达到"成圣"之自得，新儒家朱熹曾说："子思述所传之意以立言。首明道之本原出于天而不可易，其实体备于己而不可离。……盖欲学者于此反求诸身而自得之。"（《中庸章句》），并提出具体"成圣"方法："待他就里面做工夫有见处，便自知得圣人底是确然恁地。"（《朱子语类》）"内圣"于新儒学时期不再遥不可及，亦非专人专属，成为人人经过努力皆可追逐的自由志趣。

"成圣"长久以来是中国思想的主要理想。新儒家中对个人自主性学习和自发性的强调，让成圣不再是过去高远的抽象概念。二程深信可通过学习达到圣人境界，程颐言："凡学之道，正其心养其性而已。中正而诚，则圣矣。"（《伊川先生文集》）后周敦颐又进一步明确提出，每个人都具备成圣的条件，但必须要通过个人的努力。

"成圣"具体则是通过修身养性，而使"良知"显现，能够分辨是非，

---

[1] Wm. Theodore de Bary, *The Liberal Tradition in China*, New York: Columbia University Press, 1983, p. 86.
[2]［美］狄百瑞：《朱熹新儒学的精神性》，张丽华译，见王中江、李存山主编《中国儒学》（第四辑），中国社会科学出版社 2008 年版，第 269 页。

摈弃恶念，遵行良知的命令。"良知"之心才是人的本心，此"心"本能够与天相通，后来却被世俗化，修身以使此心显明，便可成圣。吕留良也是因此才提出："圣贤才说性，便是合外内之道，晓得外边的，便明得内边底。"[1]

在新儒家的观念里，圣人已成为理想的自我。在如此强调自我更新和自我涵养的新儒学思想下，面对党派之争下黯然失色的改革理想，新儒家尤为侧重于个人在知识、道德和精神方面的自我发展。[2]人们将精力引向一个易于实现的奋斗目标，即变成现代的圣人或高尚人物的现实目标。

早期新儒学教育家胡瑗（993—1059）在为学子出考题时，拟定的题目是"颜子所好何学？"颜子即颜回，在《论语》和《孟子》中被描写成虽然贫穷和地位低下，却始终乐于学习的形象。新儒家围绕着颜回发展出一种人生理想的崇拜，即在最寒微的条件下也可以得到天福，达到"圣人"状态。宋元明时期专门为颜回设立庙宇，这种精神性的追逐，为新儒家"通过学习便可成'圣'"的观点奠定了基础。周敦颐对这个信念的正面肯定表现在文献中："'圣可学乎？'曰：'可。'曰：'有要乎？'曰：'有。'"周敦颐肯定"圣"为能够通过"学习"而得，不只是资质特异的人的一种天赋，是所有人都可以达到的精神埋想。[3]其在《太极图说》中插入精微的形上学图式"无极而太极"，为成圣观提供了宇宙论的基础，让成圣理想不再抽象。

圣人的理想不含任何对社会地位的考虑，也不必然要求承担诸如附加在新儒家士大夫身上的领导责任。颜回在新儒家著作中的突出，以及为他

---

〔1〕吕留良：《吕晚村四书讲义》，《续修四库全书 第 165 册》，上海古籍出版社 2002 年版，第 668 页。

〔2〕［美］狄百瑞：《新儒学：传统性与现代性的交融》，张海燕译，《国外社会科学》1992 年第 3 期。

〔3〕［美］狄百瑞：《朱熹新儒学的精神性》，张丽华译，见王中江、李存山主编《中国儒学》（第四辑），中国社会科学出版社 2008 年版，第 269 页。

立庙宇的现象，证明了这种宗教性和精神性对于发展中的新儒学运动起到的重要作用，而且，新儒家圣人是所有人都可以达到的平等主义的这一面可以作为新儒学明显地沿着宗教方向前进的一个方面。[1]朱熹对成圣的贡献，其中一方面在对儒释道的融汇。

　　佛教的最终目的是助人通过修行达到佛的境界，而新儒学的最终目的是助人成圣。成佛和成圣虽有诸多相似，但也有着质的区别：佛教从根本上是出世的，提倡人们在社会之外进行修行；而新儒学修行则是入世的，是在社会中成圣。无论是修佛还是成圣，都主张"无欲"。新儒家周敦颐解释的"无欲"，和道家所讲的"无为"，以及禅宗对"无心"的解释相通，但新儒家不提"无为"与"无心"，而用"无欲"，正表明欲力区别于佛教的出世性质，因为"无欲"的内涵比较明确，即是在社会中消除欲望，而"无心"则不仅于世俗社会，还在于更广阔的天地万物。

　　狄百瑞指出，新儒学所追求的成圣，是将自我与他人、社会，乃至宇宙融为一体，即先认可群体中自我的自然状态，而后不冲突、不强求，自然规律地出现、发展至衰亡，成为天地之下的万物之一，为天地服务，此时便可称为圣人了。[2]《中庸》所说："赞天地之化育，可以与天地参矣。"圣人从普通的万物中参透宇宙圣人之奥秘。圣人的生活，原也是一般人的日常生活，不过他比一般人对于日常生活的了解更为充分。了解有不同，意义也有了分别，因而他的生活超越了一般人的日常生活。圣人一定去力行，[3]先成为自我。

　　人如何成为圣人，朱熹提出人的道德行为由其本心所规定，涵养此心，此心"涵养持守之久，则临事愈益精明"，于是，他教人静坐，以

〔1〕［美］狄百瑞：《朱熹新儒学的精神性》，张丽华译，见王中江、李存山主编《中国儒学》（第四辑），中国社会科学出版社 2008 年版，第 267 页。
〔2〕Wm. Theodore de Bary, *The Liberal Tradition in China*, New York: Columbia University Press, 1983, p. 67.
〔3〕冯友兰：《儒家哲学之精神》，见傅永聚、韩钟文主编《二十世纪儒学研究大系》（第 21 卷），中华书局 2003 年版，第 118 页。

"收敛此心"。

第三节　新儒学之自由教育

如何实现自由，历来有较多探讨。从斯宾诺莎到黑格尔，开明的理性主义相信，掌握更多的科学知识便能更自由地支配自然，与此相反，激情、偏见、恐惧等都是出于无知。

人的理性与智性对自由如此重要，那么如何提升人的理性与智慧？因为学者高居于人之精神或理性的位置之上，所以教育可以使人摆脱无理性、无自主的状态。狄百瑞总结出的新儒学自由传统第三点，便是自由教育开发人的智性。新儒家意识到虽然通过修习德性获得的人格内在自由，但是常会在面对社会现实时，遇到不可逾越的困境，因而新儒家指出自由亦需要有力的外界环境支持。狄百瑞认为，在儒家独特的文化氛围与传统环境里，自由价值通过书院教育等扩大士阶层，缩小传统的儒者精英优势与平民大众之间的差距，并努力为其提供表达多元观点的自由空间。[1]

新儒学自由教育尤为注重个人在学习中的自发性与学习者的主动性，教学目的也在培养人之内在性。人在学习中不断自我发现，进而认知世界，寻求与外界和谐相处的方式，完善自我人格，最终推进社会更新。新儒学"自由教育"表现在增设教学学科，尝试满足更多学习兴趣的可能；扩大受教育比率等，缩小传统的儒者精英与平民大众之间的教育差距；设置独立于政府机构的书院，为读书人提供自由场域，倡导师生自由言论等。

---

[1] Wm. Theodore de Bary, *Neo-Confucian Orthodoxy and the Learning of the Mind-And-Heart*, New York:Columbia University Press, 1981, p. 93.

一、"为己之学"

狄百瑞分析了新儒学时期关于"为己之学"的思想，并指出朱熹因将"学为己"作为学习、教育的根本目的，而被称为此思想新儒学时期的代言人。在狄百瑞看来，朱熹的这种对智性追求以扩展自我，并从理性与无知中挣脱的需求，体现了自由精神。[1]

狄百瑞经研究发现，新儒家对"个己"的追索在具体实践中表现为"为己之学"。"为己之学"是儒学的经典论题，出自孔子《论语·宪问》，强调为学为己，无关他人。新儒家朱熹对"为己之学"的继承与发展做出了巨大贡献，朱熹认为，为学为己与推动社会进步有同等价值，是其终生出仕为官，居家为学的核心指导原则。[2]

根据朱熹在《近思录》所述，道德意义对于一个人的"学以为己"是最基本的，[3]他引述程颐之说"弟子之职，力有余，则学文。不修其职而学，非为己之学也"。"学以为己"是朱熹平生思索教育哲学的一个总结。

绍兴十八年（1148年），朱熹通过科举殿试取进士，受命于福建同安。朱熹甫到任，前往县学规劝学生应学古人"学以为己"，不应"学以为人"。淳熙二年（1175年），朱熹与吕祖谦合编《近思录》时，在第二卷《问学》中引程颐论孔子的说法："古之学者为己"，欲得之于己也；"今之学者为人"，欲见知于人也，[4]朱熹将此作为全书宗旨，即通过自我学习觅道得到内心满足。

朱熹被贬为伪学，至玉山书院讲学，仍不改初心，反对"今之学者为

---

[1] Wm. Theodore de Bary, *The Liberal Tradition in China*, New York: Columbia University Press, 1983, p. 29.

[2] Wm. Theodore de Bary, *The Liberal Tradition in China*, New York: Columbia University Press, 1983, p. 27.

[3] [美] 狄百瑞：《中国的自由传统》，李弘祺译，中华书局2016年版，第29页。

[4] 江永、汪绂：《近思录集注　读近思录》，严佐之、丁红旗校点，华东师范大学出版社2014年版，第五六页。

人"的流行做法。在朱熹的观念里，"为己"不仅为自爱之举，更在于通过修己构建与他人和社会的良好关系。朱熹尤为注重个人在学习中的自发性，即在学习中以个人为主体而不重在外在规约。朱子于《白鹿洞书院揭示》中指出，教学应根植于相互尊重的个人问答，以讨论为主。师生之间不存在绝对的答案，应公开讨论。所有人都可以发表自己的看法，教师提供主题论题，并给学生足够的自由，通过搜集资料与探索专研来完成自己的判断，并为自己的结论负责。[1]

在狄百瑞看来，朱熹之后吕留良承继发展了"为己之学"观，认为"为己之学"是恢复自我本来完备而至善本性的复兴之学。吕留良与朱熹观点一致，认为"平天下"的全体性观念，必须立足于个别性的个人修养之上。这也是狄百瑞认为吕留良在所有讨论对象的理论性研究最后，总是要落脚于"个人"的观点之上的原因所在。例如，他对"中庸"的结语中多次强调孔子关于修身的名言，即修身须先立志为学，须立志从事"为己之学"。[2]

狄百瑞经研究发现，对于"为己之学"的自我省察，吕留良虽继承朱熹，但也有其自己的见解。吕留良认为，人们应该用最敏锐和最严格的思考来对切身的事物加以仔细观察和精密的分析。吕留良的"为己之学"思想，由深思、力行而来，穷理而循理，深刻又平实。根本上落脚于"为己之学"的重要性上，认为理性思考与道德判断相当重要，要求人们逃离现实桎梏，不但合乎个体人性，更是尊重了个人自由。[3]

新儒学书院自始就注重个人求学的自发态度和公开的讲学办法。新儒家希求通过广泛教育提升民众素养，这一愿景在新儒学模范书院白鹿洞书

〔1〕[美]狄百瑞：《中国的自由传统》，李弘祺译，中华书局 2016 年版，第 49 页。

〔2〕[美]狄百瑞：《作为正统理学家及激进派的吕留良》，朱荣贵译，《儒学国际学术讨论会论文集》（下），齐鲁书社 1989 年版，第 1167-1169 页。

〔3〕[美]狄百瑞：《作为正统理学家及激进派的吕留良》，朱荣贵译，《儒学国际学术讨论会论文集》（下），齐鲁书社 1989 年版，第 1167-1169 页。

院中得到了很好的实践。书院以保障学子言论自由为职志，这首先需要人具备完善的人格。在《白鹿洞书院揭示》中，朱熹认为个人的社会化过程必须建立在人格之上，其根本不外生命本身。在揭示倡导的"言忠信，行笃敬"（《论语·卫灵公》）"迁善改过"[1]"右修身之要。正其义，不谋其利；明其道，不计其功。"（《汉书》）"右处身之要。己所不欲，勿施于人""行有不得，反求诸己""惩忿窒欲"[2]等内容中，书院展现了所持守的训练自己并体谅他人的生命共同价值。

新儒家认为书院就是自愿发起和相对自主的组织。在制定的书院揭示中，强调书院成员不应视己为学校规矩禁防之臣仆，而应自愿认同、自修持守这些共同的价值。狄百瑞指出朱熹在《白鹿洞书院揭示》中强调的是，个人于社会中的价值体现需首先建构自我人格，而后以自我个体为中心，将仁爱与革新创造之能力延展至其他领域，人格的根本不外是生命本身；人格与生命有深切、不可拂逆的密切关系。[3]

最后，狄百瑞总结"为己之学"并不仅为"己"，而是寻求个人与他者之间和谐共融，达到终极自由；社会与集体中，加以自律和治理，催使社会更新，这个观点正表达了个人自由中的主动性、责任感和自律等。[4]

二、加强平民化基础教育

狄百瑞梳理新儒学教育时，发现唐末宋初随着反佛复"礼"思想重建的进程，时代对于读书士人的需求激增，尤其是宋代士人阶层发展壮大，

---

〔1〕Wilhelm & C. F, *Baynes: The I-ching or Book of Change*, Princeton: Princeton University Press, 1950, p. 163.

〔2〕Wilhelm & C. F, *Baynes: The I-ching or Book of Change*, Princeton: Princeton University Press, 1950, p. 159.

〔3〕［美］狄百瑞：《亚洲价值与人权：儒家社群主义的视角》，尹钛译，任锋校，社会科学文献出版社 2012年版，第 48 页。

〔4〕Wm. Theodore de Bary, *The Liberal Tradition in China*, New York: Columbia University Press, 1983, p. 30.

他们除了参加科举进入仕途，也开始通过开馆教授、代笺简笔札、当乡塾教师等方式广泛融入社会生活。儒士逐渐渗透到民间，有效扩大了新儒学思想的受众，为新儒学自由教育提供了必要前提。[1]

儒士阶层数量的大增，无形中将儒家思想从城市推向乡村，从上层移至下层，从中心扩至边缘，传统皇家的祭祀、规约、宗族等观念，由闭锁的状态逐渐流行于民众生活之中，尤其是将传统"礼"制更全面地融入日常生活。扩展了文明的空间，并促进文明发展。

新儒学时期提倡平等教育，提出教育凡富贵贫贱都不可缺，人人都应从儿童时期按照循序渐进的方式接受教育，以便日后从事更艰深的修习，以期提升全民素养。在朱熹看来，精英之所以成为精英，是因其道德和文化素养。他非常有针对性地断定，年高德劭、才高知深、通达众凡、谨守礼度才是这一社会等级秩序中值得尊崇的品质，而非官阶和资财。[2]

教育历来是儒家的重要课题之一，孟子曾谈及君主的责任，首先要通过井田制中的均田体制为民提供物质保障，其次要为所有人提供社学。因为此两者，体现经济平等和为所有人提供教育的价值，为精英进入公共服务领域致力于为整个社会提供某种文明生活打下基础。[3]

新儒学尝试通过普及教育来实现平民教育，范仲淹、王安石等改革家皆提及此目标。朱熹在《大学》前言中也一再强调这个概念。后米，南宋的真德秀和元朝的许衡也都支持朱熹所提的平民教育，许衡曾向忽必烈提出"五要务疏"等建议，促进普及全民教育，提升全民素养。

朱熹提出教育的三项指导原则。第一项"明明德"，阐明立意并表达每个人内在的道德性；第二项"新民"，指改革旧习，帮助大众培养和修

---

[1] Wm. Theodore de Bary, *The Liberal Tradition in China*, New York: Columbia University Press, 1983, p. 42.

[2] [美] 狄百瑞：《亚洲价值与人权：儒家社群主义的视角》，尹钛译，任锋校，社会科学文献出版社 2012 年版，第 58 页。

[3] [美] 狄百瑞：《亚洲价值与人权：儒家社群主义的视角》，尹钛译，任锋校，社会科学文献出版社 2012 年版，第 39 页。

习内在善良德行以促进更新社会；第三项"止于至善"，指在处理人事时要采取恰当的方法。此三项原则的最终目的指向儒家人格主义完满状态的自我实现，而非西方嗤之以鼻的将人约束在"礼"的差序格局，以达到保持既有社会结构形式之目的。

狄百瑞发现，朱熹首次将《大学》列入全民教育之中。朱熹认为《大学》提供了人人适用的自我完善方法，[1]并提出《大学》比其他典籍更好地表达了对求学的爱好和对教育的热衷。[2]之后，朱熹弟子真德秀也坚守这个试图平衡精英教育和平民教育的程式，通过全面提升人们的受教育程度，为能够获得自由而奠基。

三、广泛阅读

狄百瑞指出新儒学提倡平衡教育，新儒学一开始就已关注经世之用的教育，其最初的目的仅在于以"坚实"的学问，抗衡佛教和道教的"空虚"之学，但其所具有的历史意义远远超出其最初目的。[3]

新儒学教育主张广泛阅读，博学多识，不赞成学术研究中过于单一与偏狭。这种对知识的包容态度，体现着自由思想的多元化特征。新儒学初期教师楷模胡瑗被誉为官吏教育的模范，他结合了古典研究与实用学识，强调学之"质、用、文"。"质"是指经典中历久不衰的伦理原则，"用"是指把它们实际应用于眼下，而"文"指语言交往与文字概括等。在这个教育指导中，新儒家首次突出了对社会技术需求的重视，

---

〔1〕［美］狄百瑞：《〈大学〉作为自由传统》，刘莹译，见哈佛燕京学社、三联书店主编《儒家与自由主义》，生活・读书・新知三联书店 2001 年版，第 187 页。
〔2〕［美］狄百瑞：《〈大学〉作为自由传统》，刘莹译，见哈佛燕京学社、三联书店主编《儒家与自由主义》，生活・读书・新知三联书店 2001 年版，第 184 页。
〔3〕Wm. Theodore de Bary, *The Liberal Tradition in China*, New York: Columbia University Press, 1983, p. 30.

如学生需于行政、军事、水利工程、数学等中选择一种作为专业。[1]

皇祐四年（1052年），胡瑗被奉命为光禄寺丞，在皇家的支持下达到其教书育人的巅峰。胡瑗讲学尊重学生的兴趣，大都由学生自行选科，有经术、兵战、文艺、节义等，先使其分组研究，并随时召集各生发表心得，由胡瑗做最后的评定；或是由他出一专题，让参加讨论的人就题发挥，亦由他判别是非优劣；或是就当时政事，交由大家分析评论，类似现在的时事座谈。

胡瑗重视娱乐活动，并鼓励学生去运动，如习射、投壶，或是进行其他游戏。每次考试完毕，胡瑗命令训导人员率领学生在首善堂聚会，演奏雅乐，歌唱诗篇，到天晚才散。各斋亦可自行歌诗奏乐，任由兴尽为止，故琴瑟的声音，不时远传到太学以外。由于胡瑗深通乐理，热心乐教，能够提倡青年正当娱乐，在古代颇为少见。他前后曾亲手考订了雅乐音谱，有《周南》《召南》《小雅》等共数十篇。

狄百瑞认为朱熹很好地继承了胡瑗的教育主张，他认为学者应问学穷理，需见识广，涉猎多，由博返约，义理终有豁然贯通之时。[2]后来在《白鹿洞书院揭示》中，提到学问应"博学之；审问之；慎思之；明辨之；笃行之"[3]，要求学员阅读需广泛涉猎。[4]

除涉猎广泛之外，朱熹亦提倡学习应关注时事。朱熹于《学校贡举私议》中重申通盘课程的重要性。一方面因为"士无不通之经，无不习之史，皆可为当世之用矣"；另一方面，求学者应该采取广泛、多元的态度接触知

---

[1] Wm. Theodore de Bary, *The Liberal Tradition in China*, New York: Columbia University Press, 1983, p. 34

[2] Wm. Theodore de Bary, *The Liberal Tradition in China*, New York: Columbia University Press, 1983, p. 52.

[3] Wing-tist Chan, *Source Book in Chinese Philosophy*, Princeton: Princeton University Press, 1963, p. 107.

[4]《白鹿洞书院揭示》中，为"博文"开设的书目不仅包括《易》《书》《诗》，还有《周礼》《礼记》《春秋》《大学》《论语》《孟子》《中庸》；子学中，包括荀子、韩非、老子、庄子；史籍包括《左传》《国语》《史记》《汉书》《三国志》《晋书》《南北史》《新唐书》《旧唐书》《五代史》《资治通鉴》，力求做到读史鉴今；甚至还需包括地方志，《通典》等。

200

识与训诲，不能仅专注于自己学问的追求。即便是一门专门学科，也可能存在传承过程中出现资料丢失或资料无可考的现象，如果求学者封闭狭隘，恐多有不足。这些内容在狄百瑞看来，均有效地推动了自由教育的发展。[1]

综上所述，新儒学自由传统的研究是狄百瑞中西文明对话的主要内容之一。在新儒学自由传统研究中，重点关注了个人心灵的觉醒与自由追逐，提出"人格主义"的观念界定是以"自我"为中心特征的新儒家"个人主义"。新儒学"人格主义"强调自我不孤立于他人与社会之外，将个人、外界以及"道"的动态关系间构成有机互动，并在良性互动中确证并塑造理想自我，最终实现完满人格，以求达到人之真自由，进而依恃自我修为造福社会。这种利于集体与社会发展的个人自由，是对西方极端个人主义的修正。

狄百瑞对新儒学自由传统的研究，具体表现在三个层面。

第一，狄百瑞以世界文化多元观为新儒学自由传统研究立足点。狄百瑞新儒学自由传统研究并非证明中西文明关于此问题所具有的相同表现形式，而是力图找寻中西文明间的不同表达，以补充"自由"概念，推动人类文明多面发展，所以其极力提倡回到新儒学原典文本，尊重新儒学自由传统的独特性，提出有别于西方"个人主义"的新儒家"人格主义"，主张构建个人与他人乃至社会的共荣良性关系。

第二，狄百瑞以人文层面介入新儒学自由传统的研究。史华慈于1987年评断美国学术界学术方法的缺陷时认为，"他们研究思想史，不是从文化人类学的角度出发，只是将思想活动当作是一政治和社会现象"[2]。狄百瑞对于新儒学之自由的研究则一反常态，其不从自由主义研究惯常的政治与经济视角入手，而是尊重新儒学自由传统的独特性，立足人文价值，笃

［1］Wm. Theodore de Bary, *The Liberal Tradition in China*, New York: Columbia University Press, 1983, pp. 51-53.
［2］张锦枝：《狄百瑞与新儒学研究——读〈东亚文明〉》，载《哲学分析》2015 年第 2 期。

信人类心灵在根本价值追求上的复杂性，敏锐地发现新儒学思想潜伏在专制帝权下，与传统"礼"制并融并行，与儒家君子思想追求和日常生活息息相关的自由传统。

第三，狄百瑞以发展的眼光看待新儒学自由思想。狄百瑞不认为新儒学自由传统为静止的，而是注重新儒学自由传统的历史连续性发展，如对于"心性之学"之自由的研究：于宋朝时，新儒家更注重世界观理论的建构，其自由表现在智性方面；至明朝后期，随社会经济的发展，人们对自由的追逐则更倾向于社会世俗性层面的个体自由不受束缚地展现"心性之学"的"心"之自由，这种历史脉络性发展，较为注重新儒学自由传统的革新变化等特点。

从世界多元文明格局来看，新儒学自由传统作为独立的体系是世界自由思想的重要组成部分，对其进行深入探讨有助人类文明的全面发展。狄百瑞挖掘新儒学自由之独特性、近代性等特质，不仅扩充中国新儒学研究视角，亦扩展了世界文明对自由的认知，是世界文化多元的一个典范，具有极其重要的研究价值。狄百瑞有关此学术研究的人文价值，如新儒家"人格主义"所展现出的状态自由与志趣自由、"心性之学"中有关智性自由与认知自由、新儒学教育所提出的平等教育与广泛阅读等亦未得到重视。对狄百瑞新儒学自由传统的研究，不仅能为国内新儒学自由研究提供全新视角，亦有利于人类自由观念发展，进而推动世界文化多元格局的构建。

当然，狄百瑞的新儒学自由传统研究亦有其自身缺陷，例如对于新儒学自由传统的研究过于单薄，汉学家扎戈里亚认为狄百瑞新儒学自由问题"过多地关注了文化因素在自由政治形成中的作用"[1]，而对于一个民族自由思想观念的发展而言，社会经济和政治因素显然是无法忽略的重要内容。

---

[1] Donald Zagoria, *Asian Values and Human Rights: A Confucian Communitarian Perspective* by Wm. Theodore De Bary, *Council on Foreign Relations: Foreign Affairs*, vol. 77, no. 6（Nov. -Dec., 1998）, pp. 165.

202

　　此外，狄百瑞对于新儒家类型的认知也不够全面，其提出的"自任于道"的新儒家程颐等，并不能代表全部儒生。尽管如此，更多的学者对于狄百瑞的工作给出肯定，朱鸿林认为"新儒家研究领域必须感谢他（狄百瑞），因为他的研究标准和方法值得仿效"[1]；汉学家刘述先亦认为，狄百瑞的"观点新颖"，并认为在其最初目标，即用中国自己的话语体系评判中国新儒学中的自由思想上"迈进了一大步"[2]。

　　狄百瑞新儒学自由传统的研究，因其自身所具有的开创性与丰富的可解读性，一经面世就引起学术界热议，有赞赏也有质疑，而在全球中西文明接触日益繁多的情况下，其研究不仅具有前瞻性，更无疑有着长远的意义，尤其是其提出以新儒学"人格主义"关照西方"个人主义"发展的观点，让学术界看到了中西文明对话观的可行性与对文明健康发展所具有的独特价值意义。

---

〔1〕Hung-lam Chu, *A Plan for the Prince: Huang Tsung-hsi's Ming-i tai-fang lu* by Wm. Theodore de Bary and Huang Tsung-his, *Asian Studies*, vol. 53, no. 2（May 1994）, ProQuest, p. 534.

〔2〕Shu-hsien Liu, *Learning for One's Self: Essays on the Individual in Neo-Confucian Thought* by Theodore de Bary,Association for Asian Studies: *The Journal of Asian Studies*, vol. 52, no. 1（Feb., 1993）, pp. 140.

第五章 "礼""法"协衡：新儒学之人权

新儒学中的人权观念为狄百瑞中西文明对话研究的又一主要内容。狄百瑞指出现代意义的人权概念最早由西方提出，但人权思想并不是西方的专利。从世界多元文明格局来看，文化决定了人权问题的复杂多样性。儒家、佛家、伊斯兰文化中都有丰富的人权思想，侧重则各有不同。人权的发展应允许差异性并存，而不能以强制的手段试图统一标准，否则会造成灾难。[1]

中国传统文明中的人权作为独立的思想体系，是世界人权有效组成部分，对其深入探讨，有助于推动全人类对人权的研究。每种文明下的人权皆有其自身发展的规律，狄百瑞明确指出新儒学人权研究，"目标不是要在儒家思想中找到二十世纪的人权，而是要认识到属于中西文明在成型过程中的人权思想的价值"[2]。

第二次世界大战后，人们就共同面对的世界问题展开探讨合作，人权便是话题之一，中国的人权问题一直备受国内外学者关注。狄百瑞新儒学时期的人权研究，不仅为新儒学的研究提供全新视角，亦为推动人权发展做出突出贡献。狄百瑞指出，如果一味主张人权是西方专属，会陷入狭窄

---

〔1〕Wm. Theodore de Bary, *Confucianism and Human Rights*, New York: Columbia University Press, 1998, p. 9.
〔2〕Wm. Theodore de Bary, *Confucianism and Human Rights*, New York: Columbia University Press, 1998, preface, p. 5.

的"人权"定义，这一概念对其他文明就极为不公。如果将"人权"视为一个进化中的概念，即把东西方众多民族的人权看作开放可持续发展的概念，这样中西文明对话就能根据他人经验取长补短，从而深刻地理解人权问题，[1] 并推进人权发展。

狄百瑞有关新儒学人权的研究已有几十年，1998 年出版的《亚洲价值与人权》汇聚了其主要新儒学人权观点。此书由北欧亚洲研究所、丹麦人权中心等联合推出，内容是 1997 年 5 月哥本哈根召开的人权和亚洲价值观研讨会分会亚洲民主的未来会议上狄百瑞演讲稿的详尽版本。"亚洲价值"是 20 世纪 90 年代美国乃至世界探讨的热点问题之一。亚洲国家崛起，亚洲人散居世界各地，且人数激增，面对多元文化日盛的局面，儒学传统作为世界文明的一支，其共通性成为亚洲人追逐探寻的精神矿藏，其中，儒家人权也被广泛讨论并得到肯定。

狄百瑞新儒学人权研究，基于人们有关中西人权差异的探讨。人们使用"个人主义的西方"与"社群主义的亚洲"的说法，将西方的社会问题诸如暴力、犯罪、毒品与滥交，归罪于西方的个人主义。狄百瑞认为此类问题随着现代化的推进是无可避免的，并非某一种文明所独有，更何况并非仅有西方文明谈个体，儒家文化也非西方概念里的社群。社群是以"公民社会"为基础的，传统中国并未形成具有宪政特色的"公民社会"，所以并不存在严格意义上的社群主义。中西文明都有属于自身的个人与社群的概念，所以在人权问题上，中西文明间同中有异，这是中西文明交流对话的前提，也是当下解决因经济发展带来的对人格的损害、对个人自尊的削弱、社群归属感尽失、人们深深的焦虑等问题的有效途径。最后，狄百瑞提出新儒学的人文精神价值，于当下全球人权发展有着巨大的意义。

认可新儒学的独立、完整、自主性，肯定新儒学人权观念之存在，狄

---

[1][美]狄百瑞：《宋明新儒学与人权》，梁涛、雷蕾译，载《国学学刊》2013 年第 1 期。

百瑞采用社会科学操作概念的方法，并未面面俱到地论及中西人权之异同或互补，而是抓住人权与人文层面的核心精神。

狄百瑞在具体研究中坚持一贯的学术态度与方法，立足世界文明多元，保持客观、冷静的态度，深入原典内部，考察了新儒学所倡导的古代理想，以及在践履这些理想时遭遇的制约。他拒绝单一的观点，而是将这些传统的演变发展放置于历史进程中，考察其连续性、复杂性，使其与其他思想的交融汇合，深挖新儒学有关人权的独特意义与当下文明发展的启示，进而推导此差异对建构世界健康人权观的价值意义。

狄百瑞新儒学人权观的讨论基于《世界人权宣言》，具体内容包括：第一，尊重生命与自我，主要讨论以"礼"为裁量现实社会制度和政治实施终极依据的环境下，对人之生命权的重视；第二，为保障个体生命间的平等与尊重，新儒家尤以黄宗羲为代表推进"法"概念的巨大发展；第三，新儒学时期，在没有行之有效的宪政制度境况下，社群组织"乡约"结合"礼""法"于基层社会，所发挥的人权保障功能。

第一节　中国传统文明人权研究

"人权"一词，最早由但丁（Dante Alighieri）提出，他于《论世界帝国》中指出：只有建立一个世界帝国，才能实现和平和人类幸福，而"帝国的基石是人权"。人权就是每个人依其本质和尊严所享有或应该享有的基本权利，这些权利与生俱来、不可转让、不可剥夺。

国外人权研究文献卷帙浩繁，既有专注于理论脉络与理论构建的经典著作，也有关于人权实践的诸多经典案例研究。霍布斯《利维坦》（1651）提到每个人都要维护自己享受各自权利；卢梭《社会契约论》（1762）中提到"人生而自由"，但真正的自由不是给人无所限制或为所欲为的权利，而必须要遵循法律；洛克《政府论》（1689—1690）中论证了国家与政府是人让渡权力的产物，其权力有限并应分权，而个人权利是天赋的；在1776年美国《独立宣言》与1789年法国《人和公民的权利宣言》两个文本中，"自由"与"平等"从此成为西方的"人"的理论的基石；穆勒《论自由》（1859）开始关注政府暴政与公民自由的关系。经过社会契约、功利主义以及权益正义的发展，罗尔斯在其《正义论》（1971）中提出以平等自由为核心的正义理论；诺齐克在《无政府主义、国家和乌托邦》（1974）中否认穆勒之后的功利主义，返回到洛克的古典自由，通过自然法与社会契约，重塑自由社会理论，并论证人之自由的正当性与优越性；阿马蒂亚《正义观》（2009）、孔多塞、边沁、马克思等人发展出社会选择理论完善传统的社会契约，使得人权观更加务实和实效。

　　人权发展至今涵盖内容十分广泛，按照不同的划分标准，所包含具体内容，如表5-1所示：

表5-1　人权内容

类目	划分标准	具体内容
权利主体	个人	生命、人身、政治、经济、社会、文化方面的自由平等权
	集体	种族平等权、民族自决权、发展权、环境权、和平权
权利内容	公民	个人的生命、财产、人身自由的权利
	政治	自由、平等地参与政治生活方面的权利
	经济、社会、文化	劳动条件、劳动报酬、社会保障、文化教育等方面的权利

　　由上表看出，人权虽庞杂，但有几个核心内容，如最基本最重要的生命权、自由权，确保生存的经济发展权，以及人之为人的资格的尊严权。

　　不同国家、地区、民族的社会历史发展经历不同，对人权的认知存在巨大差异。随着世界文化交流增多，各族人民加大了对人权的合作探讨，《世界人权宣言》（以下简称《宣言》）为此做出了巨大努力。然而现实纷繁复杂，《宣言》颁布之后全球仍爆发政治、经济、宗教等方面的矛盾和争端。《宣言》传递的人权理念并没有解决全球人权问题，越来越多的学者开始立足当下时代，反思人权观念，并意识到讨论多元人权的重要现实意义。

《宣言》于 1948 年 12 月 10 日第三届联合国大会通过，是国际社会第一次就人权作出的世界性宣言，对于指导和促进全人类的人权事业发挥了极其重要的作用。《宣言》起草小组成员组成丰富，他们的学术背景、哲学理论和宗教信仰皆不同，中方代表张彭春提出的儒家"和而不同""求同存异"的思想，给《宣言》的制定起到启发作用。尤其是针对人权来源类核心问题到底为"人权神授"还是"自然法"的讨论，以人权的多元主义抵制西方人权的中心主义，以道德共识消解宗教争论，以仁爱辅助理性，张彭春从儒家智识体系中提炼出来的"仁爱""善政""大同"，给予《宣言》很好的补充。狄百瑞指出"儒家个人主义、家庭理想和社会良知确实为当代世界提供了很多东西，对人权和环境权利的更好发展提供了一个关键的思考点"[1]。中国人权研究相对较晚，学者构成复杂，主要有三支队伍：一部分为海外外籍学者；一部分为中国学者；第三部分是境外华裔学者。所研究的内容，主要分为三个方面。

第一，以西方相对成熟的人权系统为模本，分析探讨中国当前政治与法律中相关的中国人权规则与实践。对人权概念提出过的看法如表 5-2 所列：

---

[1] Wm. Theodore de Bary, *Confucianism and Human Rights*, New York: Columbia University Press, 1998, preface, p. 10.

表 5-2　国内已有"人权"概念研究

研究主体	具体内容
《中国人权大辞典》	人权顾名思义就是人的权利
李步云	人权是受一定的伦理道德所认可、支持与保障的人应当享有的权益[1]
沈宗灵	人权的原意是指某种价值观念或道德观念[2]
张文显	人权，属人的或关于人的权利[3]
信春鹰	人权是人所享有和应当享有的权利[4]
宋惠昌	人权是以一切人作为主体的那种具有普遍意义的自由平等权利[5]
卓泽渊	人权是人所应当享有的权利，是以人的自然属性为基础、社会属性为本质的，人被当作人来对待的属于人的权利[6]
张恒山	人权是人们在文化认同的基础上，社会依据无害性标准所确认的，对人的生存、发展具有必要性的基本行为的正当性[7]

　　不论是国内还是西方的法学界和政治学界，对于人权的具体定义还存在争议，但无论在何种程度上存在着分歧，学界都有一个基本的共识："人权是指人与生俱来所享有的权利"。

　　第二，以中国自身文化文明等为基本，探寻中国传统尤其是儒家文明独立发展出的成熟的人权因子，学者们对于中国人权的主要态度包含三种：

〔1〕李步云主编：《人权法学》，高等教育出版社 2005 年版，第 17 页。

〔2〕沈宗灵：《人权是什么意义上的权利》，见中国社会科学院法学研究所编《当代人权》，中国社会科学出版社 1992 年版，第 17 页。

〔3〕张文显：《论人权的主体与主体的人权》，见中国社会科学院法学研究所编《当代人权》，中国社会科学出版社 1992 年版，第 35 页。

〔4〕信春鹰：《人权概念与国际社会的人权观》，见中国社会科学院法学研究所编《当代人权》，中国社会科学出版社 1992 年版，第 78 页。

〔5〕宋惠昌：《现代人权论》，人民出版社 1993 年版，第 20 页。

〔6〕卓泽渊：《法治国家论》，法律出版社 2003 年版，第 48 页。

〔7〕张恒山：《法理要论》，北京大学出版社 2002 年版，第 391 页。

第一，全盘否定中国传统文明中有人权相关概念，例如美国汉学家白鲁恂明确表示儒家的民主完全是不存在的，其质疑的目标并非人权本身，而是将个人主义作为人权前提条件的自由主义在中国不复存在；第二，虽不认可中国人权，但态度较为缓和，认为中国在西方人权观念的输入与学习的前提下能够发展出人权，例如亨廷顿；有些学者则认为有利的外部条件能视情况有所改观，文化可以改变，罗思文、安乐哲、丹尼尔·贝尔等学者努力探寻"人权"对中国的社会幸福的积极作用。

第三，以多元文化观为立场，认可儒家文化具有独特人权观念，并认为其是世界人权观的有效补充，如乔清举认为儒家思想对人与人、人与社会、人与自然的整体思考利于构建全球人权框架。[1]化国宇从儒家之"仁"观念出发，认为其内在超越的维度，能够克服西方人权自身内部的矛盾。[2]李明辉认为儒家传统中"自强不息""厚德载物""和而不同"的价值理念经过现代的诠释，将会成为世界人权观念发展的积极文化资源。[3]杜维明则指出现代儒家人格颇具人权思想，[4]张彭春更是以协助制定《世界人权宣言》等实践活动证明儒家思想对世界人权建构的贡献。

近年来，越来越多的汉学家看到中国传统文化之人权的价值。[5]美国学者突维斯（Sumner B. Twiss）认为，"儒家传统对于人们对人权的正确理解不仅与西方不冲突，而且可以做出贡献"[6]。安靖如（Stephen C. Angle）从历史和哲学两种视角，介入儒学人权研究，[7]认为将"儒学式

〔1〕乔清举：《论儒家思想与人权的关系》，载《现代哲学》2010 年第 6 期总第 113 期。

〔2〕化国宇：《人权普遍的仁学基础：从〈世界人权宣言〉第一条出发》，载《西南政法大学学报》2019 年 4月 第 21 卷第 2 期。

〔3〕李存山：《儒家的民本与人权》，载《孔子研究》2001 年第 6 期。

〔4〕［美］杜维明：《儒家与人权》，载《中华读书报》2016 年 3 月 16 日，第 013 版。

〔5〕陈启智、张树骅主编：《儒家传统与人权·民主思想》，齐鲁书社 2004 年版。

〔6〕乔清举：《论儒家思想与人权的关系》，载《现代哲学》2010 年第 6 期。

〔7〕Stephen C. Angle, *Human Rights and Chinese Thought：A Cross-Cultural Inquiry*, New York: Cambridge University Press, 2002.

210

'替代'和人权规范联合起来才是现代世界所需要的"[1]。日本学者加藤弘之将他对权利的理解归因于儒家"仁"思想等。同样受到新儒学影响深远的日本，能够发展出法律与民主，这说明儒学具有人权潜力。贝淡宁更明确地将人权与各国的具体文化差异相联系，认为国际人权观应依照各国文化具体情况进行规范。[2]

　　近几年，国内学者翻译了大量相关汉学家的研究成果，例如，梁涛将其在哈佛燕京学社访问时搜集到的西方学者的相关成果翻译编辑成书，2014 年《美德与权利：跨文化视域下的儒学与人权》由中国社会科学出版社出版。书中囊括了近年来比较有代表性的海外学者对儒学与人权关联的研究，是对汉学家人权与儒家思想关联研究的一个很好的总结。其中安乐哲《以礼仪为权利——儒家的选择》《自由主义权利与儒家美德》《儒家思想中的权力与社群》《儒家规范理论与人权》《儒家基于美德的道德中存在权利观念吗？》，克迪斯·海根《权利观念与东亚立场》、田史丹《作为"备用机制"的儒家权利》等文章更是给中国人权的发展起到巨大的推动作用。

　　这些研究对中国传统思想的人权精神的观点比较中肯，指出中国拥有历史悠久的思想传统，其中也包括了以民为本、民重君轻的民本思想。但是此一系列文章仍旧试图表明中国传统的"以民为本"思想，与现代西方强调的人权观念之间仍然具有明显的差别。具体地说，前者是一种手段，最终目的在于维护封建地主阶级的统治，与现代意义上的人权观念相距甚远。所以，虽然在我国古代政治思想传统中仍然有许多值得借鉴的内容，但是从整体上来看，我国古代政治思想本身已经无法适应当代社会历史的

---

〔1〕［美］安靖如：《儒家传统中的人权思想》，刘建芳译，见杨国荣主编《道德情感与社会正义》，华东师范大学出版社 2018 年版，第 172-192 页。

〔2〕Bell D., *Beyond Liberal Democracy: Political Thinking for an East Asian Context*, Princeton: Princeton University Press, 2006, pp. 78-80.

发展与变化，进而无法提供能够承载现代人权观念的土壤。

狄百瑞并不认同以上观点，他指出不同于西方的传统文化，人权观念并没有直接从中国文化传统中产生。西方的人权观念诞生于资产阶级对封建主义特权的反对，在中国社会这种对封建主义特权的反对并不是自发的，而是受到了西方的影响之后才发生的。但是，并不能因此说中国传统文化中就没有任何当代人权观念中的因素存在。"敬德保民"、唯人为贵的人生观、仁者爱人的伦理观、重义轻利的价值观、民惟邦本的政治观等方面显示了这一点。[1]

狄百瑞指出，自由、民主、法治、人权等的雏形在相对独立成熟的中国传统文明中并非不存在。因为人创造的文化即便有其特殊性，也会或多或少具有相同的经验、常识和观念，中西文明往往寻"异"，但"同"亦为客观存在。对于这个问题的探讨在漫长的中国历史间并未引起人们的注意，当现代化逐渐成为中国社会的演进方向时，这种对于文化的反思才会引起广泛的关注与讨论。

狄百瑞认为新儒学时期的人权更能彰显中国传统文明中人权的特性，于是将新儒学看作一个整体，深入挖掘其人权内涵，狄百瑞所做出的科研成果已于学界产生广泛影响。安靖如曾说："参加了由狄百瑞和杜维明组织的两场关于儒家思想和人权的会议，极大地促进了我对儒家传统和中国权利话语之间关系的思考。"[2]

狄百瑞的儒家之人权观主要集中于两本著作中，一本是狄百瑞与杜维明合编的会议集《儒家思想与人权》(*Confucianism and Human Rights*)，收集了 1995 年 8 月于檀香山召开的东西方中心举办的社会主义与人权会议的主要文章，收录了共 15 篇有关儒家之人权的文章，例如有突维斯的《儒家

---

〔1〕熊万鹏：《人权的哲学展础》，商务印书馆 2013 年版，第 254 页。
〔2〕Stephen C. Angle, *Human Rights and Chinese Thought : A Cross-Cultural Inquiry*, NewYork: Cambridge University Press, 2002, Preface and acknowledgments, p. xiv.

212

与人权：一个建设性的构架》（A Constructive Framework for Discussing Confucianism and Human Rights），此篇文章已由顾家宁、梁涛翻译成中文，文中作者主要表明儒家传统已比较深入地参与到全球人权对话之中，增进世界的认可的同时，促进世界人权的全面发展。[1] 还有秦家懿的《人权：一个有效的中国概念？》（Human Rights: A Valid Chinese Concept?）、华霭仁的《孟子和人权》（Mencius and Human Rights）、张伟仁（Wejen Chang）的《儒家的规范和人权理论》（The Confucian Theory of Norms and Human Rights）、成中英的《将儒家美德转化为人权》（Transforming Confucian Virtues Into Human Rights）、季家珍（Joan Judge）的《晚清时期的民权概念（Minquan）》[The Concept of People's Rights（Minquan）in the Late Qing]、帕尔蒂尔（Jeremy T. Paltiel）的《人权和中国儒家传统在当代中国政治话语的争议》（Confucianism Contested: Human Rights and the Chinese Tradition in Contemporary Chinese Political Discourse）、杜维明的《儒家道德话语下的人权》（Human Rights as a Confucian Moral Discourse），以及美国当代著名国际法学家、人权法学家路易斯·亨金（Louis Henkin）的《儒家思想、人权和"文化相对主义"》（Confucianism, Human Rights, and "Cultural Relativism"）等文章，此书并未收入狄百瑞的文章，但狄百瑞编写了前言、简介等相关内容，可谓将 15 篇文章的核心内容清晰掌握。

　　第二本有关新儒学人权研究的作品为狄百瑞独撰《亚洲价值与人权：儒家社群主义的视角》一书。因为"儒学尤其关注在特定社会背景中界定人际道德关系，应将传统价值看作散布在不同社会层级和表现为不同制度

---

[1]［美］突维斯：《儒家与人权讨论的一个建设性构架》，顾家宁、梁涛译，见梁涛主编《美德与权利：跨文化视域下的儒学与人权》，中国社会科学出版社 2016 年版，第 19-45 页。

形式的价值，而非一成不变的、单一结的体制结构"[1]，狄百瑞于书中反对"将一个固定的、一劳永逸的概念，一成不变地套用到研究对象"上，抓住人权态度核心与根本要素，找到核心价值。在太过狭隘和太过宽泛的考虑之后，狄百瑞采用操作概念的方法，在抓住研究对象的核心要素的前提下，保持概念的足够开放，说服人们接受同一概念下不同于西方的表达方式。狄百瑞援引儒家经典展现传统理念，但这些经典并不涵盖中国历史上人权观念的全部，也不能仅凭这些就能说明当代人权话题所处的 20 世纪的情况，[2] 要考虑传统演变中的连续性和变迁性。既不应将儒家视为静滞的，也不应视其为单一的，不应拿孔、孟的语录，代表中国历史上不断发展、常常冲突但也在逐渐成熟的儒家传统。[3]

　　狄百瑞的研究针对被惯常认定为保守的中国传统，使用明显含有西方含义的词，冒着引起误解的风险，他认为"值得"。狄百瑞如此做的原因如下：第一，作为亚洲文明支流之一的中国传统文明之儒学，作为世界多元文明中独立完整的代表，对于人类终极问题与价值的探讨存在有实质共性，而不同文明之间各异的展现形式是异质文明之间互为补充，无疑能够促进人类共同文明的有效前进；第二，20 世纪 70 年代，狄百瑞新儒学研究的主要阵地哥伦比亚大学以及各类高校与组织已就人权项目展开探讨，而人权研究指出，"中国没资格享受人权"成为西方的主流观点，这种观点导致的直接危机有二，一是人权只存在于西方社会，这显然将世界其他文明排斥在学术探讨之外，二是西方社会容易滋生文化霸权，不利于世界

[1][美]狄百瑞：《亚洲价值与人权：儒家社群主义的视角》，尹钛译，任锋校，社会科学文献出版社 2012 年版，第 9 页。
[2][美]狄百瑞：《亚洲价值与人权：儒家社群主义的视角》，尹钛译，任锋校，社会科学文献出版社 2012 年版，第 10 页。
[3][美]狄百瑞：《亚洲价值与人权：儒家社群主义的视角》，尹钛译，任锋校，社会科学文献出版社 2012 年版，第 10 页。

214

文明健康发展。[1]

　　新儒家思想与人权观念并不对立，相反，两者在伦理内涵上相通。人权本质上是人对权利的诉求，包括不被非正当侵害与获得正当的援助、福利等内容。而新儒家有丰富的生命权、生存权、社会公平、民主政府、自由意志等主张，强调统治者必须尊重人民生命尊严、生存权益及自由意愿，并为缔造公正、正义的人间生活而服务，新儒家的这一系列主张通过"礼"制与"法"相互协调而实现。[2]

　　对于中国"礼""法"的关系，国内也已有学者做相关研究，如 2017 年法律出版社出版了纪潇雅、张琳、吴洛婵编写《德主刑辅——儒家法律思想要义》一书，从儒家法律思想的背景、基本主张、代表人物和历史分析等四个方面解读儒家法律思想的连续性发展。瞿同祖出版的《中国法律与中国社会》也有比较相近的探讨，认为儒法两家皆注重德罚，儒家强调人各有别，礼为"使贵贱、尊卑、长幼各有其特殊的行为规范"[3]，法家则强调以规范来无差别对待所有人。

　　狄百瑞在《亚洲价值与人权：儒家社群主义的视角》中对新儒学人权的独特性进行研究，即"礼""法"协衡下的人权展现。狄百瑞经研究发现"礼"强调人们在各种不同社会情境中自愿遵守行为规范，与法相比"礼"的优势在于具有更深刻、更敏锐的人性特色。缺陷在于"礼"也随儒学和时代的发展而演化，具有极大的变通和不稳定性。而这种"礼"确保人权的特点在中国这个大框架下，又有着更大的缺陷，即其理想状态被国家封建体制所压制。中国有其自己的基本法律构想，这套律法与儒家提出的"圣王典范制度"，即个人榜样和人格魅力的力量有实质差异，它侧

---

〔1〕Wm. Theodore de Bary, *Confucianism and Human Rights*, New York: Columbia University Press, 1998, preface, p. 10.

〔2〕Wm. Theodore de Bary, *Asian Values and Human Rights: A Confucian Communitarian Perspective*, Cambridge: Harvard University Press, 1998, pp. 76-79.

〔3〕瞿同祖：《中国法律与中国社会》，中华书局 2005 年版，第 295 页。

重于指绝大部分来源于法家的观点，具有"宪法"原初的形态，靠国家权力支持与支撑，但其未能发展成较为成熟的"宪法"形式，主要仍是儒家思想的强力影响。这主要体现在两个方面：一为法律服务于国家王朝，完全是皇家权力与利益的保障，未经任何自愿与协商的方式制定；二为新儒学时期，一心向"道"，为天命"奔走"的新儒家们对违背理想政体压制德性礼制的绝地性批判。这两种思想的协衡，形成了独特的中国儒家式人权。[1]

第二节　新儒学"礼"制下的人权展现

中西文明之间人权样态以及其保障形式虽有巨大的差异，但无外乎通过法律或是社会约定俗成的规约，西方人权在法律框架下探讨，而中国传统文化下则侧重于"礼"制。当然，这并非代表西方不存在规约，也并非说中国当时没有法制。相较而言，儒学传统盛行的中国对于法律确实缺乏信任，而是通过建立个体与他人和谐的关系做到互敬，实现人权。

中国的气候特征、地理环境等决定了以农业为主的生产方式，在相对富足的农耕文明下，形成了稳定的以"礼"制为核心的宗法结构社会。"礼"具体涉及个人道德行为准则、管理国家方式以及人类社会规律等三个方面，要求人孝敬父母、敬爱兄长、尊重他人、忠诚国君、爱护国家等；"礼，经国家，定社稷，序人民，利后嗣也"（《晏子春秋·内篇·谏上》），"礼"是社会秩序的纲维、人民生活之根据，能够稳定社稷，使人民生活有序、为百姓谋福；通过修身，升华之礼者，成为完人。狄百瑞指出"礼"是人们在各种不同社会情境中自愿遵守行为规范，与法相比，其优势在于

---

[1] Wm. Theodore de Bary, *Confucianism and Human Rights*, New York: Columbia University Press, 1998, p. 30.

216

其具有更深刻、更敏锐的人性特色。[1]

　　循礼守义是儒家自我修养的基本要求。达到与天地相通的理想人格，而非天赋个人权利。培养道德君子，怀仁德与宽容，人际交往中做到"己所不欲，勿施于人"。强调对家庭尽孝，对国家尽忠，对社会和朋友尽义。通过互相承担和尽义务的方式维护社会和谐。"对儒家而言，诉诸法律以处理冲突，只能是最后的手段。"[2]

　　新儒学时期，因特殊时代背景，为巩固政权、维护社会安定，尤其强调传统"礼"制，以求得民族认同和政权稳固，强调统治者对人民生命尊严与生存权益的尊重，并努力构建稳定、和谐的社会环境。

　　狄百瑞经研究发现，新儒学时期人们对传统儒学的复兴接续与强化了中国传统思想中潜在的人权观念。在新的时代背景下，新儒学在儒学的基础上，推动和发展了新的人性伦理系统。"人性"或者"德性"被认为是宇宙结构或天理的一部分，这些"理"通过人际关系中的价值判断和情感感应显现出来。[3]人心向善等观点是新儒家思想类似"人的内在尊严"以及"个人的内在价值"的前提，狄百瑞认为这一系列主张为新儒学人权的显明与发展提供了基础。[4]

一、唯"人"为贵的人生观

　　人权作为人的普遍权利，与文化传统与社会习俗紧密相关。狄百瑞认

---

[1] Wm. Theodore de Bary , *Asian Values and Human Rights: A Confucian Communitarian Perspective*, Cambridge: Harvard University Press, 1998, pp. 29-30.

[2] [美] 狄百瑞：《宋明新儒学与人权》，梁涛、雷蕾译，见梁涛主编《美德与权利：跨文化视域下的儒学与人权》，中国社会科学出版社 2016 年版，第 231 页。

[3] [美] 狄百瑞：《宋明新儒学与人权》，梁涛、雷蕾译，见梁涛主编《美德与权利：跨文化视域下的儒学与人权》，中国社会科学出版社 2016 年版，第 231 页。

[4] [美] 狄百瑞：《宋明新儒学与人权》，梁涛、雷蕾译，见梁涛主编《美德与权利：跨文化视域下的儒学与人权》，中国社会科学出版社 2016 年版，第 232 页。

为新儒学中尤为注重对于人的"生命权"的讨论，即对人生命价值的强调。国内学者历来有此研究，如冯友兰言，在中国传统哲学中，"人学"为主要研究课题。[1]可见，中国传统文化中历来以研究"人"为探索问题的中心。

虽以"人"为研究核心，但中国文化中对"人"的看法与西方颇为不同。西方人惯常将人客观化为认知的对象，像研究其他事物一样对人进行科学解析。然而，用科学的方法剖析人自身虽然能加深对"人"的客观了解，但也不免把完整的人分解成不相连贯的无数碎片，忽略了人的复杂情感与其整体性的问题。在中国文化尤其是儒家思想里，对人的解析围绕生命展开，天地的变化都集中在生命一点，生命成了宇宙的中心，[2]"人"被当作一个理性与情感、意志与欲望的结合体来看。这一整体一方面通向宇宙自然，与天地万物融为一体，成就人之"大"，另一方面又通向人间百态，成就以"仁"为核心的人伦秩序。

"仁"在儒家思想中占核心地位，建构了儒家"人道主义"或"人性"的本质基础。在"仁"的伦理下产生"人或个体的内在尊严""人的自然权利"等人权概念。由此狄百瑞得出结论，从首先关注人类本身和当代人类需求来看，新儒学显然是世界主要文化传统中最具有人文色彩的，[3]而人文色彩是人之生存权的根基。

狄百瑞认为新儒学人权首先表现为"礼"制下对人之生命的重视。在中国传统"礼"文化中，人们确实较为重视人生探讨。[4]冯友兰曾称，中国传统哲学为"人学"[5]，并以天人关系为开端，以求解决人生意义的前

---

〔1〕冯友兰：《三松堂全集》（第 10 卷），河南人民出版社 2000 年版，第 665 页。

〔2〕罗光：《儒家形上学》，辅仁大学出版社 1980 年版，第 19 页。

〔3〕[美] 狄百瑞：《宋明新儒学与人权》，梁涛、雷蕾译，见梁涛主编《美德与权利：跨文化视域下的儒学与人权》，中国社会科学出版社 2016 年版，第 229 页。

〔4〕张岱年：《中国哲学大纲》，中国社会科学出版社 1982 年版，第 165 页。

〔5〕冯友兰：《三松堂全集》（第 10 卷），河南人民出版社 2000 年版，第 665 页。

提。[1]荀子认为："人有气、有生、有知，亦且有义，故最为天下贵也。"
(《荀子·王制》)新儒学时期，人们极重视自我，如周濂溪说："二气交
感，化生万物，万物生生而变化无穷焉，惟人也得其秀而最灵。"(《太极
图说》)朱熹亦称："天之生物""人为最灵"(《答余方叔》)。狄百瑞认
为新儒学的"天命是一种非常人性的、献身于公共服务的使命与天职，这
是一种非常艰难的志业。前途难卜，一开始难以承受，但最终将带来个人
自由和自我实现的感觉"[2]。新儒家提出"修身"，"是为了真正的自我发
展"[3]，展现了对自我生命的重视。

　　狄百瑞指出新儒家大多持"人在天地万物之间最为卓越"的观点，并
举出诸多例证，如邵康节指出人是"兆物之物""物之至者""唯人兼乎
万物，而为万物之灵""人之生，真可谓之贵矣"(《皇极经世·观物外
篇》)；朱熹论人与众物不同说："天之生物，有血气知觉者，人兽是也；
有无血气知觉而但有生气者，草木是也；有生气已绝而但有形质臭味者，
枯槁是也。""故人为最灵，而备有五常之性，禽兽则昏而不能备，草木枯
槁则又并与其知觉者而亡焉。"(《答余方叔》)清代戴东原也言："人也者，
天地至盛之征也；惟圣人然后尽其盛。"人乃万物之高贵，由此人才值得被
尊重，享有着更高的权利。[4]

　　狄百瑞所提的这一点在学术界并不孤立，现代新儒家也持有类似观
点，如方东美曾提出"强调人性之内在价值翕合辟弘，发扬光大，妙与宇

[1]劳思光：《新编中国哲学史》，三民书局1988年版，第192-204页。

[2][美]狄百瑞：《亚洲价值与人权：儒家社群主义的视角》，尹钛译，任锋校，社会科学文献出版社2012
年版，第23页。

[3][美]狄百瑞：《亚洲价值与人权：儒家社群主义的视角》，尹钛译，任锋校，社会科学文献出版社2012
年版，第22页。

[4] Wm. Theodore de Bary, *Confucianism and Human Rights*, New York: Columbia University Press, 1998, preface,
pp. 13-17.

宙秩序，合德无间"[1]，认为每个人的生命都有可与天相通的德行，皆可表现宇宙之奥秘生命。[2]新儒学中对生命之宝贵的认识，影响到社会各方面，使得整个"礼"制体系成为尊重生命权利的思想基础。

二、个体与他者共担互利

狄百瑞指出，强调个体与他者共担互利，是"礼"制下新儒学人权的另一展现。狄百瑞认为以"家本位"为核心的宗法人伦，是形成社会个体与他者相互关系的根基，"家的价值是仁政的基础和榜样"[3]。《世界人权宣言》第16条第3款指明"家庭是天然的和基本的社会单元，并应受社会和国家的保护"，中国农耕文明决定了家庭伦理在政治社会中的重要地位。

家庭伦理在社会中占有极重要的地位，并为世袭王朝提供理论模版。孔子在《为政》中提出"临之以庄，则敬；孝慈，则忠；举善而教不能，则劝"，强调君臣的相互作用，领导者以身作则，爱戴下属，下属才能对他们忠诚。狄百瑞指出，新儒学时期尤其强调"家本位"观念，如朱熹之《家礼》详尽家族宗法血亲。[4]

儒家社会人际关系结构以"五伦"为基，注重人伦关系在人际中的优先性。对此孟子提出经典人伦典范："父子有亲，君臣有义，夫妇有别，长幼有序，朋友有信。"夫妇关系是儒家秩序和人伦的前提，而后有父子、兄弟等，随之派生出君臣的政治关系和群己的社会关系。虽然这个人伦关

---

〔1〕方东美：《中国形上学中之宇宙与个人》，孙智燊译，见东海大学哲学系编译《中国人的心灵——中国哲学与文化要义》，联经出版事业公司1984年版，第217页。

〔2〕方东美：《原始儒家道家哲学》，黎明文化事业公司1983年版，第158-160页。

〔3〕[美]狄百瑞：《亚洲价值与人权：儒家社群主义的视角》，尹钛译，任锋校，社会科学文献出版社2012年版，第33页。

〔4〕Wm. Theodore de Bary, *Asian Values and Human Rights: A Confucian Communitarian Perspective*, Cambridge: Harvard University Press, 1998, p. 16.

220

系有程度深浅之别，但却是双向共担的义务。父子关系，并非单纯只是孩子尽孝；夫妻关系，强调互亲互爱。[1]狄百瑞指出："儒家亦自始即关注个人与他人的关系，也关注士大夫在其与国君、其他士子、教师、学生的关系中承担的角色。"[2]

父子关系强调"相互"，它不仅说父亲教导孩子，还说孩子监督父亲。《孝经》强调此种观点，举孔子与曾子的一段对话为例。

曾子曰："若夫慈爱、恭敬、安亲、扬名，则闻命矣。敢问子从父之令，可谓孝乎？"子曰："父有诤子，则身不陷于不义。故当不义，则子不可不诤于父；臣不可不诤于君；故当不义，则诤之。"曾子曾问是否完全地服从父亲的话就是孝顺，孔子认为并非如此，儿子要监督父母行义，才是真的尽孝。

"五伦"之人权体现在，虽然人伦爱有差序，但却是双向共担的义务，这一观点不仅狄百瑞提出，学者冯友兰对此也曾有相似言论："'五常'伦理或德行则是双向的，具有一定对称性。"[3]夫妻关系，强调互亲互爱。父子关系，并非单纯只是孩子尽孝，而是相互扶持，父亲须教导孩子，孩子亦监督父亲。朋友之"信"，君臣之"义"皆出自兄弟长幼，建立在互相信靠之上。"君子之事亲孝，故忠可移于君。事兄悌，故顺可移于长。居家理，故治可移于官。"（《孝经》）汉代以后的"亲亲相隐"皆为家庭伦理制度的延伸。

以"仁""孝"为核心的家庭关系，和谐且有来有往，"亲亲"与"尊尊"。进而，以"礼""义"为核心原则的君臣关系，平等而尊卑统一。"礼"制下强调社会的公平不等于平等，而是根据年龄、性别、社会地位

---

〔1〕［美］狄百瑞：《亚洲价值与人权：儒家社群主义的视角》，尹钛译，任锋校，社会科学文献出版社 2012 年版，第 117 页。
〔2〕［美］狄百瑞：《亚洲价值与人权：儒家社群主义的视角》，尹钛译，任锋校，社会科学文献出版社 2012 年版，第 16 页。
〔3〕冯友兰：《中国哲学史》（上册），华东师范大学出版社 2000 年版，第 297 页。

以及政治职务的差别，考虑不同人所担的不同责任与享有的不同权利。在不同情况下，人们所承担的事物不同，如孩子在年幼时，不可能承担与父母一样的责任，而作为成年人，则有义务向父母提供关心与照顾。因此，父母与儿童的关系，并不是通过服从实现的，而是通过相互的爱，与双方能力不同而有所调整。

君臣关系是家庭伦理的扩展，体现在"推恩"与"泛爱众"中。《孝经》言："君子之事亲孝，故忠可移于君。事兄悌，故顺可移于长。居家理，故治可移于官。"认为能够对父母尽孝之人，才能对帝王忠诚；能处理好兄弟情感的人，才会对年长者尊重；在家庭里遵行道理的人，便可以入仕从政了。狄百瑞指出，社会正是家庭的延伸。[1]臣敬君重君，但不等于愚忠和盲从，"义"是指履行世事时应遵行道德规则，具体内容可根据双方不同的职分而有区别。并不存在道德的优劣高低之别。[2]

君尊臣卑仅针对臣子对君道的重视，而非权力或个人。君道是君主所承担的责任，和与此责任相匹配的权力。君子遵守秩序，从与道而后忠于君。重群而不轻己的社会关系，亦是如此。儒家重视人在群体中的生活秩序，但并不抹杀个性。个体发展与群体相互关联并制约。

儒者"忠"的是原则，而非个人。刚烈的大臣为"义"与"道"，奋起反对君上的所有专制权力。方孝孺反对永乐帝，海端勇于谏诤犯上。[3]君臣关系以"礼""义"为核心原则，君子重君道，为"道"而非人，双方互敬互信。明后期皇权专制，导致君臣关系严重失衡，出现了愚孝愚忠之境况，实则是对"孝"之曲解。总之，儒家"家本位"观念促进社会和谐与经济平稳发展。

---

〔1〕[美]狄百瑞：《宋明新儒学与人权》，梁涛、雷蕾译，载《国学学刊》2013年第1期。

〔2〕[美]狄百瑞：《宋明新儒学与人权》，梁涛、雷蕾译，载《国学学刊》2013年第1期。

〔3〕[美]狄百瑞：《亚洲价值与人权：儒家社群主义的视角》，尹钛译，任锋校，社会科学文献出版社2012年版，第18页。

222

三、"公""私"平衡

"公""私"平衡是狄百瑞新儒家人权在"礼"制下第三点展现,其
表明"儒家的理想是平衡公私,而非主张偏于一端"[1]。狄百瑞认为此平衡
有二。一为君主与百姓之间,君主有责任平衡个人欲望和公共利益。为了
论证新儒学时期"公"应服膺人民"私"之利益这一观点,狄百瑞举出
一系列例子,如朱熹《论语集注》中解读孔子之言"闻有国有家者,不患
寡而患不均,不患贫而患不安,盖均无贫,和无寡,安无倾"(《论语·季
氏》)时,认为其说的是百姓是否各得其所、各得其分,国家支持百姓间
的公正。二是对于违背此公正的君主应予以废除,如古语云"得道者多助、
失道者寡助"(《孟子·公孙丑下》),即新儒家王夫之在其《读通鉴论》
中所说"若夫国祚之不长,为一姓言也,非公义也"。[2]

为论证新儒学此思想的渊源,狄百瑞回顾了儒学中"公""私"观点
的由来与发展。儒家初期,孟子曾为家与国间共同体意识提出"井田制"。
"井田"下的群体显然是一个超越"家"又未及"国"的范围,有着社群
主义"公民社会"特色的共同体。这套制度的基础是在社会中划分出领导
阶层和普通民众。在井田制模式中,授田予八家,各家田地相等,中间的
第九块地乃公田,由八家共担耕作任务,其收益则贡献给公共秩序的维持
者(以封建贵族为代表)和用于互助。在这一规划中,各家的地块被视为
"私",而中间的地块则被视为"公",不过饶有意味的是,此处的"私"
代表的是"家"而非个体。孟子也并不是根据个人财产权这套术语来描述
这种安排的,而是将其描述成一个合作的共同体,"乡田同井,出入相友,

[1] [美] 狄百瑞:《亚洲价值与人权:儒家社群主义的视角》,尹钛译,任锋校,社会科学文献出版社 2012
年版,第 27 页。
[2] Wm. Theodore de Bary, *Asian Values and Human Rights: A Confucian Communitarian Perspective*, Cambridge:
Harvard University Press, 1998, p. 32.

守望相助，疾病相扶，则百姓亲睦。"明代朱熹后学丘濬（1420—1495）进一步发展了这一观点。在《大学衍义补》中，指出政权应从物质到精神给百姓以保障，以使他们能够安居乐业，统治者有责任保障百姓的利益，而不能仅为满足一己私利。[1]

狄百瑞经研究发现，当"公"代表公共利益，"私"代表个人私利时，此两者确实是对立的，在儒学中提到"天理"与"人欲"对立的时候，往往是指不能彰显公义，仅追逐一己私利的君主。君主有责任维持公共标准，平衡个人欲望和公共利益，而社会秩序的目的，是满足人的欲望。面对暴政，百姓有权利将其推翻。儒家思想向来对行恶的君王与官吏持鄙夷态度，对于严重者皆以采取革其命的方法对待之。[2]

第二个方面的平衡在君主与求"道"者之间，对此，狄百瑞指出"儒家追求的是在自我和社会之间实现一种平衡关系"[3]。这一点在新儒家身上表现得尤为突出，针对芝加哥大学的余国藩提出"在中国，集体总是优先于个体，这阻碍了个体出于自己的目的去追求真"[4]的观点，狄百瑞持否定态度。狄百瑞认为儒生追求出仕，并非丧失自我，而是在坚守"道"与"天命"价值的过程中，献身公共服务的责任使命，进而最终实现个人价值。如新儒家所提的使命责任感，这种在社会与自然中所达到的自我价值实现，所展现的个体尊严，亦为人权价值体现。[5]

为提高此观念的说服力，狄百瑞指出君子的一生为寻求自我发展与自

---

[1] [美] 狄百瑞：《宋明新儒学与人权》，梁涛、雷蕾译，见梁涛主编《美德与权利：跨文化视域下的儒学与人权》，中国社会科学出版社 2016 年版，第 235 页。

[2] Wm. Theodore de Bary, *Asian Values and Human Rights: A Confucian Communitarian Perspective*, Cambridge: Harvard University Press, 1998, p. 26.

[3] [美] 狄百瑞：《亚洲价值与人权：儒家社群主义的视角》，尹钛译，任锋校，社会科学文献出版社 2012 年版，第 24 页。

[4] [美] 狄百瑞：《亚洲价值与人权：儒家社群主义的视角》，尹钛译，任锋校，社会科学文献出版社 2012 年版，第 24 页。

[5] Wm. Theodore de Bary, *Asian Values and Human Rights: A Confucian Communitarian Perspective*, Cambridge: Harvard University Press, 1998, p. 32.

我实现，期望最终能够知天命、从天命。"天命"代表最高的道德权威，是
君子生命的唯一使命，献身公共服务的使命与天职，最终实现个人价值。
孟子认为"天命"存于人之心性，坚守个人最内在的自我，是最终实现天
命的唯一途径。此为"新儒学"修身的基本内容，为"道"坚守责任感与
个体自我。天命在前，王命排其后，暴君当反之。一个人为了坚守最深的
自我而不惜冒死犯难时，正是在履行社会角色和群体价值观。这种在社会
与自然中所达到的自我价值实现，这种所具有的个体价值与尊严，是为儒
家的人格主义内涵。他们并非刻意追求出仕机会，而是坚守着理想的政治
改革希望，当身处艰苦的生存条件时，仍坚守"道"与"天命"价值。[1]

第三节　新儒学"法"制发展保障人之权利

无论在西方还是在中国，人权皆不同程度地依赖法律和约定俗成的社
会行为规范来实现，西方人权主要依靠法律捍卫，新儒学人权重视"礼"，
双方各有优势，亦有缺陷。新儒学"法"观发展以保人权，正是在"礼"
之矛盾激发之时。"礼"与"法"在社会治理中的效果差异可从表 5-3 中
看出。

表 5-3 "礼"与"法"于社会治理效果强弱对比表

类目	事前预警性	事后惩戒性	道德引领	人的主动承担性	制度规范性
"礼"	弱	弱	强	强	弱
"法"	强	强	弱	弱	强

---

[1] Wm. Theodore de Bary, *Confucianism and Human Rights*, New York: Columbia University Press, 1998, preface, p. 79.

　　由以上表得出"以盛德与天下"[1]能够增强道德引领作用与人的主动
担责的能力，但仅凭此并不能解决所有问题，必须辅之"以饰法设刑而天
下治"使得"礼""法"之间能够协调制衡，方能有效保障人权。刑罚以
惩罚，礼则劝善。礼贵绝恶于未萌，使民迁善远罪，这是法所不能及的。

　　"礼""法"协衡的观念在中国传统文明中由来已久。《礼记·经解》
云："礼之于正国也，犹衡之于轻重也，绳墨之于曲直也，规矩之于方圆
也。"针对此，狄百瑞认为"礼是对人之行为规范的肯认与典例化，它本
身也包括了政"[2]，"体现了基本的宪政秩序"[3]。先秦儒家典籍中，记录了
许多"礼"制的积极意义与正面功能，其本质属性已发生变革，被赋予更
多的等级意识，甚至成为政统辅助工具，统治阶级强制"礼"制阶级差序，
抹杀人的独立意识，使得"礼"制丧失本有的人性追求。汉儒董仲舒推行
"春秋决狱"开始，"礼"的工具性显现，直至朱熹将"礼界"定为制度
性的纲常。

　　狄百瑞发现新儒学时期"礼"制下"人治"所导致的社会混乱，让更
多的新儒家开始反思"礼"制弊端，并尝试借助"法"弥补"礼"制在
管理上的不足，决议以"有治法而后有治人"的观念取代儒家"修己治人"
的传统。[4]

　　狄百瑞指出儒家思想下形成的帝王法制承袭于《周礼》，结合秦朝中
央集权行政结构发展而来。受"礼"之约束，"法"发展至新儒学初期仍
处于较低地位，屈于"礼"之教化功用之，被认为"诉诸惩罚性的法律应

〔1〕于智荣：《贾谊新书译注》，黑龙江人民出版社 2003 年版。
〔2〕［美］狄百瑞：《亚洲价值与人权：儒家社群主义的视角》，尹钛译，任锋校，社会科学文献出版社 2012
年版，第 29 页。
〔3〕［美］狄百瑞：《亚洲价值与人权：儒家社群主义的视角》，尹钛译，任锋校，社会科学文献出版社 2012
年版，第 29 页。
〔4〕［美］狄百瑞：《宋明新儒学与人权》，梁涛、雷蕾译，载《国学学刊》2013 年第 1 期。

226

是最后才不得已而为之的事"[1]。然而，新儒学后期，政局变换下"礼"被赋予了强烈的等级意识，"礼治"走向"人治"极大抹杀大部分人的"个体性"，人权几无保障。

明朝三省制度不复存在，宰相被废，中央集权程度达到顶峰。从政治体制建设上讲，钱穆也认为，明代与唐宋相比"大大的退步了"[2]。皇权高涨，政治暴虐，"不顾礼仪，凶暴是闻"。在传统思想分崩离析、"礼"制近乎失衡的时代背景下，黄宗羲在《明夷待访录》中所提"法"之观点，在人权保障上发生了历史性转折。狄百瑞甚至称其"离提出一种宪政方案仅有一步之遥，这个方案在很多重要方面都近似于当代西方的宪政体制"[3]，力求保障基础人权。

狄百瑞对中国"法"的思想进行了溯源，指出"法"由来久远，王朝法律制度化形式，出现于秦朝中央集权的行政结构之中，是在法家思想的影响下成型。法家思想与儒家思想不同，其认为儒家"礼"制观念具有不稳定性，强调"法"的普遍性和公正性。秦朝因暴政而亡，汉代皇帝开始启用儒生，延续法家的中央行政管理机制，但融入儒家的仁义等核心价值观念，置严刑酷法于"礼"制之下。唐代时期，封建法制完成了礼法结合，帝王"一家之法"思想基本成熟。在唐以后历朝历代，儒家法律思想皆缺乏生机和活力。新儒学时期，因为政局动乱，重刑思想有所发展。朱熹提出"法者，天下之理"的主张，"理"作为万物存在的根源，"法"也有其自身的理。[4]

〔1〕［美］狄百瑞：《亚洲价值与人权：儒家社群主义的视角》，尹钛译，任锋校，社会科学文献出版社2012年版，第93页。
〔2〕钱穆：《中国历代政治得失》，生活·读书·新知三联书店2001年版，第92-102页。
〔3〕［美］狄百瑞：《亚洲价值与人权：儒家社群主义的视角》，尹钛译，任锋校，社会科学文献出版社2012年版，第93页。
〔4〕Wm. Theodore de Bary, *Asian Values and Human Rights: A Confucian Communitarian Perspective*, Cambridge: Harvard University Press, 1998, pp. 87-88.

狄百瑞指出黄宗羲继承了先贤有关"法"的观念，同时促进"法"的思想向前发展。首先质疑帝制合理性，批判皇权过于专权，认为这是导致社会混乱的根源，而后提出一系列制度主张，如"学校议政"等，试图推动"法"思想挣脱"礼"制束缚。基于此，黄宗羲否定先秦儒家"有治人无治法"的人治主义，而主张"有治法而后有治人"。[1]

反对"非法之法"。对此黄宗羲提出对君权的批判，传统的儒家之"法"，在膨胀的君权下无人能够监察。黄宗羲为厘清君臣的职分，强调人臣的独立岗位及其自主性，虽然还未直接论及人权，但已透显出对人性尊严的重视。黄宗羲看到人的尊严基本上从秩序而来。人道从社会秩序，发挥功能，就要受到秩序的保障。以此来制约"一家之法"的膨胀。[2]

"人治"思想几乎伴随着儒家思想始末，"人治"根源上更依赖于人性，而人虽有德、贤之能力，但人性是不稳定的，应建立稳定的制度作为合理时间之法则，维护时间公平。黄宗羲所处的时代，法制不公，君权取代相权，君主几乎把握一切权利，天下之事全由其一人定夺，无人也无机构组织可与其抗衡。所以黄宗羲提出了应废除三代以下的"一家之法"，并从限制君权、有效治理国家公众事务的角度，立法并聘用具有高尚道德和卓越才能的儒臣，坚守"法"之尊严，监督法律有效实施。黄宗羲在阐释"天下之法"时，认为"天下之法"应该包含的特点如表5-4所示。[3]

---

〔1〕Wm. Theodore de Bary, *Asian Values and Human Rights: A Confucian Communitarian Perspective*, Cambridge: Harvard University Press, 1998, p. 94.

〔2〕Wm. Theodore de Bary, *Asian Values and Human Rights: A Confucian Communitarian Perspective*, Cambridge: Harvard University Press, 1998, pp. 94-95.

〔3〕Wm. Theodore de Bary, *The Liberal Tradition in China*, New York: Columbia University Press, 1983, pp. 111-113.

表 5-4　黄宗羲"天下之法"的特点

序号	具体内容
1	建立在"天下为主，君为客"的思想基础上
2	具有正当性，是为服务群体公共事务而存在的
3	体现天下人的意志，天下是由天下人共同治理的
4	体现天下人人平等的理念
5	和"无法之法"一样给天下人以发展空间

　　黄宗羲首先否认帝王法制之地位，称因其唯服从皇帝一家之私利，而为"非法之法"，偏离孔孟阐发的"先王之法"，进而质疑帝制，并批评极端的"人治"主张，认为传统法"自非法之法桎梏天下人之手足，即有能治之人，终不胜其牵挽嫌疑之顾盼，有所设施，亦就其分之所得，安于苟简，而不能有度外之功名"（《原法》）。当下时代，即便执法者才能卓越，亦无法摆脱"恶"法的捆绑与束缚，因为没有基本大法之保障，任何个人皆无法和人类社会尤其是君主统治中的邪恶势力作斗争。基于如此社会背景，黄宗羲首次明确提出制定良"法"的重要性。若欲治理好天下，应以制定合理的制度为先决条件，如此才能够约束人性不稳定的特性，避免主观判断的不合理性，弥补人治、德治传统的欠缺。[1]

　　黄宗羲谴责君主为"利欲之私"所制定严苛律法，他认为基本大法应为公，保障人人之利，而非一人。对此，黄宗羲提倡宽简且价值倾向明确的先王之法，具体为"二帝、三王知天下之不可无养也，为之授田以耕之；知天下之不可无衣也，为之授地以桑麻之；知天下之不可无教也，为之学

〔1〕Wm. Theodore de Bary, *Asian Values and Human Rights: A Confucian Communitarian Perspective*, Cambridge: Harvard University Press, 1998, p. 96.

校以兴之，为之婚姻之礼以防其淫，为之卒乘之赋以防其乱"[1]。对于民众的控制保持在一定合理的限度之内，每个人既能受到约束，又能够得到尊重和满足，这样的"法"才能真正实现为公众利益服务的目的。类似近代西方立法主张："法律面前人人平等。"

狄百瑞认可"礼"制下人权保障所发挥的作用，同时也指出要保障人权，"法"制必不可少。新儒家黄宗羲对于"法"的发展，不仅是儒学思想史上的巨大进步，也是保障人权的有效提议。虽然此"法"仍没有脱离封建专制的范畴，但其揭示的"三代"以下封建"王法"的本质，仍是历代思想家中关于法治思想论述中最具有法治意义的。

第四节　乡约保障基层人权

狄百瑞指出新儒学时期"法"制思想的发展，虽并未悉数得到实践，但在观念上仍旧是协调并制衡着"礼"制，这是中国传统文明上巨大的发展。[2]狄百瑞对照西方制度，指出新儒学时期，虽不具备西方人权保障的民主政治，亦无新闻言论监督机构，但"礼"与"法"于社会基层相结合的"乡约"组织，缩小了传统的儒者精英与平民大众之间的人格不平等，提高民众的政治参与率，有效保障了基层人权。[3]

《中国大百科全书》对"乡约"的解释为"中国基层社会组织中社会成员共同制定的一种社会行为规范"；《辞海》中"乡约"条目的解释为

---

[1] 黄宗羲：《明夷待访录》，段志强译注，中华书局 2019 年版，第 21 页。
[2] Wm. Theodore de Bary, *Asian Values and Human Rights: A Confucian Communitarian Perspective*, Cambridge: Harvard University Press, 1998, pp. 29-36.
[3] Wm. Theodore de Bary, *Asian Values and Human Rights: A Confucian Communitarian Perspective*, Cambridge: Harvard University Press, 1998, p. 54.

230

"同乡的人共同遵守的规约"[1]。具体来讲，"乡约"颇具新儒学思想意蕴，以宗族为纽带，以乡民教化为主要目的，伴随着新儒学平民教育思想的推行而被逐渐普及，有着增强地域精神凝聚力、互相监督、良善共治等特性，在保障基层人权与发展理想人格方面起到了积极作用。

有关"乡约"的规定，最初由吕大钧拟《吕氏乡约》，后经朱熹改制成熟。主要条目要求德业相劝、过失相规、礼俗相交和患难相恤。"礼"制为"乡约"核心精神，规定了社会基本秩序，并同时采用"法"的方式保障"礼"制得以有效施行。"礼"与"法"相互融合，保障基层人权。

近现代对"乡约"的研究始于 20 世纪 30 年代，以梁漱溟、杨开道[2]等学者为代表，发掘了"乡约"的价值，并试图将此应用在大变革的动荡年间以解决农村贫苦状况。1931 年杨开道发表《乡约制度研究》与《中国乡约制度》等著作，详细地整理了从《吕氏乡约》到清末乡约的演变。梁漱溟则认为乡约包含了儒家倡导的伦理道德情怀，是建设中国社会组织的基础。随后有萧公权、谢长法等人也做了相关研究。张欢《中国农村基层建制的历史演变》（1992 年），对宋代基层做了大致的描述。夏维中《宋代乡村基层组织演变的基本趋势》（《历史研究》2003 年第 4 期）文中指出，乡里制度的崩溃与乡都制的确立是宋代乡村基层组织演变的基本趋势。

狄百瑞经研究发现，"乡约"从缔结方式上，就已具备公平、民主等形式。[3]"乡约"实行善举共治的方式，约内管理人员均由约内成员推选产生，如王阳明《南赣乡约》规定："同约中推年高有德、为众所服者一人为约长，二人为约副。又推公直果敢者四人为约正，通达明察者四人为约史，精健廉干者四人为知约，礼仪习熟者二人为约赞。"推选出的人员，

---

[1]辞海编委：《辞海》，上海辞书出版社 1989 年版，第 249 页。

[2]杨开道：《中国乡约制度》，商务印书馆 2016 年版。

[3] Wm. Theodore de Bary, *Asian Values and Human Rights: A Confucian Communitarian Perspective*, Cambridge: Harvard University Press, 1998, p. 57.

皆具有值得尊崇的个人品质，"年高德劭、才高知深、通达众凡、遵守礼度等"[1]，并非根据官阶或资财决定。选举未必通过票决的形式，但必须德才兼备，能服人心者才能当选，包括约长、约副、约正、约史等。因为乡约的公职人员并不具备任何强制力量，其合法性的基础只能来自公意，所以选贤举能、民主选举始终是乡约坚持的原则。此外，乡约的自由性还表现在其他方面，例如是否入约凭个人意愿决定，对于犯严重错误之人采取驱逐出约的举措等，其他并不强制，加入后也可以退出，"其来者亦不拒，去者亦不追"。

狄百瑞指出"乡约"之"'约'是社群的成员为互利而加入的契约"，具有人格化特色，强调个人之间对他人的需求和心愿的体谅，并重视个人财产权。[2]乡约的旨归：借文教道德精英之领导而建设稳固的、自我归束管理的地方社群，它鼓励自修、互敬、互助、自愿，鼓励成员为整个社群提供所需的"礼"，[3]他们自愿遵奉秩序的方式体现着兴礼重教的儒家传统价值观，具有教谕作用。"与一套新儒家的其他典型制度有着密不可分的联系——社仓、自保组织、地方学校和地方书院、家礼、乡饮等等"[4]，"乡约"的十六字约文，即德业相劝、患难相恤、过失相规、奖罚分明。在比亲缘与个人关系更广的范围内，实际的贯彻着新儒家的原则。[5]

---

[1] Monika Ubelhor, "the community compact in the sung", *Neo-Confucian Education: the Formative Stage*, Berkeley and Los Angeles: University of California Press, 1989, p. 386.

[2][美]狄百瑞：《亚洲价值与人权：儒家社群主义的视角》，尹钛译，任锋校，社会科学文献出版社2012年版，第55页。

[3][美]狄百瑞：《亚洲价值与人权：儒家社群主义的视角》，尹钛译，任锋校，社会科学文献出版社2012年版，第58页。

[4][美]狄百瑞：《亚洲价值与人权：儒家社群主义的视角》，尹钛译，任锋校，社会科学文献出版社2012年版，第54页。

[5][美]狄百瑞：《亚洲价值与人权：儒家社群主义的视角》，尹钛译，任锋校，社会科学文献出版社2012年版，第55页。

一、"乡约"之"礼"制实践

狄百瑞认为"乡约"有利于建设齐心协力的信约制度，在家庭、家族、宗族和社团等形式中具有自主性，体现着兴礼重教的传统，并且是很有效的推行教化的手段。朱熹借"公开劝谕"将此思想弘扬开来，作为乡约的基本依据，激发了人们"自愿合作"的理想，这一点在"约"这个词中就有所体现："约"是社群的成员为互利而加入的契约。[1]狄百瑞指出"乡约"尤其关注个人人格的特征，因为强调约众之间的相互尊重，远过于重视产权或物质交换中斤斤计较的利害关系。[2]

乡约体现了"礼"制中的人权思想。"礼"之道德和伦理教化为乡约核心内容，如《吕氏乡约》中主张"以礼化俗"，把礼仪和乡村秩序建设放在重要的位置，强调"凡行婚姻丧葬祭祀之礼"。

"乡约"讲求互利共担，于相互承担中实现人格尊严，并维护自我权利，如威尔曼所述"个人想要拥有人格尊严，除了实践理性和道德行为能力，他还需要具备其他的一些能力，如想象力、创造力、与人交往能力和关怀他人的能力"[3]。"乡约"的十六字约文中的"德业相劝"与"患难相恤"联通"约众"的情感，能够互相监督实践基层人权。

针对何谓"德"，狄百瑞引《吕氏乡约》围绕"德"进行了十分详细的规定，如下："德，谓见善必行，闻过必改。能治其身，能治其家；能事父兄，能教子弟；能御僮仆，能事长上；能睦亲故，能择交游。能守廉介，能广施惠，能受寄托，能救患难，能规过失，能为人谋；能为众集事，能解斗争，能决是非，能兴利除害，能居官举职。凡随善为众所推者，皆

---

〔1〕〔美〕狄百瑞：《亚洲价值与人权：儒家社群主义的视角》，尹钛译，任锋校，社会科学文献出版社 2012 年版，第 55 页。
〔2〕〔美〕狄百瑞：《中国的自由传统》，李弘祺译，中华书局 2016 年版，第 41 页。
〔3〕〔美〕威尔曼：《人权的道德维度》，肖君拥译，商务印书馆 2018 年版，第 30 页。

书于籍，以为善行。"《吕氏乡约》此段具体刻画了有德者的行为，如"治身"，即严格要求自己"治家"；"事父兄"，即"教子弟""御僮仆""事长上"；"睦亲故"，即"择交游"等。这些内容上到个人为人处事之准则，下到个人言行举止之内容，样样都包含在内了。

"患难相恤"的约文贯彻了新儒家张载关学惠民、济困、相互帮助以及"民胞物与"之精神，鼓励约众遵守自修、互敬、互助、自愿等原则，[1]面对乡间经常或可能发生的"患准之事"，即"水火""盗贼""疾病""死""孤弱""枉""贫乏"七种情形，分别有相应规约举措。如约众患疾，须"亲为博访医药"，若其贫困而无钱医治，则大家可以"助其养疾之费"，给予经济资助；对于孤弱无依无靠而"不能自存"的孩子，则"叶力济之，无令失所"；对于一直安贫守分，但在生活上遇到极大困难的民众，强调"众以财济之"，或"假货置产，以岁月像之"等。乡党之间，关系犹如手足兄弟，充分体现"家本位"之互信、互助思想，从而保障生命权利。

对此，国内学者对此类内容已有相关研究，如康鸿指出乡约是我国古代社会特有的一种介于国法和家规之间的道德教育形式。[2]所以，乡约主要的实现方式为道德，或亦可言以乡村自治方式实现的道德理想和礼乐教化。新儒学时期的乡约《吕氏乡约》，除了进行道德层面的教化，还详细规定了聚会、主事、赏罚等各项事务的细节和措施，使"乡约"不仅停留于文本之中，还成功地把道德规范贯彻到基层社会组织的自治性实践行动之中。

"乡约"尤其重视推行纲常伦理教化，力图通过教化实现乡民的道德约束，形成集体的道德力量。对于道德与人权的关联，威尔曼亦曾有言"道德人权是人之为人而充分必要享有的"，狄百瑞研究发现了新儒学时期

[1]张中秋：《乡约的诸属性及其文化原理认识》，载《南京大学学报》（哲学·人文科学社会科学）2004年第5期。
[2]康鸿：《陕西蓝田〈吕氏乡约〉的历史演变及其当代价值》，载《新西部》2017年第31期。

234

"乡约"中"礼"、道德与伦理教化等内容的紧密关系，并指出这正是"乡约"之特点，即深受儒家"礼"制教化思想的影响，更多是对人德行的规约，强调的是百姓凭自觉行为品性与约众互相承担、互相监督，以保证约内公平与公正秩序。

二、"乡约"之"惩戒"

狄百瑞指出，除以上所提"乡约"中对"礼"制的实践，"乡约"还具有"法"制强制惩戒的作用，表现在"过失相规"与"奖罚分明"两者之中。"乡约"具有"法"之惩戒作用。明朝时期"乡约"开始承担保甲相关职能，包括纠察息讼、检讨乡人过失等。对于约内犯有过错之人，按照错误种类，需要给以严厉的惩罚，不得姑息。[1]

"乡约"虽有着极为严厉的惩罚措施且分派人监管完成，然而对于勇于改过且表现良好者，还是会重新给予尊重，并得到约众的再次接纳。如《陆丰县志》载："能改过者，一体奖励，使之鼓舞不倦。"[2]文中正是记载了"乡约"对于改过之人的宽宏大量，并呼吁"将个人之间的自尊与互敬结合在一起，使其成为支撑一种自愿遵奉的社会秩序的自然方式"[3]，具有公开公正之人权特色。

（一）"过失相规"

对于"过失相规"条目，狄百瑞发现其并非一成不变，与新儒学精神特质一样，它是不停发展演化的。中国地域之博大，乡间民俗颇有差异，

〔1〕Wm. Theodore de Bary, *Asian Values and Human Rights: A Confucian Communitarian Perspective*, Cambridge: Harvard University Press, 1998, p. 66.
〔2〕王之正：《陆丰县志》，成文出版社 1966 年版，第 38 页。
〔3〕［美］狄百瑞：《亚洲价值与人权：儒家社群主义的视角》，尹钛译，任锋校，社会科学文献出版社 2012 年版，第 55 页。

新儒家自"乡约"创制以来，从未止步于发展规约，一直在努力完善。朱熹《增损吕氏乡约》就进一步发展了最初的《吕氏乡约》，例如，"过失相规"仍旧是强调"礼"法重要性，同时，也把比较抽象的"逾违多端"改为"逾礼违法"，将错误行径由违规上升至对中国传统"礼"制的亵渎，并将所犯错误严重者界定为违反"法"规定。[1]

　　"乡约"中具体地列举了村民可能会犯的错误，表现在三个方面，见表 5-5。

表 5-5　"乡约"所列举的村民会犯之错

序号	类别	具体内容
1	"犯义之过"	违犯道义，如酗博斗讼，言不忠信，造言诬毁等
2	"犯约之过"	违犯规约，如"德业相劝，过失相规，礼俗相交，患难相恤"等
3	"不修之过"	个人修养有所过失，如"交非其人""游戏怠惰""动作无义"等[2]

　　"义"在中国传统文化中占据重要地位，是儒家君子所推崇的德性核心，包含着忠诚、真挚、良善、互利共赢等内涵，而"犯义"基本正是对所提倡应行之"义"的对立面，即撒谎蒙骗、邪恶、自私自利等行为；"约"是指"乡约"里的主要约规，不同的地区"乡约"内容多有不同，然而在整个儒家文化体系之下，主要的内容是一致的，例如维护"礼"制宗法社会秩序、行道义、互相帮助、显明天德等约定；而"修"在中国文化语境下则是十分广泛的词汇，包含了对一切不善言行的纠正，或是说对一切美好品性的追逐。

---

〔1〕Wm. Theodore de Bary, *Confucianism and Human Rights*, New York: Columbia University Press, 1998, preface, p. 83.
〔2〕牛铭实编著：《中国历代乡规民约》，中国社会出版社 2014 年版，第 105-106 页。

　　"乡约"中明确规定了约众不得犯的错误，若有所犯，必将惩罚。有一定的"法"之强制性，"乡约"就有了保障基层百姓的公平与生存之权利。

　　（二）奖惩分明

　　狄百瑞之所以将"乡约"看作为新儒学时期于基层保障百姓人权的组织，是因为"乡约"不仅对于约众可能会犯的错误有明确的规定，而且对如何惩罚已犯错误的约众也进行了比较细致的规定。处罚事宜被当作"乡约"中比较正规的活动重点进行，以确保惩罚的强制性和有效执行性，为那些被不公正对待的约众提供客观公正的途径。乡约会定期召开约会，在约内办理并决定各种重要事宜，奖励善行、惩罚犯错之人，这是约会中是十分重要之事，要求所有约众到场，不得无故缺席。[1]

　　"乡约"所规定的对所犯错之人的处罚情况主要包括以下内容，如表5-6所列：

表5-6　"乡约"主要处罚方式表

序号	方式	具体内容
1	经济处罚	针对不同恶行，所受经济处罚不同
2	立竖牌	竖牌上记有犯事之人的姓名和所犯何事，以警醒犯错之人并告知众人
3	逐出组织	犯恶之人严重违背乡规民约，明显不能与人和睦相处，并且触犯法律者

　　"乡约"所规定的经济处罚，如《乡甲约》载："贫者拘来责治，不

---

[1] Wm. Theodore de Bary, *Asian Values and Human Rights: A Confucian Communitarian Perspective*, Cambridge: Harvard University Press, 1998, pp. 72-75.

贫者罚谷，多不过五石，少不下一石。"[1]文中十分人性化地表明"乡约"可按照家庭情况或多或少给以惩罚。惩处得来的粮食，并不会归个人所有，而是归约众共有。具体处置方式分为两种：一为放入专门的社仓，以供约内举办公共活动使用；二为将粮食变卖换得钱财，用以补贴因遇有旱涝农灾而导致的灾情，或是约众中有老幼病疾遇有紧急情况急需用钱的。

表 5-7 《大理历代名碑》中记载的部分罚款情况表

过错行为	罚款规定
卑幼凌辱尊长	罚银十两
遇有松园，只得抓取松毛	罚银五两
查获放火烧山	罚银五两
纵放妇女无耻肆恶	罚银五两
查获偷盗园间田头空地小菜	罚银二两
污秽寺院	罚银二两
攘窃猪鸡	罚银三两

对于犯错之人，约会中会决议需不需要为其立"竖牌"，竖牌用于标示此户人家有人犯过错，改过期间不得与其交往，警醒约众并对犯错之人进行监督。等改过期限已到，需看其表现，若确已改正并表现良好者，也无法轻易解除竖牌，需得到约内一定数量的有名望之人的签署保证，确立互相牵制之关联，确认无误之后，方能除掉所竖之牌。《乡甲约》中记载了不同州县所做的不同的竖牌，如有的"竖牌十面，长二尺，宽八寸"[2]。它们虽外观或有不同，但实际作用都是一致的。同时，竖牌

---

〔1〕牛铭实编著：《中国历代乡约》，中国社会出版社 2014 年版，第 149 页。
〔2〕牛铭实编著：《中国历代乡约》，中国社会出版社 2014 年版，第 148 页。

数量有限，并不是任何一种过错都需要书于竖牌之上，只有所犯恶行非常严重的才会立竖牌，此处罪行有不仁不义、不孝不悌、奸淫掳掠、欺诈败家等。

对于犯错之人，若已罚过钱银并竖牌警示，仍旧不改或是屡犯错误者；又或者对于所犯错误非常严重者，则会逐其出乡约组织，使其流落于社会街头，不再受乡约组织保护。《泰泉乡礼·卷三》有载："恶小则乡约会日面戒励之，情重则公同里排及本乡在学生员共纠举而斥之。"[1]对于所犯小错误较小之人，可以对其进行经济惩罚，联同约众内人对其进行当面教诲，促其改正。然而，对于屡教不改的惩罚方式，于《泰泉乡礼》里面有详细记载："既罚赎后五日不改，约众告于神逐之出社，除名于籍。"[2]对于罚款并上交赎金的人来说，只给他五天时间，若仍旧不知悔改的，就要将其逐出乡约组织。被逐出组织的百姓，没有了组织的庇护，其他乡邻也不敢随意接纳陌生人，在社会中的生活会非常艰难。

狄百瑞总结出"乡约"在保障基层人权时所具有的特征。第一，乡约体现礼制下的教化自觉，以宗法思想和儒家纲常对乡民进行根本教化。乡约不仅规定了乡里之间相处的规则，也规范了整个乡里应有的基本行为准则，承担了根本教化的任务。其中，乡约尤为强调儒家思想，相互守望，患难相恤，体现了早期守望相助的思想。大大提升了入约者的安全感，也增强了乡约的实际效用。

第二，乡约体现公正、民主。"乡约"作为独立的社群组织，其民众的缔结精神带有民主色彩，能够有效保障约众拥有平等权利。推选出的管理人员皆具有值得尊崇的个人品质，"年高德劭、才高知深、通达众凡、

---

〔1〕纪昀：《文渊阁四库全书》（第 142 册），台湾商务印书馆 1986 年版，第 629 页。
〔2〕纪昀：《文渊阁四库全书》（第 142 册），台湾商务印书馆 1986 年版，第 643 页。

遵守礼度等"[1]，不论官阶或资财。

　　第三，乡约有法律强制性的一面，对于犯过错的人有着相对成熟完整的惩罚机制。约众之间互相监管，互相牵制。《吕氏乡约》第二部分的"罚式"详尽对犯约者的处罚规定，如"犯义之过，其罚五百（轻者可减至四百或百）。不修之过及犯约之过，其罚一百（重者或增至二百或三百）。凡轻过，规之而听，及能自举者，止书于籍，皆免罚。若再犯者，不免"[2]。此规定对约民具有约束效力的同时，也保障约民合理权益。[3]

　　狄百瑞的研究有值得肯定之处，但也忽略了"乡约"的历史局限，即无法达到真正公平，如涉及家族利益和乡里利益冲突时，乡约往往沦为家族利益工具。再者，"乡约"并非独立于封建专制存在，明后期尤其至清朝，专制皇权参与其中后"乡约"保障基层人权的价值功能渐趋减弱。然而，狄百瑞仍旧发现了"乡约"的价值，如其自愿、互助之原初目的，很好地结合"礼""法"之特点，有效保障基层百姓权益，并认为其为世界许多民族提供了人权保障之范例等。

　　狄百瑞研究新儒学人权时，从新儒学思想"礼"制中发现了能够缓和现有人权内部矛盾的"德"性力量，他也发现了人权保障基层组织范版"乡约"等，为扩充中国新儒学人权研究视角、推动构建世界文化多元观，促进全球人权多面向健康发展等做出卓越贡献。

　　近年来，面对全球政治、经济、宗教等方面的矛盾和局部地区偶有战事争端等事实，部分地区底层人民与妇女儿童的人权并没有得到保障，不同地区在人权实践过程中仍有巨大差异。通过中西文明对话扩大人权的国际共识，已成为当今国际社会重要议题之一。在世界多元文明框架下省察

---

〔1〕Monika Ubelhor, "the community compact in the sung", *Neo-Confucian Education : the Formative Stage*, Berkeley and Los Angeles: University of California Press, 1989, p. 386.

〔2〕陈俊民辑校：《蓝田吕氏遗著辑校》，中华书局1993年版，第566-567页。

〔3〕Wm. Theodore de Bary, *Asian Values and Human Rights: A Confucian Communitarian Perspective*, Cambridge: Harvard University Press, 1998, p. 74.

人权，形成和谐的人权观念，是缓和、化解冲突并进而使得人权得以有效
实施的必由之路。

　　人权作为"人"的普遍权力，与文化道德传统与社会习俗紧密相连。
狄百瑞经过研究，总结出新儒学人权表现为"礼""法"之间的协衡。作
为社会规范和社会准则的"礼"制从一开始就具备规约性意义，如《后汉
书·陈宠传》有云："礼之所去，刑之所取，失礼则入刑，相为表里也"。
"礼"在人权方面虽无"法"之名，却一直有"法"之实。新儒学时期随
社会发展，"礼"制因不适时代，"法"思想逐渐被强化，尤其是黄宗羲等
学者大力推动了中国传统文明中"法"制思想的建设，极大推动中国"人
权"观念发展。狄百瑞认为新儒学时期"乡约"结合"礼""法"，有效
保障了基层百姓的权益。

　　狄百瑞对新儒家于"礼""法"协衡下的独特人权研究，在世界人权
多样性发展具有重大意义。中国古代的人权以天人关系为起点，首先将人
权定位为与"天权"相对应的权利，即全体"人"的权利。《礼记·礼运》
提到："人者，天地之心也，五行之端也。"发展至新儒家，更加突出了人
的个体价值。礼制下，个人体系以社会发生为起点，其关注点在于社会的
个人，而不全然是群体的。新儒家强调尊重个体对于群体的功用价值，即
社会责任感，这有利于现代人权的补充与发展，可以帮助扩展法律无法解
决的个性相关的社会问题。

　　儒家"礼"的思想有其独特优势，但同时也有它明显的局限性。
"礼"最大的局限是其森严的等级制度，下级必须服从上级，就如"君
君，臣臣，父父，子子"。虽然对于这句话的解释是各阶级的人都相安无
事各司其职便可社会太平，然而实质上社会的太平建立在严森的社会等
级之上，并且这个等级秩序在儒家看来是不容打破的，一旦打破就会导
致社会动荡不安。

　　狄百瑞对于新儒学"礼"制下人权的探讨全面深刻，切入视角独特新

颖，但仍存有弊端，如过于强调"礼"制积极意义，忽略了严苛的道德主义禁锢，以及宗法人伦中封建权贵官僚与平民百姓的差序等级等问题。传统的"民贵君轻"等思想，遮蔽了"礼"制的最终目的仍在于维护封建地主阶级统治与利益，与平民人权观念相距甚远。

对于狄百瑞对新儒学"礼"制下的人权研究，杨阳亦指出狄百瑞的关注较片面，许多相关"城市、商会、行会、会道门等"[1]，狄百瑞皆未涉及；新儒学思想中强调"礼"制宗法等观念对思想与社会发展所产生的巨大障碍等，狄百瑞亦未客观对待。但狄百瑞挖掘出的法制发展、乡约之民主特性等问题，值得国内新儒学进一步深入研究；狄百瑞提出"儒家强调以特定的方式尊重人、承担个人责任和互相支持，这对现代人权的法条主义解释方式具有补充作用，可以帮助我们解决那些仅由法律措施无法解决的社会问题"[2]，并将中西文明新儒学人权视作世界人权的有效补充，无疑极大地促进人类共同文明的有效前行。

狄百瑞亦发现了新儒家所意识到的"礼"制在惩治方面的劣势，这也是"法"制思想发展起来的原因之一。所以，狄百瑞认为黄宗羲对"法"的发展，有助于限制皇权，保障儒臣与百姓权益，解决"礼"制下人权发展的弊端与不足。

总之，狄百瑞以人文层面介入新儒学人权研究，尊重新儒学人权传统的独特性，发现了新儒学中并不逊色于西方的人权观念。这一方面有学者持有类似观点，如夏勇曾说："中国文化在以自己独特的方式来弘扬人的主体精神。成就功德，神圣的境界涅槃，由于个人的道德努力，本身就体现为一个人的尊严和价值的人。"[3]

---

〔1〕杨阳：《碎片采集与传统建构——评狄百瑞〈亚洲价值与人权：儒家社群主义的视角〉》，载《哲学研究》2012年第5期。

〔2〕［美］狄百瑞：《亚洲价值与人权：儒家社群主义的视角》，尹钛译，任锋校，社会科学文献出版社，2012年版，第142页。

〔3〕夏勇：《人权概念起源》，中国政法大学出版社1992年版，第185页。

　　尽管狄百瑞的新儒学人权研究尚存在不足，但其挖掘出的新儒学法制建设、乡约之民主特性等问题，值得国内学者对其深入研究。其从新儒学思想"礼"制中，发现能够缓和现有人权内部矛盾的"德"性力量，"新儒学"时期"法"之巨大进步，以及发现了人权保障基层组织范版"乡约"等，为扩充中国新儒学人权研究视角、推动构建世界文化多元观，以及促进全球人权多面向健康发展等做出卓越贡献，也展现了中西文明对话对于世界人权全面发展具有巨大的意义。

第六章 "天""人"难合：宗教视阈下新儒学的困境

宗教视阈下的新儒学困境的探讨，是狄百瑞中西文明对话研究的第三个主要内容，展现着其中西文明对话的独特性。狄百瑞中西文明对话强调对话的主体为双方，即不仅以新儒学的内容刺激西方文明反思革新，也以西方文明为立场，为认知中国传统文明的优缺点提供更多视角。

自近代始，国内对于儒家困境的研究纷繁复杂。主流学术思想认为："儒学要为中国近代大部分弊端负责。"[1]尤其是明朝时期，"理学本身就是罪魁祸首，就是它的'教条'和专制播下了暴政的种子"[2]。陈独秀最初以西方文明为参照系全面剖析儒学在现代社会面对的种种窘境，而后，随着越来越多有着西学背景的学者加入对儒学困境的探讨中，研究愈加深刻和理性化。如韦政通指出，与基督教的性恶论相比，以人性善为核心的儒学较为适应稳定的农耕文明，并指明儒学存在"对生命体会肤浅""道德功夫流于虚玄"[3]的弊端等。

在西方世界，首位对儒学困境研究产生广泛影响的是韦伯，其将儒学

---

〔1〕[美]狄百瑞：《儒家的困境》，黄水婴译，北京大学出版社 2009 年版，前言，第 4 页。

〔2〕[美]狄百瑞：《儒家的困境》，黄水婴译，北京大学出版社 2009 年版，第 64 页

〔3〕韦政通：《儒家道德思想的根本缺陷》，见傅永聚、韩钟文主编《二十世纪儒学研究大系》（第 20 卷），中华书局 2003 年版，第 369 页。

244

问题置于"世界宗教之经济伦理"课题之下展开探讨，目的在于佐证资本主义产生于基督教文化之下的合理性及唯他性，认为儒学从根本上缺乏可以导向成功的现代理性。

基于对以上研究成果的思考，狄百瑞围绕新儒学的困境，展开了更深入的探究。他指出"希望用'困境'的说法覆盖儒学面对各种难题，如给自己和他人制造的各种窘境"[1]。鉴于新儒学展露的儒学困境较为复杂并影响深远，在当下文明发展有着颇为丰富的可解读性，所以狄百瑞将其研究时限重点放置于新儒学时期，因此，狄百瑞也成为新儒学困境研究的第一人。

狄百瑞指出，有关"儒家的困境"是跟随他一生的问题。从 20 世纪 30 年代，他还是一个学生的时候就开始了。狄百瑞有关新儒学困境研究的目的，并非想要否定中国传统文明，或是贬损新儒学，而是认为"只有深入儒学的'优劣'才能做到'实事求是'"[2]，在研究过程中，狄百瑞亦是竭力避免出现对新儒学的过激否定，或是错误认知等情况。

狄百瑞立足世界文化多元观，以犹太先知为参照系，解析儒家君子在实践人生价值时所发挥的职能，并使用蕴涵正负两面寓意的"trouble"一词，深入分析儒家君子在历史上陷入精神困境的原因，以及当下儒家传统乃至世界传统文明传承与发展所面临的挑战。

狄百瑞的新儒学困境研究虽以基督教为参照，但他也曾明确指出"不认为儒家是宗教"，只是从"人类生活有宗教性方面，儒家也少不了"[3]的角度切入问题进行探讨。狄百瑞尤其关注了儒家思想的内在超越性，即对个体存在的超越，将自我完全融入万物发展规律之中，在自然状态下实现自我价值。

---

[1][美]狄百瑞:《儒家的困境》，黄水婴译，北京大学出版社 2009 年版，第 3 页。
[2][美]狄百瑞:《儒家的困境》，黄水婴译，北京大学出版社 2009 年版，第 2 页。
[3][美]狄百瑞:《宋明新儒学与人权》，梁涛、雷蕾译，见梁涛主编《美德与权利：跨文化视域下的儒学与人权》，中国社会科学出版社 2016 年版，第 229 页。

自近代以来，儒家宗教性的探讨一度成为热点，对其看法主要分为两派。一以基督教为标准，认为儒学仅为现世伦理，否认其存在超越思想，如谢和耐等倡导仅从人文角度解读儒学；二是随着世界文明融合，宗教概念得到极大扩展，尤其是受到西美尔（Georg Simmel）对"宗教"与"宗教性"的区分[1]影响，越来越多的人从精神超越维度研究儒学，如余英时、芬格莱特（Herbert Fingarette）、安乐哲[2]等，认为儒学具有宗教性，牟宗三与唐君毅曾提出儒学为"人文宗教"的观点，孔汉思（Hans Kung）提出儒家思想为哲人型宗教传统[3]的观点等。

狄百瑞认为儒学的宗教性，核心表现在对终极意义的追寻上，兼具对"天"的敬畏与对自我的超越两种维度。狄百瑞经研究得出结论，基督教与儒学具备相似与相异性，两者"气质"相近，存在着相似的超越追求，但在许多表现形式上存在差异。通过比较性研究，狄百瑞将两者进行互相参照，发现彼此优势与发展所遇到的困扰。

狄百瑞新儒学困境研究，主要集中于《儒家的困境》一书之中。此书包含了狄百瑞1988年5月参加加州大学伯克利分校特纳讲座（Tanner Lectures）时的内容、1988年6月在香港举行的儒教与基督教研讨会提交的会议论文、哥伦比亚大学海曼人文中心高级学者协会举办的谈论会，以及1986年5月在法兰西学士院（Collège de France）所参加的讲座等内容组成。

狄百瑞新儒学困境研究主体内容包括：第一，在宗教视阈下，儒家君子所承担的责任与犹太先知职能构成可比性，但儒家君子却并不像犹太先知一样具有强烈的神职人员的自我阶层认知；第二，儒家君子在像先知一

---

〔1〕Georg Simmel, *Essays on Religion*. Edited and Translated by Horst Jurgen Helle in Collaboration with Ludwig Nieder, New Haven: Yale University Press, 1997.

〔2〕［美］安乐哲：《礼与古典儒家的无神论宗教思想》，见刘东编《中国学术》（第3辑），商务印书馆2000年版，第62页。

〔3〕Kung Hans & Ching Julia, *Christianity and Chinese Religions*, New York: Doubleday, 1989, Introduction, p. xvi.

样行使批判现世职能时，却极为矛盾地依附了政权，因自身无法脱离政权生存，以至于不具备独立性而陷入困境；第三，儒家君子在充当现世道德楷模时，没有形成自己坚实的群众基础。狄百瑞的研究为探究传统儒学提供全新视角，回应了当前全球人文传统式微等问题。狄百瑞对儒学困境的研究有助于学者全面认知儒学传统，亦有利于培养世界多元文化格局视野，反思人文教育现状，并推动人类文明健康发展。

第一节　学者身份履行先知职能

人类古代文明，虽因地域分割而使呈现方式千差万别，然而宇宙奥秘、生存意义、普遍公义、社会和谐是每个民族共同关注的。在文明的形成阶段，犹太先知与儒家君子有着诸多可比性。狄百瑞选择以犹太先知与儒家君子作比是基于雅斯贝斯（Karl Jaspers）"轴心时代"（Axial Age）理论，犹太先知与儒家君子于各自文明创造性年代，[1]所发挥的角色职能具有可比性。在国际汉学领域中，英国著名《旧约》研究专家罗理（H. H. Rowley）也有相似观点，[2]以《旧约》文本中的古犹太先知预言与中国古代经典中圣贤言论对照来看，儒家君子与先知传统有可通处。[3]

在狄百瑞的研究中，犹太先知传达"神谕"，激发民众民族热情，在创建西方文明源头之希伯来文明时发挥关键作用。儒家君子在"听命于天"，从天道来创建尚"德"立"仁"等一整套理论学说，在铸造中国传统人性伦理、塑造中华文明等方面发挥积极作用。狄百瑞所提出的儒家困境第一点正在于君子在追求天下太平、百姓安居等目的时，施行与先知一

---

〔1〕〔德〕雅斯贝斯：《历史的起源与目标》，魏楚雄、俞新天译，华夏出版社 1989 年版。
〔2〕H. H. Rowley, *Prophecy and Religion in Ancient China and Israel*, New York: Hape, 1956.
〔3〕〔英〕罗理：《中国及以色列古先知的训言与宗教》，胡云译，基督教文艺出版社 1968 年版。

样的承接天命、宣昭真理等职能，却从未获得过与先知一样的至高无上的
神职人员身份的认可。

一、承接天命

先知的概念可追溯到公元前三千年初，多指被神选中、听取上帝旨意
向百姓传达上帝启示的人。先知由神向百姓传达的启示，主要包括历史经
验、当下困境以及对未来的预知，抨击当下人民的不善言辞，若不改正，
恐会导致严重后果，以此发出警告，并预知未来。先知是维护人神契约权
威的使者，是社会参与者与改革者，他们站在广大贫困、受压迫大众的立
场上谴责诅咒统治者、富贵者的一切恶行，并警醒恶行可能带来的灾难。
所以从某种意义上讲，先知实质上是当时思想家引领社会改革与大众精神
导向的工具。

儒家君子思想蕴涵丰富，具有前瞻性，影响深远，带着让大众知晓道
理的使命，有着先知特质。他们追求的价值具有超越性，包括完善自己、
超越自己，传递自然、社会和人生的道理，引导统治者和人民树立标准，
作为他人的典范。

中华文化萌芽之时，祭祀、占卜等活动是日常生活的重要部分。虽然
在后来的时代发展中，祭祀仪式渐渐被简化，儒学许多"礼仪"也受到影
响，但在思想深处，这种宗教性从未间断，尤其到新儒学时期新儒家对成
"圣"的热烈追逐和宗教性的热情。

狄百瑞对儒家思想宗教性的体认，首先表现在对"天"的敬畏上。儒
家君子认定"天"为世间万物的"主宰"，在儒家君子心里，天命所代表
的良知和理想是评定人间事务的终极标准。狄百瑞的这一论断，比较准确
地反映世人对天命的敬畏。古代中国无论王者即位，或是农业收成等，皆
寻求与"天"的感应，如"宣昭义问，有虞殷自天"（《诗经·大雅·文

王》），并以"礼"祭祀供奉，以示忠诚与敬仰，这在狄百瑞的研究中被视为"天"之宗教职能的展现。

"天"是儒家思想系统中是超越世间万物的存在，至高无上，地位之高类似于基督教中"上帝"。在中国思想史上"天人之际的问题，是困扰着、振奋着中国古代思想史的'永恒的主题'"[1]，"天"被视为人间价值的源头，是儒家君子们修身养性的最终价值呈现，即听天命，从天命。孔子曾经就此发出感慨："朝闻道，夕死可矣！"（《论语·里仁》）所谓天"道"，即是所遵"天命"，儒家君子甘愿承担"天"与百姓之间的使者这一职责。

为了维护"天"之神圣性，儒家君子努力承担中介传达的职责，并将与"天"沟通当作最高目标。狄百瑞以孔子为儒家君子典型代表，它认为孔子为能够做好"中介"而修身养德，以赢取天赐的"外在状况的道德心力"[2]，达到"天德流行境"[3]的状态，有关此类观点的讨论，学术界并非仅有狄百瑞一人，而是早已在学术界广为探讨，其中刘殿爵亦称"孔子或许是又一个箴言先知"[4]。

先知听命于上帝的差派，将上帝的旨意传达给众人，儒家君子作为个体直接感悟"天命"之"道"[5]，将上天对百姓的爱与启示传达的给黎民百姓。儒家君子与天沟通，通晓明理，从万物发展的立场出发，立足儒家，终极追求是造福百姓。

对"天命"的感知并非仅存在于孔子身上，这是儒家君子普遍具有的品质。新儒学将儒家君子直接悟道可知天命的能力，发展成"心性之学"。狄百瑞指出，新儒学中强调人心的悟"道"功用，认为"人心可以直接

---

〔1〕魏启鹏：《简帛文献〈五行〉笺证》，中华书局 2005 年版，第 169 页。

〔2〕Wm. Theodore de Bary, *The Trouble with Confucianism*, Cambridge: Harvard University Press, 1991, p. 54.

〔3〕唐君毅：《生命存在与心灵境界》，学生书局 1991 年版。

〔4〕D. C. Lau, *Introduction to Confucius: The Analects*, London: Penguin, 1979, p. 15.

〔5〕［美］狄百瑞：《儒家的困境》，黄水婴译，北京大学出版社 2009 年版，第 14 页。

'学道'，'道'是根植于人心的种种原则，是通过心灵感知获得不同于在文化继承中于书本或其他途径获得的知识"[1]。

　　狄百瑞认为儒家君子所担负的先知职能中，言论的责任属于先知训言范围，如罗理将希伯来先知定义为"指那些受命来宣告一种讯息的人"[2]。狄百瑞认为古代以色列先知与儒家君子所处社会环境有别，但二者有着诸多相似性，如同样自觉有受于上帝或"天"；都对当下有不善言行之人提出批判，并对持续现状可能会导致的后果发出预警；他们都有众多学徒记录言行，这些学徒都拥有着超高的智慧。孔子与孟子皆具有足以与犹太先知相媲美的大无畏勇气来传达"天命"之智慧。对这样的观点于汉学界也已有大量探讨，如秦家懿亦认为，新儒家以造福百姓为出发点，为统治者和人民奔走，他们所采用的经学、圣人和上天的名义言说的形式和希伯来的先知一样。[3]

　　在承接天命的同时，狄百瑞认为儒家君子不仅能够通过内在启示或自我省察直接感悟"道"[4]，更是承担起沟通"天"与人之间的中间角色，将真理宣昭世间，"为众人提供生活洞见"[5]。在这一点上，儒家君子被视为泰勒所说"倾听天的声音并透露给人类的人"[6]，罗理也曾说儒家君子与犹太先知为"那些受命来宣告讯息的人"[7]一样，"昭示着最原初的真理"[8]。

〔1〕［美］狄百瑞：《儒家的困境》，黄水婴译，北京大学出版社 2009 年版，第 13 页。

〔2〕［英］罗理：《中国及以色列古先知的训言与宗教》，胡云译，基督教文艺出版社 1968 年版，第 5 页。

〔3〕Julia Ching, *Confucianism and Christianity*, Tokyo: Kodansha, 1977, p. 102.

〔4〕Wm. Theodore de Bary, *The Trouble with Confucianism*, Cambridge: Harvard University Press, 1991, p. 12.

〔5〕Wm. Theodore de Bary, *The Liberal Tradition in China*, New York: Columbia University Press, 1983, pp. 14-15.

〔6〕［美］罗尼·泰勒：《儒家传统的宗教特征》，魏长宝译，《国际汉学》（第 6 辑），大象出版社 2000 年版，第 389 页。

〔7〕［英］罗理：《中国及以色列古先知的训言与宗教》，胡云译，基督教文艺出版社 1968 年版，第 5 页。

〔8〕Julia Ching, *Confucianism and Christianity*, Tokyo: Kodansha, 1977, p. 102.

250

二、"宣昭真理"[1]

　　先知主要的职能在于承接天命，但于民众来说，其宣昭真理预知未来的职能才是更具现实意义的，即通过历史教训，指出当下世人所行所为可能会导致的后果并警示未来。《圣经》学者奥布赖特（William F. Albright）曾经给先知下过一个定义："先知是一位克里斯玛（Charisma）式的精神领袖，接受上帝的直接委派，警示身处罪恶险境中的民众，并且向他们宣讲纯正宗教和道德的改革与复兴。"[2]而儒家君子代表来自天的唯一"真理"，即最高价值标准，并以此来更新道统、抗衡暴君。

　　先知最初对世人的贡献在于用上帝的话语拯救民族精神。前8至前5世纪，希伯来民族陷入混乱，国势渐衰，民众的生存坏境极为恶劣，社会各族杂居使个体之间的冲突日益尖锐，国家政体分裂，人们没有精神凝聚力，社会极为不稳，民不聊生。先知正是在此显示出极为强大的凝聚力，带给人们力量与希望。

　　与此相比，春秋战国也是大变动时期，华夏大地被各种势力分解为不同的小国家，每个国家都有自己的政体理念，每个国家都欲变得更加强大。战乱带来了社会混乱，民心散乱。儒家思想以太平盛世为宗旨理想，提出一整套理论体系，拯救乱世。

　　狄百瑞经研究发现，儒家君子的价值虽指向现世，却并非完全向世俗妥协，反而极具真理性和批判精神。韦伯认为"儒教完全是入世的俗人道德伦理，并且儒教是要去适应这个世界及其秩序与习俗"[3]，狄百瑞指出儒家君子绝非随波之流，而是一批颇具改革思想和批判精神的人，他以孔子

〔1〕［美］狄百瑞：《儒家的困境》，黄水婴译，北京大学出版社2009年版，第14页。

〔2〕William F. Albright, *From the Stone Age to Christranity Monotheism and the Historcal Process*, Baltimore: The Johns Hopkins Press, 1940, p. 232.

〔3〕［德］韦伯：《中国的宗教：儒教与道教》，康乐、简美惠译，广西师范大学出版社2010年版，第213页。

为例，"孔子看起来极为尊崇传统，但是，他所处的时代正是一个明显挑战传统形式和规则的时代"[1]，因此狄百瑞强调"君子的职能就是对皇帝提出警告"[2]，这与西方对先知职能认知一致，具备的批判精神。

在狄百瑞的研究中，儒家君子在传承古训的职能上，也和先知有着极大的相似之处。儒学是孔子在继承古训的基础上革新发展而来，儒家君子历来崇古，对经典中的"古之遗言"与"古之遗贤"津津乐道，对古代礼乐文明喜爱有加。面对人心不古、礼崩乐坏的局面，孔子等儒家君子并非放弃理想，妥协现实，而是批判。狄百瑞发现，乱世之中的儒家君子对现世的批判与警示，与先知何西阿（Hosea）、约珥（Joel）、阿摩司（Amos）、那鸿（Nahum）等《旧约》先知等所发挥的宣昭真理的职能相一致。[3]罗理也指出，儒家君子发挥出了一种与先知一样的启示与预知职能，他们同样关注历史教训，渴望消除世间黑暗与罪恶。[4]

韦伯认为，"儒教完全是入世的俗人道德伦理，并且儒教是要去适应这个世界及其秩序与习俗"[5]。针对韦伯的观点，狄百瑞认为儒家君子，不仅有着积极入世的思想，更有与先知面临危难之时所具备的批判精神。"儒家强烈地肯定生命，追求人类经验所具有的价值"[6]，孔子坚持认为，为了让天下有道，他必须改变现状，那么他肩负的使命一点儿也不亚于先知身上的负担。实际上，孔子不仅要不遗余力地保存人类的文化，毕竟圣人和人杰正是通过文化才把"道"带到这个世界上；同时，他还要努力改变一切背道而驰的流俗。

---

[1][美]狄百瑞：《儒家的困境》，黄水婴译，北京大学出版社2009年版，第32页。
[2][美]狄百瑞：《儒家的困境》，黄水婴译，北京大学出版社2009年版，第111页。
[3] Wm. Theodore de Bary, *The Trouble with Confucianism*, Cambridge：Harvard University Press，1991, p. 12.
[4][英]罗理：《中国及以色列古先知的训言与宗教》，胡云译，基督教文艺出版社1968年版，第58页。
[5][德]韦伯：《中国的宗教：儒教与道教》，康乐、简美惠译，广西师范大学出版社2010年版，第213页。
[6][美]狄百瑞：《儒家的困境》，黄水婴译，北京大学出版社2009年版，第51页。

三、无独立的神职人员身份认可

狄百瑞经研究发现，儒家君子的第一个困境，正是基于儒家君子所具备的与先知一致的以上两项职能，却不具备先知神职人员身份上。"天命"之于儒者的意义，在宗教性上等同于"上帝"之于先知。基督教的救赎源于上帝的爱与信众的追随；在儒家思想中，想要达到太平盛世的境况，需听天命、从天命。先知与上帝的融合得到了信众的认可，然而，儒家君子努力与天相合，却得不到任何相关身份认可。

中西传统文明有着截然不同的哲学逻辑思维方式。在西方世界观中，神是无以企及的，不可能与人相一致，上帝与人之间的使者只能发挥传递信息的功能。先知带着神全部的爱与信众的所有期待，是上帝所信任并差派的使者，确保信众收获上帝同等的爱。

而儒家思想中，人与天可一致。董仲舒曰："天亦有喜怒之气，哀乐之心，与人相副。以类合之，天人一也。"[1]情感一致，天人合一，人人皆可理解于天，通过修身养性皆可听天之命，无须明确的使者。儒家君子努力修身养德以听天命，终生都在为百姓谋福，建构稳定的宗法人伦秩序，确立"仁义礼智信"的社会价值，推"天子"为"中介者"修"天德"，以达"仁义礼智、天道在人"之境，到头来百姓敬重的唯天子一人。

与西方百姓对神以及神的使者先知的绝对依赖相比，儒家文化里，人民大众更依赖天子与人伦，而为之努力的儒家君子，并未得到与西方先知相类似的身份与地位。

---

[1] 董仲舒：《春秋繁露》，中华书局 1975 年版，第 418 页。

（一）重人伦关系过于神人关系

先知的形象从来都是与上帝联系在一起的，他们爱人是因为上帝，上帝将天下人民皆看作自己的孩子，天下众人皆为兄弟姐妹，神人关系重于人的血亲人伦。在基督教的信仰里，所有的信众都是上帝的孩子，信众之间都是兄弟姐妹，而有着血缘关系的人，也是上帝的恩赐，其感情要弱于心中与上帝的关联。如若亲生父母阻碍自己信仰上帝，可与父母断绝关联。至于亲朋之间的爱，皆缘于上帝，上帝爱世人，世人遵守上帝的意愿而爱世人。

而在中国历史上，人们鲜少提及"爱"，更多的是谦恭与尊敬，即便是对"天"，是带着距离感的"敬畏"。"敬"源于不够了解，没有安全感，带着畏惧，如《礼记·表记》中所记载的，人们所有的情感皆来自对鬼神的复杂态度上，即又畏惧又尊敬。后来儒家思想继承了夏、商、周之时对于对待鬼神的态度，明确地提出了"敬鬼神而远之"，并不会像信众与上帝一般构建亲密的关联。中国传统文明中，情感的来源是对鬼神的敬畏，从未谈爱，无爱神难以谈爱陌生人，倒是对自己身旁的亲近之人，即有血亲之人更加熟悉与有安全感，牵扯更多欲望与关联。

在中国的传统思想中主张爱亲近之人应过于爱神。《论语》载季路问事鬼神，子曰："未能事人，焉能事鬼。"这都是爱人过于爱神的思想之表现。中国传统上，家庭是最重要的基础单位。家庭看起来已经足够成为"我"与"国"之间的连接。杜维明在其著作《论中庸》中强调，从儒家的修身到信用社群的概念之间存在连续性。"家庭是根基，社群、国家以至天下的和谐就是齐家的自然结果"[1]，针对"儒家由修身、齐家到治国、平天下理念上的一以贯之"[2]，即社会组织原理及伦理规范皆以家为中心。

---

〔1〕Tu Wei-ming, *Centrality and Commonality: An Essay on Confucian Religiousness*, New York: University of New York Press, 1988, p. 115.

〔2〕金耀基：《金耀基自选集》，上海教育出版社 2002 年版，第 164 页。

254

（二）儒家君子缺乏自我身份认知

狄百瑞经研究发现，儒家君子能沟通于天的身份没有得到认可，还在于没有强大的身份阶层意识，即"缺少一个强大的中产阶层。否则，中产阶层可以提供其他的职业选择；可以利用剩余财富和闲暇精力去扶持那些基本上独立于文官统治和官方机构的文化事业或机构"[1]。这个中间阶层十分重要，像西方的神职人员，可以通过庞大的自我组织，一来可以吸纳许多知识分子，吸引更多的人接受教育；二来可以形成并扩大介于家庭和国家之间的中间阶层，利于公共群体的形成。

西方的教会扶持了许多的学校，这些学院或者大学提供广泛的体制教育。为了保障中间阶层的利益，儒家君子也做了许多努力。例如出于自身的良知挺身而出，痛斥不公或者纠正令官府都束手无策的不仁不义的行为。但是，他们很少能够成功地领导具有较大政治影响和意义的运动。各地官吏由皇帝选派，充当统治者和百姓之间的调解人，无法参与到治国和世俗之中。

狄百瑞在分析儒家君子陷入如此困境的原因时，对照了有着广泛基层支持的犹太先知。他认为儒家君子显得势单力薄、毫无势力的根源在于没有通过"天"与大众建立紧密关系，强化自己的身份。

先知呼吁信众必须按照上帝的"律法"生活，并将自己与上帝以及信众紧密相连，先知话语的主体是族群内的每一位民众，[2]鼓舞所有的人都参与其中，没有人可以免除责任。[3]先知与上帝对话，寄托了乌托邦思想（《阿摩司书》7：12）、大同思想（《以赛亚书》2：2-4）以及世界主义意识（《约拿书》）。《圣经》中类似安抚人心的话语，使生活在颠沛流离中

〔1〕［美］狄百瑞：《儒家的困境》，黄水婴译，北京大学出版社 2009 年版，第 107 页。
〔2〕Abraham J. Heschel, *The Prophets*, New York：Harper, 1962, pp. 6, 14, 16.
〔3〕朱荣贵：《西方儒学之干城：狄百瑞的儒家研究》，见傅伟勋、周阳山主编《西方汉学家论中国》，正中书局1993年版，第 135 页。

的人们获得宽慰与希望，增强了人民的信心和凝聚力。

　　狄百瑞总结得出，相对于犹太先知与信众的关系，在儒家思想中，"天"对平民没有任何要求，平民甚至无需向"天"承担任何责任。"只有统治者及其王朝必须为百姓的疾苦负责，百姓不会因为背信弃义或者玩忽职守受到斥责。"[1]儒家君子难以在群众之中构建坚持后盾，有以下三个原因：第一，中华民族有农耕的传统，风调雨顺的自然环境足以维持百姓生计，鲜少会遭遇犹太民族危机生存的状态；[2]第二，儒家思想注重人伦秩序，规定"中人以上，可以语上也；中人以下，不可以语上也"（《论语·雍也》），认为百姓只需好好种地即可，董仲舒甚至将普通百姓定性为"瞑民"，"民者，瞑也；士不及化，可使守事从上而已"（《春秋繁露·深察名号》），百姓即愚昧混沌之人群，只配拥有听从教化、守事从上的本分；第三，儒家思想中百姓有推翻暴政的权力，即"变置社稷"（《孟子·尽心下》），民众受教育而明智，这对于帝王来说便存在威胁。这一系列思想与行为，使得儒家君子难以建立自己的组织与坚实后盾。

　　先知立志天国世界，不介入世俗政治权利，建立自己的组织和经济基础，与世俗政治并驾齐驱甚至凌驾其上。与之相比，狄百瑞指出儒家君子身处的困境，即儒家君子积极入世，自我理想只能通过入仕为官来实现，中国历史上也不存在与儒家君子关联紧密的群体与组织，儒家君子关爱百姓，而百姓仅需过好生活，不需为儒家君子承担任何责任。而儒家君子赖以生存的官府体制，无法为儒家君子提供足够安全与太平的生存环境，[3]面对此困境，狄百瑞认为儒家应建立能够与自身群体关联紧密的阶层，赢取一众坚实的信众，并努力做到经济独立。如此方能够在乱世中保全性命，得以维护自我尊严与个人权益，儒家君子也才能够在相对宽松的环境下，

---

〔1〕Wm. Theodore de Bary, *The Trouble with Confucianism*, Cambridge: Harvard University Press, 1991, p. 13.

〔2〕Wm. Theodore de Bary, *The Trouble with Confucianism*, Cambridge: Harvard University Press, 1991, p. 90.

〔3〕Wm. Theodore de Bary, *The Trouble with Confucianism*, Cambridge: Harvard University Press , 1991, p. 30.

实现自己的理想抱负与最终追求。

第二节　殉"道"抑或忠君

　　狄百瑞在儒家困境讨论中尤其关注"领袖品质"的相关问题，并认为这是儒家君子陷于窘迫境地的主要根源。先知和儒家君子皆被视为早期政治的重要参与者。古以色列君权确立之时，先知撒母耳以其独特的身份证明了"君权神授"的正当合法性。先知参与政治时，其立足点、出发点以及最终目的皆是上帝。而狄百瑞指出"儒家从一开始就把辅佐统治者，以及训练社会和政治领袖当作自己的责任"[1]。先知立足宗教参与政治，而儒家君子是通过政体、礼制等外在的形式表达儒家追求。

　　狄百瑞认为，儒家君子自己所提倡的以宗法伦理为基而建构起来的君臣关系最终导致了他们所陷的困境。最初，儒家君子以师友身份参与政治，君臣之间互相尊重、谦让，"君使臣以礼，臣事君以忠"（《论语·八佾》），双方行为均有相应的规范，君臣恪守自己的本分，以融洽和谐为主流。孟子于《孟子·万章下》中描绘理想政体虽为集权，但帝王能够与儒家君子制衡，君子履行职能时，能自如游走在权力和财富地位之间，不被其束缚。

　　然而，以"五伦"，即"父子有亲，君臣有义，夫妇有别，长幼有序，朋友有信"（《孟子·滕文公上》）为核心的宗法结构中，臣对君的"忠"和"义"，由子对父的"孝"推演而来，君臣之间形成固定的差序等级。和平时代，君臣尚能够和谐相处，在动荡的社会环境下，有着批判职能的儒家君子，在发挥职能为民请命时，君臣关系必然出现偏差，君子就陷入精神甚至生存困境。

---

[1] Wm. Theodore de Bary, *The Trouble with Confucianism*, Cambridge: Harvard University Press , 1991, p. 88.

一、儒家君子的现世追求："仁治理想"

儒家君子政治上所追求的最终目标"仁治理想"源于三代，早在尧时期就有对君主的要求，如"克明俊德，以亲九族。九族既睦，平章百姓"，君主应该具备美德，而后才能够使得天下太平。古代对于君王的记载没有过多征战的记录，更多的是对其美德的要求，如恭敬、克己、谦虚、尊敬，"德披天地，恩泽九族"等，这些思想几乎奠定了整个中国传统文明的"重德"基调。儒家很好地继承了这一思想，并围绕此发展出一套完整、独立的思想体系，狄百瑞将其总结为"领袖品质""君子职能"等，并指出"从一开始，儒学的困境就来自于奠定了传统仁治理想的神话"[1]。

儒家崇古、厚古以至托古，对于三代时期由宗法血缘伦理亲情建构出的王道政治制度推崇备至，这种由上天、下民、中王德三个维度构成，圣王，太平盛世与百姓安居乐业，正是儒家的政治理想。三代时，政治文化既强调对于天命的敬畏，也强调对于民众，尤其是社会弱势群体的体恤与关照。天子的强大权威，加之宗法血缘伦理，形成的与侯王共治天下的良性政治格局，在从原始社会至国家形态形成初期，确实有一段时间十分和谐。在那段时间里，天子与诸侯和谐相处，共谋发展，然而周天子时诸侯因着地缘优势与政体改革而逐渐发展起来，导致天子与诸侯实力差距缩小，宗法秩序不再具有约束力，战乱四起。

春秋战国时期，面对不稳定的时局，儒家呼吁尊天敬命，尊礼重教，体恤百姓，回到三代政体以稳定时局，帝王修德重新被重点强调。在此社会环境下，"德"被极大推崇，并作为衡量帝王的重要标准，有"德"才能够成为足以教化万民的"圣王"。服务于百姓，开创太平盛世，使百姓

[1]［美］狄百瑞：《儒家的困境》，黄水婴译，北京大学出版社 2009 年版，第 2 页。

安居乐业才是理想的"圣王"。

在此后的朝代中，理想的政体皆围绕仁政，即"德治"展开。"圣王"以德立足于统治地位才能与天齐，大臣以德辅佐帝王，天下才得以太平，百姓皆有"德"才能够安居乐业。

狄百瑞由此指出先知的所有政治理想，皆最终指向上帝，而儒家传统中，政治理想却完全依赖于人之"德"，脱离了"天"。由此，儒家君子"天人中介"的地位被大大减弱。

辅佐圣人以有"德"是儒家君子的自我责任，将"志于道，据于德，依于仁，游于艺"（《论语·述而》）看作儒者纲领，独特的精神风貌和社会功能使其成为社会独特阶层，然而，儒家君子并无自己的制度或组织，他们以官吏、学者和教师三重角色自认，[1] 主要以个人讲学著述、道德示范、入仕参政三种方式实现自己的价值理想，其社会地位的巩固主要来自入仕参政，为王者之师友，济世安民与关怀现实为儒家君子的政治理想。儒家君子具有强烈的责任感，立志通过严格约束、锻炼、塑造自己，以期成为社会的良心并坚守"仁政理想"，当君主滥用权力、恣横纵欲时勇于批判，为百姓谋福。

在批判当世政治时，儒臣不免与君王产生不悦，但儒家君子，仍能如先知一般，无论身处如何贫困卑微的境地，仍然知足常乐。"君子虽然身处政治逆境，但是依然维护自己的尊严，忠于内心对于正确合宜行动的感受，君子依然完成了他个人的道德使命。"[2] 即使没有身份地位，他依然可以通过成为一个君子成就自己"人不知而不愠，不亦君子乎"（《论语·学而》）的追求，"不论遭遇怎样的命运，君子始终恪守自己宣称的原则，献身于达道。"[3] 聆听孔子教诲的文人，大都身处逆境，没有得到他人认可、

---

〔1〕[美]狄百瑞：《儒家的困境》，黄水婴译，北京大学出版社 2009 年版，第 105 页。
〔2〕[美]狄百瑞：《儒家的困境》，黄水婴译，北京大学出版社 2009 年版，第 8-9 页。
〔3〕[美]狄百瑞：《儒家的困境》，黄水婴译，北京大学出版社 2009 年版，第 9 页。

所从事的职业不稳定、没有安全感，"却以高尚的心灵和宠辱不惊的心态超越这些困难"[1]。

儒家君子为实现终极价值，即造福百姓，履行着"听天命，从天命"的职能，类似于"审判先知"所发挥的功用，如"他们在文化核心上为保守主义者，但在政治上是批判改良与发展者"[2]，儒家君子担负着承接天命与宣昭真理的使命，在坚守真理时不免批判现世和传续传统文化等，这导致儒家君子政治身份下隐藏着无数的矛盾冲突点。

二、帝制体制的隐患

西方基督教传统下的神职人员致力于将信仰与政体分离成两套社会体系，儒家思想文化则致力于将理想追求融汇于政治生活中。"天"为终极存在，但儒家君子仍以建构政治秩序为唯一途径实现价值。

儒家君子认为"天命"可转化为"天子之命"，经过董仲舒的演绎，王权被天人感应为超然的神授，宗法秩序确定为礼仪的准绳，等级良知成为培育仁爱的终极目标，承载道德的物体嬗变为世俗权威。历史经验证实，"天子"作为拥有至高无上权力之人，绝对的权力会使人性变得摇摆不稳定，难以真正受到"道德"的约束。

"道德"在中国传统思想体系中占据重要位置。在专政体制中，道德因依附于政权强制，所以具有自觉追求之外的工具性，不仅用于自我包装，更有甚者会用来攻击他人。"道德"起始时多用于自律，秦朝时，儒家学说与政治融合，"德"性异化为统治辅助手段。

至明朝时期，在复杂的社会经济环境下，儒臣的高尚追求与生存困境

---

[1] [美] 狄百瑞：《儒家的困境》，黄水婴译，北京大学出版社 2009 年版，第 31 页。
[2] Wm. Theodore de Bary, *The Trouble with Confucianism*, Cambridge Harvard University Press, 1991, p. 95.

之间的矛盾日益激烈，如李贽所述道学家"阳为道学，阴为富贵；被服儒雅，行若狗彘"，道出儒臣虽满口仁义道德，心中却向往权力与金钱的现象。他们空谈性理之学，醉心于功名利禄，而对于"经世济民"之策却一窍不通。

狄百瑞指出："作为理学教育理念的核心，'修身'过于强调个体依靠自身的道德意志控制局面。"[1]狄百瑞以明朝开国皇帝明太祖朱元璋为例，他废除宰相制，将所有权力集中于一人之手，通过颁布一系列诏令，成为政治、思想、理念、伦理等各方面的主宰，道德对其几乎无约束作用。

三、紧张的君臣关系

狄百瑞经研究儒家君子的现世追求与封建社会的帝制特点，得出儒家的困境表现在君臣关系无以制衡，即儒家君子的崇高追求与不稳定的社会地位之间存有矛盾，使其陷入两难境地。太平盛世下，君臣可以和谐相处、互惠互利，然而政体发展至极端专制时期，坚守"道"义的儒臣，显然会成为最直接的"受害者"。

（一）入仕儒臣对权力的依附

儒者历来是中国历史上文化思想传统的决定性人物，他们的社会地位主要来自入仕为官。入仕的途径主要是世袭，也有参加科举考试等。入仕为官的儒臣，皆抱有儒家思想，即缔造"圣王"造福百姓，所以，与帝王和谐相处是所有入仕儒臣的立命之基。

孔子于《论语·述而》中，就已讲明入仕儒臣的德行与理想，具体如表6-1所列：

---

[1]［美］狄百瑞：《儒家的困境》，黄水婴译，北京大学出版社2009年版，第65页。

表 6-1　入仕儒臣的德行与理想

序号	原典	展开描述
1	志于道	充当社会的良心，具有理想主义、批判精神和人格尊严
2	据于德	严格约束、锻炼、塑造自己，修身成性
3	依于仁	成为礼乐的人格化身，尊崇儒学、礼用贤士、开道求谏、以民为贵
4	游于艺	儒家应持理想之道观照、分析现实政治，不为其辩护

秦朝前期，儒士纷纷遵循孔、孟、荀的话语与思想体系实践自我，然而，秦朝以后儒臣进入专制政体世俗等级阶层之中，开始依附政权。有些儒士曲学阿世，枉道求仕。社会环境与自身缺陷，导致"吾道非也"的情况纷纷出现。

"从道不从君"这一理想，在其决定入仕开始便丧失了独立性和社会性。一旦君主拒绝纳谏，儒臣要么放弃，要么死谏。作为儒士，应当坚信道尊于势，以天下为己任；但作为臣子，又必须忠君，遵守权限规定。而这个权限谓之"礼"亦是儒家的政治理想，即建立以血亲为纽带的上下尊卑的有序的社会秩序。

选择"从道"还是"从势"是儒士精神紧张与心灵痛苦的原因之一。入仕儒臣在毫无权势的境况下，"道"只得屈从于"势"，自身的独立性与价值全部被纳入专制政权之下。

先知把世界分为天国世界和世俗世界，世俗世界暂时被恶魔撒旦蛊惑，满是邪恶，而天国才是被上帝所掌控，是正义与公正的代表，他们不介入世俗政治权利。由此，先知建立自己的教会组织和经济基础，能够自给自足，侍奉天国世界，与世俗政治并驾齐驱，甚至能够凌驾其之上，有自己独立的安身立命之所。儒臣与先知不同，他们实现自我理想所采取的方式由儒学的特性决定。对于这种差别，余英时曾提出自己的观点："中国古代知识分子所持的'道'是人间的性格，他们所面临的问题是政治秩序的重建。这就使得他们既有别于以色列先知的直接诉诸普遍性、超越性的上帝。"[1]

儒臣没有独立性，也表现在经济上。宋代张载对此曾有过专门的研究，指出"士流穷困"是士人丧失人格尊严的重要原因。"而士流穷困，有至糟糠不厌，自非学至于不动心之固、不惑之明，莫不降志辱身，为身谋而屈道。"[2]遇到重视知识的帝王尚可，一旦身处并不认可知识的时代，儒臣只得安贫乐道，更有甚者饥饿至死，为了生存，儒臣不得已降志辱身。儒家君子无法依靠自己的知识和才能生存，这种不稳定性被专制君主所利用，要么竭力侮辱，压制甚至讥讽儒士之人格；要么以高官厚禄引诱之，使其不得不为了生存而依附皇权，丧失自主独立性。

（二）入仕儒臣对官场中的自我定位

儒家君子在入仕之前，首先是一位儒家君子，具有批判现实等促进社会发展等职责。然而，入仕为官之后，儒家君子这一职能在行使时更多地考虑统治者的立场，不能恣意发挥所有智能。如若毫不介意阶级立场，便很容易限制帝王权利，导致君臣关系失衡。从这一角度来讲，良好的君臣关系在专制体制中并不多见。从此立场来说，宋神宗是一位难得一遇的帝王，在面对王安石近乎颠覆性的改革面前他们能够互相信任，宋神宗给儒臣以施展拳脚的空间。君主专制政体结构中，入仕儒臣唯有通过获得君王的信任与支持，才有可能实现自己的儒家理想与追求。

孔子于《论语》中提出"君使臣以礼，臣事君以忠"（《论语·八佾》），强调君臣之间应以礼相待。孟子在孔子的观点上进行了更加详细的延伸，

---

[1] [美]余英时：《中国知识分子的古代传统——兼论"俳优"与"修身"》，见[美]余英时著《士与中国文化》，上海人民出版社 2013 年版。
[2] 张载：《张载集》，中华书局 1978 年版，第 355-356 页。

提到"君之视臣如手足，则臣视君如腹心；君之视臣如犬马，则臣视君如国人；君之视臣如土芥，则臣视君如寇仇"（《孟子·离娄下》），指出君臣关系是相互的，如果君对臣无礼，就可能出现秩序崩解，最终导致动乱。封建政体中，信奉"君权至上"的模式，君主掌控一切，儒臣从政的意义，表现在皇权与皇家利益的实现上。

如果君对臣不敬，臣对君则应敬而远之。没有特殊地位作为后盾，孟子试图通过强调儒臣师长身份提升儒臣地位，"恭敬者，币之未将者也。恭敬而无实，君子不可虚拘"（《孟子·尽心上》），孟子认为对别人提出警告是自己的责任，即便依附政权，也要保持现实批判精神。即便以为儒家能够肯定现实世界，他也完全可能对既定秩序提出严厉的批评，坚守自己的良知，提出绝对的要求和主张。对此儒臣有没有放弃争取，后世发展出了谏诤等制度。其中，新儒学时期发展出来的经筵制度是另外一个例子，且受到新儒家的重视。以经筵为中心发展起来的帝王学是新儒学政治思想的一个高峰。程颐、朱熹、真德秀批判统治者时，皆援引圣王时期的理想秩序，并指出"君臣之间的关系理应以相互尊敬为基础，而不是后者一味迎合前者"[1]。

狄百瑞指出"君子对统治者提出警告，以免他们因为违背天命而遭受灭顶之灾"[2]，这种批判精神不仅表现在孔子身上，当遭遇统治者的暴行，有良知的儒臣就会进行英勇无畏的抗议。这种冲突在新儒学时期表现得尤为明显，例如，方孝孺孤忠赴难，反抗明成祖的篡位夺权和压迫；海瑞冒死上疏，痛斥明世宗的无能和腐败等。

（三）暴君下入仕儒臣何去何从

皇权专政下，皇帝最忌分权于人，这使得儒家君子的政治主体身份无

---

[1]［美］狄百瑞：《儒家的困境》，黄水婴译，北京大学出版社2009年版，第19页。
[2]［美］狄百瑞：《儒家的困境》，黄水婴译，北京大学出版社2009年版，第14页。

264

法得到保障。皇权之利与儒家君子所追逐的百姓之利，本身相背离。入仕的儒家君子于专制皇权下想要推行改革、造福百姓等与君互利尚可，若触及帝王利益，就显得局促，加之儒臣缺乏有力的群众舆论与支持，一旦君主拒绝纳谏，儒臣理想多数沦为空想。

狄百瑞以朱元璋为例，其废除宰相制，将所有权力集中于一人之手的做法，将许多坚守"道"义的儒家臣子推向绝路。对此，黄宗羲和顾炎武都写过文章猛烈地抨击王朝体制，认为此使许多有良知的儒臣陷入绝望的困境中。[1]

黄宗羲无论在否定帝制权威还是在立"法"以制衡君权等都说明，新儒家已经开始尝试动摇君主专制政体。而发展至吕留良，又将此观点向前推进发展。清初时，面对清朝统治，吕留良更多了一层立场来反思专制与皇权的正统与合理性，对帝制系统有了更强烈的质疑和批判。吕留良对皇帝权威的否定比黄宗羲的态度要更为坚定，更是说出"天子之位，乃四海公家之统，非一姓之私"（《四书讲义》）之类的言语，一方面若德可配位，谁都可以被称为天子，没有任何人天生就是天子，天子若德不配位，百姓有权将其推翻；另一方面，吕留良指出天子应该为天下人谋福利，而不是仅因"唯恐失却此家当"（《四书讲义》），急于为自家谋取私立，满足个人私欲。显然，在吕留良心中，官府存在的意义，仅是为了开创太平盛世，保障百姓利益。

吕留良反对君臣关系是人伦核心"父子"关系的延伸这一命题，称"君臣关系本应是所有道德关系中最严肃的一种"[2]。认为，君道与臣道的基础并无不同，掌权的唯一标准应当是个人的美德。

吕留良说，朝廷无道，君子蒙羞。"立乎人之本朝而道不行，耻也。

〔1〕〔美〕狄百瑞：《儒家的困境》，黄水婴译，北京大学出版社 2009 年版，第 66 页。
〔2〕Wm. Theodore de Bary, *The Trouble with Confucianism*, Cambridge: Harvard University Press, 1991, p. 76.

故朝廷之上，更无默法。但有无道则退耳。默者，卑官处士之为也。"在儒家语境中，这一番话最为清楚地表明大臣有必要发挥先知的作用。秦朝建立封建专制政体开始，部分臣子为迎合君主，对许多不义之事视而不见。后书儒者议礼，满口仁义道德。他们口惠而无实的动机却只有一个，即屈意奉承，用以满足自己对私欲的追逐。吕留良说，这就是为什么士大夫不肯提倡彻底的变革，甚至堕落到以不切实际为由反对恢复圣王的建制，即先儒所谓 "心如印板，板文错则印出书文无不错" 者。

狄百瑞言海外汉学界，无论从思想还是历史上，皆认为明朝时期中国专政体制发展至巅峰。这一论断并非仅西方学者认同，"就连中国自己的学者都已经在明朝末年对它的专制提出谴责"[1]。墨子刻认为："正是新儒学的信条，使得它的追随者陷入了一种终极 '困境'，认为儒臣让统治者承担了更大的责任和摆脱不掉的压力，这种压力，使他反弹。"[2] 理学历史学家在上述情景中看到的就不仅仅是对个体道德意志力的考验。

狄百瑞指出，儒家君子在发挥批判职能为民请命时，君臣关系必然出现偏差。在天子树威的初期阶段，为强化君权以显示其合理性，儒臣董仲舒神化了王道的最高权力，提出 "受命之君，天意之所予也"（《春秋繁露·深察名号》），将君主旨意与天地并列，并强调 "君之所好，民必从之"。面对帝王，没有独立阶层的儒臣显然也是民众之一。在政体发展至极端专制时期的明朝，君臣差序的矛盾展现得更为明显。

封建专制体制下，无论儒家君子如何拥有无私奉献的人道主义精神，不稳定的人性始终无法克服强权政体之弊端。帝国统治 "失控" 时，儒家将无能为力。所以，狄百瑞极为推崇黄宗羲，因为黄宗羲坚持认为必须首先建立根本大法，而且他坚持认为没有恰当的法律和制度，个体几乎不可

---

[1]［美］狄百瑞：《儒家的困境》，黄水婴译，北京大学出版社 2009 年版，第 64 页。
[2] Thomas A. Metzger, *Escape from Predicament: Neo-Confucianism and China's Evolving Political Culture*, 1977.

266

能行义。[1]

儒臣一旦入仕，其一切理想全寄托于统治者，若遇封建暴君，便很难实现自己的理想，有时甚至会威胁到生命安全。帝王越是专制，越是能够激发儒臣的批判职能，而恰是因儒臣具备批判职能，在儒臣上谏时帝王越发专制以限制儒臣，这正是狄百瑞指出的中国历史上会有如此多儒臣为"义"献身的原因，"暴君先是让君子为其效劳，而后当他们发现无法笼络这些君子时，又试图压制他们的言论"[2]，此为专制本质。

狄百瑞认为，与犹太先知相比，儒家君子显然太过依赖政治权利。受儒家思想特性影响，在封建专政体制下，要想实现儒家理想，唯有竭尽全力获得帝王信任与支持。然而专政下皇帝最忌分权，儒家君子的政治主体身份并无保障，加之皇权之利与儒家君子所追逐的百姓之利本身相悖，毫无社会独立性的儒家君子，于专制皇权下缺乏有力的群众舆论与支持，当儒家君子发挥批判职能时，他不仅可能会面临拒绝纳谏的局面，甚至会遭遇精神与生存的双重困境。

第三节　孤立无援

狄百瑞以宗教视阈解析的儒家第三个困境为儒学与先知一样具有精神上的超越性，为百姓道德楷模，但不同在于，因对百姓毫无要求，所以得不到理解与支持，无法激发群众的信仰热情，从而无法同群众建立更加亲密的关系，使自己陷入孤立无援的境地。

---

〔1〕〔美〕狄百瑞：《儒家的困境》，黄水婴译，北京大学出版社 2009 年版，第 66-67 页。
〔2〕〔美〕狄百瑞：《儒家的困境》，黄水婴译，北京大学出版社 2009 年版，第 70 页。

一、儒家思想的超越性

先知与君子虽称谓不同，实质上皆代表了社会之正义，与这两种身份具有的个体超越性息息相关。先知将个人得失和安危置之度外，一心信奉上帝，以上帝的道义为自己的言行规范。

儒家君子则置个人得失和利益不顾，倡导人民以"中""和"为中心，以修身养性、克制恶念等实现个体超越，以求社会和谐。两者的超越皆强调对外在客观世界的顺应，于人际关系而言，是一种"反求诸己"然后"推己及人"的过程。

狄百瑞认为在儒学发展史上，新儒学强化了个体修养，上升至类似于宗教情感，这种宗教情感既具有内在性也具有超越性。至于这种宗教超越性，中西方有着不同的内涵，西方的超越多指通过外力刺激对自我狭隘地挣脱，而新儒学所谓超越更多是通过自我努力对世间万物乃至生命的升华。

除了差异之外，两者也有相似之处。如以爱因斯坦为代表的西方认为理性思维的宗教信仰更科学合理，爱因斯坦在《科学的宗教精神》一文中论述了科学家的超越状态，认为科学家的信仰与超越，首先源于对创造者的崇拜，如对"自然规律的和谐所感到的狂喜和惊奇"[1]，而人的超越性恰又在于理性对这一切规律的认知、掌握与运用。

爱因斯坦以理性建构信仰的概念与儒学对"天"的双重情感十分相似。儒学之"天"某种程度上相当于基督教的"上帝"，既对其十分崇拜，同时也并非遥不可及，如孔子所言"知之为知之，不知为不知"（《论语·为政》）给了对未知崇拜与对人理性的坚信等。

---

[1] 许良英、赵中立、张宜三编译：《爱因斯坦文集》（第1卷），商务印书馆1977年版，第283页。

新儒家"人格主义"中有着极强的责任意识，强调以自己的努力造就
太平盛世，关于此观点杜维明也曾有言，认为儒家君子"责任感不仅是完
成他自己的利益，完成家庭的利益，完成社会的利益，乃至完成人类的利
益"[1]。儒家的超越性并非只是入仕、入世和现实社会的，而是指向生命深
处的真与自然，是全人类与生命存在状态的理想追求。

儒家思想的超越性一方面表现在人世间的超越，此方面是儒家对
"天"的崇拜与超越的延伸，即因对"天"太过敬畏，"畏，即可以使表
面外在的超越进入到人内在的结构"[2]，使人约束懒散本性，不再傲慢与狂
妄。愿意遵循"天"的规则，约束与指导日常言行，这种约束与指导，恰
是对个体局限的超越，使人企图与"天"相合。

儒家思想的超越性自古就具有两个方向的内容。一方面是指向终极价
值"天"，多表现为带着宗教式的情感；一方面指向人间，以敬畏的心态
对"天"，这种敬畏可内化为对自我的鞭策与激励，促使自我完成伟业，
从内心生出责任感。这两点可从表 6-2 看出。

表 6-2　儒家思想超越性的两面对比表

类目	超越对象	具体所指	最终目的
精神境界	"天"	对"极高明"之"天"的"神思超越"	"天人合一"
个体存有	日常生活	在日常人伦中，通过践仁来体悟生活的神圣意义[1]	至"圣"

儒学的超越是既超越个人，又不离开个人；既超越现实，又在现实中
体现；既超越此世，又不离此世；既超越物质、注重精神，又在物质中超

---

[1][美]杜维明：《东亚价值和多元现代化》，中国社会科学出版社 2001 年版，第 101 页。
[2][美]杜维明：《东亚价值和多元现代化》，中国社会科学出版社 2001 年版，第 166 页。

越。在时间上注重此世现实，又超越此世现实；空间上既是个人，又超越
个人，是群体，是天地，最终达到"与天地参"的境界。

二、儒家君子作为德行楷模

从古典文本可以看到，对于道德的追求早在孔子之前就已流行。《尚
书·尧典》中记录了尧集中展现儒家明君所具备的种种美德，无须征服和
征战，在选择继承者时，亦没有角逐，只是寻找一个像尧一样具备美德之
人，便可委以重任，即昭命于天之人，只需拥有无可挑剔的美德即可。

儒家君子遵从仁爱，追求完美人格，作为道德表率以承接天命造福
百姓，有强烈的人类生存危机意识和对人类命运的终极关切。儒家君子
对古训保持敬畏，并能够超越个体，胸有救世情怀，勇于揭露社会罪恶，
超越自我的精神追求，这与犹太先知主持正义和社会公正的责任意识有
相似之处。

狄百瑞经研究发现，中国不存在形象清晰的"人格神"，人们将德性
高超的人物神化，满足民族愿望，儒家君子"立志通过培养个人的美德和
智慧为公众服务"[2]，他们所表现出的高尚品质，使其具有强烈的道德感召
力。狄百瑞指出他们"宽广的胸怀和高尚的道德水准又使得君子鹤立鸡群，
远在小人之上"[3]，留意行为的政治和社会后果。"重视维护高标准的风度
举止和着装要求、在物品使用上锱铢必究，不仅仅是因为这些做法具有道
德和审美价值，更重要的是因为它们具有社会意义。"[4]君子应当彰显与大
众相关的品质，尤其留意能够在别人身上产生恰当反应和以德生德的美德，

〔1〕郑家栋：《从"内在超越"说起》，载《哲学动态》1998 年第 2 期。
〔2〕Wm. Theodore de Bary, The Trouble with Confucianism, Cambridge: Harvard University Press , 1991, p. 5.
〔3〕［美］狄百瑞：《儒家的困境》，黄水婴译，北京大学出版社 2009 年版，第 6 页。
〔4〕［美］狄百瑞：《儒家的困境》，黄水婴译，北京大学出版社 2009 年版，第 35 页。

如孝顺、慷慨宽厚、思想开明，应为形成良好的社会风气修身养德，为做到如此状态，狄百瑞认为儒家君子主要从"三种主要价值：仁、礼、学（或学术）"[1]展现了他们在德行方面的楷模。

狄百瑞认为仁、礼、学在一个人修为过程中相辅相成，缺一不可。以此三者修养，便可做好一个楷模。狄百瑞认为"代表完美德行的'仁'是整部《论语》里最重要的主题"[2]，根据吉德炜（David N. Keightle）曾在其文章《献身宗教：商朝神学与中国政治文化的起源》中有关商朝就已建立中国传统权力结构雏形的研究，[3]以此思想为基础建立起来的"仁"思想的儒学成为统治者最佳辅助，这使得儒家同时兼具高尚性与社会性。

"'仁'与'礼'结合在一起成为《论语》中最关键的个人美德"[4]，"仁"的定义为"能行五者于天下，为仁矣。……恭、宽、信、敏、惠。恭则不悔，宽则得众，信则人任焉，敏则有功，惠则足以使人"（《论语·阳货》）。显然，对于受情绪与各种外界影响极大的人来说，能够做到如此，极为不易，"孔子显然不赞成仅仅依靠本能或者一时的冲动，认为必须依靠外在的标准或者尺度"[5]。

将"礼"的外在形式结合内在精神修养，确保修身实践的有效进行。孔子认为："恭而无礼则劳，慎而无礼则葸，勇而无礼则乱，直而无礼则绞。"（《论语·泰伯》）把礼仪当作训练和培养君子的重中之重。儒家之"礼（乐）"与《旧约》律法具有相似功能和形式，[6]是超越个体回应"天"的一种仪式。而仅有"仁"与"礼"，仍旧远远不够，狄百瑞指出，

〔1〕［美］狄百瑞：《儒家的困境》，黄水婴译，北京大学出版社 2009 年版，第 52 页。

〔2〕［美］狄百瑞：《儒家的困境》，黄水婴译，北京大学出版社 2009 年版，第 37 页。

〔3〕David N. Keightle, "The Religious Commitment: Shang Theology and the Genesis of Chinese Political Culture", *History of Religions*, No. 17（1978）, pp. 211–225.

〔4〕Wm. Theodore de Bary, *The Trouble with Confucianism*, Cambridge: Harvard University Press, 1991, p. 31.

〔5〕Wm. Theodore de Bary, *The Trouble with Confucianism*, Cambridge: Harvard University Press, 1991, p. 35.

〔6〕［美］本杰明·史华兹：《古代中国的思想世界》，程钢译，江苏人民出版社 2008 年版，第 113 页。

儒家君子认为"'学'与对'仁'的追求是相辅相成的。"[1]孔子很早"志于学"，这种热忱求学和献身治学的精神，寻求天命指引，并逐步超越自我，方能够达到与万物和谐圆融的精神境界。

"'仁'的关键在于同情心或者相互性（'恕'）"[2]，意味着共同的人性，在于互助互惠，通过一个人自我反省以及观察他人，达到理解，甚至通达上"天"。"仁"的培养适于自我与他人的接触之中，设身处地地替他人着想。"夫仁者，已欲立而立人，已欲达而达人。能近取譬，可谓仁之方也已。"（《论语·雍也》）

"礼"源于统治家族或者部族首领主持的传统祭献活动，这样个人美德和仪式就与支撑传统社会的道德和宗教价值结合在一起。

"礼"融汇了外在形式与内在精神，是自我良心回应上天的一种仪式。国之"礼"，是从家庭内部宗族崇拜的延伸，对逝去祖先的祭拜等在农耕文明里尤为重要，所有的社会关系都是家庭关系的延伸，由此可见在"礼"制环境下，伦理关系等的重要性。因为家庭被认为是一个人所应具备的所有美德的培养基地，而这些德行是整个社会信用的根基。

孔子把礼作为生活原则的美德。"君子博学于文，约之以礼，亦可以弗畔矣夫。"（《论语·雍也》）"'学'与对'仁'的追求是相辅相成的"[3]，孔子很早"志于学"，处处展现其热忱求学和献身治学的精神。这个过程不同于宗教个人的顿悟、灵知或者皈依，它需要人全身心地投入其中，在天命的指引下，逐步塑造人生和自我。如为己之学，当然学的最终目的仍旧是强调爱他人与仁，而非自我。理解自我的目的是能够主动为他人。通过统计，狄百瑞"按字频计算，'学'是《论语》里第三频繁探讨

〔1〕Wm. Theodore de Bary, *The Trouble with Confucianism*, Cambridge: Harvard University Press, 1991, p. 43.

〔2〕Wm. Theodore de Bary, *The Trouble with Confucianism*, Cambridge: Harvard University Press, 1991, p. 38.

〔3〕Wm. Theodore de Bary, *The Trouble with Confucianism*, Cambridge: Harvard University Press, 1991, p. 43.

的话题"[1]。

如果不以学问作为指导，不遵守从以往经验中提炼出来的行为标准，也就是不受'礼'的节制，那么，仅仅凭借道德情感或者道德冲动是不可能在实践中达到目的的。[2]"仁、礼、学是构成道德意识不可或缺的部分。"君子最为关注的问题"仁治、人类的礼仪以及对人类情感的表达。这种表达的形式与西方的人文学科很相似"[3]。

狄百瑞通过对儒家君子于"礼""仁""学"上的统一追求，来展现君子在德行上欲成为楷模的努力方向。其中，"礼"制为中国传统文明最为核心的制度原则，它规定着社会组织形式和宗法制度等级秩序。"仁"为儒家传统的精神追求，是为人行事的道德伦理，也是唯一能够借由与"天"合一的至高品质；而"学"则是以上两点能够得以实现的必由之路，即只有通过"学"，才能使得有"良知"之"仁心"得以展现，从而推动社会"礼"制的有效推行，此三者环环相扣，相辅相成，最终辅助君子成为社会的德行楷模。

三、群众参与度低

百姓自古是中国社会重点关注的群体，百姓安居乐业亦是儒家思想体系的终极追求，太平盛世的旨归是国家的根基稳固。正是因为他们如此重要，所以他们也可能成为国家存亡的催命符。儒家以百姓安居乐业为己任，努力辅佐帝王，以造福百姓，所以百姓应是儒家君子首先要团结和必须要依靠的力量。

---

[1] Wm. Theodore de Bary, *The Trouble with Confucianism*, Cambridge: Harvard University Press, 1991, p. 43.

[2] Wm. Theodore de Bary, *The Trouble with Confucianism*, Cambridge: Harvard University Press, 1991, p. 47.

[3] [美] 狄百瑞:《儒家的困境》，黄水婴译，北京大学出版社 2009 年版，第 48 页。

朱荣贵的研究中指出了狄百瑞认为中国百姓对社会事务参与度较低的结论。在中国的封建时代，虽说人民有权力将暴君推翻，然而事实上，绝大部分时间里人民对社会事务十分被动。西方传统文化下，百姓对社会事务的参与度普遍较高，先知与百姓直接沟通，如直接向百姓宣布神的旨意，直接谴责人民的罪行等，目的正是激发百姓的参政热情与对政府部门在管理上的监督。[1]与西方社会相比，中国为传统农耕文明社会中产阶级的力量明显不足，百姓只需忙于农耕，儒家思想的传播、教育和普及受到了一定的阻碍，导致了儒臣缺乏普遍认同与社会基础。

（一）平民无信仰需求

儒家君子在与君主对抗时的势单力薄，与有着广泛基层支持的犹太先知形成鲜明对比。狄百瑞认为，儒家君子最大的弱点是没有通过"天"与大众建立紧密关系。狄百瑞指出，与先知相比，儒家君子表现出的"安静和矜持的态度以及求真中的谨慎与犹豫"，显得畏首畏尾，"百姓也是履约过程中积极承担责任的一方"，[2]而君子从来不会像先知那样警告或者斥责百姓，"这样的先知还能说出什么启示呢？"[3]

先知从一开始便表明自己的身份，即上帝与人民之间的使者，与信众有着不可分的关联。先知话语的主体是民族里的每一个人，[4]鼓舞所有人参与到社会生活中。[5]上帝和每一位子民签订契约，"展现人的决心、坚毅和目的，同时听从先知，效忠于高高在上的上帝"[6]。先知为百姓的愿望而向上帝祈祷，包括乌托邦思想、大同思想等，百姓绝对衷心并按照上帝的

---

〔1〕朱荣贵：《西方儒学之干城：狄百瑞的儒家研究》，见傅伟勋、周阳山主编《西方汉学家论中国》，正中书局1993年版，第135页。

〔2〕[美] 狄百瑞：《儒家的困境》，黄水婴译，北京大学出版社2009年版，第111页。

〔3〕Wm. Theodore de Bary, *The Trouble with Confucianism*, Cambridge : Harvard University Press , 1991, p. 30.

〔4〕Abraham J. Heschel, *The Prophets, New York* : Harper, 1962, pp. 6, 14, 16.

〔5〕朱荣贵：《西方儒学之干城：狄百瑞的儒家研究》，见傅伟勋、周阳山主编《西方汉学家论中国》，正中书局1993年版，第135页。

〔6〕Ernest Nicholson, *God and His People: Covenant and Theology in the Testament*, Oxford: Clarendon Press, 1986, p. 215.

律法行事，所祷之事方能实现。此模式安慰了遭遇不公与经受战乱的百姓，增强人民的信心、凝聚力以及行动力。

在对百姓信仰上，儒学更注重日常生活，较少关注整个人类、世界和时间的概念；而西方上帝的子民需承担履行《旧约》中所立的约，百姓缺乏对天的责任承担。"西方基督教的世界里，时间将历史的原罪、当下混乱和未来的审判联系在一起，甚至审判的时间都有着清晰的时间轴；而儒学世界里，鲜少有学者会提到时间观念，也不存有未来之约，更多的是对古制的推崇，对现世的批判，并为此二者负责，百姓不承担责任，也不会被审判。"[1]

"先知话语的主题处处都是上帝爱他的子民、关爱子民、上帝充满嫉妒的要求、上帝的愤怒以及对子民的宽恕。"[2]与此相比，中国的君子之间是一种平等共享的关系。"孔子便是一位性情极为温和的人，他与弟子、学生在一起时，采用的是谈话与聊天的形式，不会像先知一样立于高处，高声宣讲。他对百姓极为悲悯体恤，从不责骂。"[3]

对于先知来说，"人民"意味着全体，没有一个可以免除责任。而对于儒家来说，"人民"没有独立意识，他们责任全部压在儒家君子身上。与此同时，儒臣没有先知身上的愤怒与激情，也没有意识到对于太平盛世来说，每个"人"都需承担责任，而不是将拯救苍生的责任仅扛于自身。孔子对百姓几乎毫无需求，反而是悲悯的。儒者提出上天对百姓的爱在于将百姓托付于明君手中，百姓对天不需承担责任，明君对天有着不可推卸的责任。

先知信仰上帝，他们可与上帝对话甚至辩论，人与人之间的交流沟通一致，他们与人民的对话亦是采用与上帝一样的方式，遇到有争议和辩论

---

[1] Wm. Theodore de Bary, The Trouble with Confucianism, Cambridge Harvard University Press, 1991, p. 15.
[2]［美］狄百瑞：《儒家的困境》，黄水婴译，北京大学出版社 2009 年版，第 21 页。
[3] Wm. Theodore de Bary, *The Trouble with Confucianism*, Cambridge Harvard University Press, 1991, p. 16.

的事时，慷慨激昂，极易掀起民众热情。另外，《圣经》中提到的大同思想和世界主义意识等思想，满足希伯来人的宗教情感，给人充分的希望与安全感，使民族具有凝聚力。

在儒家文化下，"缺少直接介入历史的人格神，也就是缺少所谓与先知有个人联系、展开对话甚至与先知'撑跤'的上帝"[1]，狄百瑞认为儒家最大的弱点是君子没有建立权力据点，遇有战乱与艰难时期，不能够与百姓建立紧密关联，往往选择以个人力量和君主或官僚势力抗衡。

上帝和子民的需要签订契约，契约"展现的是人的决心、坚毅和目的。人的决心、坚毅和目的即受到上帝意志的影响，同时也是为了服务于高高在上的上帝"[2]。然而，在儒家思想里百姓与"天"之间没有多少关联，百姓不具有积极主动性，对于社会改造与辅佐统治者等责任全部压在儒臣身上。成功了尚太平，若不幸失败，不但得不到来自上帝的怜悯、宽恕和原谅，甚至也会遭到百姓的误解。

狄百瑞指出，在儒家思想下，农民要好好种地，各司其职，懂得基本的道德情感和人性需求便可。所以即便天下大乱，也不该怪罪于百姓，"先知之声来自君子，那么它只能是说给天子及其官吏听的，良心的谴责从来都不会落在上天的子民身上"[3]。认为士大夫要全身心献身学问，才能很好地履行领袖职能，免于农民的辛苦劳作。在农业社会里，稠密的人口需要依赖精耕细作才能维持生计。因此，中国及其农耕家庭感受到了巨大的经济压力。这使得年轻力壮的一代被迫留在田间辛勤劳作，无法从中解脱出来做学问或者去上学。[4]

〔1〕〔美〕狄百瑞：《儒家的困境》，黄水婴译，北京大学出版社2009年版，第15页。
〔2〕Ernest Nicholson, *God and His People: Covenant and Theology in the Testament*, Oxford: Clarendon Press, 1986, p. 215.
〔3〕Wm. Theodore de Bary, *The Trouble with Confucianism*, Cambridge: Harvard University Press, 1991, p. 25.
〔4〕Wm. Theodore de Bary, *The Trouble with Confucianism*, Cambridge: Harvard University Press, 1991, p. 107.

（二）平民无独立道德地位

儒家君子未能与百姓建立亲密关联，表现在儒家思想要求君子对百姓提供绝对的保护上。儒家道德有明显的受众，关注的主要对象是君子。以《论语》为例，《论语》中提及"民"与"小人"之处多指平民百姓。

《论语》中提到"君子"，"君子"与"小人"一起提，"君子"与"民"共起提数量如下：

表6-3 《论语》"君子""小人""民"被提及数量统计表

类目	数量	原典
君子	107	"汝为君子儒"（《论语·雍也》）
君子与小人	19	"君子坦荡荡，小人长戚戚"（《论语·述而》）
君子与民	5	"君子笃于亲，则民兴于仁；故旧不遗，则民不偷"（《论语·泰伯》）

由上表可以看出，君子和平民百姓似乎有着无法逾越的边界。君子主要指入仕为官的阶级，既有儒家思想追求、政治理想，也有道德修养等；平民指普通百姓，无须承担任何管理和道德责任。

儒家学说主要对君子提出了道德要求，具体表现在两个方面，一是"修身"以养德，成为社会的良心为百姓做表率，充当教师的身份，对上至帝王大臣、下至求学者百姓进行德性教导，如孔子于《论语·为政》中说，需"为政以德"，方能够"居其所而众星共之"，赢得民心，实现太平盛世；二是对求学者与百姓来说，目的是培养人之德性，以使社会达到良好的状态，百姓没有独立的德性需求，完全依附于儒家君子。

儒家思想系统下，相对于儒家君子修身以知天命，百姓的自我意识与道德独立精神都较低。儒家君子作为整个社会道德榜样，承担道德教化与精神追求的任务，并未将培养百姓道德自觉作为目标。

　　儒家文化对人民虽无具体道德需求，但并未剥夺百姓修身养德的权利，并认为百姓若能够好好读书修身便可以成为道德主体，但这与平民对自我有无道德与责任要求不同。人之德性源于"天"，每一个平民都有道德潜能，但儒家文化并未对百姓提出道德要求。

　　综上所述，狄百瑞以犹太先知为参照系的儒家困境研究，打破了西方对儒学研究的惯例，建立了新的儒学困境研究框架，拓宽儒学研究更多可能性，并获得新的启示。

　　狄百瑞的研究证明了中西文明对话交流的意义，发现了单一文化研究中被遮蔽的"盲点"，有利于自我文明的全面认知，以及对自身优劣势更深入的了解，以更好地适应时代要求，实现文化多元与文明的健康发展。

　　狄百瑞对儒家困境的研究，立足世界多元文化观，认为中西文明之间应加强交流与对话，对新儒学抱持客观严谨态度，否定"儒学是一个没有前途的课题"[1]之观点，尝试以他者文化视角省察新儒学的困境。在面对"西方历史比中国历史表现出了更多的动态、发展和表面的成功"的问题时，提出"如果我们能够学会用中国人的视角看待事物，学会向中国人那样耐心和处乱不惊，我们也许会受益匪浅"[2]。

　　狄百瑞坚守合理有效的中西文明对话观，坚信此方法对双方皆为有益，对此书政通亦有类似观点，认为中国传统文明与西方文明实际上是"两种心态、一个目标"[3]殊途同归，皆为追逐人生终极目标而努力。狄百瑞的以儒学发展的困境为出发点，落脚于儒学思想乃至人类文明当前所面临的挑战，为世界多元文明共同发展给以警醒和启示。

　　狄百瑞对于儒学困境的研究也存在种种弊端。首先，狄百瑞涉及的内容较为片面，如其将研究焦点放在"领袖品质"上，而儒家思想作

─────────────────────────────

〔1〕〔美〕狄百瑞：《儒家的困境》，黄水婴译，北京大学出版社 2009 年版，第 4 页。
〔2〕〔美〕狄百瑞：《儒家的困境》，黄水婴译，北京大学出版社 2009 年版，第 67 页。
〔3〕韦政通：《儒家与现代中国》，上海人民出版社 1990 年版，第 238 页。

为一套丰满复杂的伦理系统，不仅涉及政治领域，在学术与精神层面有着深刻的探究，此外也触及了在家庭、社会、人伦等层面。其次，狄百瑞虽以儒学困境为研究目的，其却更多地解释儒家君子思想的积极一面，忽略了儒学较为严苛的规约章程，尤其是明朝时期，儒学因太过虚伪、迂腐反而成为社会发展的核心障碍。第三，狄百瑞所谓的具有高度理想和热忱"先知型的儒家君子"[1]，如孔子、孟子、朱熹等，于儒学历史长河中仅是极少数，并不能代表全部，何况其将吕留良和方东树作为正统儒学的代表也存有颇多争议。第四，狄百瑞对儒家君子先知角色的判定边界较为模糊，如果按照狄百瑞所谓有着高尚品德，并能够"代天宣化"，具有批判现世精神的人便可称为先知，那么，中国传统文明中具备此特性的并非仅为儒家君子，投江的屈原、诗仙李白、词人辛弃疾等中国传统文化中大部分文人，皆有着批判精神，并勇于揭露世间黑暗。面对此系列不足，汉学家余国藩认为狄百瑞的研究是"爱心力促的成果"[2]，有美化儒家君子之嫌。

　　狄百瑞儒学困境研究尽管存有弊端，但仍具有巨大的积极意义。其一，证明了中西文明对话具有双向价值意义，对话观不仅有利于西方文化的发展，亦有利于以西方视角推进中国传统文明的再发现，最终皆指向世界文明的健康发展。其二，狄百瑞指出了古代以色列先知与儒家君子之间的共通性。此做法得到了学者的赞赏，刘斌称其"从一个更宽广的维度上理解中国的儒家，了解中国儒家的困境"[3]。美国汉学家邓安佑（Hugh Dunn）则认为狄百瑞的观点有很好的启发作用，这种启发不仅局限于对儒学的研究，在更广的地域和更长的时间里，"激发了人们对过去

〔1〕朱荣贵：《西方儒学之干城：狄百瑞的儒家研究》，见傅伟勋、周阳山主编《西方汉学家论中国》，正中书局1993年版，第142页。
〔2〕余国藩：《先知·君父·缠足——狄百瑞〈儒家的问题〉商榷》，李奭学译，载《中国时报》1993年5月第39版。
〔3〕刘斌：《君子的神话与世俗化——读〈儒家的困境〉》，载《资治文摘》2015年第7期。

和现在的思考"[1]，促使人们透过新儒学所面临的困境，启发当下人类文
明的发展。

[1] Hugh Dunn, Book reviews, *The Trouble with Confucianism* by Wm. Theodore De Bary, University of Alberta：
Asian Studies Review,（12 December 2014），p. 203.

第七章　立足对话：狄百瑞的教学实践

　　狄百瑞终身研究中西文明之间的交流对话，同时致力于为社会培养颇具多元文化胸怀的"社会公民"，其教育观在研究中西文明对话观的影响下萌芽，将儒家教育与西方人文教育传统相结合，于教育实践中逐渐成熟。狄百瑞对于中西文明的教学不同于其他汉学家的教育态度，他的目的并非教授给学子中国思想文化中与西方相通的内容，而是旨在找寻文明间的差异，培养学子客观严谨的学术态度，增进学子对全球多元文明的包容度。狄百瑞指出，"每一种文明都有自身固有价值，中西文明对话的最终目的在于推进全人类文明的进程"[1]。狄百瑞长达半个世纪的教育实践，不仅使美国乃至世界的亚洲文明教育发展受益，而且对国内当下高校教育实践也有着重要启示。

　　狄百瑞的教学实践与其学术研究相互影响，互相促进。狄百瑞的教学实践起步比学术研究稍晚。自1953年开始至1990年退休后返聘继续讲课，其间狄百瑞荣获无数教学荣誉，编撰美国第一套完整的中国传统文明教材，他所建立健全的中国传统文明课程不仅推进了美国高校里中国传统文明课程的发展，亦极大地推进中国传统文明在海外的传播。

　　1949年，狄百瑞自中国游学归国，哥伦比亚大学学院教务长卡曼将

〔1〕Wm. Theodore de Bary, *The Great Civilized Conversation: Education for a World Community*, New York: Columbia University Press, 2013, p. 14.

"哥伦比亚大学新东方研究"项目，即哥伦比亚大学"核心课程"中的"东方人文""东方文明"两个课程计划的教材翻译编写工作交给狄百瑞负责，并让他合理有效地安排相关课程。

1953年，狄百瑞博士毕业后，被正式聘任为哥伦比亚大学东亚文学系的助理教授，彼时，狄百瑞所承担的"哥伦比亚大学新东方研究"项目已开展至第三阶段，即第一阶段"入门读物"如《东方经典指南》、第二阶段"亚洲典籍翻译汇编系列"如《中国传统典籍汇编》、第三阶段"进阶读物"如《近思录》都已陆续出版，为读者提供了深入研读东方文明的最新最全读本。

20世纪60年代初，狄百瑞为拓宽哥伦比亚大学学生学术视角，开始邀请美国学术界汉学家如陈荣捷等，在哥伦比亚大学东亚文学系陆续开设美国新儒学研讨会议。此研讨班一经开办，创建了新的学术资源，影响力越来越大，不久便成为美国新儒学研究中心，培养了大批青年汉学人才与汉学教师，如华霭仁、傅佛果等皆为其优秀学者与教员。

1971年至1978年，狄百瑞任哥伦比亚大学副校长，具体分管学术事务，并兼教务长，更进一步推进了哥伦比亚大学"核心课程"亚洲课程的发展。1975年，狄百瑞创办人文学科研究员协会（Initiated Society of Fellows in the Humanities），于1976发起创办海曼人文中心（Heyman Center for the Humanities）并于1981年正式运行，此人文中心定期为哥伦比亚大学人文学术交流召开人文学术讨论会；1988年，狄百瑞又创办海曼中心高级学者协会，汇聚了哥伦比亚大学已退休教职人员重新走上讲台，定期为学子召开东方文明相关的学术座谈。1990年，狄百瑞正式退休，但他并未退出教职工作，返聘后继续教授哥伦比亚大学"核心课程"的亚洲文明相关课程。狄百瑞教学的五十余年里，极大推动了哥伦比亚大学乃至美国课程教学的发展。

除了亚洲文明课程相关教材的翻译，狄百瑞还做了相关教学学术研究。1989 年，狄百瑞编撰的《新儒学教育：成型阶段》汇聚了彼时美国汉学界对新儒学教育研究的最新代表学术论文；2007 年，狄百瑞出版《儒家传统与世界教育》；2013 年，狄百瑞出版其最后一本著作《伟大的文明对话：国际社会教育》，本著作突出了他中西文明对话观的学术观点，将其教学思想来源、具体教学实践以及与世界教育家的交流等串联起来，可谓对一生的学术与教学做了一个完整的总结。

对于狄百瑞的教学观与教育实践已有所相关研究。例如：钟彩钧在《狄培理与经典教育》[1] 中，围绕哥伦比亚大学"核心课程"以及人文教育传统展开研究；郑文泉于《狄培理的亚洲"核心课程"著作》[2] 中，介绍了"核心课程"开设的亚洲相关课程所用教材；韩伟于《大学人文理性教育是否可能——以美国哥伦比亚大学的"核心课程"为考察对象》[3] 中，从不同方面对其教育理念进行分析，即人文理性与大学职责、哥伦比亚大学"核心课程"之传统人文精神体现、"核心课程"给当下高校教育的启示及人文理性的实施途径等；何弦于硕士学位论文《伟大的文明对话——狄百瑞的通识教育观及实践》[4] 中，围绕反功利主义、人文主义、多元文化教育等三个方面对狄百瑞教育观展开探讨，此篇论文由英文撰写。

以上四位学者对狄百瑞教学方面的研究多从实践角度出发，对其教学观等理论并未进行总结，也未将其教学实践与其学术研究关联起来，对其教学安排、课程设置，以及其与新儒学思想、宋代书院等理念的关系关注较少。笔者将从其教学对话观的三个具体层面进行介绍，包括：第一，与

---

[1] 钟彩钧：《狄培理与经典教育》，载《当代儒学研究》2017 年 12 月第 23 期，第 1-19 页。

[2] [马来西亚] 郑文泉：《狄培理的亚洲"核心课程"著作》，载《当代儒学研究》2017 年 12 月第 23 期。

[3] 韩伟：《大学人文理性教育是否可能——以美国哥伦比亚大学的"核心课程"为考察对象》，载《现代大学教育》2018 年第 4 期。

[4] 何弦：《伟大的文明对话——狄百瑞的通识教育观及实践》，硕士学位论文，四川外国语大学英语语言文学，文化研究方向，2018 年。

历史对话，传承中西方人文教育传统；第二，与中西文明课程的对话，涉及具体的教学实践，以及与新儒学教育的关联等；第三，与世界多元文化格局构建的对话等内容。

第一节　与历史对话：传承中西方人文教育精神

西方的人文教育教学体系可追溯至柏拉图《理想国》，发展至今已相当成熟完整。哥伦比亚大学"核心课程"的设置传承了西方高校强调个人和个性发展的教育目的，重视培育学生的人文情怀，多项技能与全面发展。为学生所开课程，上承历史人文，如历史、思想史、绘画史、音乐史；中重技能，如经济发展课、心理学、社会学、当代科学、计算机等；下启未来，如生态自然、爱情、婚姻、家庭等课程。

狄百瑞所负责的"核心课程"相关亚洲课程，延续西方人文教育传统，并受新儒学教育观和教学实践影响，其目标在于帮助学生认识自己的能力并找到属于自己的位置，培育学生生存责任与悲悯情怀，养成包容并蓄的胸怀，关注人与自然、人与社会、个人与他人等的关系，发现并发展自我，止确定位自我社会属性与自然属性，培养止确人生观、世界观，实现完满人格。

一、哥伦比亚大学"核心课程"接续西方人文教育传统

狄百瑞提出，学习自身文化传统是学习中西文明的前提条件，只有学好自身文化传统，培养客观严谨的求学态度，才能培养识别自身文明核心问题的能力，并训练选择阐明此类核心问题关键文本的能力。将同样的方法使用在对中西文明学习的过程之中，即培养传统文明学习的优先级问题。

每一个民族都有自己的文化重心，人们自然希望学习文化时首先面对的是本民族文化的经典，然后再去吸收其他文化。每个人都需要文化自信来确立文化自尊，获得他人尊重。从这一前提出发，每个人都必须有一个适当的自我定位——接受自我文化的过去。这不仅对建立健康的文化关系至关重要，还关乎所有的文化交流。

哥伦比亚大学"核心课程"项目的设立，最初目的在于传承西方人文教育传统，狄百瑞受益于此并丰富发扬，其"设立宗旨是培养学生的智慧与美德，关注学生个体身心健康发展。其教学重点并非将既定知识灌输给学生，而在于引导学生养成观察的能力，做到能够自我反思、深入思考和自由掌握所需的生存能力"[1]。狄百瑞曾强调"核心课程"时指出："从大学高校教育的角度讲，注意力将集中到'核心课程'，而非专业知识上。"[2]

哥伦比亚大学校长约翰逊（Samuel Johnson）在 1754 年建校之初，就以延续欧洲大学人文主义教育传统、重视人之智力和道德培养为教育之根本。19 世纪随着高校教育逐渐倾向于工程技艺，人文教育传统渐受冷落，直至 1919 年，在战争带来的文明反思下，约翰·厄斯金（John Erskine）倡议重拾博雅教育（Liberal Education）人文传统，扩大施行"通识教育"（General Education），在已有的"大学读写"（University Writing）和"科学前沿"（Frontiers of Science）等板块基础上，增设"核心课程——当代文明"（Contemporary Civilization）板块。1937 年，为了与"当代文明"学科平衡，哥伦比亚大学增设"核心课程——人文学科"。"人文学科"最初的全称为"西方文学和哲学之经典"（Masterpieces of Western Literature and Philosophy），目的在于分析西方经典作品的发展演变，培

〔1〕Anon, The Columbia College Core Curriculum〔ER/OL〕, Columbia College, The Core Curriculum, Center for the Core Curriculumsinedie〔2018-04-30〕.

〔2〕Wm. Theodore de Bary, *The Trouble with Confucianism*. Cambridge: Harvard University Press , 1991, p. 111.

养学生的批判性思维。

自 1919 年以来，"核心课程"一直是哥伦比亚大学本科基础课程的重心，共包括六大板块：人文文学（Literature Humanities）、大学读写、当代文明、人文艺术（Art Humanities）、人文音乐（Music Humanities）以及最新科学发展等。这些课程旨在促使学生努力解决人类存在的基本问题，并深入思考当代世界是如何被过去塑造的。

若根据内容特点的不同，可将课程划分为两大类：一是以经典名著文本或经典艺术作品为中心的"经典类"课程，主要集中在"文学人文""当代文明""艺术人文""音乐人文"等人文课程上；二是具有较强分科性质、分布在不同自然科学或社会科学领域的"分科类"课程，主要涉及"科学前沿""科学模块"和"全球模块"。强调掌握现代科学的不同学科思维方法的"分科类"课程，与古典意味、历史气息浓厚的"经典类"课程分别体现了要素主义和永恒主义这两种教育哲学理念。尽管二者似乎大相径庭、各异其趣，但在实践层面上互相补充，共同构成了哥伦比亚大学"经典＋分科"式的通识课程模式。

"核心课程"无论是"当代文明"还是"人文课程"都运用历史的方法，蕴含人文精神，肯定生命之意义与个人之自由发展。"核心课程"在哥伦比亚大学教学系统非常重要，在学生所修学分中占比较大，共计 41—46 个学分，约占毕业总学分（124 学分）的 33%—37%。以文科硕士举例，每一名哥伦比亚大学文科硕士需要修够 45 分，方可申请硕士学位，其所选课程分类与学分要求分别为核心课程应修满 21 学分、研究类课程 3 学分、专业方向课程应修满 15 学分、选修课程应修满 6 学分，占所修学分接近一半的比例。

表 7-1　哥伦比亚大学"核心课程"主要课程设置及学分要求

课程名称	起始时间	课程方向	课程目标	内容	学分与要求
当代文明	1919	政治、社会、宗教	社会责任感	《圣经》《古兰经》《论语》	1 学年 8 学分
人文文学	1937	文学、哲学	人之内涵	但丁、陀思妥耶夫斯基	1 学年 8 学分
人文艺术	1947	绘画、雕塑	视觉艺术	米开朗琪罗、毕加索	1 学期 3 学分
人文音乐	1947	乐理、乐器	音乐想象力	巴赫、贝多芬、莫扎特	1 学期 3 学分
外语课程		外语语言应用	世界公民	西班牙语、汉语、日语	2 学年
大学读写		创造力、想象力	人之理智性	论文写作、文学创作	
体育课程		增强体质	健康生活	游泳、篮球、橄榄球	游泳必修
主要文化	1990	世界多元文化	中西文明	亚洲、非洲、拉丁美洲	2 门课 6—8 学分
科学前沿	2004	全球最新科技	科学逻辑思维能力	纳米技术、人工智能、全球气候变化	3 门课 9—12 学分

　　由表 7-1 可看出"核心课程"的设立宗旨，即重在培养学生面对当下复杂人类问题时所需的判断能力。如"当代文明"的目的在于培养学生社会责任感，避免精致利己主义的泛滥，而"文学人文"课程，又意在培养学生的人文情怀。美术与音乐课程的设置，利于学生面对艰难境地时找到合理发泄的途径与心灵抚慰，培养审美能力。而其他文化与语言以及科学

技能的学习在于培养学生的广博胸怀，促进个人的自我超越等。[1]

哥伦比亚大学的"核心课程"向来注重培养学生独立思考的能力，哥伦比亚大学全球"核心课程"在任执行主席郑义静博士指出，大学阶段应该想清楚自我能力与自我追求，与不同领域的人的对话，学会探索更多领域人类社会发展的更有效的经验。

由以上课程设置可以发现"核心课程"的主要特点。课程关注个体价值、个体之间与社会的关联，注重个人需求与表达，旨在培养学生分析论辩与实践的能力。所设课程之间相互关联，相互作用。必修课程内容客观严谨，重点关注基础文本与原典教材，避开二手资料等。

从根本上说，哥伦比亚大学的核心课程旨在培养人类复杂的推理判断能力，课程所研究的文本和艺术作品都是人类经验的基本问题。通过仔细分析复杂的和具有挑战性的作品，并以小组形式进行讨论，旨在培养学生深入探究的能力、终身的自省习惯以及诚积极参与的心向等。这种学习方法的训练旨在使学生更敏锐地意识到他们的观点，并使此成为指导他们决策的前提。这种意识增加了学生们的学业强度，并决定了他们在大学毕业后如何安排自己的生活。通过这种方式，核心课程寻求培养智慧和美德，课程重点不在于掌握特定的知识体系，而在于发展自我反省、深思熟虑和自由生活所需的人类能力。

二、"核心课程"与亚洲经典

约翰·吉莱斯皮（John K. Gillespie）在 1987 年 5 月 4 日《向亚洲学习》的信中指出哥伦比亚大学"人文学科 A"（书目按照时间顺序排列，人文

---

[1] Anon, the Columbia college core curriculum［eb\ol］, columbia college, the core curriculum. center for the core curriculum.（*sine die*）［2018-04-30］

288

学科分为人文学科 A 和人文学科 B，人文学科 A 主要是古典文本阅读；人文学科 B 又分为 B1 人文音乐和 B2 人文艺术）的书单中没有亚洲作品，强调美国教育需要更多的亚洲材料。于是狄百瑞便写了《哥伦比亚大学也有亚洲研究的传统》一文，提出哥伦比亚大学"人文学科 A"校本课程开设了 50 周年，说明哥伦比亚大学对人文教育传统的坚守。更是指出哥伦比亚大学将于 1988 年庆祝其"东方人文"课程开设 40 周年，该课程与"人文学科 A"课程类似。"人文学科 A"课程旨在学习印度、中国和日本等国传统的优秀作品，而这个课程的文本、翻译和阅读指南在亚洲引入美国教育方面发挥了重要作用。

狄百瑞指出，仅一本经典无法全面展现中西文明的魅力，如果要补救对亚洲的无知，还有很多事情可以做。只是把《薄伽梵歌》（*Bhagavad Gita*）或孔子的《论语》塞进以西方为主的阅读书目中是完全不够的，这种形式性的行为会扭曲人们对亚洲的印象，就像一个人只读《理想国》（*Republic*）和《圣约翰福音》（*The Gospel of st. John*）就会给人扭曲的西方形象一样。任何一本书都无以代表一种文明传统。[1]

狄百瑞在中国游学期间结识钱穆，对"新亚书院"的教学模式与应时改革深有感触，钱穆等现代新儒家顺应时代变迁，提出教育应以变化演进的态度看待，以包容的心态引进西方教育，增设科学教育、外语教育等的教育主张，十分符合当下所需全球教育需求。当今社会，任何一个国家的教育，都应该以"同中有异""异中求同"的方式进入世界。狄百瑞注重人文传统，亦注重养成阔达胸怀，以多元文明的态度宽容悦纳中西文明。参与"核心课程——东亚文明"课堂的人往往来自不同种族、不同专业，有着不同信仰。他们带着各自的立场与视角，聚在一起讨论同一问题。[2]

---

[1] Wm. Theodore de Bary, "Columbia Also Has an Asian Studies Tradition", *The New York Times*, May 23, 1987, Saturday.

[2] [美] 狄百瑞：《我们为什么要读〈论语〉？》，朱荣贵译，载《开放时代》2011 年第 3 期。

　　狄百瑞在构建自我与传统文明的关联时，接触到中国传统文明，并从中发现中西传统教育的共同点，即注重促进个体认知与发展，包括德行的培育、责任感的唤醒、立于社会之智慧等。课堂培养学生包容阔达的胸襟，使他们以宽容悦纳的心态与中西文明对话。

　　世界不同文明传统对于人类公共问题都有所反思。每一个传统都参与世界多元文化的构建，立足自身文化，而后逐步扩大公民论述的视野和共同价值观的范围，这将是解决全球人类面对环境、人权以及世界和平等共同难题的关键。

　　哥伦比亚大学是美国较早开设中国传统文明与中文教学课程的高校之一，这功劳可追溯至1901年，一位中国人丁龙（Ding Lung）捐献毕生积蓄资助哥伦比亚大学设立该校历史上第一个中国研究相关职位，即丁龙讲座教授（Ding Lung Professorship of Chinese）教席，这对后来哥伦比亚大学乃至美国高校中文教育影响巨大。丁龙的举动在当时引起了社会广泛关注并引来更多的资金捐助，资助哥伦比亚大学对于中国这一神秘国度的研究，推动了哥伦比亚大学东亚文学系的建立与发展壮大，东亚文化相关课程也逐渐丰富起来。时至今日，哥伦比亚大学东亚文学系的中国相关教学与研究水平遥遥领先于美国汉学界，对国际乃至中国的研究造成巨大影响。

　　哥伦比亚大学注重人文精神培养，所以随着世界各文明交流互鉴程度加深，"核心课程"的视阈也逐渐扩展。狄百瑞于1937年就读于哥伦比亚大学，是"核心课程——人文学科"的首批受益者，他在此课堂首次接触东方文明，并开始学习汉语，进而介入汉学研究，在中西文明间的异同认知间，相互融会贯通，影响其中西文明对话观指导下的教学实践等活动。

　　哥伦比亚大学"核心课程"的倡导者们，几乎从一开始就意识到不能仅立足于西方，培养"多元文化主义"意识非常重要。他们并没有假定西方的方法或价值观的优越性，也没有假定欧洲教规的首要地位，而是承认存在其他具有深度、复杂性和长期性的主要文明，以及类似的关于人类长期关注问题的论述。所以在 1937 年开设的"核心课程——人文课程"上便就已能够听到有关中国传统文明的提及。真正将亚洲相关课程纳入"核心课程"是 1948 年，于哥伦比亚大学召开的第一届东方书籍讨论会会议上所作出的相关决定。

对于那些已经通过课程学习欣赏西方传统著作的学生来说，这为他们提供了新的视角，也是一个锻炼批判能力的新机会；然而这对教师来说，简直是一次冒险。作为长期参与西方人文学科项目的教师，他们意识到，这个实验将教师们多年的讨论推向了高潮。他们知道，长期以来哥伦比亚大学的通识教育一直希望通过这类课程，使学生们既能接受西方传统，也能接受东方传统。他们也意识到，如果实验要成功，肯定还有很多困难需要克服。

1948 年的会议上，专家们提到了开设亚洲相关课程以促进哥伦比亚大学学子全球多元文明观的构建。专家们提出此项目应从两个方面开展，一是建立介绍性课程，涵盖从亚洲某一文明到整个亚洲文明的内容；另一种是在现有的课程中加入一些亚洲材料。提议一经提出就得到了学者们的支持，但一直没有合适的课程教材。直到 1949 年狄百瑞从中国游学回到美国，开启教材编写工程，并于 1953 年正式将项目成果投入"核心课程——亚洲课程"之中。最初的"核心课程"之亚洲人文内容涉及古代农业文明的普遍问题，例如经济关系、社会安排和政治制度，这些问题有助于最成熟的东方文明的稳定性和持久性。也包括主要宗教和哲学传统。

狄百瑞于 1958 年 9 月 12 日至 13 日在哥伦比亚大学召开的"东方经典通识教育会议"（Conference on Oriental Classics in General Education）中，与学者们针对如何更有效开设亚洲相关课程展开更深入的探讨。

会议决定，首先应该通过模仿"西方人文学科"第一学年的课程设置模式来满足这种需求。它包括阅读和讨论从印度、中国、日本等国的哲学和宗教作品中选取的经典文本，除了《古兰经》（Qur'an）、《奥义书》

（ *Upanishads* ）、《商羯罗》（ *Sankara* ）、《论语》等经典著作，还应该学习各种戏剧、诗歌、小说和一些西方文学中没有确切对应的艺术形式。与此平行并相辅相成的是"东方文明"的另一门课程，涉及中国、日本、印度和巴基斯坦的历史、制度和一般文化。

届时东方人文课程尚为选修课，专为前两年已修毕通识教育课程的大三大四学生开设。心智和判断能力达到成熟的学生，已能欣赏东方最深刻的内涵。孔子和孟子对于了解柏拉图和亚里士多德的人，将更加有意义；对于了解奥古斯丁和但丁的人来说，伊斯兰教、印度教和佛教的神秘主义将更加重要。此外学者们就应为学生提供哪些东方经典文本而进行了甄选商讨。会议最后，学者们还提及了有关教授东方课程教师培训的问题，以及设立夏季教师培训项目的决议。

1959 年，狄百瑞接任富路德任职哥伦比亚大学中日系主任（The Department of Chinese and Japanese）［该系于 1960 年正式更名为哥伦比亚大学东亚语言文化系（The Department of East Asian Languages and Cultures），沿用至今］，便多次参与扩展丰富"核心课程"有关东方文明的相关课程实践。如当哥伦比亚大学学院教务委员会推出《通识教育改革》，建议增设东方文明课程以平衡对世界人类中心问题的关注。[1] 此时狄百瑞担起"东方文明"相关课程的责任。1971 年，狄百瑞任职哥伦比亚大学副校长分管学术事务，并兼教务长，此举更是极大推动了哥伦比亚大学乃至美国的"东亚文明"教育。

狄百瑞对话观的实践平台哥伦比亚大学"核心教育""东方文明"系列课程的发展艰难曲折，自 1949 年狄百瑞主持教材编撰，直到 20 世纪 60 年代，增设"亚洲人文艺术"和"亚洲人文音乐"等课程，"东方文明"

---

[1] Wm. Theodore de Bary, "Columbia and the world-A Communitarian at Large", *Living Legacies at Columbia*, New York: Columbia University Press, 2006, pp. 633-651.

课程才有了能与西方"核心课程"相对平行的完整体系。[1]至1998年，亚洲和中东委员会（Committee on Asia and the Middle East）[其前身为东方研究委员会（Committee on Oriental Studies）]才在狄百瑞不懈努力中设立夏季研究生教师培训项目，筹集并设立博士后教学基金等，"东方文明"课程才在很大程度上缓解了师资源紧张的局面。[2]狄百瑞的教学实践，尤其是其教材翻译以及课程设置等，极大地完善了美国高校东方文明相关课程的发展。

三、狄百瑞与新儒家人文教育

哥伦比亚大学核心课程体现出美国教育领域对人文精神的重视，但中国传统儒学的教育，无论在内容方面还是形式方面，也都体现着人文精神。狄百瑞为"核心课程"设置的亚洲相关课程，处处彰显着新儒家的教育理念，他自己也曾说"美国人可以从中国的历史经验中得到教训"[3]。对此，钟彩钧曾言："他的核心课程理念来自朱子书院教育课程，而加以现代化。"[4]

狄百瑞在新儒学教育研究过程中，发现了以朱熹为代表的新儒家在教育方面所作出的独特贡献，指出新儒学时期的书院继承发扬了中国古代儒家教育。他尤其推崇朱熹以白鹿洞书院为平台开展的教学活动，并认真阅读了朱熹所著《白鹿洞书院揭示》等原典文献。在阅读新儒学教育文章

---

〔1〕Wm. Theodore de Bary, "The Core Curriculum-Asia in the core curriculum", *Living Legacies at Columbia*, New York: Columbia University Press, 2006, pp. 543-557.

〔2〕Wm. Theodore de Bary, "The Core Curriculum-Asia in the core curriculum", *Living Legacies at Columbia*, New York: Columbia University Press, 2006, pp. 543-557.

〔3〕[美] 狄百瑞：《儒学教育对培养世界公民的贡献》，朱荣贵译，见甘筱青主编《大学语文读本》（第三版），复旦大学出版社2014年版，第29页。

〔4〕钟彩钧：《狄培理与经典教育》，载《当代儒学研究》2017年第23期。

时，狄百瑞赞同朱子提出的，应采取更广泛多元的学习态度，[1] 认为应注重培养学子包容的文化心态以及对当下社会生活的责任担当等。对于狄百瑞的这一观点，学者韩伟也做出相关研究，他指出狄百瑞亦认为"宋代书院教育是中国古代教育的典型代表，对于避免当代教育弊端具有重要启示意义"[2]。

狄百瑞对话教育观虽受"核心课程"潜移默化的影响，然而对于儒学思想的研究也为其教育观增益不少。狄百瑞认为教育旨在激发学生的学习热情，树立个体意识，使人具备独立客观判断社会事件的能力，确立自我在自然和社会中的位置。狄百瑞此教育目的在其进行儒学研究的过程中，得到了佐证和加固。

因新儒学对后来东亚现代社会发展产生重大影响，所以其成为狄百瑞关注的儒家教育重点。在 1984 年 8 月美国新泽西州普林斯顿利昌西会议中心召开的"新儒家教育国际研讨会"中，狄百瑞编撰了会议论文集《新儒家教育：成型时期》，搜集了当时美国汉学界对新儒学教育的最新研究成果，不仅有狄百瑞的文章《朱熹的教育目标》(Chu Hsi's Aims as an Educator)[3]，还有杜维明的《宋儒教育思想：社会背景简介》，凯莱赫的《回归本源：朱熹的基础教育（〈小学〉）》；朱荣贵的《朱熹与公共机构》；吴白益的《宋代的儿童教育》；柏清韵的《朱熹和女性教育》；余蓓荷的《宋朝的"乡约"及其教育意义》；陈荣捷《朱熹与书院》；贾志扬的《朱熹在：道学与教育政治学》；万安玲的《新儒学的制度背景：宋元时代的学者、学问与书院》等。

狄百瑞主要从三个方面关注新儒学的人文教育传统。

---

〔1〕［美］狄百瑞：《中国的自由传统》，李弘祺译，中华书局 2016 年版，第 40—41 页。
〔2〕韩伟：《大学人文理性教育是否可能——以美国哥伦比亚大学的"核心课程"为考察对象》，载《现代大学教育》2018 年第 4 期。
〔3〕Wm. Theodore de Bary, *Neo-Confucian Education: the Formative Stage*, Oakland: University of California Press, 1989, pp. 186-218.

294

（一）育人先育志

宋代书院十分重视对学生读书目标的确立，此方面狄百瑞尤其推崇朱熹提出的"为己之学"。"为己之学"为儒学传统，颇受儒者重视，认为其为追逐成圣目的之根基。朱熹所提"明明德"，以期通过努力显明人内在的道德本性，这个过程是从有自己生命和光辉的事物内部产生出来的，目的在于丰满自我，提升道德达到完美之境。[1]狄百瑞认为此"重视学生的自发，而绝不主张宽纵""强调以个人为主体，而不是立规章去指导他、束缚他"[2]的教学方式，"注重学生主动性"[3]。儒家人文教育最终目的正是明晰人非独立，应将人置于社会之中，在大的社会环境下，促使人格的健全发展，培养学生的自我反思、革新、自主学习能力，并通过个人魅力找寻志同道合之人，形成良好的社会凝聚力，致力于一起寻找解决社会问题之途径。[4]

狄百瑞经研究发现，在新儒学教育中，尤其强调人之主动性在推动社会发展中的重要作用。[5]对人主动性的强调，侧面映射了读书先立志的重要性。朱熹曾指出："书不记，熟读可记；义不精，细思可精。惟有志不立，直是无着力处。只如而今，贪利禄而不贪道义；要作贵人而不要作好人，皆是志不立之病。直须反复思量，究见病痛起处，勇猛奋跃，不复作此等人。"[6]朱熹的这段话讲明了立志的重要性，他认为知识背诵便可得，技能熟练便可掌握，只有志向不立会导致学习散乱无目的、效率低。为了

〔1〕Wm. Theodore de Bary, "Zhu Xi's Educational Program", *The Great Civilized Conversation: Education for a World Community*, New York: Columbia University Press, 2013, p. 176.

〔2〕［美］狄百瑞：《中国的自由传统》，李弘祺译，中华书局 2016 年版，第 48-49 页。

〔3〕Wm. Theodore de Bary, "Zhu Xi's Educational Program", *The Great Civilized Conversation: Education for a World Community*, New York: Columbia University Press, 2013, p. 181.

〔4〕［美］狄百瑞：《儒学教育的对象、内容及贡献》，朱荣贵译，载《海南大学学报》（社会科学版）1997 年第 1 期。

〔5〕Wm. Theodore de Bary, "New Directions in Chinese Philosophy",《中国哲学与文化》（第 8 辑），广西师范大学出版社 2010 年版，第 8-10 页。

〔6〕朱熹：《晦庵集》，《四库全书（1145 本）》（卷 74），上海古籍出版社 1988 年版，第 532 页。

验证这一观点的正确性，朱熹联系当下，说贪利弃义等社会现象，皆缘于"志不立"。总之，不立志向恐有百害，立志则百利无一害。

传统的人文精神根本上是一种自由、自律、向上、批判的精神，崇尚人格独立、胸怀宽广、悲悯人性，珍视人文传统、人类精神和生活技能等资源。它以包容性、开放性、批判性、创新性为基本特征，崇尚人格独立、精神自由、社会责任，珍视人类遗留下来的优秀文化传统与精神资源。人文教育正是促成个体这一系列要求的实现，是对个体全面发展需求的实践，亦是理想人格追求和塑造的需求，而新儒学引领书院教育，正是以实际行动实践着这一精神追求，因新儒学重视教育，所以书院教育较为繁盛，岳麓书院、应天府书院不仅教书育人，更是注重志向的设立，其特立独行的教育模式所蕴含的人文精神更是则对后世贡献巨大。

（二）德智并行

新儒学时期的书院强调对个人人格的塑造，注重个人能力的挖掘，尊重个体价值，引导培养个人对世界的贡献意识。书院秉持新儒学思想核心，将"修身、齐家、治国、平天下"等作为书院精神，精神引导学生，学生通过自我钻研，达到个体的"修身养性"，力求实现自我价值。

"修身养性"在某种程度上来说正是"修德"本身，儒家历来有"德之不修，学之不讲"的观点。新儒家朱熹也十分强调这一点，曾言"格物、致知、诚意、正心、修身，而推之以至于齐家、治国，可以平治天下，方是正当学问"[1]，指出修身、正心才是具备治理天下的前提。另外，朱熹也指出："恻隐之心，仁之端也；羞恶之心，义之端也；辞让之心，礼之端也；是非之心，智之端也。人之有四端也，尤其有四体也。"要对天下人心存悲悯；知廉耻，才是行正义的开端；推辞谦让则是"礼"制的开端；能够明辨是非是智慧的开端。仁、义、礼、智此四个核心概念被打开，人才

---

[1] 朱熹：《晦庵集》，《四库全书（1145 本）》（卷 74），上海古籍出版社 1988 年版，第 528 页。

能够称之为人，才能成为于社会来说有意义的个体。

《白鹿洞书院揭示》中体现了伦理道德教育，白鹿洞书院也是最早将伦理道德教育写入学规的书院。朱熹十分推崇《中庸》里的"故君子尊德性而道问学"，这是君子的本分。"尊德性"是指人要对"德"保有谦恭与敬畏，而"性"则是"天"之所赋予的最自然的状态；而"道问学"则是对"博学之，审问之，慎思之，明辨之，笃行之"的概括。在朱熹看来，"尊德性"和"道问学"两者缺一不可，互相辅助、互相影响。

《白鹿洞书院揭示》一文开头提出："父子有亲，君臣有义，夫妇有别，长幼有序，朋友有信。右五教之目。尧舜使契为司徒，敬敷五教，即此是也。学者学此而已。"[1]涉及父子之间、君臣之间、夫妇之间、朋友之间的伦理关系，将"明五伦"作为白鹿洞书院的教育宗旨。要求诸生能学习和明白包括父子、朋友等在内的所有伦理关系。"言忠信，行笃敬。惩忿窒欲，迁善改过。右修身之要。正其义不谋其利，明其道不计其功。右处事之要。己所不欲，勿施于人。行有不得，反求诸己。右接物之要。"[2]从为人、处事、接物三个方面对求学者提出道德上的要求，"莫非使之讲明义理，以修其身，然后推以及人"[3]。

白鹿洞书院将生徒学习定位在现实的伦理世界，高度重视生徒的道德修养，至此白鹿洞书院从宏观方面对生徒提出了人伦道德上的学习要求。另外，宋神宗元丰时期，程颢、程颐两位著名的教育者在嵩阳书院主讲期间，为嵩阳书院制定有关道德教育的课程与方法方案等。岳麓书院于《岳麓书院记》中也有有关重视学子推理道德教育的内容，如"三代导人，教学为本，人伦明、小民亲，而王道成"[4]。

---

[1] 邓洪波：《中国书院史》，东方出版中心2004年版，第162页。
[2] 邓洪波：《中国书院史》，东方出版中心2004年版，第162页。
[3] 邓洪波：《中国书院史》，东方出版中心2004年版，第162页。
[4] 朱汉民：《岳麓书院》，湖南大学出版社2005年版，第138页。

道德教育早在春秋战国时代已经存在，新儒学书院将其作为学生培养的重点，如白鹿洞书院、岳麓书院、嵩阳书院等对生徒的道德培育制定的学规或基本大纲是前人没有做到的，这种做法要求众生徒时时将道德修养铭记于心。同时，白鹿洞书院、岳麓书院也通过亲身实践等形式重视生徒的伦理道德教育。总之，新儒学书院极为重视学生的道德教育，这种做法不仅有利于继承中华民族的优良传统，也促进了中国核心思想的传播，对中国思想史与教育事业发展皆产生极大影响。

（三）自学能力的培养

新儒学教育也注重对学生良好学习习惯与思维方式的培养，致力于提升学生的自学能力。课堂上以学生为主导，教师仅起到引导作用，若学生遇到无法解决的学习问题时，他们才出面指导，也非直接给出答案。除此之外，教师也要求学生在学习方法上加以改进。学生学习有统一要求，如"博学之，审问之，慎思之，明辨之，笃行之"，在学习的具体原则与方法上，不同的学规中又有着详略不同的规定。最后，书院提倡提问式教学法，学生自己发现问题，并围绕此问题搜集资料，分析问题，进行自我问辨，最终找到问题解决的正确方法。

新儒学书院的讲授重在启发诱导，以学生自修为主，重在让学生掌握治学的方法，培养学生个人的自学钻研能力，对于当下高校教育有极高的借鉴意义。

第二节　完善西方教育界中国传统文明教学体系

20 世纪 50 年代，针对西方世界存在的文明优越性主流观念，狄百瑞提倡多元文明教育。他指出东方文明尤其是悠久古老的中国文明，对于社会经验、政治制度以及经济困境等问题的探讨，在艺术、文学、哲学宗教方面的经验，都与西方文明一样具备足够的人类智慧，值得借鉴与学习。基于此，狄百瑞提出教育的目的之一在于培养学生观察不同事物的能力，并将此作为日后与不同观点顺畅交流的根基，[1] 此教育观主要从其东方文明系列教材翻译编写及出版、课程设置等一系列教学活动中展现出来。

一、全景式教材编译

狄百瑞于 1953 年博士毕业，并被正式聘任为哥伦比亚大学"东方研究委员会"（University Committee on Oriental Studies）助理教授，并教授东方文明的课程。他的教学活动虽开始于 1953 年，但实际上其教育实践早已启动于 1949 年。狄百瑞游学中国回到美国以后，主持哥伦比亚大学"核心课程"之东方人文和文明相关课程教材的"哥伦比亚大学新东方研究"项目翻译编写工作。在美国高校，具有开局地位的"哥伦比亚大学新东方研究"教材编译项目至关重要。狄百瑞作为教材编辑的主持者与核心编委成员，对于中西文明的定位、总体把握、对具体每一本教材的选择等，都有着严谨的考虑。

---

[1][美]狄百瑞:《中国研究何去何从》，王德威译，载《世界汉学》2003 年第 2 期。

（一）注重文明的历史发展性

在教材编译过程中，狄百瑞认为中西文明史的编译，虽没有具体经典文本的数量要求，但是一本两本显然是无法建构起特定历史文化语境的。作为教材的作品数量不能过少，且这些作品应是精心挑选的，不仅能够涵盖该文化传统的可探讨范围，也能够精准地揭示出它的历史文化社会背景，以及书中所表达的思想成长和发展的过程。狄百瑞较为注重作品的累积性，即此作品不仅包含传统文化的承继性，还表现出连续性与发展性等特性。为避免读者将个别作品等同于一种文化传统，定义此传统为静止或毫无发展的印象，狄百瑞将作品放置在社会人类发展的过程之中。

狄百瑞不认同汉学界主流认知，即中国传统文明停滞落后的观点，认为所有文明皆随历史发展不断更新演变，具有连续性。任何单一的人物或作品，即便是孔子或《论语》，皆无法代表中国文明全貌。孤立的人物或作品会让人对此文明产生错觉，甚至曲解。在时间和资源相对有限的情况下，面对汗牛充栋的经典作品，狄百瑞首先选择能够建立起特定话语语境、体现传统文明核心价值连续性发展的、可解读性较为丰富的作品。

以《中国传统典籍汇编》为例，此书分上下两册，共分 25 章，时间横跨两千余年，是美国较为有代表性的教材类图书。此套书因其开创性与权威性等特点，一经出版就屡获教学类与非小说类图书大奖，是美国高校时间最早、内容最全的中国思想文化类教材，是当时海外广为认可的中国思想文化读本与高校教本。《中国传统典籍汇编》目录如表 7-2 所列。

300

表 7-2 《中国传统典籍汇编》目录表

章节	英文目录	笔者中译
Chapter Ⅰ	The Chinese Tradition in Antiquity	中国古代传统
Chapter Ⅱ	Confucius	儒家
Chapter Ⅲ	Mo Tzu: Universal Love, Utilitarianism	墨子：兼爱、非攻
Chapter Ⅳ	Taoism	道家
Chapter Ⅴ	Molders of the Confucian Tradition	儒家传统的模仿者
Chapter Ⅵ	The Legalists	法家
Chapter Ⅶ	The Imperial Order	皇帝秩序
Chapter Ⅷ	The Universal Order	普通秩序
Chapter Ⅸ	The Economic Order	经济秩序
Chapter Ⅹ	The Great Han Historians	汉朝历史学家
Chapter Ⅺ	Neo-Taoism	新道学
Chapter Ⅻ	The Introduction of Buddhism	佛教的传入
Chapter ⅩⅢ - ⅩⅣ	The Schools of Buddhism Ⅰ - Ⅱ	佛教流派 1-2
Chapter ⅩⅤ	Precursors of the Confucian Revival	儒家复兴的先驱
Chapter ⅩⅥ	The Confucian Revival in the Sung	宋儒复兴
Chapter ⅩⅦ	Neo-Confucianism: The School of Principle or Reason	新儒学：主张原则或理性的学派
Chapter ⅩⅧ	Neo-Confucianism: The School of the Mind or Intuition	新儒学：思想或直觉的学派
Chapter ⅩⅨ	The Late Harvest of Confucian Scholarship	儒家学术的晚期收获
Chapter ⅩⅩ	The Opening of China to the West	中国向西方开放
Chapter ⅩⅪ	The Heavenly Kingdom of the Taipings	太平天国
Chapter ⅩⅫ	Reform and Reaction Under the Manchus	清朝改革
Chapter ⅩⅩⅢ	The Nationalist Revolution	民族主义革命

续表

章节	英文目录	笔者中译
Chapter XXIV	The New Culture Movement	新文化运动
Chapter XXV	Chinese Communism	中国共产主义

　　此套书以中国思想发展史为主线，不仅包含当时美国较为关注的先秦思想与中国近现代文化，如先秦儒学、道家、法家等思想，新文化运动等汉学研究热点，更包含了长期被美国汉学界忽略的较丰富的并于儒学发展脉络中较关键的新儒学时期，在海外中国传统文化教材类中具有开创性意义。

　　新儒学时期所选人物与内容，具体如表 7-3 所列：

表 7-3 《中国传统典籍汇编》第 27 和 28 章内容表

新儒学：主张原则或理性的学派	The New Cosmology and Ethics of Chou Tun-Yi	周敦颐的新宇宙观与伦理学
	A Numerical Universe In The Philosophy of Shao Yung	邵雍的先天易宇宙观
	Chang Tsai and The Underlying Unity of Material-Force	张载与物质力量的内在统一性
	Principle and The Philosophy of Human in Ch'eng Yi	程颐义利观
	The Synthesis of Sung Neo-Confucianism in Chu Hsi	朱熹宋明新儒学的综合研究
新儒学：思想或直觉的学派	Ch'eng Hao and The Mind of Heaven and Man	程颢与心学
	The Universal Mind in Lu Hsiang-Shan	吕祖谦的心学论
	Moral Intuition and Action in Wang Yang-Ming	王阳明的道德直觉与行为

　　书中所选周敦颐、邵雍、张载等人，不仅多为西方易忽略的中国重要的思想家，而且对于周敦颐的伦理学角度解读、邵雍的数字哲学解读，以及王

阳明道德直觉的观点，也让西方学者看到了中国传统文明的更多可能性，为海外的中国传统文明的全面认知起到推动作用。

（二）对经典的选择

狄百瑞曾言"经典"作品，不仅仅是古代或通用文本，亦是一种进化而非静态传统的一部分，所探讨问题指向生命最终追问，所以通常对现世仍旧具有指导意义。[1]

狄百瑞曾在《回复帕特里克·德宁》一文中讨论"何为经典"。帕特里克·德宁在其作品《反对巨著》中认为所谓的巨著被解读为"只是保存过去的固定智慧，传授的是静态知识"。狄百瑞回复他时说，哥伦比亚大学继承了约翰·杜威的阅读方式，杜威创立了最早的西方古典文学阅读课程。杜威的方式在于阅读任一经典并不是作为最后的确证的陈述，而是把它看作一个进化过程中的作品，每一部都是对前人的挑战，同时他们又再一次挑战即将到来的后者。[2]

经典文本中会涉及人生追问的问题，这些问题促使读者重新思考彼时文化处境，每个时代都对经典著作谈到的永恒性人类问题提供新的或更全面的答案。对大多数读者来说，批判与反思性思维的目的是提出问题并努力寻求答案，而非仅停留于兴趣，也非无尽又空洞的怀疑。

除此之外，狄百瑞也强调阅读经典，并非仅为了解历史、知晓过去，更重要的在于能够以史为鉴，借历史经验指导现世的社会生活，缓解当下困境与危机。

由于狄百瑞研究新儒学，又目睹新亚书院的创建，得以吸收中国经典教育的资源，提出独特的对于经典的观点。狄百瑞对于古典经典作品，最为推崇朱子与黄宗羲的看法。朱子编撰《四书集注》《近思录》，黄宗羲

---

[1] Wm. Theodore de Bary, "Zhu Xi and the Four Books", *Finding Wisdom in East Asian Classics*, New York: Columbia University Press, 2011, p. 188.

[2] Wm. Theodore de Bary, *Letters*, First Things, March 2003, pp. 14-15. ·

编撰《宋元学案》《明儒学案》，他们在研习、编注、教导古典中力求解决当前的学术、政治、社会各方面的问题，同时也反映出经典在长远的历史中经过许多"穷则变，变则通"的阶段，在内容与诠释上早已包含许多新的面貌。比起其他汉学家，狄百瑞对中国古典的理解多了一个层次，他不但以现代人的身份和古典对话，而且从新儒学家的经验中，理解如何研读古典，如何从中得到启发以解决时代问题。

狄百瑞指出，经典文本具有跨时代性，因为人类对于生存有着永恒的深刻追问，每一时代都可以给出彼时最具智慧的回答，这些智慧皆为人类的光辉结晶，值得后人仔细学习。哥伦比亚大学"核心课程"中所开设的有关中国古传统文明的课程中，所挑选的经典文本皆注重社会历史情景的再现与重构，力求将作者带入情境之中悟得先哲智慧，所以狄百瑞在极力开设文学、历史与思想相关课程后，又竭力将音乐等艺术课程引入，目的正在于营造完整的文化情境，为学生培养架构宏大思想史图景作出巨大努力。

哥伦比亚大学"核心课程"注重思想文明发展的历史关联性。由于教育情境与体制在世界各地有差异，没有一种经典书单是全体适用的。首先是对经典作品的挑选上，只挑一两本是远不够的，经典在对话中形成，足够了解其他说法后才能更好地理解经典作品；经典需最能传递中西文明核心价值并经得起时代考验，"它们的效力不仅因为古老，而是因为成为后来构造的基石，后来的构造是对于古代的纪念，但其自身又成为里程碑"[1]。

"核心课程"项目在挑选教材时，较为注重如表7-4所列两个条件。

〔1〕钟彩钧：《狄培理与经典教育》，载《当代儒学研究》2017第23期。

304

表 7-4 "核心课程"教材选用要求

主要条件	具体内容	代表人物
时间恒久	重要新思想发展的开端	弗洛伊德、韦伯
	传统思想革新拐点	朱熹、杜威
	人类重大问题，如悲悯等概念更新内涵的时代	
内容可读	对人性终极问题的拷问	屈原
	可解读与思考的视角较为丰富	
	言语具有概括与模糊性	

　　1987 年，在哥伦比亚大学人文学科必修核心课程开办 50 周年之际，举行了一次关于人文学科作为有争议领域的专题讨论会。该讨论延续到 1988 年举办的东方人文学科 40 周年庆典，讨论的主要内容为：亚洲在人文学科课程中所处的位置，以及主要亚洲经典所阐释的主要价值观。[1]

　　除了注重对经典文本的甄选，狄百瑞也有自己的经典翻译观。1958 年 9 月 12 日至 13 日，哥伦比亚大学举行东方经典通识教育会议，学者们在翻译问题上出现了意见分歧。基恩教授提出应直接翻译原典，使文意最简单清晰地表达，而加州大学伯克利分校的卜弼德（Peter A. Boodberg）教授，则持"语言或文化帝国主义"（Linguistic or Cultural Imperialism）立场，坚持认为应将外国的术语和概念转换成西方概念，并试图通过借鉴或改编其他传统语言的新表达来丰富英语。[2]

　　翻译从一开始就是"核心课程"项目的一件大事，无论参照什么标准，翻译成何种标题，这些书都应该是受教育阶段的必读书目——在课程

---

[1] Wm. Theodore de Bary, *Eastern canons: Approaches to the Asian Classics*, New York: Columbia University Press, 1990.

[2] Wm. Theodore de Bary, "Oriental Classics In General Education", *The Journal of General Education*, Vol. 12, No. 1（January 1959）.

设置中，全球经典"必读书目"是全球教育的重要组成部分。[1]

在 20 世纪早期，西方古典语言——希腊语、拉丁语和希伯来语——从大学教学大纲中被淘汰，取而代之的是一系列"英译本经典著作"。英文译本会有一些文意损失，但狄百瑞重复了约翰·厄斯金对于翻译的经典论断："有多少人读过《圣经》原文？"

除此，狄百瑞亦赞成马克·范·多伦（Mark Van Doren）的观点，认为对经典著作的一个检验标准是"它被不断地翻译"。经典作品处理了与人类生活密切相关的、长期存在的问题，任何以具有挑战性的方式处理这些问题的作品都不会过时。莎士比亚在非英语文学和文化中迅速崛起并占据主导地位的原因正是如此。

同样的情况在亚洲也存在，一些中国传统的"经典"被翻译成韩文和日文等语言，在亚洲内部流传下来，在他们的第二故乡被视为"经典"，就像希腊和拉丁作品在许多欧洲文化中成为"经典"一样。

狄百瑞指出，对亚洲经典翻译，最大的挑战来自新儒学时期，因为新儒学融入了许多佛教和道教的内容，使得新儒家经典文本比传统儒学更难阅读。因为翻译新儒学着实过于艰难，许多教师便回避新儒学文本的翻译，而把关注投向其他相对较为简单的文本。但新儒学文本是真正的"经典"，从 13 世纪到 20 世纪，这些经典塑造了中国、日本和韩国的知识和伦理传统。避开新儒学时期的经典作品，就像西方世界忽视自但丁以后的一切经典一样。[2]

对于新儒学时期经典文本翻译的努力，从狄百瑞所负责的《宋儒的复兴》一章的《王安石的律法》一节中可见一斑。在此节中，狄百瑞选择了与王安石相关的数篇原典，以及与其相关学者的观点言论，如表 7–5

---

〔1〕Wm. Theodore de Bary, *The Core Curriculum–Asia in the core curriculum*, *Living Legacies at Columbia*, New York: Columbia University Press, 2006, pp. 543-557.

〔2〕Wm. Theodore de Bary, *The Core Curriculum–Asia in the core curriculum*, *Living Legacies at Columbia*, New York: Columbia University Press, 2006, pp. 543-557.

所列：

表 7-5　狄百瑞所编撰的《王安石的律法》选择了七篇原典

王安石的新律法	Wang An-Shih: Memorial to the Emperor Jen-tsung	王安石：《上仁宗皇帝言事书》
	Memorial on the Crop Loans Measure	《方田均税法》
	Ch'eng Hao: Remonstiance Against the New Laws	程颢：《谏止新法》
	Wang An-Shih: In Defense of Five Major Policies	王安石：《上五事书》
	Memorial to Emperor Shen-tsung on the New Laws of Wang An-Shih	苏轼：《上神宗皇帝书》
	A Petition to Do Away With the Most Harmful of the New Laws	司马光：《废新法》
	Chu His: Wang An-Shih in Retrospect	朱熹：《熙宁变法》

　　首先，狄百瑞于 1958 年编撰此套书籍时，就已关注了能够展现新儒学时期具有变革特质的新儒家人物王安石，这在当时并不认可中国传统文明的美国汉学界颇具前瞻性。狄百瑞的研究并没有仅停留于关注思想家，还关注到他们的作品。在《王安石的律法》这一章中，他选择了彼时西方较少、甚至未曾被学界所关注的学者与经典作品，如王安石的《上仁宗皇帝言事书》、苏轼的《上神宗皇帝书》等。狄百瑞认为，此类作品皆能够展现出儒学思想在特定历史环境下所作出的革新与发展，在儒家发展的历史长河中有其独特意义。

　　（三）弥补空缺

　　狄百瑞对文明历史发展脉络性的认知，要求经典作品译介历史分布的完整性，然而其教材译介起步的 20 世纪 40 年代末，西方对中国传统文明兴趣点分布极不均匀，较多集中于中国传统文明的两端：追溯文明源头，聚焦于先秦与汉代；关注当下，即近代至现当代。中间漫长的历史时段的经典翻译作品较少。

狄百瑞编译教材初期，已有大量翻译家从事中国经典作品的翻译工作，其中以理雅各和阿瑟·韦利等最具代表性，他们的译著已经成为汉学界学术研究绕不过的经典书籍，也是狄百瑞编译系列教材的重要参考，如《论语》《孟子》《西游记》《红楼梦》等。但尚有大量非常优秀的中国经典作品没有被翻译成英文，其中以新儒学时期最具代表性，狄百瑞认为新儒学恰是架起古典与近代的桥梁，不仅塑造中国传统文明，更是影响至日本、朝鲜半岛等，形成东亚文明共同体，内容包蕴丰富，最为值得研究。[1]

正因为新儒学时期文本的不可忽略性，狄百瑞亲自翻译《中国传统典籍汇编》丛书中涉及新儒学时期代表人物及学说的内容，不仅为东亚文明相关教育作出突出贡献，更是为美国新儒学研究打下扎实的学术基础，如在《宋儒的复兴》一章《儒家的改革项目》一节中，狄百瑞选择了欧阳修、程颐、程颢、张载等思想家的相关改革篇章，如表 7-6 所列：

表 7-6　狄百瑞所编撰的《儒家的改革项目》选择了五篇原典

儒家的改革项目	Ou-Yang Hsiu: Essay on Fundamentals（Pen Lun）	欧阳修：《正统论》
	Ch'eng Yi: Memorial to the Emperor Jen-tsung	程颐：《上仁宗皇帝书》
	Ch'eng Hao: Ten Matters Calling for Reform	程颢：《论十事札子》
	Chang Tsai: Land Equalization and Feudalism	张载：《试办井田》
	Su Hsun: The Land System-a Dissenting View	苏洵：《上田枢密书》

在 1958 年，美国汉学界几乎无人关注欧阳修的《正统论》、程颢的《论十事札子》等篇章，狄百瑞编撰此套书籍弥补了许多中国传统文明译介的空缺。在此套教材编撰的过程中，狄百瑞极度敏锐地抓到了新儒学的

〔1〕Wm. Theodore de Bary, *The Core Curriculum-Asia in the core curriculum, Living Legacies at Columbia*, New York: Columbia University Press, 2006, pp. 543-557.

革新创造能力，所以大都挑选了能够展现新儒学特质的文章，如土地制度的革新，推进经济商业发展的新政策等内容，为西方展现了完整的中国传统文明发展脉络谱系，为推动中国传统文明于海外的传播与中国传统文明课程发展做出了极大贡献。

二、循序渐进的课程设置

狄百瑞经研究发现朱熹的课程以促成个人人格成长、培养人性为目标，课程安排由简至繁推进，"朱熹深入观察人性，制定了一整套合理的循序渐进的教学系统。由《小学》和《家礼》建立规约，再而学习《四书》，进而学习《通鉴纲目》"[1]。学习经典的数量可以随情境改变，但内容皆坚守由浅入深的原则。[2]

狄百瑞推崇朱熹的观点，例如重视教育要循序渐进，教育实践要按照由易至难，由基础至飞跃的顺序安排课业计划。具体来讲，应按照孩子的能力和年龄的情况由浅入深、由感知到理知进行教育和学习，并注重寓教于乐，感受学习的乐趣，不要承担超过自身所能承担的课业。

朱熹曾指出《小学》可以作为学习"四书"的必要准备。这本书提供了基本的道德和社会准则，接受这些准则的熏陶是进行更高级学习的必要条件，[3]而进入到"四书"的学习时，应该从《大学》开始学起，接着是《论语》和《孟子》，最后才尝试学习《中庸》。就《大学》来说，朱熹强调：所有人都有先天的德性——天命之性，它是智慧的种子，所以将德性培育作为教育起点，把培养人心通晓天理的能力放在其后。

---

〔1〕Wm. Theodore de Bary, "Chu Hsi's Aims as an Educator", *Neo-Confucian Education : the Formative Stage*, Berkeley and Los Angeles: University of California Press, 1989, p. 218.
〔2〕唐君毅：《中国哲学原论·原教篇》，学生书局 1975 年版，第 11-13 页。
〔3〕［美］狄百瑞：《朱熹与〈中庸〉》，王晓升译，《国际朱子学研究的新开端：厦门朱子学国际学术会议论集》2015 年版，第 217 页。

狄百瑞认为，教学安排与"核心课程"的教学传统不谋而合。"核心课程"中的"人文文学"的课程设置中所需的教材，从荷马开始直到现当代经典书籍，按照时间顺序每周阅读和讨论一本重要的书，直到当下；"当代文明"课程从柏拉图的《理想国》开始，按照时间顺序，学习《圣经》《古兰经》和亚洲儒家思想等。这些课程的安排都遵循循序渐进、由简及繁的原则来进行安排。

哥伦比亚大学的"核心课程"按照由基础到深入的顺序安排课程，更具体的表现如下：1919 年开设了"当代文明"课程，教授对象为大一大二新生，大一修"当代文明 A"（Contemporary Civilization A），课程内容为 1200 年至今的西方文明史，"当代文明 B"（Contemporary Civilization B）主要教授当下面临的经济、社会等问题；1937 年，"人文学科"课程具体分为两部分，一是作为大一新生必修课程的"人文 A"（Humanities A），具体包括古典文本《伊利亚特》《约伯记》《神曲》和莎士比亚戏剧等，二是作为大二进阶课程的"人文 B"（Humanities B），细分为"人文音乐"（Music Humanities B1）和"人文艺术"（Art Humanities B2）等。经过大一大二的人文教育之后，自大三开始，学生开始进入各自的专业学习，例如工程、医学、物理、法律等，有的学生继续修习人文专业。

狄百瑞丁"核心课程"的东方相关课程的安排更是受新儒家教育影响颇深，结合"核心课程"形成了其符合东方文明的教学方式。狄百瑞从培养人之共有的情感基础与价值体系起步，使其具备积极参与人生实践的个人道德观与社会公民意识，进而掌握转移知识技能的能力。这要求学生并非停留在学习特定课程或领域，更多的是学习方式的掌握。

狄百瑞通过学习钱穆，以文献研究的方法用庞大的思想史方式对人文思想进行梳理，使大学学年课程的具体设置让学生具备尽可能地完善的知识构架，细化求学内容。狄百瑞的东亚文学课程目标具体设置如下：

1. 大学前两年进行通识教育，建立基础价值体系；大二融入东方研究，

310

系统简介中西文明。

2. 大三大四学年，强调语言训练和对特定学科基础知识的掌握。缩小科研兴趣范围，以发展学生独立工作所必需的个人技能。

3. 硕士阶段，深化自己研究领域的专业技能，扩大视阈，将研究置于全球背景下。

4. 博士阶段，通过连续的培训，学生具备独立深入研究所需的知识储备、个人技能与社会实践能力。[1]

为实现这一系列教学目标，对应不同年级的学生，狄百瑞分别主持编撰了不同教材，如表 7-7 所列：

表 7-7　"核心课程"亚洲相关课程所使用教材

系列一：入门读物	系列二：典籍汇编	系列三：进阶读物
《东方经典指南》	《中国传统典籍汇编》	《王阳明新儒学实践简介》
《走进东方经典》	《日本传统典籍汇编》	《苏东坡选集》
《走进亚洲文明》	《印度传统典籍汇编》	《近思录》
《印度、中国与日本的佛教传统》	《东亚传统典籍汇编》	《新儒学词典：北溪字义》

如上表所列，"入门读物"系列读本皆为典籍导读类内容，主要是对东方思想文化进行系统的讨论和对经典作品的介绍等；"典籍汇编"读本系列则通过翻译经典作品，架构东方思想文化的发展历程，主要对东方传统经典作品进行节选翻译；"进阶读物"读本系列则主要是对专人专著的研究和译介，读者群多为硕士和博士阶段的学生。

除了课程设置与教材编撰之外，狄百瑞为进一步扩大受教育者对社会

---

[1] Wm. Theodore de Bary, "East Asian Studies: A Comprehensive Program", *The Annals of the American Academy of Political and Social Science*, The Non-Western World in Higher Education Vol. 356 (Nov. 1964), pp. 63-69.

问题的深入探讨，扩充问题视野与文化丰富本性等，还积极组织了课题研讨会，促进各项问题的深入讨论。

对于讨论的课程，狄百瑞安排了讲习班、讨论会和高级研讨会等不同的班次，在高级研讨会上，狄百瑞皆将文化问题放置于思想文化的发展阶段中谈论，而非静态地研读经典。首先找寻他们在历史变迁过程中的轨迹，并结合社会历史背景试图挖掘思想文化的变化，并将中西文明间对人类永恒问题看法的阐释和异同进行总结，相似的内容作为沟通之基，相异的互为融合补偿。狄百瑞于高级研讨会上曾关注如下课题："贵族和文明""宗教和国家""自我与尊严""法律和宪政""美好的生活"等。

以"贵族和文明"这一主题为例，狄百瑞首先抛掉先入为主的西方思维方式，如从莫蒂默·阿德勒（Mortimer Adler）的《百大名著百大思想》（*Hundred Great Ideas in the Hundreds Great Books*）中找寻已经定义好的西方传统概念，然后在东方文本中寻找类似的想法与概念。狄百瑞主张从亚洲文本中找到有关"高贵与文明"的早期概念，例如那些战士（武士）、伦理、阶级行为等受亚洲普遍文明价值观检验的内容，然后再去查询相同或类似的问题，甚至再去找西方经典中的态度和观点，进行对比研究。"'亚洲文明导论'系列的指导性原则是，最初认识其他文明时，必须亲自阅读和倾听这些文明自身对自家文明的代表性说法，而不是西方学者或理论家的说法。"[1]

研讨会上提供的阅读材料和跨学科参考的详细资料，包括教员研讨会和提供给大学三年级和四年级学生的课程，均可通过海曼人文中心的网页查询，所有参与讨论的学子，皆可对所探讨论题的相关材料进行预习和复

---

[1] Wm. Theodore De Bary, "Preface", *Sources of East Asian Tradition* vol. II, New York: Colombo University Press, 2008, p. xxxiii.

习，以促进更深入的探索。除此之外，学生还可以留言自己学习过程中的
心得体会，推进彼此学习借鉴。

三、由新儒学书院"会讲"到哥伦比亚大学的"对话"式课堂

狄百瑞通过对《白鹿洞书院揭示》进行研究，发现宋代书院的教学方
式并非依赖教师教授，而多以对话讨论等形式为核心。新儒学时期，教育
课堂的形式包括"对话、分组讨论甚至有公众讨论"[1]等，这种对话讨论
的教学方式，具体需要以阅读共同的书目材料为基础，要求学生做足讨论
前所需的阅读与自我问辩。

狄百瑞的课堂以小班讨论的形式展开，班级人数限制在 20 至 30 人之
间，所以哥伦比亚大学会出现有几十个同一门东亚文明相关课程同时上
课的情境。课堂的主要阅读材料为原典文本，讨论以中心问题展开，将
"文明"和"人文"作为基本范畴或核心概念，立足当下，展开探讨其
所具有的时代价值。这些问题是开放式的，为了适应日益多元文化的社
会共识。讨论以跨文化视域起步，找寻中西文明间可以汇通的问题，落
脚于对此问题不同的关注侧面与相异的表达，从而达到文明互补、共同
进步的目的。

（一）"会讲"与"对话"

"讲学"或"会讲"历来是中国传统文明中儒家文化下教育与交流的
主要方式，新儒学在传承儒家传统思想、重构宗法秩序的时候，也重点承
继了这一重要传统。新儒家以此种方式迅速扩大教育范围，甚至影响到周
边国家，如韩国、日本等都感到通过讨论能够达到更好的求学目的。新的

---

[1]［美］狄百瑞：《儒家讲学之传统》，张敦敏译，见中国孔子基金会编《孔子诞辰 2540 周年纪念与学术
研讨会论文集》（上），上海三联书店 1992 年版，第 654 页。

学校和书院成了讲学的中心，激发了个人的关心，使他们积极地参与大家共同关心的事业。

"会讲"是中国传统教育的主要形式，春秋战国时期就已经存在，曾因佛教盛行而势衰。新儒学时期，因官府重视儒家教育重新得以繁盛，尤其在宋朝，不仅同一流派的学者进行学术交流，分属不同流派和学派的求学者，也纷纷在书院发起学术方面的讨论。新儒家还因此发展出了"讲学"的教学形式。朱熹发现了会讲与讲学的好处，将此方式运用于帝王与官府教学之中。在与帝王交流之时，亦采用会讲、问辩、讨论等形式，如朱熹提出皇帝的第一件要务是更全面地了解社会的面貌，如此才能够保证做出正确判断与决定。会讲或讲学的好处在于能够在讨论的过程中了解事情原委，并使得思想在交流之中流动、变更与发展。

新儒学时期因大力发展教育并提倡平民教育等，所以使会讲的形式不仅存在于官场，在社会的下层也极为普及，甚至远及穷乡僻壤。这一教育形式在社会中普遍流行，使得百姓受益，利于提升社会的整体素质与能力。

岳麓书院在宋代出现"朱张会讲"[1]之盛事，"朱张会讲"在历史中声名显赫，广为人知。乾道三年（1167 年），朱熹听闻岳麓书院的张栻在衡山讲解胡宏之学，便从福建崇安行千余里路到长沙岳麓书院，只求能够与张栻进行学术探讨，在近两个月里，朱熹与张栻就"中和、太极、仁德"[2]等一系列理学问题发表自己的见解，并且两人同时在岳麓书院登坛讲学。"朱张会讲"这一盛事使岳麓书院名震天下，出现"一时从游之士请业问难至千余人，弦诵之声洋溢于衡峰湘水"[3]现象。

朱熹与张栻两人分属不同学派，他们自由表达不同的学术观点，从不

〔1〕陈薛俊怡：《中国古代书院》，中国商业出版社 2015 年版，第 113 页。
〔2〕陈薛俊怡：《中国古代书院》，中国商业出版社 2015 年版，第 113 页。
〔3〕朱汉民：《岳麓书院》，湖南大学出版社 2005 年版，第 4 页。

314

同角度阐述同一学术问题，极大地促进了学术的发展。会讲展现了学术的"兼容并包"，对后世书院教育产生深远影响。

狄百瑞受到新儒学教学形式的启发，在教授中国相关课程时，沿用西方小班讨论的模式，同时采取课间探讨的授课方式进行教学。每次课堂约有二十名学生，通过选修"人文文学"与"当代文明"课程，所有的学生都必须积极参与课堂活动，学生们有机会在整整一年的时间里与同一位老师同学一起阅读和讨论重要的书籍。小班和亲密的讨论能够促进智力和情感的融合，这种融合超越了课堂，融汇到学生生活中去。[1]

小班讨论的好处在于学生之间比较熟悉，能够组成一个小型的具有凝聚力的群体，他们通过共同的文献资料，进行研读探讨、分组调研、信息整合、反思追问、书写研究结论等活动，可以有效提升科研效率，防止学术封闭与狭隘。

"核心课程"中有关中国的课程的教学方式，模仿"会讲"，围绕"对话"展开。但针对不同学科，教学方式也不完全一致。例如在"核心课程"的"文学人文"课堂上主要强调学生应直接接触经典文本，阅读文本并理解消化，这是后面学术科研的基础；而在"核心课程"的"当代文明"课程中，学生则比阅读古典文本更进一步，开始从历史中寻求经验，以便指导当下。中文经典文本由于语言的独特性，在阅读时又辅之以相关已刊出的研究材料进行研读，能帮助学生更好地理解中西文明原典内容。

小班的"对话"讨论课堂想要高效进行，就需要充足的课前准备。课堂所讨论的字典文献是一样的，但因选修学生皆有各自文化的背景与立场，所以提前围绕原材料找到自己的兴趣点与大家分享，不仅能够扩充彼此视阈，也能够加深自我对问题的思考。

经过课前充分的准备，于"对话"课堂上，基本任务就是对各方信息

[1] Wm. Theodore de Bary, *Eastern canons: Approaches to the Asian Classics*, New York: Columbia University Press, 1990.

的整合反馈。老师首先讲明今日课题，每位学生依次针对当日文献给出科研过程与结果，感兴趣的学生可与有相同关注点的学生进行更深入的讨论，扩充科研结论；而后，老师再针对学生所专注的视角进行统合，帮助学生构建相关知识框架，坚固学术基础；最后再根据对象天资、心理对知识掌握的熟练程度等进行差异性对话与评价，充分调动学生积极性，促进学生个性与人格的发展。

"对话"课堂的课后反思也由学生自行完成，即课后教师与学生皆将自己的科研成果修改订正后上传至网络，对所有参与课堂的人可见，若有不同看法或是无法解决的问题，皆可留言向同学或老师反馈。教师也及时通过网络与留言板，进一步与学生进行深入交流，并就具体问题进行解答。

（二）师资之间的学术"对话"

对于谁来教"核心课程"的问题，哥伦比亚大学专门设置"核心课程"委员会来负责统筹协调各院系的教职人员，鼓励教师自愿加入教学计划。"核心课程"对教师有着颇多要求，如：良好的性格、对教学富有热情，还要具备一定的跨学科视野，能够带领学生自我钻研能力与发散思维的能力。

核心课程的教员汇集了大学中几乎所有人文和社会科学系的教员，他们包括各个阶段：高级研究生、初级教员、博士后讲师、兼职教授和退休教授、终身教授等。

第二次世界大战以前，教授"核心课程"的老师多为最优秀的教授，随着专业教育尤其是理工科迅猛发展，教职人员稀缺，同时出现的难题还有在科研繁重的压力下，教师的教学质量有所下降。为解决这一难题，哥伦比亚大学制定了一系列举措，如成立专门的奖金、规定助理教授每教六个学期的"核心课程"即可获得一个学期的学术假等。另外，学校把"核心课程"的教学任务让博士研究生与博士后兼职承担，为课程注入新鲜血液。

随着大学扩招，亚洲基础课程需求亦大增，亚洲和中东大学委员会在

316

1998 年设立了夏季研究生教师培训，筹集并设立了两个博士后教学基金。虽然这并没有解决所有的问题，但很大程度上缓解了教员紧张的局面。

为了提升"核心课程"教师的能力，哥伦比亚大学设立了颇多项目为教师提供发展的空间。除对教师的培养，狄百瑞还极力促成不同专业教师之间的交流。1958 年 9 月 12 日至 13 日，哥伦比亚大学举行东方经典通识教育会议，这次会议对哥伦比亚大学乃至美国的亚洲文明教育都影响深远。因为会上除了学习讨论经典著作，还学习各种戏剧、诗歌、小说和一些西方文学中没有确切对应的艺术形式，[1] 参会人员包括社会学、历史学、法学、经济学等各个专业的学者。

狄百瑞还注重学校国际间的交流。如担当教务长期间，因学校财政赤字，巴黎的里德学院作为哥伦比亚大学唯一一个海外大三学生项目实施的校外地点被校董建议放弃，他们认为出售这幢大厦有助于弥补哥伦比亚大学自身的赤字。与此相反，狄百瑞召集全体教员支持它的保留和重新开发。渡过那次难关以后，里德学院发展成为哥伦比亚大学一个主要的语言学习和研究中心，为学生和教师都提供了优质的资源。

同时，狄百瑞还极力坚守了女子学院巴纳德学院的独立性，校董认为将它完全纳入哥伦比亚大学将是处理更多男女同校需求的方式，这样一来也可以简化教员部署和学生服务。狄百瑞极力维护了女子学院的特殊性与独立性，使其拥有自己的历史和自主权。

---

[1] Wm. Theodore de Bary, "*Oriental Classics In General Education*", *The Journal of General Education*, Vol. 12, No. 1（January 1959）.

第三节　对话教育观促进构建世界多元文化格局

狄百瑞一直致力于构建全球多元文明格局。他认为在当下社会，中西文明的对话能以他者文化反观、补充自身，这已成为推进文明进展的时代要求。任何一种传统文明，尤其是古老而久远的东方文明，应为全人类共同的遗产，人们需通过观察其关于生命、人类等永恒问题的解释，找寻文明间互补相容性，使得对话双方"互相增益"[1]，进而推进世界文明全面发展。狄百瑞的教育实践在此观念下展开，并已取得不菲的成绩。

一、教学推进中西文明对话观发展

1988 年，狄百瑞创办海曼中心高级学者协会（Society of Senior Scholars, Heyman Center），成为哥伦比亚大学东亚文明高级研讨会议的核心据点。狄百瑞退休以后，仍积极参与海曼中心的研究讨论讲座等教学活动。狄百瑞站稳"每一传统的基本内涵，皆可以通过跨文化判断"[2]的立场，在海曼高级研讨班开设讨论过一系列全人类永恒关注的话题，如：领导和公民、自我与尊严等。其讨论方式并非从已被定义的西方概念出发，而是深入中国文明经典文本内部，找到相关早期概念，然后再对比西方相似观点态度，进行深入探讨，[3]在中西方相异的走向与表达中，反思自身文

---

[1]［美］狄百瑞：《中国研究何去何从》，王德威译，载《世界汉学》2003 年第 2 期。

[2] Wm. Theodore De Bary, "Preface", *Sources of East Asian Tradition* vol. II, New York: Columbia University Press, 2008, p. xxxiv.

[3] Wm. Theodore de Bary, *Asian classics and global education-Confucian tradition and global education*, Hong Kong : Chinese University Press; New York : Columbia University Press, 2007, pp. 34-35.

318

明，并促其革新发展。[1]

　　课堂上对于"自我"的讨论推动了狄百瑞对新儒学"人格主义"的发现，他认为儒家思想中对个体的认知与西方对个人的理解完全不同。狄百瑞首次于儒家思想中凝练出"人格主义"，认为儒家在对待个体自我的态度上强调人的自主性，同时也强调个人对"道"与"天命"的强烈责任意识，以及个人与群体、社会、世间万物，乃至宇宙的互融与和谐。[2]在西方，对于"自我"的讨论主要集中于"个人主义"，强调个体之间互不相关，政治上要求权利本位，"个体的存在先于集体的存在，个体的性质决定集体的性质，个人的利益高于集体利益"[3]。

　　狄百瑞认为儒家"人格主义"与西方"个人主义"同样追逐自由，但儒家"人格主义"无论从个人状态还是个体价值实现，皆能够给西方个人主义的革新发展以启示。狄百瑞以《中庸》为例，认为"致中和，天地位焉，万物育焉"中强调了自我与宇宙万物之间的自然关联。这与西方的二元哲学逻辑思维习惯不同，它着眼于整体，将自我看作整体的一部分而非孤立于外界，强调个体与万物关联并进行周而复始的运作，最终指向无限。狄百瑞认为，儒家"人格主义"中将个人与外界以及"道"的动态关系构成良性互动，并从中塑造理想自我的完满人格，以求达到人之真自由的个人状态，为解决当今人文传统的缺失提供了新的探索方向。这种注重集体与社会发展的个人自由，为西方个人主义发展给以启示。

　　除此之外，因在课堂上的讨论促进学术发展的例子比比皆是，狄百瑞

---

〔1〕黄玉顺：《关于狄百瑞"人格"观念的一封信》，载《当代儒学》2018 年第 2 期第 14 辑。
〔2〕Wm. Theodore de Bary, "Asian Values and Human Rights", *A Confucian Communitarian Perspective*. Cambridge: Harvard University Press, 1998, p. 142.
〔3〕李强：《自由主义》，吉林出版集团有限责任公司 2007 年版，第 143 页。

有关教学发展的研究也硕果累累，如表 7-8 所列：

表 7-8   狄百瑞所发表有关教学研究的学术文章

时间	文章名称
1959	《通识教育中的东方经典》[1]
1989	《朱熹的教育目标》[2]
2006	《核心课程之亚洲》[3]
2007	《亚洲经典和全球教育》[4]
2007	《儒家教育和"民主意义"》[5]
2013	《朱熹的教育规划》[6]

    狄百瑞还将东方经典、亚洲经典等的教学与看法写成文章，以供学者
间交流学习，推进中西文明对话的发展。

---

[1] Wm. Theodore de Bary, "Oriental Classics In General Education", *The Journal of General Education*, Vol. 12,
No. 1（January 1959）.

[2] Wm. Theodore de Bary, "Chu Hsi's Aims as an Educator", *Neo-Confucian Education : the Formative Stage*,
Oakland: University of California Press, 1989, pp. 186-218.

[3] Wm. Theodore de Bary, "The Core Curriculum-Asia in the core curriculum", *Living Legacies at Columbia*.
New York: Columbia University Press, 2006, pp. 543-557.

[4] Wm. Theodore de Bary, "Asian classics and global education", *Confucian tradition and global education*, New
York : Columbia University Press, 2007.

[5] Wm. Theodore de Bary, "Confucian education and 'the point of democracy' ", *Confucian tradition and global
education*, Hong Kong : Chinese University Press; New York: Columbia University Press, 2007.

[6] Wm. Theodore de Bary, "Zhu Xi's Educational Program", *The Great Civilized Conversation: Education for a
World Community*, New York: Columbia University Press, 2013, pp. 166-202.

二、从中西文明对话到"全球教育"

而今社会，随着各族人民交往机会的增多，因文化差异而导致的冲突也日益增多，此问题根源之一在于缺少对中西文明的认识。而以中西文明对话为根基的全球教育，尊重来自不同种族学生的文化需求，尊重个体差异，主张提升文明包容度。

全球教育（Global Education）的教育目的，在于提升学生对中西文明包容度，认为应培育个体在全球化时代生活中所必备的基本知识、技能和态度，因而教学材料需要展现尽量多的中西文明。全球教育最终落脚于塑造个体的全球意识，即对全球思维的培养，把握人类社会的整体状况，培养超越性的全球视野，从人类社会总体去考察和分析社会生活的思维方式。

（一）培养国家认同的世界公民

新儒家书院要求学生广泛阅读，兼容并蓄，提升自我包容度。书院教育古已有之，可追溯至先秦，先秦时期书院处于萌芽阶段，教育规模较小，无完备设施，无成体系的教材，亦无书院教学与学习规章。而新儒学时期因注重教育，书院教育在古制基础上得到大大发展，师资队伍完整，教材完备，书院配套设施完善，有着清晰的规章制度等。书院坚守自由教育原则，给以教师和学生绝对的学术讨论空间与自由，对所有的思想皆给以鼓励与支持。书院不仅是教授知识的地方，也是公论场域，各种思想观点在此相互碰撞，十分活跃的学术氛围极大推动着新儒学教育事业的发展。

狄百瑞受到新儒学书院启发，主张多元教育、广泛阅读，在"亚洲文明"教程中，不仅包含中国思想文化的教授，还包括日本、韩国、印度等国家。如表 7-9 所列：

表 7-9 典籍汇编系列

年份	书名
1958	《印度传统典籍汇编》
1958	《日本传统典籍汇编》
1997	《韩国传统典籍汇编》
2008	《东亚传统典籍汇编》

由以上狄百瑞所开设的课程选用教材可以看出，"亚洲文明"课程中不仅有中国传统文化的教授，还涉及其他亚洲国家，如日本、朝鲜、印度等，这种教学有利于当下人们对多元文化了解的需求。

狄百瑞的教学目的是为社会提供具备一定素质的"世界公民"。当下"世界公民"是在掌握并精通本民族文化传承基础上，多元了解与学习其他民族、其他国家文化以满足全球大融合的现代人才。全球教育的核心是培养自我民族文化意识和本民族文化认同感，同时，又对他国文化有包容精神，并最终培养自我的全球意识。

"世界公民"具有全球意识和包容的胸襟，能够主动了解全球人类文明进程和世界发展动态；能够理解并尊重其他民族文化，面对因文化差异而导致的冲突时能够积极应对，以求双赢。

第二次世界大战后，全球人民面临许多需要协商配合解决的难题，针对这一需求，各国都对教育内容进行了调整，开始纷纷注重对学生进行全球多元文化的教育。哥伦比亚大学是较早开始对学生进行全球教育的高校，注重培养学生为应对全球问题所需的必备知识与技能，进而培养学生责任意识。

（二）跨文化性

哥伦比亚大学于第二次世界大战后开始关注东方传统文明，并于 1947

322

年正式开设"东方文明"课程，正式将东方经典搬上哥伦比亚大学的讲台。
狄百瑞自教学开始便提倡重视东方经典教育，认为充满智慧的中西文明，
可以帮助学生在一定程度上对断裂的全球传统文化进行重解和重续。

狄百瑞认为，通过跨文化比较的学习过程，能够看到不同传统文化文
本对人类社会经典性问辩的智慧，例如生命奥秘、人生追求、感情、良善
等概念，激发学生对人生终极问题的思考。

中国传统古文表达富有古文的意蕴，但同时也加重了古文的艰涩程
度。例如若课堂上讨论《黄帝内经》，鉴于中医自身具有独特的逻辑与科
学观，有时不易用现代通用科学解释，故不便于在课堂上进行深入讨论。
所以，狄百瑞所采用的"全球教育"有着巨大的跨文化性。跨文化性不仅
是指语言之间的差异，更是文化背后的社会俗约、思维逻辑上的差异。

全球教育的跨文化性，旨在培养学生看待中西文明的包容性，如学习
知识遵循以小见大、以大见繁，以繁归简的原则，看似繁重又驳杂课程设
置却能将多元文明的跨时代、跨学科、跨文化三条主线串联起来，展现多
种价值观，顺应全球多元文化现状发展趋势。

（三）有助于人类共同面对并解决问题

随着全球人类需共同面临的如生态、自然等问题日益增多，各族人民
因经济与科技之间的交流也愈加频繁，与此同时人类需要协作面对的问题
也不断显现，如疾病、人权、道德等问题。立志于培育世界公民的全球教
育对于整个人类的生存与发展，无疑具有重大的意义。

面对此要求，狄百瑞比同时代学者看得更为长远，不仅提出了学习第
二种中西文明，在教学中，更是扩展到了两个以上的不同文化，构成文化
的多个视角。多元文化的观点凌驾于我们和他们、自我和他人、东方和西
方的比较之上。因此，哥伦比亚大学的东方人文学课程扩大了亚洲传统的
学习范围，如中国文化、日本文化、印度文化、韩国文化、越南文化等，
这要求学生进行多元跨文化比较，而不是自然地将自己的传统和任何单一

的亚洲传统进行比较。

全球教育不仅关注多元文化的教授，更在于对学生包容胸怀的培养，如：全球现状课程的开设，有利于学生架构完整的全球意识，了解到最新的全球时代需求；中西文明课程的开设，提高学生的文化包容度，使学生能够从他者文化学习更丰富的智慧。

除了教授知识之外，全球教育也较为关注传统人文精神的发扬。培育人文精神与人文关怀，树立本土文化独立意识；同时，尊重并理解中西文明，能够通过知识、认知、意识与观念等内容，在与他者的交往中缓解矛盾解决争议，顺利建立与其他民族人民之间的良性发展关系，推动全球和平发展。

三、知行合一：将对话观融入社会实践

没有实践的知识是无用的，没有知识的实践也没有意义。新儒学历来注重实践精神，提倡身体力行，同时这也是正统儒学所提倡的学术方法。儒家经典《大学》着重强调践行修身，新儒家继承了儒学这一观点，较为关注"知""行"之间的关联。"道统"集大成者朱熹继承发展了传统知行观，提出"知行常相须"的观点，认为"知"是万事之规则，"行"是实践，人们需"知先行后"，"行"较于"知"更重要。

新儒家中有关"知""行"关系的探讨，最为成熟的当属王阳明的"知行合一"观。他指出，单从书本学习知识并不能认识到事物全貌或本质，需要进行实践。"知"还包括心性与良知，即承之于天的精神力量，而相对于此"行"便是将这种精神的显明。

人承自于天的"真""善""良知"与"道德"等内容，以实现最终的人格理想。狄百瑞从王阳明"知行合一"观中受到启发，认为应将知识与人的社会实践相关联，将向上的力量显明，使个人与他人、社会之间构

324

建良性互动关联，并最终达成自我人格的完满，推动社会向前发展。

　　注重社会实践是哥伦比亚大学自建校以来的教学目的之一，哥伦比亚大学曾培养过 50 余名美国国家科学院院士、80 余位艺术科学院院士、71 名诺贝尔奖获得者等著名学者，29 位各国元首，包括 3 位美国总统。狄百瑞在教育实践中，强调培养学生成为"知识分子"所必备的社会实践能力，而"知识分子"应具备和承担的责任，他较为赞同萨义德（Edward Said）给出的相关界定，即"知识分子应承担社会责任，并于社会扮演特定文化角色，立志向公众展现最新的讯息、人生态度与哲学等意见，引导公众构建社会价值等"[1]。

　　狄百瑞指出大学教育不仅要承担传授知识的职能，更要担负深入思考和构建社会共同价值的任务，正如他所赞同的黄宗羲强调的"学校和学者对一些紧急的公共事务进行公开辩论的重要性"[2]。狄百瑞在研究朱熹《白鹿洞书院揭示》时发现，新儒学书院教育极强调人的生存格局，即并不在于一己私利，更多关注的是生命意义与社会职责，在此基础上培养人的自由独立性，以及在这种更具意义的精神指导下对社会共同发展与共赢等问题的探讨和反思。[3]

　　狄百瑞的对话教育观最终落脚到精神独立个体的社会实践上，指出教育不仅仅是教授知识与技能，更应该培养学子的人文情怀，即将理论知识应用于社会实践的能力，应关注民生、人类生存与精神困境等问题，而教师的首要职责是为学生提供围绕社会核心价值与当代问题展开积极讨论的自由氛围。[4]

---

〔1〕Said. E. W, *Representations of the Intellectual*, New York: Pantheon Books, 1994, p. 11.

〔2〕［美］狄百瑞：《儒家讲学之传统》，张敦敏译，见中国孔子基金会编《孔子诞辰 2540 周年纪念与学术研讨会论文集》（上），上海三联书店 1992 年版，第 651 页。

〔3〕［美］狄百瑞：《儒学教育的对象、内容及贡献》，朱荣贵译，载《海南大学学报（社会科学报）》1997 年第 15 卷第 1 期。

〔4〕Wm. Theodore de Bary, *The Trouble with Confucianism*, Cambridge: Harvard University Press , 1991, p. 111.

　　狄百瑞将其对话教育观亦运用于其自身的社会实践中。狄百瑞通过校外社区服务、实习、研究和留学的方式来培养"积极公民"（Civic Engagement），认为"公民参与"的实践活动比传统的课堂教学更具影响力。随着各民族间的交流，高校应培养学生更广阔的视阈处理当代社会问题的能力，如此，在面对种族与中西文明以及政治冲突时，不至于会陷入困境。[1]

　　狄百瑞曾指明希望学生步入社会之前，应成为具备中西文明视野和心系全人类命运的"世界公民"[2]，哥伦比亚大学"核心课程"时任主任郑义静为狄百瑞的继任者，很好地传续着狄百瑞的对话教育观。[3]而今，狄百瑞所提教学方法与理念已对更广泛的地区形成影响，美国乃至世界众高校纷纷开设中西文明对话的相关课程，以期培养学生世界文明多元视阈。

　　综上所述，狄百瑞的教育观，成长于第二次世界大战后西方文明危机之际。由于战时科技对人类的残酷破坏等原因，促使西方学者反思，人们意识到传统人文精神教育缺失所导致的严重后果，开始注重传统人文精神的传承。狄百瑞比同时代学者走得更远，其不仅看到传统人文精神的价值，亦为"补自家之偏"[4]，开始以广阔的视野从中西文明对话中找寻更多的智慧，在全球对公共问题合作渐趋频繁的国际环境下，提出应"以批判的眼光审视历史经验，同时必须找到能够使我们避免重蹈覆辙的新方向"[5]，用更丰富的全球文化资源尝试解决文明所面临的发展窘境。在与历史和中西

---

〔1〕Wm. Theodore de Bary, "The Core Curriculum-Asia in the core curriculum", *Living Legacies at Columbia*, New York: Columbia University Press, 2006, p. 543-557.

〔2〕Wm. Theodore de Bary, "The Core Curriculum-Asia in the core curriculum", *Living Legacies at Columbia*, New York: Columbia University Press, 2006, p. 543.

〔3〕Chung, R. E, "Sinology of Wm. Theodore de Bary: a Bridge-builder Who Became Himself the Bridge"唐奖颁奖现场演讲。

〔4〕Wm. Theodore De Bary, *The Great Civilized Conversation: Education for a World Community*, New York: Columbia University Press, 2013, p. vii.

〔5〕Wm. Theodore de Bary, *The Trouble with Confucianism*, Cambridge: Harvard University Press , 1991, p. 112.

326

狄百瑞着博士服于哥伦比亚大学

文明对话中，无论是西方传统人文教育抑或儒家教育，皆影响着狄百瑞对话教育观的形成，并指导着其教育实践。

狄百瑞以哥伦比亚大学"核心课程"为主要平台，践行教学理想并作出贡献。其中，狄百瑞受新儒学而形成的教育观与教学实践，主要表现在四个方面：

第一，在对话式的教学方式下，强调人文，重视德育。狄百瑞经研究发现，新儒学尤其强调人在社会发展中起到的推动作用，注重习得知识之前对学子志向与德行的培育。在接受知识教育之前，狄百瑞赞成朱熹强调的"为己之学"等观点，认为"育人先立志"，对自我人格完满的追求，以及使自己有益于推动整个人类向好发展的志向，对于求学之人犹如灯塔，是在面对任何磨难和考验时的力量来源，是求学之路上至关重要的积极因素。

在学习上，新儒学教育尤其注重培养学生的自学能力。狄百瑞通过专研宋代书院的教学模式，将儒学传统的"会讲"结合西方的传统人文教育形式，形成一套有效的小班对话式课堂，即通过小规模班集体共同学习，进行课前预习、课堂讨论、课后补充等形式，提升学生自我探索问题的能力。

第二，注重与历史的对话，还原中国文化思想的发展变迁。狄百瑞通过阅读大量的新儒学时期原典书籍，如《明夷待访录》《宋儒学案》等，发现每一本书都有大量的历史资料贯通自我思想与历史的关联，以及某一思想的历史发展变迁，加之受现代新儒家钱穆的影响，比较注重中国传统思想的历史脉络性发展等，狄百瑞在编撰《中国传统典籍汇编》时，不仅囊括当时美国汉学界研究颇多的先秦思想和现当代中国思想文化的内容，更是重点关注了经常被学界忽略的新儒学时期，使得中国传统文明得以完整地在此套书籍中展现。

《中国传统典籍汇编》是美国高校历史上第一套完整的中国文化思想教材，受众面极大，起初仅为哥伦比亚大学使用，后因其所选原典丰富，视角独特，包容度极高，而受到更多高校的追捧，并被奉为学习中国课程的学子必读的书目之一。此书后屡获书籍和教材类图书大奖，反复再版，现仍在流通使用，对美国高校的中国传统文明课程建设，以及中国传统文明在海外的发展皆做出巨人贡献。

第三，强调与中西文明的对话，提高学生的文化包容度。狄百瑞经研究宋代书院，尤其是《白鹿洞书院揭示》等发现，新儒家教育提倡对于不同专业甚至不同文明的广泛涉猎，如"道问学"中的"博学之"等观点。狄百瑞由此受启发，提出向东方文化找寻智慧，这并不仅仅是将自己熟知的中国传统文明列入全校学生必修课的教学内容之中，更是将亚洲其他国家的文化，如日本文化、韩国文化、越南文化等皆列入"核心课程"，供全校学子学习，以扩展学子视阈，培育宽广胸怀，提升对全球中西文明的理解与共情能力。

第四，注重与经典的对话，并将经典联系实践，挖掘经典作品对当下的价值与意义。狄百瑞发现新儒学极注重对经典作品的重新阐释，例如朱熹的《四书章句集注》《楚辞集注》等皆是对经典的应时代解读。新儒家注重建立自我与经典的关联，即将经典作品所蕴含的对人生终极问题的追问，放置于自己所生活的时代之中进行再思考，不仅给予经典新生命，更能够深刻地体悟经典所包蕴的智慧。

狄百瑞在教学实践中，亦是注重与经典作品的对话，培养学子共通能力和核心价值观，即引导学子围绕同一问题发散思维，深入探讨，对论题做科研式的严密论证，并进行数据分析，得出合理结论，指导实践。狄百瑞致力于将"核心课程"的东方文明相关课程，打造成发展个人自主性、提升个人素养、训练学子成为社会公民的最佳平台，以推动社会和谐和全球文化的健康发展。比如："当代文明"课程的安排设置，通过学习历史发展，培养学生的批判思维能力；"人文"课程的安排与设置，培养学生的人生格局与价值追求等。通过对同一经典著作的集中细读，对人生共同关注问题的探讨来共同追问当代价值观与人生追求，有利于培养同期学生的精神凝聚力。

狄百瑞的教育观与教学实践颇具前瞻性，具有鲜明的时代特征与人类发展的永恒意义，其所提倡的中西文明的对话，对应了经济全球化所需要的对中西文明和谐共处、互利共赢的人文需求。通过教育训练，学子在遇到因中西文化差异所导致的棘手的社会问题时，能够怀着博大胸怀，在互相尊重与理解的心境下从容应对各种困境。对话教育观，适应当下全球教育的需求，利于中西文明之间互相摘取精华，并利用中西文明之间的碰撞，扩充现有文明的内涵；同时，狄百瑞对人文教育的强调，也着力弥补当代教育因科技化与专业化趋势所带来的弊端。对于人类基本情感、伦理道德、责任意识的培育，也使得人文情怀与传统精神得以传承，并在当下社会产生积极意义。

结　语　中西文明对话任重道远

　　中西文明之间的交流渊源久远，但自 20 世纪以来，世界各族人民开始共同面对全球问题，如两次世界大战、生态破坏等，不同民族与不同国家之间加速了沟通合作。随着经济、科技等的快速发展，以及全球信息共享的快速推进等状况，中西文明之间的对话受到更多的关注。面对共同的生态、自然等发展困境，人们不可避免地处在多元文化交流融汇的现代语境之中，不同文化、社会俗约、宗教信仰的多方位交流使得各族人民的包容度逐渐增加，但是冲突矛盾亦日益增多。不同个体与群体之间能够更好地沟通交流，合作共利，是现代每个人都应具备的技能。

　　不同国家、地区、民族，都有着显著不同的社会历史发展经历，对同一问题本质的认识存在差异。世界文化多样，人生价值与社会政体等观念多元，随着不同民族的交流日盛，人们愈发认识到文化一元论的弊端。如果要求所有国家都按照统一的理念规范人的言行、思维，显然会被其他文化所抵制，反而阻碍全球文明的健康发展，而消除这些阻力的最佳方式是提升全球文明包容度，尊重文化差异。

　　狄百瑞在如此的社会文化背景下所提出的中西文明对话观显得尤为重要。狄百瑞的中西文明对话观不同于其他汉学家，他认为对话双方皆为主体，对话目的并非找寻文明间的相通之处，而是旨在找寻中西文明间的差异性，愈是揭示差异性，愈能为世界提供更多解读人类文明的视角，增强文明包容度，使得中西文明之间能够互补互融。

330

　　狄百瑞以发展的眼光看待人类文明，注重文明的连续性发展，指出"任一经典都不是人类经验的最终陈述"[1]。而对话的意义正在于，中西文明碰撞后引发了思索，并激发文明内部自我更新。"每种传统文化，最核心的部分皆源于独立于外部文化介入的内部对话"[2]，文明发展根源是事物内部力量传承与更新的此消彼长，应以发展的眼光对待文明与经典。

　　狄百瑞所提中西文明对话观在文化交流方面做出了杰出贡献。其深挖新儒学思想与价值观，找寻中西文明间的同一性与差异性，在不同文明之间进行细致的解剖研读，描绘出异于西方文明的不同民族、信仰、文化主体之间的智慧等，是一个推动中西文明对话的经典案例。

　　中西文明之间确实存有差异，甚至有极难跨越的固定文化逻辑思维惯性。文明涉及人类生活的各个层面，所以中西文明之间的交流与对话需要更漫长的时间与机遇，也将会面临各方面的挑战与困境，可谓任重道远。

　　对于这一课题，除了狄百瑞作出了努力，国内外不同学科的学者也已从不同角度展开深入探讨。在文化层面已有许多研究成果刊发，并引起广泛热议，如萨义德的《东方学》（ Orientalism ）[3]、艾田蒲（ Rere Etiemble ）的《中国之欧洲》（两卷）（ L'Europe chinoise ）[4]、本尼迪克·安德森（ Benedict Anderson ）的《想象的共同体》（ Imagined Communities: Reflections on the Origin and Spread of Nationalism ）[5]、范存忠的《中国文化在启蒙时期的英国》[6]、弗雷德里克·詹姆逊（ Fredric Jameson ）的《文化转向》（ The

〔1〕Wm. Theodore de Bary, "The Core Curriculum-Asia in the core curriculum", *Living Legacies at Columbia*, New York: Columbia University Press, 2006, p. 556.

〔2〕Wm. Theodore de Bary, "The Core Curriculum-Asia in the core curriculum", *Living Legacies at Columbia*, New York: Columbia University Press, 2006, p. 547.

〔3〕Edward Said, *Orientalism*, London: Routledge Kegan Paul, 1978.

〔4〕Rere Etiemble, *L'Europe chinoise, deux volumes*, Paris: Gallimard, 1988-89.

〔5〕Benedict Anderson, Imagined Communities: *Reflections on the Origin and Spread of Nationalism* , New York: Verso, 1991.

〔6〕范存忠：《中国文化在启蒙时期的英国》，上海外语教育出版社 1991 年版。

Cultural Turn: Selected Writings on the Postmodern ）[1]、孙景尧的《简明比较文学——"自我"和"他者"的认知之道》[2]、乐黛云主编的《跨文化沟通个案研究丛书》[3]等。此类研究成果已在文化思想界引起广泛影响，极大地推进了中西文明之间的交流对话。

每一种文化，尤其如中国文化般有着悠久的历史传承和强烈的文化归属与认同，带有其自身包括政体、经济、艺术等独特的展现形式，这种独特性让中西文明间的对话变得十分复杂。正因如此，中西文明对话成为一个充满变化的动态过程。具体挑战与困境表现如下：

第一，中西文明源头的差异。中国自古北临外族难以攻打的荒漠，东方与南方皆为大海，在四周自然屏障保护下，这片广袤的中原土地，再加上自给自足的农耕状态，生发出灿烂的中国传统文明。而西方文明尤其是两希文明，其发源地为自然资源贫瘠的海洋地区，在海洋性气候下，人与自然的关系较为紧张，仿佛生存都是个巨大的难题，面对难以掌控的自然灾害，人们冒险发展出航海业与个体商业等。

第二，不同的自然环境下形成了差异巨大的艺术观。自然环境不同，导致人们的生活方式有着巨大的差异，对世界的理解、看法，乃至追求也就有着极大不同，如自由的展现形式、自我的认知、精神追求，对音乐、绘画等方面。在艺术上，中国传统展现较为含蓄，追逐整合混沌，任何艺术都有较多留白，给人留以想象空间，艺术展现较为简洁素雅；而西方海上冒险的生活，迫使西方人发挥自身极致与外界对抗，形成他们善于追问、解析、思辨、顺应多变等性格，其艺术形式较为奔放，追求个性张扬、个体力量等，对毁灭性的悲剧十分偏爱。

第三，宗教信仰的差异。古代中国在自给自足的稳定社会环境下，形

---

〔1〕Fredric Jameson, *The Cultural Turn: Selected Writings on the Postmodern*, New York: Verso, 1998.

〔2〕孙景尧：《简明比较文学——"自我"和"他者"的认知之道》，中国青年出版社 2003 年版。

〔3〕乐黛云主编：《跨文化沟通个案研究丛书》（十五卷），文津出版社 2005 年版。

成保守的农耕文明，在此基础上发展出较为稳定的宗法伦理体系，讲求血亲之间的群体生活与集体声誉等。中国传统文明中有自身的宗教性追求，如对"天"与"道"的敬畏，通过"克己复礼""慎独""为己之学"等的"修身"历程，超越自我，抵达至"圣"的状态等；而西方则在与自然的殊死搏斗中，对自身的悲剧命运有更多的思考，并最终笃信宗教。他们相信命运，同时又在宿命论压制下热烈地张扬个性，不愿顺从又不得不顺从，在不服与宿命的较量之下，与上帝形成极矛盾的理性契约关系。

第四，中西文明对话，受外部环境影响巨大，不可避免地存在文化误读与交流误解的状况。在特定的时代背景下，个人因对中西文明传统规约不甚了解，易导致文化误读或文意误解，彼此交流易产生误会，就算双方带着善意，但有时隔阂仍难以避免。政治权力、政体制度等的影响使得个体很难抛弃掉自身的环境场域，同时带有自身难以磨灭的意识形态，如狄百瑞认为 20 世纪 50 年代美国汉学界有着强烈的了解中国的愿望，但研究时仍旧会脱离中国传统原典文本，于是对中国文化产生巨大的误读。

同时，文化内部体系也存有复杂多元性的情况，文化因素特别是文化个体在价值观、世界观、民族或传统文化等方面的差异，导致主体之间难以互相理解。

除此之外，在异域自然环境、地理气候下形成了不同的饮食习惯、相异的社会约俗等，这些都会给交流带来障碍。个体或群体自身存在的文化倾向，行为规约、逻辑思维与交往方式等因素也会影响中西文明之间对话交流的积极性，加之种族优越感等因素，亦会严重影响中西文明对话交流。这所有的差异，促使学者提出多元文化构建，即一个具有包容性的体系的重要性。狄百瑞中西文明对话观，还将面临诸多挑战与困境。

狄百瑞挖掘出新儒学呈现出的发展性、批判性、近代性、丰富性等生机勃勃的特质，不仅有力地回击视儒学为落后、保守思想的看法，也成为儒学能够自立成为世界多元文明一部分的原因之一。在面对世界观构建、生存奥秘、文明发展等全球课题时，中西文明采用不同追问方式，表达主观姿态，并寻求互相学习、弥补的机会，扩充世界多元文明形态，以促进世界多元文化之构建和全球文明健康发展，狄百瑞对这种态度提出赞赏。除此之外，狄百瑞还为扩充中国新儒学研究视角与深入了解新儒学之思想核心特质等方面做出努力，也有力防止传统文明研究陷入太狭隘与闭门守旧等学术窠臼。

　　胡仲扬曾从"文"的角度解读狄百瑞之对话观，从"武"的角度解读丹尼·罗伊（Denny Roy）的交流观，对比两观点之异同，胡仲扬认为两者都将为世界共同利益做出贡献。[1]狄百瑞以自身学术敏锐性与客观的学术追求，秉持中西文明对话观，赋予美国新儒学派超强的预见性与独立学科意义，其深厚的学术思想与积极的教学实践，极大提升中国传统文明在美国乃至世界的声誉与影响力。朱荣贵曾说："这么多年来汉学界能够肯定中国（以及东亚）具有卓越的思想及文化的传统，不能不多少归功于狄百瑞先生长年竭力捍卫。"[2]狄百瑞用对话的角度挖掘中西文明之独特性、近代性等特质，为扩充中国传统文明研究提供全新视角，为促进中西方文明健康发展、推动世界文明多元格局之构建做出了巨大贡献。

　　狄百瑞提出的中西文明对话和全球教育等见解，皆导向全球多元文化的构建，即主张文化多元与并存，促进中西义明之间更好地对话、合作、互利等。当然，全球文明多元化的建构，首先承认中西文明之间的差异性，其虽最终目的是走向文化包容与理解，但并不为消除差异。构建多元文明和包容度的文明体系，非为了消除文明表现形式的多样性，而是承认文化多元，让问题认知的不同侧面全面显露，有利于多边文化交流，最终使不

---

〔1〕Paul J. Contino, Book Review, *The Great Civilized Conversation: Education for World Community* by Wm. Theodore De Bary, Expositions, online, ISSN: 1747–5376. Expositions 9. 2（2015），pp. 99–102.

〔2〕朱荣贵：《西方儒学之干城：狄百瑞的儒家研究》，见傅伟勋、周阳山主编《西方汉学家论中国》，正中书局1993年版，第129页。

同文化背景、生活习惯、社会规约的人们能够互相尊重与理解，达到共赢
的状态。

　　狄百瑞的中西文明对话观亦有其自身缺陷与不足。狄百瑞中西文明对
话观并不全面，主要围绕人文层面展开，几乎没有涉及政治与经济视角。
狄百瑞立足人文价值，笃信人类心灵在根本价值追求上的丰富复杂性，挖
掘新儒学思想在专制帝权下所具有的独特思想价值。但仅是从人文层面，
其对于新儒家类型的认知，也是不够全面的。狄百瑞提出的具有个体自主
性且接续传统儒学的英雄主义式的新儒家，以及能够"舍生取义"的新儒
家在历史上并不普遍存在；对李贽等泰州学派对自由的个人主义追逐的理
解有认知偏差甚至曲解等。

　　总之，狄百瑞的中西文明对话观尚未涉及中西文明所需要对话的各个
层面，在已经涉猎的内容中亦存在漏洞和缺陷，甚至误读。无论是中西文
明对话观，还是中西文明之间的对话交流，都尚在发展进程中，并需要继
续挖掘文明更多种展现形式和更丰富的可能性，以此才能够解决因中西文
明交流中日见增多而暴露出的更复杂的跨文化冲突与人类面临的更多的共
同难题。因此，中西文明之间的交流，还有漫长而艰难的路要走，为达到
理想的交流状态，中西文明交流依然任重道远。

狄百瑞年谱简编

1919 年　出生

1919 年 8 月 9 日，狄百瑞于纽约布朗克斯出生，排行第二；父亲为威廉·狄百瑞，生于德国，1914 年来到美国，并与米尔德丽德·马奎特·狄百瑞结为夫妻。

1932 年　13 岁

参加了托马斯总统候选人的竞选集会；沿着第七大道在纽约参加反战游行；参观左翼总部和联合广场附近的劳工运动；与流亡海外的意大利辛迪加主义者卡罗尔·特雷斯卡会面。在利奥尼亚租了一间房子，用来邀请纽约各部门的演讲者，安排集会演讲等。

1937 年　18 岁

夏季，于美国新泽西州卑尔根郡利奥尼亚区四年制综合性公立高中利奥尼亚高中毕业，并作为优秀毕业生代表发表告别演说。

秋季，升入纽约哥伦比亚大学就读本科，并获全额奖学金。

读书时于哥伦比亚大学"核心课程"第一堂"当代文明"课上，老师哈里·卡曼讲到需要年轻人开始关注亚洲，于是狄百瑞开始学习中文。

1938 年　19 岁

狄百瑞开始在富路德管理下学习初级汉语。

　　大学期间曾在勒诺克斯大道和 124 街做过暑期工；在阿波罗剧院和萨沃伊舞厅做暑期工时还受到路易斯·阿姆斯特朗、贝西伯爵、艾灵顿公爵等艺术家的熏陶。

● 1939 年　20 岁

在巴纳德学院的一次茶话会上与范妮相遇。后与范妮结婚。

参加了在白宫举行的一次会议，并加入了援英计划。

1940 年　21 岁

担任哥伦比亚大学辩论委员会的负责人。

担任校园服务协会的主席，并担任幽默杂志《小丑》的编辑。

开始担任学生会主席，至 1941 年。

● 1941 年　22 岁

6 月，于哥伦比亚大学本科毕业，并获亨利·埃文斯毕业游学奖学金。

秋，于哈佛大学游学，师从日本研究领域的年轻学者埃德温·赖绍华，对东亚共同体有了更明晰的概念。

12 月 7 日被纳入海军情报局，并于加州的伯克利语言学校参加海军日本语言培训。

● 1942 年　23 岁

与范妮结婚，婚后二人育有三个女儿，一个儿子。大女儿玛丽·凯瑟琳·狄百瑞·斯莱特；二女儿布雷特·狄百瑞，康奈尔大学日本文学教授；小女儿玛丽·比阿特丽斯·狄百瑞·海因里希斯，马萨诸塞州斯普林菲尔德学院教师；儿子保罗是一名律师和财务顾问。

同年被派往二战前线科罗拉多州博尔德。

● 1943 年　24 岁

委任为美国海军后备队少校，服役于太平洋战区。

1944 年　25 岁

夏，被派往珍珠港参加相关工作。

1945 年　26 岁

春，参加冲绳战役。

开始学习韩语，并深入了解了韩国文化。这对狄百瑞后来将韩国纳入东亚共同体的文明研究种下了种子。

8 月 15 日日本投降之后，带着技术调查任务被派往日本的佐世保和东京。

1946 年　27 岁

春，从东京被调往华盛顿的海军情报办公室，担任远东情报部门的负责人。复员后在妻子的支持下完成早先的学术目标，重新开启研究生活。

秋，携 1500 美元的奖学金和《退伍军人权利法案》重返哥伦比亚大学读研，并第一次尝试翻译日文作品。

1948 年　29 岁

秋，获哥伦比亚大学硕士学位。

于哥伦比亚大学召开第一届东方书籍学术讨论会。

获中国方向博士研究生奖学金，并获富布赖特奖学金。前往北京燕京大学继续开展博士研究期间结识胡适、冯友兰，后来在广州认识钱穆、梁方仲、唐君毅和陈荣捷等。这段时间里，狄百瑞能有机会观摩旧中国的社会状态，在与中国学者的接触中，更真切深入地钻研中国新儒学等问题。

1949 年　30 岁

结束在中国的游学返回美国。

开始负责"哥伦比亚大学新东方研究项目"，具体任务是翻译并编写开设"东方人文"和"东方文明"课程所需要的教材。

1952 年　33 岁

"哥伦比亚大学新东方研究项目"一期任务完成。

● 1953 年　34 岁

　　夏，博士学位论文获优异等级，并被正式任命为"大学东方研究委员会"助理教授和主席。

● 1954 年　35 岁

　　与角田柳作和宗教系主任霍勒斯·弗里斯教授一起邀请铃木大拙在哥伦比亚大学做一系列关于禅宗佛教的专题讲座。

　　哥伦比亚大学建校二百周年，召开两百年纪念主题"人的知识权利和知识的自由使用"的特别会议。

● 1956 年　37 岁

　　结束"亚洲和中东大学委员会"主席的任命。

　　出版翻译作品日本名著《好色五人女》。

● 1958 年　39 岁

　　2 月，为《印度传统典籍汇编》两卷本中的第一卷第一版写序言，并将其出版。

　　因为编撰《印度传统典籍汇编》获"美国历史协会沃特姆奖"（Watumull Prizeof the American Historical Association）。

　　召开哥伦比亚大学"通识教育东方经典会议"。

● 1959 年　40 岁

　　任哥伦比亚大学中日系（后名称更改为"东亚语言文化系"）系主任。

　　出版会议集刊《走进东方经典：通识教育中的亚洲文学与思想》，本集刊汇总了 1958 年于哥伦比亚大学召开通识教育东方经典会议的论文。

　　发表文章《通识教育中的东亚》。

　　发表文章《理学家中的一些共同趋势》。

● 1960 年　41 岁

　　任命哥伦比亚大学东亚语言文化系主席。

　　出版翻译汇编著作《中国传统典籍汇编》第一卷第一版，合作者有陈荣捷、华兹生等。

1962 年　43 岁

为主编项目内《中国早期文学》一书写序言，后促其出版。

1964 年　45 岁

1964 年至 1965 年于哥伦比亚大学举办了高级研讨会，尝试将"印度、中国、日本的当代小说""西方思想中的亚洲形象""亚洲民族主义的比较问题""亚洲传统社会向现代社会的转型"等课题的相关领域和学科相结合。

获美国教育新闻协会菲什伯恩奖。

出版著作《走进亚洲文明》。

出版著作《东方经典指南》第一版。

出版著作《印度传统典籍汇编》第二卷的第一版。

出版著作《中国传统典籍汇编》第二卷的第一版。

发表文章《东亚研究综述》。

1966 年　47 岁

春，推动哥伦比亚大学东亚语言文化系和"明史人物传记"项目合作，于哥伦比亚大学召开研讨会。

6 月，参加在伊利诺伊州尚佩恩举办的关于明朝思想的会议。

卸任东亚语言和文化主席，并于日本京都、中国台北休假。

出版《印度的传统》。

重启"中国历史项目"研究。

1967 年　48 岁

结束休假。为伊万·莫里斯的《枕边书》第一卷写序言。

1968 年　49 岁

1 月，于纽约给《明朝思想中的自我与社会》写序言。

获圣劳伦斯大学名誉文学博士。

参加哥伦比亚大学学生运动，并当选为哲学学院执行委员会代表。参与成

340

立新的大学参议院，当选为参议院执行委员会主席。

1969 年　50 岁

荣获哥伦比亚大学优秀教师奖。

任亚洲研究协会会长。

6 月，参加在太平洋沿岸地区举办的西雅图会议。

10 月，参加在俄克拉何马州举办的中西部亚洲事务会议和在图森西部举办的斯蒂尔沃特会议。

出版著作《印度、中国和日本的佛教传统》。

1970 年　51 岁

1 月，在南卡罗来纳劳伦堡举行东南地区会议。

9 月，在美国学术交流协会中国文明研究委员会的赞助下，于意大利塞尔贝罗尼别墅举行 17 世纪中国思想会议。

获芝加哥洛约拉大学人道文学荣誉博士。

出版会议集刊《明朝思想中的自我与社会》，此书系为 1966 年 6 月在伊利诺伊尚佩恩举办的明朝思想研讨会的会议集。

随书发表文章《明末的个人主义和人道主义》。

发表文章《亚洲研究协会：非政治性但并非无关紧要》。

1971 年　52 岁

获哥伦比亚大学约翰·杰伊奖。

任职学术事务执行副校长兼教务长至 1978 年。在位期间平衡 1968 年及之后的校园连续赤字情况。

获编辑委员会美国学者奖。

1972 年　53 岁

参加于夏威夷召开的比较研究王阳明暨纪念王阳明诞辰 500 周年学术谈论会。

卸任东亚语言与区域中心主任。

● **1974 年　55 岁**

2 月，于纽约为《新儒学的展开》写序言。

获美国艺术与科学院奖。

● **1975 年　56 岁**

创办人文学科研究员协会。

出版著作《二战手记》。

出版著作《新儒学的展开》。此书是于 1970 年在塞尔贝罗尼别墅举行的 17 世纪中国思想会议的产物。

发表文章《新儒家文化与十七世纪的"启蒙运动"》。

出版著作《东方经典指南》。

● **1976 年　57 岁**

于哥伦比亚大学做教务长财务报告，向大学参议院汇报工作，并卸任学术事务执行副校长兼教务长。

发起创办海曼人文中心的提议，中心于 1981 年正式运行。

于日本京都休假，后被邀请前往中国旅行。

● **1977 年　58 岁**

结束日本和中国的旅行、游学、休假。

● **1978 年　59 岁**

1 月，于华盛顿州伊瑟阔举行的蒙古统治下的中国思想会议，该会议由陈学霖教授和美国中华文明研究委员会赞助。

结束任命哥伦比亚大学东方研究卡彭蒂尔荣誉教授。

任美国学术协会理事。

回归教学，并担任亚洲和中东委员会大学出版委员会主席。

● **1979 年　60 岁**

离开教务长职位，狄百瑞又一次前往京都大学和台湾"中央图书馆"做学术研究，并于京都的研究所、名古屋、"台北故宫博物院"和"中央图书馆"搜集资料。

6 月 20 日，在台湾做演讲"元代朱熹正统思想之兴起"。

夏，参加在香港南港举办的国际汉学会议。

任命约翰·米切尔·梅森荣誉教授。

出版著作《理学与实学》，随书发表文章《德川时期新儒学圣人的世俗生活与精神理想》。

受邀于香港中文大学发表演讲"中国的自由传统"。

1979 年底，于中国大陆游学。

● 1980 年　61 岁

11 月 26 日—12 月 3 日，参加于杭州举行宋明理学国际会议。

《理学家中的一些共同趋势》一文被翻译成中文。

● 1981 年　62 岁

6 月，于缅因州参加学术会议。

于意大利赛尔贝罗尼别墅完成书稿《新儒家正统学说与心学》。

8 月，参加美国学术委员会研究委员会的联合主持下，于意大利贝拉焦的洛克菲勒基金会会议中心举行的韩国新儒学会议。

出任海曼人文中心主任。

成为古根海姆理事会成员。

10 月 15 日至 21 日，于中国杭州参加全国首次宋明理学讨论会，并作演讲"中国研究何去何从"。

出版著作《新儒家正统学说与心学》。

● 1982 年　63 岁

获香港中文大学钱穆卓越奖。

7 月 6 日至 15 日，参加于夏威夷举行的国际朱子学会议。

7 月 10 日，主持小组讨论"朱子与教育"，就朱子与宋代新儒家教育为范围进行深入讨论，旨在把新儒家教育置于整个东亚地区现代化的历史脉络中考察。

9 月，举办哥伦比亚大学人文科学研究中心学术会议，冯友兰参会。

出版会议集刊《元代：蒙古统治下的中国思想和宗教》。

● **1983 年　64 岁**

获研究生院校友卓越奖。

获莱昂内尔·特里林图书奖。

出版中英文版著作《中国的自由传统》。

● **1984 年　65 岁**

8 月 15 日星期三，在夏威夷檀香山召开亚洲哲学比较国际研讨会，北大教授汤一介参会。

8 月 30 日—9 月 4 日，参加美国学术团体联合会资助的会议，并演讲"朱子的教育目标"。

● **1985 年　66 岁**

会议集刊《新儒学在韩国的兴起》出版。

发表文章《儒家的自由主义和西方的狭隘主义》。

● **1986 年　67 岁**

任法兰西学院客座讲师。

任哈佛大学东亚事务所埃德温·赖绍华就职荣誉讲师，并于哈佛大学举办"赖绍华讲座"四次公开演讲。

发表文章《房兆楹讣告》。

● **1987 年　68 岁**

在庆祝哥伦比亚大学人文学科必修核心课程五十周年之际，举行了一次关于人文学科作为有争议的领域的专题讨论会。

发表报纸文章《哥伦比亚大学也有研究亚洲的传统》。

荣获马克·范·多伦奖。

《纽约时报》报道称，狄百瑞的《中国传统典籍汇编》在过去 25 年里成为大学非小说类书籍畅销书第四名。

《中国宗教杂志》赞扬了狄百瑞对儒家信仰体系如何成为"东亚人民道德和精神支柱的主要组成部分"的探索。

12 月 2—5 日，参加于厦门举行的朱子学国际学术会议。

344

● **1988 年　69 岁**

主持庆祝哥伦比亚大学开设东方人文学科 40 周年活动。

5 月，任加州大学伯克利分校坦纳荣誉讲师。

创办海曼中心高级学者协会，任高级学者协会学者。

组织新儒学研究研讨会和亚洲思想与宗教研讨会。

主持校友人文学术讨论会。

主持编撰哥伦比亚大学 250 周年纪念遗产系列。

6 月，于香港参加儒教与基督教研讨会。

出版著作《东亚文明：五个阶段的对话》。

《东方经典指南》第三版出版。

《印度传统典籍汇编》两卷本第二版出版。

● **1989 年　70 岁**

庆祝哥伦比亚大学核心课程之东方人文学科专题讨论会 30 周年。

参加孔子诞辰 2540 周年纪念与国际学术研讨会，并于会上发表主旨演讲。

正式退休，并自愿继续教授哥伦比亚大学"核心课程"里有关亚洲的课程。

卸任亚洲和中东委员会大学出版委员会主席。

出版著作《心学与道统》。

出版著作《新儒学教育：成型阶段》。随书刊出文章《朱熹作为教育家的目标》。

发表中译文章《作为正统理学家及激进派的吕留良》。

● **1990 年　71 岁**

荣获哥伦比亚大学特殊服务教授荣誉称号。

卸任约翰·米切尔·梅森荣誉教授。

出版著作《东方经典：走近亚洲经典》，随书出版文章《核心课程中的亚洲》《亚洲经典作为东方巨著》。

● **1991 年　72 岁**

出版著作《为己之学：论新儒学思想中的个体》。

出版著作《儒家的困境》。

1992 年　73 岁

发表中译文章《儒家讲学之传统》《新儒学：传统性与现代性的交融》《与斯人之徒：狄百瑞思想自述》。

1993 年　74 岁

荣获三等旭日东升勋章。

出版《等待黎明：给帝王书》，此书为《明夷待访录》的首本英译本。

1994 年　75 岁

10 月 5 日—8 日参加孔子诞辰 2545 周年纪念与国际学术研讨会。狄百瑞发表演讲"儒家学说的命运与方向"。

荣获哥伦比亚大学名誉文学博士。

荣获亚历山大·赫马顿奖章。

发表中译文章《黄宗羲〈明夷待访录〉之现代意义》。

发表文章《陈荣捷的讣告》。

发表文章《回复霍伊特·克利夫兰·蒂尔曼》。

1995 年　76 岁

8 月，于檀香山东西方中心，参加社会主义与人权会议。

发表期刊文章《北京的儒学研究新动向》，文中表示对儒学的新发展充满信心。

发表中译文章《儒家学说的方向与命运》。

1996 年　77 岁

5 月，于檀香山东西方中心参加会议。

荣获弗兰克·坦南鲍姆纪念奖。

荣获纽约城市大学总统汤森德哈里斯创始人奖章。

《东亚文明：五个阶段的对话》中译本出版。

1997 年　78 岁

1 月，于夏威夷大学和西方研究中心做讲座，此为纪念陈荣捷讲座的首度开

346

讲。此次会议由夏威夷大学中国研究中心主任安乐哲教授主持。

出版著作《韩国传统典籍汇编》第一卷。

出版著作《思想交汇》。

发表中译文章《儒学教育的对象、内容及贡献》。

1998 年　79 岁

哥伦比亚大学亚洲和中东大学委员会设立了夏季研究生教师培训，筹集并设立了两个博士后教学基金。

6 月 15—17 日，于北京香山饭店参加儒学的人论国际学术研讨会。整个会议围绕六个问题展开讨论：一、人的尊严；二、人论与人权；三、文化、历史、政治；四、平等与义务；五、终极关怀；六、郭店楚简等。

出版著作《儒家思想和人权》。

出版汇编《罗摩衍那》。

出版著作《亚洲价值与人权：儒家社群主义的视角》。

1999 年　80 岁

荣获亚历山大·赫马顿奖章。

参加于北京召开的孔子诞辰 2550 周年纪念与国际学术研讨会。

加入美国哲学协会。

出版《中国传统典籍汇编》第一卷第二版。

发表中译文章《"亚洲价值"与儒家之人格主义》。

2000 年　81 岁

出版《中国传统典籍汇编》第二版。

2001 年　82 岁

出版《韩国传统典籍汇编》第二卷。

出版《日本传统典籍汇编》第一卷第二版。

发表中译文章《〈大学〉作为自由传统》。

● **2002 年　83 岁**

　　6 月，于圣保罗教堂庆祝结婚 60 周年纪念日。

　　发表文章《西方儒家宗教信仰解释的趋势》。

● **2003 年　84 岁**

　　发表中译文章《中国研究何去何从》。

● **2004 年　85 岁**

　　参加哥伦比亚大学 250 年庆典。

　　任香港中文大学唐君毅荣誉讲师。

　　卸任海曼人文中心主任。

　　出版专著《高贵与文明：亚洲的领导理想和共同利益》。

● **2005 年　86 岁**

　　1 月，应邀在香港中文大学讲授讲座，以纪念新亚书院的主要创始人唐君毅。

　　出版《日本传统典籍汇编》第二版第二册。

● **2006 年　87 岁**

　　出版著作《哥伦比亚活着的遗产》。随书刊出文章《哥伦比亚大学早期的东亚研究》《细论我的社群主义》《"核心课程"中的亚洲》。

● **2007 年　88 岁**

　　出版著作《儒家传统与全球教育》，此书是狄百瑞应邀在香港中文大学纪念新亚书院的主要创始人唐君毅先生系列讲座的集汇。

● **2008 年　89 岁**

　　出版《东亚传统典籍汇编》两卷本。

　　发表中译文章《朱熹新儒学的精神性》。

　　发表中译文章《从 17 世纪看中国君主专制与儒家理想》。

　　发表中译文章《"全球化思考，本土化行动"及其间的竞争性阵地》。

2009 年　90 岁

狄百瑞的妻子范妮去世。

《儒家的困境》中译本出版。

《中国的自由传统》中译本出版。

发表文章《中国哲学研究的新方向——纪念唐君毅诞辰一百周年学术会议开幕致词》。

发表文章《为什么现在读儒学》。

发表文章《洋人能否成为儒家》。

2010 年　91 岁

大女儿玛丽·凯瑟琳·狄百瑞·斯莱特去世。

获菲莱羡社会奖。

成为日本科学院名誉会员。

在纪念唐君毅诞辰 100 周年学术会议上，致开幕词"中国哲学的新方向"。

2011 年　92 岁

发表文章《汤姆·默顿与儒家——狄百瑞研究了冥想者为何从未完全正确地理解宗教》。

出版著作《在东亚经典中找寻智慧》。

狄百瑞随书出版了一系列文章：《荀子》《朱熹和四书》《枕边书》《好色五人女》等。

发表中译文章《我们为什么要读〈论语〉？》。

2012 年　93 岁

发表中译文章《新儒学一词的使用：回应田浩教授》。

《东亚文明：五个阶段的对话》中译本出版。

《亚洲价值与人权：儒家社群主义的视角》中译本出版。

2013 年　94 岁

发表中译文章《宋明新儒学与人权》。

出版著作《伟大的文明对话：国际社会教育》。

发表中译文章《宋明新儒学与人权》。

2014 年　95 岁

获美国国家人文奖，奥巴马亲自为其颁奖。

中译文章《儒学教育对培养世界公民的贡献》被编入教材，是大学语文读本中唯一的外籍学者作品。

9 月 17 日，依约会见访问哥伦比亚大学的中国人民大学哲学宗教代表团。

发表中译文章《狄百瑞：五四运动的文化政治意义》。

2015 年　96 岁

发表中译文章《朱熹与〈中庸〉》。

2016 年　97 岁

6 月 20 日，获得第二届唐奖"汉学奖"。狄百瑞未能到现场领奖，委托其继承人、时任哥伦比亚大学亚洲与中东研究中心主任郑义静教授代表他进行演讲并领取奖项。

《国际汉学》总第 9 期 2016 年第 4 期第 168 页上，登出《美国汉学家狄百瑞获第二届唐奖"汉学奖"》的通知，给予狄百瑞高度评价。

《中国的自由传统》中译本出版。

2017 年　98 岁

7 月 14 日，于纽约家中去世。哥伦比亚大学校方发言人罗伯特·霍恩比宣布了他去世的消息。

7 月 18 日，于纽约举行葬礼。

7 月 18 日，道格拉斯·马丁刊出狄百瑞讣告。

参考文献

中文论著

［1］［美］安乐哲主编．儒学与生态．南京：江苏教育出版社，2008.

［2］陈谷嘉．明代理学伦理思想研究．长沙：湖南大学出版社，2015.

［3］陈来．有无之境——王阳明哲学的精神．北京：北京大学出版社，2006.

［4］陈鹏．现代之后的儒学——冯友兰新理学及现代新儒学研究．北京：华夏出版社，2017.

［5］蔡元培．中国伦理学史．北京：商务印书馆，2000.

［6］蔡仲德．冯友兰先生年谱长编．北京：中华书局，2014.

［7］［美］费正清编．中国的思想与制度．北京：世界知识出版社，2008.

［8］冯钟璞，蔡仲德编．冯友兰先生百年诞辰纪念文集．北京：清华大学出版社，1995.

［9］甘筱青主编．大学语文读本（第三版）．上海：复旦大学出版社，2014.

［10］葛桂录．中国古典文学的英国之旅——英国三大汉学家年谱：翟理斯，韦利，霍克思．郑州：大象出版社，2017.

［11］葛桂录．含英咀华：葛桂录教授讲中英文学关系．北京：中央编译出版社，2014.

［12］葛桂录．经典重释与中外文学关系新垦拓．北京：人民出版社，2014.

［13］葛桂录．比较文学之路：交流视野与阐释方法．上海：上海三联书店，2014.

［14］葛桂录.跨文化语境中的中外文学关系研究.上海：上海三联书店，2008.

［15］葛兆光.中国思想史（第一卷）（第二卷）.上海：复旦大学出版社，2016.

［16］郭朋.中国佛教思想史.北京：社会科学文献出版社，2012.

［17］郭齐勇.现当代新儒学思潮研究.北京：人民出版社，2017.

［18］郭湛波.中国中古思想史.长沙：湖南师范大学出版社，2005.

［19］国际儒学联合会.国际儒学研究（第六辑）.北京：中国社会科学出版社，
1999.

［20］哈佛燕京学社.儒家与自由主义.北京：三联书店，2001.

［21］哈佛燕京学社.儒家传统与启蒙心态.南京：江苏教育出版社，2005.

［22］韩铁.福特基金会与美国的中国学（1950—1979年）.北京：中国社会科学出
版社，2004.

［23］何仁富.唐君毅与宋明理学——基于工夫论的朱，陆，王学之会通.北京：中
国广播影视出版社，2016.

［24］黄克剑，林少敏编.当代新儒学八大家集之七——牟宗三集.北京：群言出版
社，1993.

［25］黄克剑，林少敏编.当代新儒学八大家集之八——徐复观集.北京：群言出版
社，1993.

［26］黄克剑，王欣编.当代新儒学八大家集之一——梁漱溟集.北京：群言出版社，
1993.

［27］黄克剑，王欣，万承厚编.当代新儒学八大家集之二——熊十力集.北京：群
言出版社，1993.

［28］黄克剑，吴小龙编.当代新儒学八大家集之三——张君劢集.北京：群言出版
社，1993.

［29］黄克剑，吴小龙编.当代新儒学八大家集之四——冯友兰集.北京：群言出版
社，1993.

［30］黄克剑，钟小霖编.当代新儒学八大家集之五——方东美集.北京：群言出版
社，1993.

［31］黄克剑，钟小霖编.当代新儒学八大家集之六——唐君毅集.北京：群言出版
社，1993.

［32］冀爱莲.阿瑟·韦利汉学研究策略考辨.北京：人民出版社，2018.

［33］嵇文甫.晚明思想史论.北京：北京出版社，2016.

[34] 姜林祥. 儒学在国外的传播与影响. 济南：齐鲁书社，2004.

[35] 金耀基. 中国民本思想史. 台北：台湾商务印书馆，1997.

[36] 李翔海，邓克武编. 成中英文集（二卷）. 武汉：湖北人民出版社，2006.

[37] 梁启超. 清代学术概论. 北京：人民出版社，2008.

[38] 梁漱溟. 东西方文化及其哲学. 北京：中华书局，2018.

[39][美] 林毓生. 中国传统的创造性转化. 北京：生活·读书·新知三联书店，
　　1988.

[40] 吕思勉. 理学纲要. 上海：上海科学技术文献出版社，2014.

[41] 刘霓，黄育馥. 国外中国女性研究文献与数据分析. 北京：中国社会科学出版
　　社，2009.

[42] 刘雪飞主编. 二十世纪儒家研究大系——现代新儒学研究. 北京：中华书局，
　　2003.

[43] 刘屹. 神格与地域：汉唐间道教信仰世界研究. 上海：上海人民出版社，2010.

[44] 刘宗贤，蔡德贵主编. 当代东方儒学. 北京：人民出版社，2003.

[45] 牟宗三. 宋明儒学的问题与发展. 上海：华东师范大学出版社，2004.

[46] 牟宗三. 中西哲学之会通十四讲. 上海：上海古籍出版社，2007.

[47] 牟宗三. 中国哲学十九讲. 上海：上海古籍出版社，2005.

[48] 尼微逊编. 儒家思想的实践. 台北：台湾商务印书馆，1980.

[49] 钱穆. 理学六家诗抄. 北京：九州出版社，2011.

[50] 钱穆. 钱穆先生全集：朱子新学案. 台北：联经出版事业公司，2010.

[51] 钱穆. 宋明理学概述. 北京：九州出版社，2010.

[52] 钱穆. 宋代理学三书随劄. 北京：三联书店，2002.

[53] 钱穆. 王守仁. 上海：商务印书馆，1930.

[54] 钱穆. 阳明学述要. 北京：九州出版社，2010.

[55] 钱穆. 中国思想史. 北京：九州出版社，2011.

[56] 钱穆. 中国学术思想论丛. 北京：三联书店，2009.

[57] 仇华飞. 美国的中国学研究. 北京：中国社会科学出版社，2011.

[58] 单波. 中国近代思想家文库——唐君毅卷. 北京：中国人民大学出版社，2014.

[59] 沈善洪，王凤贤. 中国伦理思想史（上、中、下）. 北京：人民出版社，2005.

[60] 施忠连. 现代新儒学在美国. 沈阳：辽宁大学出版社，1994.

[61] 宋德宣. 新儒家. 台北：扬智文化事业股份有限公司，1996.

［62］宋克夫．宋明理学与明代文学．北京：中国社会科学出版社，2013.

［63］孙绍振．新的美学原则在东方崛起．福州：福建人民出版社，2015.

［64］孙绍振．演说经典之美．福州：福建教育出版社，2009.

［65］孙绍振．文学创作论．福州：海峡文艺出版社，2007.

［66］唐君毅．中国文化之精神价值．南京：江苏教育出版社，2006.

［67］唐君毅．中国人文精神之发展．桂林：广西师范大学出版，2005.

［68］唐君毅．中国哲学原论．北京：中国社会科学出版社，2005.

［69］唐君毅．哲学概论．北京：中国社会科学出版社，2005.

［70］［美］田浩．朱熹的思维世界．西安：陕西师范大学出版社，2002.

［71］汪晖．现代中国思想的兴起（上下卷）．北京：三联书店，2004.

［72］汪熙，［日］田尻利主编，傅德华副主编．150 年中美关系史论著目录（1823—1990）．上海：复旦大学出版社，2005.

［73］王丽耘．文学交流中的大卫·霍克思．北京：燕山大学出版社，2013.

［74］王中江，李存山主编．中国儒学（第四辑）．北京：中国社会科学出版社，2008.

［75］韦政通．伦理思想的突破．成都：四川人民出版社，1988.

［76］韦政通．荀子与古代哲学．台北：台湾商务印书馆，1992.

［77］韦政通．中国思想传统的创造转化：韦政通自选集．昆明：云南人民出版社，2002.

［78］韦政通．中国思想史（上下册）．长春：吉林出版集团有限责任公司，2009.

［79］吴钩．中国的自由传统．上海：复旦大学出版社，2014.

［80］奚刘琴．第三代新儒家的儒学诠释与创新——以成中英，杜维明，刘述先，蔡仁厚为例．北京：中国社会科学出版社，2011.

［81］萧功秦．儒家文化的困境——近代士大夫与中西文化碰撞．桂林：广西师范大学出版社，2006.

［82］萧公权．中国政治思想史（一、二、三）．沈阳：辽宁教育出版社，2001.

［83］谢晓东．现代新儒学与自由主义——徐复观殷海光政治哲学比较研究．北京：东方出版社，2008.

［84］熊文华．美国汉学史（上下册）．北京：学苑出版社，2015.

［85］［美］余英时．士与中国文化．上海：上海人民出版社，1987.

［86］张聪，姚平编．当代西方汉学研究集萃——思想文化史卷．上海：上海古籍出

354

版社，2012.

［87］张国刚，乔治忠，等．中国学术史．上海：东方出版社，2002.

［88］张西平．西方汉学十六讲．北京：外语教学与研究出版社，2011.

［89］张君劢．新儒家思想史．北京：中国人民大学出版社，2006.

［90］郑秋月．对话·诠释——杜维明与成中英的美国儒学论说．北京：中国社会科
学出版社，2012.

［91］周博裕主编．传统儒学的现代性诠释．台北：文津出版社，1994.

［92］朱谦之．中国思想对于欧洲文化之影响．上海：商务印书馆，1940.

［93］朱维铮．周予同经学史论著选集．上海：上海人民出版社，1996.

［94］朱维铮．中国经学史十讲．上海：复旦大学出版社，2002.

［95］朱维铮．美国中国学史研究．上海：上海古籍出版社，2004.

中文译著

［1］［法］程艾蓝．中国思想史．冬一，戎恒颖，译．郑州：河南大学出版社，2018.

［2］［法］贡斯当．古代人的自由与现代人的自由．阎克文，译．上海：上海人民出
版社，2005.

［3］［法］谢和耐．中国社会史．黄建华，等，译．南京：江苏人民出版社，2008.

［4］［加］卜正民．为权力祈祷：佛教与晚明中国士绅社会的形成．张华，译．南京：
江苏人民出版社，2005.

［5］［加］卜正民．纵乐的困惑：明代的商业与文化．方骏，译．北京：生活·读书·新
知三联书店，2004.

［6］［美］艾朗诺．美的焦虑：北宋士大夫的审美理想与追求．刘鹏，潘玉涛，译.
上海：上海古籍出版社，2013.

［7］［美］安乐哲．自我的圆成：中西互镜下的古典儒学与道家．彭国祥，译．石家
庄：河北人民出版社，2006.

［8］［美］包弼德．斯文：唐宋思想的转型．刘宁，译．南京：江苏人民出版社，
2000.

［9］［美］成中英.成中英文集（儒家与新儒家哲学的新向度）.阮航，译.北京：中国人民大学出版社，2017.

［10］［美］费正清.中国思想与制度.郭晓兵，译.北京：世界知识出版社，2008.

［11］［美］费侠莉.繁盛之阴：中国医学史中的性（960—1665）.甄橙，译.南京：江苏人民出版社，2006.

［12］［美］顾立雅.孔子与中国之道.高专诚，译.郑州：大象出版社，2014.

［13］［美］韩森.变迁之神：南宋时期的民间信仰.包伟民，译.杭州：浙江人民出版社，1999.

［14］［美］郝大维，［美］安乐哲.通过孔子而思.何金俐，译.北京：北京大学出版社，2005.

［15］［美］刘子健.中国转向内在.赵冬梅，译.南京：江苏人民出版社，2002.

［16］［美］马立博.虎、米、丝、泥：帝制晚期华南的环境与经济.王玉茹，关永强，译.南京：江苏人民出版社，2010.

［17］［美］曼素恩.缀珍录：十八世纪及其前后的中国妇女.定宜庄，颜宜葳，译.南京：江苏人民出版社，2005.

［18］［美］梅维恒主编.哥伦比亚中国文学史（上下册）.马小悟，张治，刘文楠，译.北京：新星出版社，2016.

［19］［美］倪德卫著，［美］万白安编.儒家之道：中国哲学之探讨.周炽成，译.南京：江苏人民出版社，2006.

［20］［美］史华兹.古代中国的思想世界.程钢，译.南京：江苏人民出版社，2014.

［21］［美］塔纳斯.西方思想史.吴象婴，晏可佳，张广勇，译.上海：上海社会科学院出版社，2007.

［22］［美］田浩.功利主义儒家——陈亮对朱熹的挑战.姜长苏，译.南京：江苏人民出版社，1997.

［23］［美］沃浓·路易·帕灵顿.美国思想史.陈永国，李增，郭乙瑶，译.长春：吉林人民出版社，2002.

［24］［日］岛田虔次.中国思想史研究.邓红，译.上海：上海古籍出版社，2009.

［25］［日］冈田武彦.王阳明与明末儒学.吴光，钱明，屠承先，译.重庆：重庆出版社，2017.

［26］［英］卜道成.朱熹和他的前辈们：朱熹与宋代新儒学导论.谢晓东，译.厦门：

356

厦门大学出版社，2010.

［27］［英］霍布豪斯.自由主义.朱曾汶，译.北京：商务印书馆，1996.

［28］［英］C. W. 沃特森.多元文化主义.叶兴艺，译.长春：吉林人民出版社，
　　2005.

中文古籍

［1］［宋］程颢，程颐.二程集.北京：中华书局，2004.

［2］［明］黄宗羲.明儒学案.北京：中华书局，1985.

［3］［明］黄宗羲.明夷待访录.上海：上海古籍出版社，1955.

［4］［明］黄宗羲.宋元学案.北京：中华书局，1986.

［5］［清］焦循.孟子正义.北京：中华书局，1987.

［6］［宋］黎靖德.朱子语类.北京：中华书局，1986.

［7］［宋］陆九渊.陆九渊集.北京：中华书局，1980.

［8］［明］王守仁.王阳明全集.上海：上海古籍出版社，1992.

［9］［清］王先谦.荀子集解.北京：中华书局，1996.

［10］［宋］张载.张载集.北京：中华书局，1987.

［11］［宋］朱熹.楚辞集注.上海：上海古籍出版社，2001.

［12］［宋］周敦颐.周子通书.上海：上海古籍出版社，2000.

［13］［宋］朱熹.四书章句集注.北京：中华书局，1983.

［14］［宋］朱熹，吕祖谦.近思录.南京：江苏古籍出版社，2001.

中文期刊

［1］［美］狄百瑞.宋明新儒学与人权.梁涛，雷蕾，译.国学学刊，2013（1）.

［2］［美］狄百瑞．儒家学说的方向与命运．田玉容，译．国外社会科学，1995（9）．

［3］［美］狄百瑞．儒学教育的对象、内容及贡献．朱荣贵，译．海南大学学报（社会科学版），1997（1）.

［4］［美］狄百瑞．新儒学：传统性与现代性的交融．张海燕，译．国外社会科学，1992（3）

［5］［美］狄百瑞．与斯人之徒：狄百瑞思想自述．朱荣贵，译．中国文哲研究通讯，1992（4）.

［6］［美］狄百瑞．元代朱熹正统思想之兴起．侯健，译．中外文学，1979（3）.

［7］［美］狄百瑞．中国研究何去何从．王德威，译．世界汉学，2003（1）.

［8］［美］狄百瑞．我们为什么要读《论语》？．朱荣贵，译．开放时代，2011（3）.

［9］［美］狄百瑞．洋人能否成为儒家．中华读书报，2009（4）.

中文论文集

［1］中国孔子基金会．孔子诞辰 2540 周年纪念与学术研讨会论文集（上）．上海：上海三联书店，1992.

［2］高令印，薛鹏志主编．国际朱子学研究的新开端：厦门朱子学国际学术会议论集．厦门：厦门大学出版社，2015.

［3］中国孔子基金会，新加坡东亚哲学研究所联合选编．儒学国际学术讨论会论文集（下）．济南：齐鲁书社，1989.

英文论著

［1］Barbalet, J., *Confucianism and the Chinese Self Re-examining Max Weber's China Palgrave Macmillan*, London: Palgrave Macmillan, 2017.

［2］Bettine, Birge., *Women, Property, and Confucian Reaction in Sung and Yuan China: 960-1368*, New York: Cambridge University Press, 2002.

［3］Bol, P. K., *Neo-Confucianism in History*, Cambridge: Harvard University, 2008.

［4］Boston, R. C. N., *Confucianism Portable Tradition in the Late Modern World*, New York: State University New York Press, 2000.

［5］Ch'en, K., *Buddhism in China A historical survey*, Princeton: Princeton University Press, 1964.

［6］Chack, A. W., *East Asian Welfare Regimes in Transition From Confucianism to Globalization*, Bristol: The Policy Press, 2005.

［7］Chu Yun-han & Shin Doh Chull, *How East Asians View Democracy*, New York: Columbia University Press, 2008.

［8］Crane, S., *Life, Liberty, and the Pursuit of Dao, Ancient Chinese Thought in Modern American Life*, Wiley: Blackwell, 2013.

［9］Dardess, J. W., *Confucianism and Autocracy Professional Elites in the Founding of the Ming Dynasty*, Berkeley and Los Angeles: University of California Press, 1984.

［10］De Bary, W. T., *The Great Civilized Conversation: Education for a World Community*, New York: Columbia University Press, 2013.

［11］De Bary, W. T., *Nobility and Civility: Asian Ideals of Leadership and the Common Good*, Cambridge: Harvard University Press, 2004.

［12］De Bary, W. T., *Asian Values and Human Rights: A Confucian Communitarian Perspective*, Cambridge: Harvard University Press, 1998.

［13］De Bary, W. T., *Learning for One's Self: Essays on the Individual in Neo-Confucian Thought*, New York: Columbia University Press, 1991.

［14］De Bary, W. T., *The Trouble with Confucianism*, Cambridge: Harvard University Press, 1991.

［15］De Bary, W. T., *Message of the Mind in Neo-Confucianism*, New York: Columbia University Press, 1989.

［16］De Bary, W. T., *East Asian Civilizations: A Dialogue in Five Stages*, Cambridge: Harvard University Press, 1988.

［17］De Bary, W. T., *The Liberal Tradition in China*, New York: Columbia University Press, 1983.

［ 18 ］ De Bary, W. T., *Neo-Confucian Orthodoxy and the Learning of the Mind-And-Heart*, New York: Columbia University Press, 1981.

［ 19 ］ De Bary, W. T. & Keene, D., *Letters from War-Wasted Asian*, New York: Kodansha, 1975.

［ 20 ］ Elvin, M., *The Retreat of the Elephants: An Environmental History of China*, New Haven: Yale University Press, 2003.

［ 21 ］ Huang Siu-Chi, *Essentials of Neo-Confucianism, Eight Major Philosophers of the Song and Ming Periods*, New York: Greenwood Press, 1999.

［ 22 ］ Johnson, D., *Popular Culture in Late Imperial China*, Berkeley and Los Angeles: University of California Press, 1985.

［ 23 ］ Kim Youngmin, *Women and Confucianism in Chosŏn Korea-New Perspectives*, Albany: State University of New York Press, 2011.

［ 24 ］ Lach, D. F., *Asia in the Making of Europe Volume I*, Chicago: University of Chicago Press, 1965.

［ 25 ］ Martin J Powers, *Art Political Expression in Early China*, New Haven: Yale University Press, 1991.

［ 26 ］ Norden, B. V., *Virtue Ethics and Consequentialism in Early Chinese Philosophy*, New York: Cambridge University Press, 2007.

［ 27 ］ Richey, J. L., *Teaching Confucianism Teaching Religious Studies Series*, New York: Oxford University Press, 2008.

［ 28 ］ Stephen, C. A., *Human Rights and Chinese Thought: A Cross-Cultural Inquiry*, New York: Cambridge University Press, 2002.

［ 29 ］ Tang Yijie, *China Academic Library, Confucianism, Buddhism, Daoism, Christianity and Chinese Culture*, Heidelberg: Springer, 2015.

［ 30 ］ Weber, M., *The Religion of China Confucianism and Taoism*, New York: The Free Press, 1959.

［ 31 ］ Weller, R. P., *Unruly Gods Divinity and Society in China*, Honolulu: University of Hawaii Press, 1996.

［ 32 ］ Yeh Wen-hsin, *Becoming Chinese. Passages to Modernity and Beyond*, Berkeley and Los Angeles: University of California Press, 2000.

360

[33] Zhang Qianfan, *Human Dignity in Classical Chinese Philosophy Confucianism, Mohism, and Daoism*, New York: Palgrave Macmilla, 2016.

英文期刊

[1] Aubin, F. & Holzman, D., Book Review, *Yuan Thought: Chinese Thought and Religion Under the Mongols* by Wm. Theodore de Bary, *Pacific Affairs*, Vol. 57, No. 1 (Spring 1984) , pp. 103-104.

[2] Baker, D., Book Review, *The Rise of Neo-Confucianism in Korea* by Wm. Theodore de Bary, *Pacific Affairs*, Vol. 59, No. 4 (Winter 1986-1987) , pp. 709-710.

[3] Bender, E., Book Review, *A Guide to Oriental Classics by The Staff of the Oriental Studies Program* by Wm. Theodore de Bary, *American Oriental Society*, Vol. 98, No. 3 (Jul. -Sep. 1978) , p. 336.

[4] Birdwhistell, A. D., Book Review, *Neo-Confucian Education: The Formative Stage* by Wm. Theodore de Bary and John W. Chaffee, *Philosophy East and West*, Vol. 42, No. 2 (Apr. 1992) , pp. 362-365.

[5] Bondurant, J. V., Book Review, *Sources of Indian Tradition* by Wm. Theodore de Bary, *Asian Studies*, Vol. 19, No. 1 (Nov. 1959) , pp. 92-93.

[6] Choi, C., Book Review, *Confucianism and Human Rights* by Wm. Theodore de Bary , *Philosophy East and West*, Vol. 49, No. 4 (Oct. 1999) , pp. 524-527.

[7] Cole, A. B., Book Review, *Sources of the Japanese Tradition* by Wm. Theodore de Bary, *The Annals of the American Academy of Political and Social Science*, Vol. 321, (Jan. 1959) , pp. 155-156.

[8] Cohen, P., Book Review, *The Liberal Tradition in China* by Wm. Theodore de Bary, *Philosophy East and West*, Vol. 35, No. 3 (Jul. 1985) , pp. 305-310.

[9] Elman, B. A., Book Review, *Neo-Confucian Education: The Formative Stage* by John W. Chaffee and Wm. Theodore de Bary, *American Oriental Society*. Vol. 111, No. 1 (Jan. -Mar. 1991) , pp. 83-93.

[10] Hansen, V., Book Review, *Neo-Confucian Education: The Formative Stage* by Wm. Theodore de Bary and John W. Chaffee, *The Journal of Religion*, Vol. 72, No. 1 (Jan. 1992), pp. 149-151.

[11] Hartnett, R. A., Book Review, *The Great Civilized Conversation: Education for a World Community* by Wm. Theodore De Bary, Front. Educ. China, vol. 9, no. 3, (2014), pp. 456-460.

[12] Henderson, J. B., Book Review, *Meeting of Minds: Intellectual and Religious Interaction in East Asian Traditions of Thought* by Wm. Theodore de Bary , *American Academy of Religion*, Vol. 66, No. 4 (Winter 1998), pp. 927-930.

[13] Hummel, A. W., Book Review, *Sources of Chinese Tradition* by Wm. Theodore de Bary, *Philosophy East and West*, Vol. 10, No. 3/4 (Oct. 1960 -Jan. 1961), pp. 169-170.

[14] Keirstead, T., Book Review, *Nobility and Civility: Asian Ideals of Leadership and the Common Good* by Wm. Theodore de Bary, *Asian Studies*, Vol. 65, No. 3 (Aug 2006), pp. 601-602.

[15] Krishna, D., Book Review, *Sources of Indian Tradition* by Wm. Theodore de Bary, *Philosophy East and West*, Vol. 13, No. 2 (Jul. 1963), pp. 159-165.

[16] Lewis, A. D., Book Review, *Approaches to Asian Civilizations* by Wm. Theodore de Bary , *Asian Studies*, Vol. 24, No. 2 (Feb. 1965), pp. 315-316.

[17] Liu Shu-hsien, Book Review, *Learning for One's Self: Essays on the Individual in Neo-Confucian Thought.* by Theodore de Bary, *Asian Studies*, Vol. 52, No. 1 (Feb. 1993), pp. 139-141.

[18] Miller, R. A., Book Review, *Sources of Japanese Tradition, Vol. 1. From Earliest Times to 1600* by Wm. Theodore de Bary, *American Oriental Society.* Vol. 122, No. 3 (Jul. -Sep. 2002), pp. 615-618.

[19] Miner, E., Book Review, *Approaches to the Oriental Classics* by Wm. Theodore de Bary, *Asian Studies*, Vol. 19, No. 3 (May 1960), pp. 319-320.

[20] Ng On-cho, Book Review, *A Plan for the Prince: Huang Tsung-hsi's Ming-i tai-fang lu* by Wm. Theodore de Bary and Huang Tsung-his, *Philosophy East and West*, Vol. 46, No. 3 (Jul. 1996), pp. 412-415.

[21] Nivison, D. S., Book Review, *Self and Society in Ming Thought* by Wm. Theodore de Bary, *The American Historical Review*, Vol. 76, No. 4 (Oct. 1971), pp. 1205-

362

1207.

[22] Rocher, L., Book Review, *The Buddhist Tradition in India, China, and Japan* by Wm. Theodore de Bary, *American Oriental Society*, Vol. 91, No. 4 (Oct. -Dec. 1971) , pp. 547-548.

[23] Shinoda, M., Book Review, *Sources of the Japanese Tradition* by Wm. Theodore de Bary, *Philosophy East and West*, Vol. 11, No. 3 (Oct. 1961) , pp. 163-165.

[24] Smith, R. J., Book Review, *East Asian Civilizations: A Dialogue in Five Stages* by Wm. Theodore de Bary, *Asian Studies*, Vol. 47, No. 4 (Nov., 1988) , pp. 835-837.

[25] Sommer, D., Book Review, *Meeting of Minds: Intellectual and Religious Interaction in East Asian Traditions of Thought* by Wm. Theodore de Bary, *Philosophy East and West*, Vol 51, No 2 (April 2001) , pp. 318-320.

[26] Struve, L., Book Review, *Yüan Thought: Chinese Thought and Religion Under the Mongols* by Wm. Theodore de Bary, *Asian Studies*, Vol. 43, No. 4 (Aug. 1984) , pp. 737-740 .

[27] Svensson, M., Book Review, *Confucianism and Human Rights* by Wm. Theodore de Bary, *Asian Studies*, Vol. 58, No. 2 (May 1999) , pp. 483-484.

[28] Wang Gungwu, Book Review, *Sources of East Asian Tradition ed.* by Wm. Theodore de Bary , *East Asia*, (2009) 26, pp. 259–261.

[29] Wilson, T. A., Book Review, *The Message of the Mind in Neo-Confucianism* by Wm. Theodore de Bary, *Asian Studies*, Vol. 48, No. 4 (Nov. 1989) , pp. 824-825.

[30] Wright, A. F., Book Review, *Sources of Chinese Tradition* by Wm. Theodore de Bary, *The Annals of the American Academy of Political and Social Science*, Vol. 333 (Jan. 1961) , pp. 194-195.

[31] Woo, F. J., Book Review, *The Great Civilized Conversation: Education for World Community* by Wm. Theodore de Bary , *China Review International*, Vol. 20, No. 1&2, (2013) , pp. 80-86.

[32] Woodcock, G., Book Review, *A Guide to Oriental Classics* by Wm. Theodore de Bary, *Pacific Affairs*, Vol. 38, No. 2 (Summer 1965) , pp. 212-214.

[33] Yü Ying-shih, Book Review, *The Unfolding of Neo-Confucianism* by Wm. Theodore de Bary, *American Oriental Society*, Vol. 100, No. 2 (Apr. -Jun. 1980) , pp. 115-125.

[34] Yü, D. C., Book Review, *The Buddhist Tradition in India, China, and Japan* by Wm. Theodore de Bary, *Scientific Study of Religion*, Vol. 9, No. 4 (Winter 1970) , p. 348.

[35] Zagoria, D., Book Review, *Asian Values and Human Rights: A Confucian Communitarian Perspective* by Wm. Theodore De Bary, *Foreign Affairs*, Vol. 77, No. 6 (Nov. -Dec. 1998) , p. 165.

后　记

本书即将付梓，追忆往昔，感慨万千。此书是在我的博士论文基础上修改完成的，而从确立博士论文的研究主题到今天，一眨眼已经过去八年。从完成博士论文到成书，狄百瑞教授 、葛桂录先生、倪豪士教授（William H. Nienhauser）、梁燕教授是最温暖的路灯。他们或如榜样，或耐心指导，让我找到了这本小书的方向。八年时间，是恩赐也是历练，艰难万千也收获满满。成书之时，我文献综述、资料搜索、外文阅读以及英文翻译等能力皆得到有效锻炼与提升。

本书的研究对象狄百瑞教授是当代美国研究亚洲思想史的权威学者，对新儒学尤有精湛的研究，著作宏富，狄百瑞教授不仅有着丰硕的科研成果，还积极将研究投注教学实践，无论是作为学者还是教育者都有着瞩目的成就。万分感恩能够在学术起步阶段拟定狄百瑞教授为研究对象，这是位越深入了解越让人对其尊崇有加的学者。他学术态度客观严谨，思想深邃颇具前瞻性，并对人类文明发展前景饱含人性关怀；他科研上坚持不懈、笔耕不辍，生活中心胸开阔、敏锐仁厚，笔者是在逐渐深入了解狄百瑞教授的过程中，透过其视阈、观点渐次打开着认识世界与人类文明发展的广阔大门。

本书主体部分是在恩师葛桂录先生的指导与帮助下撰写完成的，学术上无数个迷茫无措的关口，葛桂录先生的信任、认可与指引是抵御心寒的柴。葛桂录先生学识渊博，治学务实严谨，能够宏观把握课题和组织科研，是我努力学习的榜样。其循循善诱的启发式教学每每让我备受鼓舞也着实受益匪浅。葛桂录先生除了在学术研究和教学实践上对我有着巨大正向引导以外，先生谦谦君子温润如玉的处事风格，亦潜移默化地影响着我对待他人与社会的态度。

本书所涉及材料几乎全部来源于在威斯康星大学麦迪逊分校（University of Wisconsin-Madison）交流读书期间的搜集整理。非常有幸能够参与到倪豪士教授的《史记》翻译小组，工作之余，我几乎一直在威斯康星大学麦迪逊分校的纪念图书馆（Memorial Library）里，在那里我找到了直接决定此书写作的绝大部分准确材料。那趟威斯康星大学麦迪逊分校之旅不仅让我在学术研究上满载而归，而且从当时已经 74 岁的倪豪士教授身上学到了十分宝贵的永葆活力、简单纯净、精致优雅的生活状态。除此，我于威斯康星大学麦迪逊分校所接触到的广阔世界，结识到的才华横溢的好友，皆是终生财富。

本书的修改大部分是在北京外国语大学完成的，我在此进入博士后流动站进行科研工作，国际中国文化研究院是我工作的部门，此单位在海外汉学、海外中国学、中外文化交流等方向有着显著成绩，我的同事们皆潜心学术，具有专业精神。我的合作导师梁燕教授作为国内第一位获得戏剧博士学位的女性，对学术有着独到的眼光与见解，其为人更是宽厚仁慈、善良坚毅、负气仗义，对人性有着深邃见地。在我深陷人生低谷、迷茫无助时，梁燕教授给予了我最温暖的关怀和支持，是她的信任与鼓舞让我重新找到自己、建立自己，引领我跨过人生难关，进而有精力完善本书。

　　在本书完整的写作过程中，随着研究的深入，我越发感到读书、研究与写作之不易，每当想要表述清楚一个问题，其他的问题就接踵而至，每一个问题的厘清皆需抽丝剥茧，过程万般艰难；加之，海外汉学家评传的书写本身就需要在古今中西里穿行，此旅程便更是艰辛了。我自问虽近乎竭尽全力，然而面对狄百瑞教授这样一位拥有博大胸襟、充沛学术热情、极具敏锐前瞻性的学者所留给我们的累累学术成果，我仍旧感到自己的渺小和力不从心。

　　由于本人的学养并不深厚，学力更是有待增进，特别是对中国传统典籍的再阅读与再研究以及对西方哲学经典巨著的理解水平尚待提升，谨以此书抛砖引玉，只是希望有学者前来翻阅时，它是值得被信任的材料。有关狄百瑞的研究于当下具有相当深远的现实意义，但目前仍有着太多的遗憾与可挖掘的空间。此书愿为本人此生研究之序章，不敢恳愿未来研究之路皆是坦途，只求踏实勤奋，不断挑战与超越自己。

　　最后，承蒙山东教育出版社副总编辑祝丽以及苏文静、齐爽等编辑的努力，本书得以面世，使我有了接受读者批评的机会。感谢你们细致入微的工作。期待会有更好的作品问世，恭候方家赐教。

邓琳

2023 年 7 月 28 日于北京外国语大学暮思园